宁夏回族自治区
乡村振兴用地政策指引

NINGXIA HUIZU ZIZHIQU
XIANGCUN ZHENXING YONGDI ZHENGCE ZHIYIN

宁夏回族自治区自然资源厅　主编

图书在版编目(CIP)数据

宁夏回族自治区乡村振兴用地政策指引/宁夏回族自治区自然资源厅主编. —武汉:中国地质大学出版社,2024.6
ISBN 978-7-5625-5844-6

Ⅰ.①宁⋯　Ⅱ.①宁⋯　Ⅲ.①农村-土地政策-研究-宁夏　Ⅳ.①F321.1

中国国家版本馆 CIP 数据核字(2024)第 091876 号

宁夏回族自治区乡村振兴用地政策指引	宁夏回族自治区自然资源厅　**主编**
责任编辑:李焕杰　王凤林　　　选题策划:王凤林	责任校对:何澍语

出版发行:中国地质大学出版社(武汉市洪山区鲁磨路388号)	邮编:430074
电　　话:(027)67883511　　　传真:(027)67883580	E-mail:cbb@cug.edu.cn
经　　销:全国新华书店	http://cugp.cug.edu.cn

开本:787 毫米×1092 毫米　1/16	字数:468 千字　印张:18.75
版次:2024 年 6 月第 1 版	印次:2024 年 6 月第 1 次印刷
印刷:湖北睿智印务有限公司	
ISBN 978-7-5625-5844-6	定价:68.00 元

如有印装质量问题请与印刷厂联系调换

《宁夏回族自治区乡村振兴用地政策指引》编委会

主　　编：张　进

编　　委：张建新　许广河　申　锷　陈　亮　张建海
　　　　　陈　炜　潘录森　徐　龙　李　升

执行编辑：孙鸿睿　冯丽媛　马朝晖　刘春洋　樊国堂
　　　　　王　健　程　娟

主编单位：宁夏回族自治区自然资源厅

参编单位：宁夏回族自治区自然资源勘测调查院

前　言

为巩固和拓展脱贫攻坚成果，全面推进乡村振兴，加快农业农村现代化，《中共中央　国务院关于做好 2023 年全面推进乡村振兴重点工作的意见》（中发〔2023〕1 号）（简称"2023 年中央一号文件"）提出要积极盘活存量集体建设用地，优先保障农民居住、乡村基础设施、公共服务空间和产业用地需求，出台乡村振兴用地政策指南。自然资源要素作为发展的物质基础和空间载体，在乡村振兴战略实施过程中具有重要的基础支撑作用。为贯彻落实 2023 年中央一号文件有关要求，充分发挥自然资源的要素保障作用，强化乡村振兴用地政策供给力度，助力乡村全面振兴样板区建设，宁夏回族自治区自然资源厅、宁夏回族自治区自然资源勘测调查院在严格遵循《中华人民共和国乡村振兴促进法》《中华人民共和国土地管理法》等有关法律法规的前提下，全面梳理了中共中央、国务院、国家各部委、自治区人民政府以及自然资源厅印发的现行政策文件共 60 余项，编制形成了《宁夏回族自治区乡村振兴用地政策指引》，为全面促进宁夏乡村振兴夯实了自然资源制度基础，为各市、县（区）积极保障乡村振兴用地需求提供了业务"工具书"，也为其他相关部门依法依规用地提供了有力指导。

本书包含宁夏回族自治区乡村振兴用地政策指引和宁夏回族自治区乡村振兴用地政策文件汇编两部分内容，其中：宁夏回族自治区乡村振兴用地政策指引共 12 章 46 条政策要点，包含总则、规划管理、建设用地计划指标、用地审批、土地供应、农村宅基地和住宅建设管理、设施农业用地管理、拓展农村土地使用功能、城乡建设用地增减挂钩、土地出让收入使用、负面清单、监督考核及引用的相关文件清单；宁夏回族自治区乡村振兴用地政策文件汇编包含法律法规、中共中央　国务院文件、各部委文件、自治区人民政府文件及自治区自然资源厅文件。

本书编撰难免存在疏漏之处，敬请批评指正。

宁夏回族自治区自然资源厅
宁夏回族自治区自然资源勘测调查院
2023 年 12 月

关于印发《宁夏回族自治区乡村振兴用地政策指引》的通知

各市、县(区)自然资源局：

为深入贯彻落实《中共中央 国务院关于做好2023年全面推进乡村振兴重点工作的意见》有关要求，切实发挥好自然资源的要素保障作用，有效助力乡村全面振兴，基于现行法律法规、规章和规范性文件，我厅从规划管理、计划指标、用地审批、土地供应等十二个方面梳理了乡村振兴用地相关政策要点，现将《宁夏回族自治区乡村振兴用地政策指引》(以下简称《政策指引》)和《宁夏回族自治区乡村振兴用地政策文件汇编》印发给你们，请认真组织学习，做好贯彻落实，进一步规范乡村振兴用地管理，为乡村振兴提供坚实的要素保障。

《政策指引》印发后，国家及自治区新出台的政策规定与本《政策指引》及其引用的文件规定不一致的，以新的政策规定为准。

附件：1.《宁夏回族自治区乡村振兴用地政策指引》
   2.《宁夏回族自治区乡村振兴用地政策文件汇编》

宁夏回族自治区自然资源厅
2023年10月19日

(此件公开发布)

目 录

宁夏回族自治区乡村振兴用地政策指引 ……………………………………………………… (1)
  第一章 总　　则 ………………………………………………………………………… (3)
  第二章 规划管理 …………………………………………………………………………… (3)
  第三章 建设用地计划指标 …………………………………………………………………… (4)
  第四章 用地审批 ……………………………………………………………………………… (5)
  第五章 土地供应 ……………………………………………………………………………… (8)
  第六章 农村宅基地和住宅建设管理 ………………………………………………………… (9)
  第七章 设施农业用地管理 …………………………………………………………………… (10)
  第八章 拓展农村土地使用功能 ……………………………………………………………… (11)
  第九章 城乡建设用地增减挂钩 ……………………………………………………………… (12)
  第十章 土地出让收入使用 …………………………………………………………………… (13)
  第十一章 负面清单 …………………………………………………………………………… (13)
  第十二章 监督考核 …………………………………………………………………………… (14)
  附　　录　《宁夏回族自治区乡村振兴用地政策指引》引用的相关法律法规、规章和文件清单 …… (15)

宁夏回族自治区乡村振兴用地政策文件汇编 …………………………………………………… (19)
 一　法律法规 ……………………………………………………………………………………… (21)
  中华人民共和国乡村振兴促进法 …………………………………………………………… (22)
  中华人民共和国土地管理法 ………………………………………………………………… (32)
  中华人民共和国城乡规划法 ………………………………………………………………… (44)
  中华人民共和国土地管理法实施条例 ……………………………………………………… (53)
  宁夏回族自治区土地管理条例 ……………………………………………………………… (62)
 二　中共中央　国务院文件 ……………………………………………………………………… (73)
  国务院办公厅关于促进物流业健康发展政策措施的意见　国办发〔2011〕38号 ………… (74)
  国务院办公厅关于支持返乡下乡人员创业创新促进农村一二三产业融合发展的意见　国办发〔2016〕
  84号 …………………………………………………………………………………………… (78)
  国务院办公厅关于全面放开养老服务市场提升养老服务质量的若干意见　国办发〔2016〕91号 …… (82)
  国务院办公厅关于促进全域旅游发展的指导意见　国办发〔2018〕15号 ………………… (88)
  国务院关于促进乡村产业振兴的指导意见　国发〔2019〕12号 …………………………… (94)
  中共中央办公厅　国务院办公厅印发《关于调整完善土地出让收入使用范围优先支持乡村振兴的意见》
  中办发〔2020〕32号 ………………………………………………………………………… (99)
  中共中央　国务院关于实现巩固拓展脱贫攻坚成果同乡村振兴有效衔接的意见　中发〔2020〕30号 …
  ……………………………………………………………………………………………… (102)
  国务院办公厅关于防止耕地"非粮化"稳定粮食生产的意见　国办发〔2020〕44号 ……… (109)

国务院办公厅关于坚决制止耕地"非农化"行为的通知　国办发明电〔2020〕24号 …………(112)
中共中央　国务院关于全面推进乡村振兴加快农业农村现代化的意见　中发〔2021〕1号……(114)
国务院关于新时代支持革命老区振兴发展的意见　国发〔2021〕3号 ……………………………(122)
中共中央　国务院关于做好2023年全面推进乡村振兴重点工作的意见　中发〔2023〕1号 …(127)

三　各部委文件 …………………………………………………………………………………(135)

国土资源部　发展改革委　科技部　工业和信息化部　住房城乡建设部　商务部关于支持新产业新业态发展促进大众创业万众创新用地的意见　国土资规〔2015〕5号 …………………(136)
国土资源部　住房和城乡建设部　国家旅游局关于支持旅游业发展用地政策的意见　国土资规〔2015〕10号 ………………………………………………………………………………………(140)
关于促进自驾车旅居车旅游发展的若干意见　旅发〔2016〕148号 ………………………………(143)
国土资源部　国务院扶贫办　国家能源局关于支持光伏扶贫和规范光伏发电产业用地的意见　国土资规〔2017〕8号 …………………………………………………………………………(147)
国土资源部　国家发展改革委关于深入推进农业供给侧结构性改革做好农村产业融合发展用地保障的通知　国土资规〔2017〕12号 ……………………………………………………(149)
体育总局　国家发展改革委　工业和信息化部　财政部　国土资源部　住房城乡建设部　国家旅游局关于印发《全国冰雪场地设施建设规划（2016—2022年）》的通知　体经字〔2016〕646号 …………(151)
全国冰雪场地设施建设规划（2016—2022年） ………………………………………………(152)
文化和旅游部　国家发展改革委　工业和信息化部　财政部　人力资源社会保障部　自然资源部　生态环境部　住房城乡建设部　交通运输部　农业农村部　国家卫生健康委　中国人民银行　国家体育总局　中国银行保险监督管理委员会　国家林业和草原局　国家文物局　国务院扶贫办关于印发《关于促进乡村旅游可持续发展的指导意见》的通知　文旅资源发〔2018〕98号 ……………(156)
关于促进乡村旅游可持续发展的指导意见 ……………………………………………………(157)
关于印发《促进乡村旅游发展提质升级行动方案（2018年—2020年）》的通知　发改综合〔2018〕1465号 ………………………………………………………………………………………(163)
促进乡村旅游发展提质升级行动方案（2018年—2020年） ………………………………(164)
中央农村工作领导小组办公室　农业农村部关于进一步加强农村宅基地管理的通知　中农发〔2019〕11号 …………………………………………………………………………………………(168)
农业农村部　自然资源部关于规范农村宅基地审批管理的通知　农经发〔2019〕6号 ………(171)
自然资源部办公厅关于加强村庄规划促进乡村振兴的通知　自然资办发〔2019〕35号 ……(174)
自然资源部关于探索利用市场化方式推进矿山生态修复的意见　自然资规〔2019〕6号 ……(177)
自然资源部关于加强规划和用地保障支持养老服务发展的指导意见　自然资规〔2019〕3号………(180)
自然资源部　农业农村部关于设施农业用地管理有关问题的通知　自然资规〔2019〕4号 ……(183)
农业农村部关于积极稳妥开展农村闲置宅基地和闲置住宅盘活利用工作的通知　农经发〔2019〕4号 …………………………………………………………………………………………(184)
自然资源部办公厅关于进一步做好村庄规划工作的意见　自然资办发〔2020〕57号 ………(187)
关于村庄建设项目施行简易审批的指导意见　发改农经〔2020〕1337号 ………………………(189)
自然资源部　农业农村部关于保障农村村民住宅建设合理用地的通知　自然资发〔2020〕128号………(192)
自然资源部　农业农村部关于农村乱占耕地建房"八不准"的通知　自然资发〔2020〕127号……(193)
自然资源部　国家发展改革委　农业农村部关于保障和规范农村一二三产业融合发展用地的通知　自然资发〔2021〕16号 ……………………………………………………………………(194)
自然资源部　农业农村部　国家林业和草原局关于严格耕地用途管制有关问题的通知　自然资发〔2021〕166号 …………………………………………………………………………………(196)

文化和旅游部　教育部　自然资源部　农业农村部　国家乡村振兴局　国家开发银行关于推动文化产业赋能乡村振兴的意见　文旅产业发〔2022〕33号 …………………………………………………（200）

自然资源部办公厅关于过渡期内支持巩固拓展脱贫攻坚成果同乡村振兴有效衔接的通知　自然资办发〔2022〕45号 ……………………………………………………………………………………（205）

自然资源部关于进一步做好用地用海要素保障的通知　自然资发〔2023〕89号 …………（208）

自然资源部关于深化规划用地"多审合一、多证合一"改革的通知　自然资发〔2023〕69号 ……………………………………………………………………………………………………（213）

自然资源部关于在经济发展用地要素保障工作中严守底线的通知　自然资发〔2023〕90号 ……（215）

自然资源部关于持续推进农村房地一体宅基地确权登记颁证工作的通知　自然资发〔2023〕109号 ……………………………………………………………………………………………（218）

四　自治区人民政府文件 ……………………………………………………………………（221）

自治区人民政府办公厅关于规范新能源产业用地的通知　宁政办发〔2015〕108号 ………（222）

自治区人民政府关于推进农业高质量发展促进乡村产业振兴的实施意见　宁政发〔2020〕1号 …（224）

自治区人民政府关于新时代支持革命老区振兴发展的实施意见　宁政发〔2021〕30号 ……（229）

自治区人民政府关于授权用地审批权的通知　宁政发〔2022〕39号 ……………………（236）

五　自治区自然资源厅文件 ……………………………………………………………………（237）

自治区发展改革委　国土资源厅关于规范光伏发电产业发展有关事项的通知　宁发改能源（发展）〔2018〕118号 …………………………………………………………………………………（238）

关于优化城乡建设用地增减挂钩项目管理助推脱贫攻坚的通知　宁自然资发〔2019〕154号 ……（240）

自治区自然资源厅　农业农村厅关于加强设施农业用地管理促进现代农业健康发展的通知　宁自然资规发〔2020〕10号 ………………………………………………………………………（242）

自然资源厅关于印发《宁夏回族自治区自然资源系统助力脱贫攻坚推进乡村振兴若干政策》的通知　宁自然资规发〔2020〕1号 ………………………………………………………………（246）

宁夏回族自治区自然资源系统助力脱贫攻坚推进乡村振兴若干政策 ………………………（247）

关于进一步优化城乡建设用地增减挂钩项目实施管理工作的通知　宁自然资发〔2020〕207号 …（250）

自治区农业农村厅　自治区自然资源厅关于规范农村宅基地审批管理的通知　宁农（经）发〔2021〕11号 ……………………………………………………………………………………（252）

关于印发《关于化解农村宅基地确权登记历史遗留问题若干措施》的通知　宁自然资规发〔2021〕8号 ……………………………………………………………………………………（255）

关于化解农村宅基地确权登记历史遗留问题若干措施 ………………………………………（256）

关于印发《宁夏回族自治区跨县域补充耕地指标交易管理暂行办法》的通知　宁自然资发〔2021〕215号 ……………………………………………………………………………………（258）

宁夏回族自治区跨县域补充耕地指标交易管理暂行办法 ……………………………………（259）

自治区自然资源厅关于加强和规范乡村建设规划许可管理工作的通知　宁自然资规发〔2021〕4号 ……………………………………………………………………………………………（262）

关于印发保障和规范农村一二三产业融合发展用地实施细则的通知　宁自然资发〔2021〕174号 ……………………………………………………………………………………………………（266）

关于保障和规范农村一二三产业融合发展用地的实施细则 …………………………………（267）

自治区自然资源厅　农业农村厅关于加强设施农业用地备案监管工作的通知　宁自然资发〔2022〕74号 …………………………………………………………………………………………（270）

自治区自然资源厅关于做好沙漠戈壁荒漠光伏等新能源产业用地保障工作的通知　宁自然资发〔2022〕183号 ……………………………………………………………………………………（272）

关于贯彻落实过渡期内支持巩固拓展脱贫攻坚成果同乡村振兴有效衔接有关精神的通知　宁自然资发〔2022〕244号 …………………………………………………………………………（274）

· V ·

关于指导做好自治区人民政府授权用地审批权承接办理工作的通知 宁自然资发〔2023〕23号 …(276)
宁夏回族自治区自然资源厅等14部门关于印发《鼓励和支持社会资本参与生态保护修复的实施意见》
的通知 宁自然资发〔2023〕20号 ……………………………………………………………………(278)
鼓励和支持社会资本参与生态保护修复的实施意见 ……………………………………………………(279)
关于印发《关于开展村庄规划编制攻坚行动工作方案》的通知 宁党农发〔2023〕9号…………(286)
关于开展村庄规划编制攻坚行动工作方案 ………………………………………………………………(287)

宁夏回族自治区
乡村振兴用地政策指引

第一章 总 则

第一条（适用范围） 乡村振兴用地政策是指国家和自治区出台的法律法规、规章及规范性文件中规定的适用于乡村振兴促进活动的用地政策。

本《指引》适用于自治区乡村建设、乡村发展、乡村治理、城乡融合发展以及帮扶保障等乡村振兴促进活动涉及的用地行为。本指引引用的相关文件清单见附录，文件内容见《宁夏回族自治区乡村振兴用地政策文件汇编》。

第二条（主要内容） 本指引重点对乡村振兴用地涉及的规划管理，建设用地计划指标，用地审批，土地供应，农村宅基地和住宅建设管理，设施农业用地管理，拓展农村土地使用功能，城乡建设用地增减挂钩，负面清单，监督考核等方面政策要点予以归纳说明。

第三条（概念含义） 本指引涉及的重要概念解释如下：

（一）乡村，是指城市建成区以外具有自然、社会、经济特征和生产、生活、生态、文化等多重功能的地域综合体，包括乡镇和村庄等。

（二）农村一二三产业融合发展用地，是以农业农村资源为依托，拓展农业农村功能，延伸产业链条，涵盖农产品生产、储存、加工、流通、就地消费等环节。

（三）设施农业用地，指农业生产中直接用于作物种植和畜禽水产养殖的设施用地，分为生产设施用地以及与生产直接关联的辅助设施用地。

（四）跨县域补充耕地指标交易，是指自治区内耕地后备资源相对匮乏、新开垦耕地不足以补充所占耕地的县（市、区）人民政府（以下简称"受让方"），由于实施国家和自治区重大建设项目无法落实耕地占补平衡，在耕地后备资源相对丰富、补充耕地指标充裕的县（市、区）人民政府（以下简称"出让方"）落实补充耕地任务的行为。

第四条（基本原则） 乡村振兴用地应当遵循以下原则：

（一）坚持规划引领，优化布局。强化国土空间规划的指导约束作用，统筹自然资源开发利用、保护和修复，优化乡村各类功能空间，补齐乡村发展短板，引导乡村振兴用地优化布局。

（二）坚持节约集约，注重效率。各项乡村振兴项目建设少占地、不占或者少占耕地；要严格执行建设用地标准，优先使用存量建设用地，提高建设用地使用效率。

（三）坚持底线思维，保护优先。乡村振兴要立足乡村特色和功能定位，遵循乡村发展规律，严守永久基本农田保护红线、生态保护红线等安全底线，同时也要切实守住维护农民合法权益的底线。

第二章 规划管理

第五条（村庄规划编制） 以国家和自治区"多规合一"的实用性村庄规划制度标准为依据，严格落实"三区三线"划定成果，按照市县国土空间总体规划明确的村庄类型，分类推进村庄规划编制。除搬迁撤并、城郊融合类村庄外，实现村庄规划全覆盖，已有村庄规划成果不适用于村庄发展建设的，应适时组织开展规划修编。

农村公共服务设施、基础设施、村民住宅、一二三产业融合发展项目等乡村振兴用地，办理用地审批和核发乡村建设规划许可，应当符合经依法批准的村庄规划。

第六条（功能布局要求） 乡村振兴用地要符合国土空间规划,在县域范围内统筹布局。

（一）产业用地:规模较大、工业化程度高、分散布局配套设施成本高的产业项目要进产业园区;具有一定规模的农产品加工要向县城或有条件的乡镇城镇开发边界内集聚;直接服务种植养殖业的农产品加工、电子商务、仓储保鲜冷链、产地低温直销配送等产业,原则上应集中在行政村村庄建设边界内;利用农村本地资源开展农产品初加工、发展休闲观光旅游而必需的配套设施建设,可在不占用永久基本农田和生态保护红线、不破坏生态环境和乡村风貌的前提下,在村庄建设边界外安排少量建设用地,应符合村庄规划"留白"管理要求,并依法办理农用地转用审批和供地手续。

（二）农村村民住宅用地:农村村民住宅用地布局要符合国土空间规划和村庄规划,符合"三区三线"管控规则,严禁占用永久基本农田、生态保护红线和各类自然保护区。严格落实"一户一宅",引导农村村民住宅用地集中布局,农村村民建住宅尽量使用原有的宅基地和村内空闲地。

（三）其他用地:乡镇企业、乡（镇）村公共设施、公益事业等乡（镇）村建设,应当按照村庄和集镇规划,合理布局,综合开发,配套建设。强化县城综合服务能力,把乡镇建成服务农民的区域中心,统筹布局村基础设施、公益事业设施和公共设施,促进设施共建共享,资源利用节约集约水平。

第七条（规划建设用地指标）

（一）编制县乡级国土空间规划时,应安排不少于10%的建设用地指标,保障农村产业融合发展项目用地,促进农村生产、生活、生态空间协调发展。

（二）编制村庄规划时,可预留5%的建设用地作为机动指标。需就地开展农产品初加工或利用本地资源发展休闲观光旅游产业,难以在国土空间规划和村庄规划中准确选址落位的建设项目,可申请使用机动指标。使用机动指标的项目需符合以下条件:不占用永久基本农田和生态保护红线;不突破国土空间规划建设用地指标等约束条件;不破坏历史风貌和影响自然资源环境安全,占用土地面积不超过10亩（1亩≈666.67m²）;周边具备必要的基础设施条件等。

第三章　建设用地计划指标

第八条（新增建设用地计划指标） 在安排土地利用年度计划时,以国土空间规划为依据,按照应保尽保原则,新增建设用地计划指标优先保障巩固拓展脱贫攻坚成果和乡村振兴用地需要。各县（市、区）建设用地指标应当保证乡村产业发展用地需求,将不低于5%的年度新增建设用地计划指标用于农业农村发展,优先保障节水、节能、节地等农村产业融合发展用地。

第九条（脱贫县区计划指标） 自治区单列安排红寺堡区、同心县、盐池县、原州区、西吉县、隆德县、泾源县、彭阳县、海原县每个脱贫县（市、区）计划指标600亩,专项用于农村产业融合发展等乡村振兴用地需要,计划指标不足的由自治区统筹保障。

第十条（存量用地指标）

（一）县级以上地方人民政府应当推进节约集约用地,提高土地使用效率,依法采取措施盘活农村存量建设用地,优先保障农民居住、乡村基础设施、公共服务空间和产业用地需求。

（二）对利用存量建设用地进行农产品加工、农产品冷链、物流仓储、产地批发市场等项目建设或用于小微创业园、休闲农业、乡村旅游、农村电商等农村二三产业的县（市、区），可给予新增建设用地计划指标奖励。

（三）按照城乡建设用地增减挂钩政策，将农村集体建设用地整理复垦为农用地，腾退的建设用地指标在保障本村农民安置、基础设施、公益事业、产业发展等用地的前提下，节余部分可在县域内调剂使用，统筹保障农村产业融合发展。

第四章 用地审批

第十一条（用地预审和选址）

（一）以下情形不需申请办理用地预审，直接申请办理农用地转用和土地征收：

（1）国土空间规划确定的城市和村庄、集镇建设用地范围内的建设项目用地；

（2）油气类"探采合一"和"探转采"钻井及其配套设施建设用地；

（3）具备直接出让采矿权条件、能够明确具体用地范围的采矿用地；

（4）露天煤矿接续用地；

（5）水利水电项目涉及的淹没区用地。

（二）以下情形不需办理建设用地预审与选址意见书，直接办理农用地转用审批手续：

（1）在村庄建设边界外，具备必要的基础设施条件、使用规划预留建设用地指标的农村产业融合发展项目，在不占用永久基本农田、严守生态保护红线、不破坏历史风貌和影响自然环境安全的前提下，可暂不作规划调整；办理用地审批手续时，可不办理用地预审与选址意见书。

（2）农村产业融合发展用地使用规划"留白"指标办理用地审批手续时，可暂不作规划调整，可不需办理建设项目用地预审与选址意见书，直接办理农用地转用审批手续、落地机动指标、明确规划用地性质，项目批准后更新数据库。

（3）对于适用简易审批的村庄建设项目，使用集体建设用地开展建设的，项目单位无须办理建设项目用地预审与选址意见书。

（三）简化建设项目用地预审审查。涉及规划土地用途调整的，重点审查是否符合允许调整的情形，规划土地用途调整方案在办理农用地转用和土地征收阶段提交；涉及占用永久基本农田的，重点审查是否符合允许占用的情形以及避让的可能性，补划方案在办理农用地转用和土地征收阶段提交；涉及占用生态保护红线的，重点审查是否属于允许有限人为活动之外的国家重大项目范围。

（1）生态保护红线内允许有限人为活动涉及新增建设用地审批的，县（市、区）人民政府组织对有限人为活动不可避让生态保护红线和减缓生态环境影响的措施进行论证，由设区的市人民政府审核后，提请自治区人民政府认定，建设用地报批时，附自治区人民政府认定意见。不涉及新增建设用地、有具体建设活动的项目，县（市、区）自然资源主管部门组织对有限人为活动不可避让生态保护红线和减缓生态环境影响的措施进行论证，由同级人民政府认定，办理相关行政许可审批手续时应当附认定意见。

（2）涉及占用生态保护红线的国家重大项目新增建设用地审批的，县（市、区）人民政府组织对项目不可避让占用生态保护红线和减缓生态环境影响的措施进行初步论证，经设区的市人民政府初审,报自治区人民政府组织论证,建设用地报批时,附自治区人民政府论证意见。不涉及新增建设用地的,市、县(区)人民政府组织对项目不可避让占用生态保护红线和减缓生态环境影响的措施进行论证,办理相关行政许可审批手续时应当附论证意见。

第十二条(用地审批) (一)建设项目需要使用土地的,建设单位原则上应当一次申请,办理建设用地审批手续,确需分期建设的项目,可以根据可行性研究报告确定的方案,分期申请建设用地,分期办理建设用地审批手续。

经国务院批准农用地转用的,同时办理征地审批手续,不再另行办理征地审批;经省、自治区、直辖市人民政府在征地批准权限内批准农用地转用的,同时办理征地审批手续,不再另行办理征地审批。

(二)符合产业布局要求的休闲观光等需零星、分散使用建设用地的,可实施"点状供地",按照"建多少、转多少、征多少"的原则,依法依规办理用地审批手续。农村产业融合发展用地涉及农用地转用和集体土地征收的,可按批次用地打捆组卷上报。

(三)农村村民住宅用地涉及办理农用地转用审批的,由所在地县级人民政府按照用地需求,分批次统一向设区的市人民政府提交用地申请。

(四)2024年1月2日前,原深度贫困地区、集中连片特困地区、国家扶贫开发工作重点县省级以下基础设施、易地扶贫搬迁、民生发展等建设项目,确实难以避让永久基本农田的,可纳入重大建设项目范围,由省级自然资源主管部门办理用地预审,并按照规定办理农用地转用和土地征收。

第十三条(土地征收) 为了公共利益的需要,有下列情形之一,确需征收农民集体所有的土地的,可以依法实施征收:

(一)军事和外交需要用地的;

(二)由政府组织实施的能源、交通、水利、通信、邮政等基础设施建设需要用地的;

(三)由政府组织实施的科技、教育、文化、卫生、体育、生态环境和资源保护、防灾减灾、文物保护、社区综合服务、社会福利、市政公用、优抚安置、英烈保护等公共事业需要用地的;

(四)由政府组织实施的扶贫搬迁、保障性安居工程建设需要用地的;

(五)在国土空间规划确定的城镇建设用地范围内,经省级以上人民政府批准由县级以上地方人民政府组织实施的成片开发建设需要用地的;

(六)法律规定为公共利益需要可以征收农民集体所有的土地的其他情形。

前款规定的建设活动,应当符合国民经济和社会发展规划、国土空间规划;第(四)项、第(五)项规定的建设活动,还应当纳入国民经济和社会发展年度计划;第(五)项规定的成片开发并应当符合国务院自然资源主管部门规定的标准。

第十四条(规划许可核发) 依据依法批准的村庄规划核发乡村建设规划许可证;未编制村庄规划的,可依据县或乡镇"通则式"的国土空间规划管理规定,核发乡村建设规划许可证。在城镇开发边界内使用集体土地进行建设的,可依据国土空间详细规划核发建设工程规划许可证;地方性法规另有规定的,从其规定。

实施简易审批程序的项目类型:为深化"放管服"改革,推动美丽乡村建设,单体面积小、投资规模较小、技术方案简单、建设内容单一的小型村庄建设项目,在符合国土空间规划的前提下实施简易审批程序,乡村建设规划许可与集体土地使用审批合并办理。主要包括:生活垃圾污水、厕所粪污处理、村容村貌提升等农村人居环境建设,以及农村供排水、村内道路、文化体育等小型基础设施项目。

第十五条(按原地类或农用地管理) 按照下列规定条件使用农用地或未利用地的,可按原地类或农用地管理:

(一)属于自然景观用地及农牧渔业种植、养殖用地的,不征收(收回)、不转用,按现用途管理,由景区管理机构和经营主体与土地权利人依法协调种植、养殖、管护与旅游经营关系。

(二)仅在年度内特定旅游季节使用土地的乡村旅游停车设施,自然资源主管部门在相关设施不使用永久基本农田、不破坏生态与景观环境、不影响地质安全、不影响农业种植、不硬化地面、不建设永久设施的前提下,可不征收(收回)、不转用,按现用途管理。

(三)自驾车旅居车营地的特定功能区,使用未利用地的,在不改变土地用途、不固化地面的前提下,可按原地类管理。

(四)在不改变用地主体、规划条件的前提下,市场主体利用旧厂房、仓库提供符合全域旅游发展需要的旅游休闲服务的,可执行在五年内继续按原用途和土地权利类型使用土地的过渡期政策。

(五)依据国土空间规划在矿山修复后的土地上发展旅游产业,建设观光台、栈道等非永久性附属设施,在不占用永久基本农田以及不破坏生态环境、自然景观和不影响地质安全的前提下,其用地可不征收(收回)、不转用,按现用途管理。

(六)利用现有山川水面建设冰雪场地设施,对不占压土地、不改变地表形态的,可按原地类管理,涉及土地征收的依法办理土地征收手续。

(七)对利用现有房屋和集体建设用地改造建设民宿民俗、文化创意、健康养老、众创空间、休闲农业、乡村旅游等新业态的,可按原用途和土地权利类型使用土地。

(八)光伏、风力发电等项目使用戈壁、荒漠、荒草地等未利用地的,对不占压土地、不改变地表形态的用地部分,可按原地类认定,不改变土地用途。对深度贫困地区脱贫攻坚中建设的光伏发电项目,以及国家能源局、国务院扶贫办(现国家乡村振兴局)确定下达的全国村级光伏扶贫电站建设规模范围内的光伏发电项目,光伏方阵使用永久基本农田以外的农用地的,在不破坏农业生产条件的前提下,可不改变原用地性质;采用直埋电缆方式敷设的集电线路用地,实行与项目光伏方阵用地同样的管理方式。

(九)在林地上修筑下列直接为林业生产经营服务的工程设施,符合国家有关部门规定的标准的,由县级以上人民政府林业主管部门批准,不需要办理建设用地审批手续;超出标准需要占用林地的,应当依法办理建设用地审批手续:①培育、生产种子、苗木的设施;②贮存种子、苗木、木材的设施;③集材道、运材道、防火巡护道、森林步道;④林业科研、科普教育设施;⑤野生动植物保护、护林、林业有害生物防治、森林防火、木材检疫的设施;⑥供水、供电、供热、供气、通讯基础设施;⑦其他直接为林业生产服务的工程设施。

(十)抢险救灾、疫情防控等急需使用土地的,可以先行使用土地。其中,属于临时用地的,用后应当恢复原状并交还原土地使用者使用,不再办理用地审批手续;属于永久性建设用地的,建设单位应当在不晚于应急处置工作结束6个月内申请补办建设用地审批手续。

第十六条（耕地占补平衡或指标交易）

（一）执行跨县域补充耕地指标交易政策，发挥经济发达与资源丰富县（市、区）资金资源互补优势，建立收益调节分配机制，助推脱贫攻坚和乡村振兴。出让方要安排不少于5%的交易资金专项用于补充耕地项目的后期管护和质量提升，剩余资金全部用于耕地保护、巩固脱贫攻坚成果和支持实施乡村振兴战略，优先用于国土综合整治和高标准农田建设等补充耕地任务。

（二）对损毁的建设用地和零星分散的未利用地开发整理成耕地的，经认定可用于占补平衡；未利用地开垦应限定在新一轮全国耕地后备资源调查评价确定的宜耕后备资源范围内。在符合生态保护要求的前提下，通过组织实施土地整理复垦开发及高标准农田建设等，经验收能长期稳定利用的新增耕地可用于占补平衡。

（三）在高标准农田建设中增加的耕地经核定后符合要求的可作为占补平衡补充耕地指标在省域内调剂，所得收益用于高标准农田建设。

第五章 土地供应

第十七条（国有建设用地） 乡村振兴用地符合《划拨用地目录》（国土资源部令第9号）规定的，可以划拨方式供应国有建设用地使用权；符合《协议出让国有土地使用权规定》（国土资源部令第21号）相关条件和要求的，可以协议方式出让国有建设用地使用权。工业、商业、旅游、娱乐和商品住宅等经营性用地以及同一宗地有两个以上意向用地者的，应当以招标、拍卖或者挂牌方式出让。

第十八条（集体建设用地）

（一）集体经营性建设用地入市：经国土空间规划确定为工业、商业等经营性用途并依法登记的集体经营性建设用地，土地所有权人可以依法通过出让、出租等方式交由单位或者个人使用，优先用于发展集体所有制经济和乡村产业。集体经营性建设用地的出租，集体建设用地使用权的出让及其最高年限、转让、互换、出资、赠与、抵押等，参照同类用途的国有建设用地执行，法律、行政法规另有规定的除外。集体经营性建设用地出让、出租等，应当经本集体经济组织成员的村民会议2/3以上成员或者2/3以上村民代表的同意。

（二）农村集体建设用地使用：

（1）农村集体经济组织使用乡（镇）国土空间规划确定的建设用地兴办企业或者与其他单位、个人以土地使用权入股、联营等形式共同举办企业的，按照《中华人民共和国土地管理法》第六十条规定使用集体建设用地；单位或者个人也可按照国家统一部署，通过集体经营性建设用地入市的渠道，以出让、出租等方式使用集体建设用地。

（2）鼓励返乡下乡人员依法以入股、合作、租赁等形式使用农村集体建设用地开展创业创新，支持返乡下乡人员依托自有和闲置农房院落发展农家乐。在符合农村宅基地管理规定和相关规划的前提下，允许返乡下乡人员和当地农民合作改建自住房。

（3）农村集体经济组织可依法使用本集体经济组织所有的建设用地自办或以建设用地使用权入股、联营等方式与其他单位和个人共同举办养老服务设施。

（4）在充分保障农民宅基地用益物权、防止外部资本侵占控制的前提下，探索农村集体经济组织以出租、合作等方式盘活利用空闲农房及宅基地，按照规划要求和用地标准，改造建设民宿民俗、创意办公、休闲农业、乡村旅游等农业农村体验活动场所。

(5)农村集体经济组织可以依法使用自有建设用地自办或以土地使用权入股、联营等方式与其他单位和个人共同参与乡村旅游基础设施建设。

第六章 农村宅基地和住宅建设管理

第十九条（下放用地审批权） 国土空间规划确定的村庄、集镇建设用地范围内，为实施该规划按土地利用年度计划分批次将永久基本农田以外的农用地转为建设用地，并作为农村村民住宅用地的审批事项，由县级人民政府报设区的市人民政府批准，市级自然资源主管部门负责具体审查工作。

第二十条（用地需求保障）
城镇建设用地规模范围外的村庄，要通过优先安排新增建设用地计划指标、村庄整治、废旧宅基地腾退等多种方式，增加宅基地空间，满足符合宅基地分配条件农户的建房需求。城镇建设用地规模范围内，可以通过建设农民公寓、农民住宅小区等方式，满足农民居住需要。

农村村民住宅建设用地指标在年度土地利用计划中单列安排，原则上不低于新增建设用地计划指标的5%，专项保障农村村民住宅建设用地，年底实报实销。当年保障不足的，下一年度优先保障。

第二十一条（用地规模要求） 农村村民一户只能拥有一处宅基地，其宅基地的面积不得超过自治区规定的标准。农村村民出卖、出租、赠与住宅后，再申请宅基地的，不予批准。

宅基地面积（包括附属用房、庭院用地）按照以下标准执行：
(1)使用水浇地的，每户不得超过270m²；
(2)使用平川旱作耕地的，每户不得超过400m²；
(3)使用山坡地的，每户不得超过540m²。

设区的市、县(市)人民政府应当根据当地实际情况，在前款规定的用地限额内制定宅基地具体标准。

第二十二条（宅基地退出） 国家允许进城落户的农村村民依法自愿有偿退出宅基地。禁止违背农村村民意愿强制流转宅基地，禁止违法收回农村村民依法取得的宅基地，禁止以退出宅基地作为农村村民进城落户的条件，禁止强迫农村村民搬迁退出宅基地。

第二十三条（确权登记） 对权属合法、登记要件齐全的宅基地及房屋均未登记的，要尽快办理房地一体确权登记颁证；宅基地已登记、房屋未登记的，根据群众需求及时办理房地一体登记，换发房地一体不动产权证书；已登记的宅基地及房屋自然状况和权利状况发生变化的，依法办理相关登记。

对"一户多宅"、宅基地面积超标、非本集体成员占用宅基地、没有权属来源材料的宅基地，以及合法宅基地上的房屋没有符合规划或建设相关材料等情形，各地可依据《国土资源部关于进一步加快宅基地和集体建设用地确权登记发证有关问题的通知》(国土资发〔2016〕191号)《自然资源部关于加快宅基地和集体建设用地使用权确权登记工作的通知》(自然资发〔2020〕84号)《关于印发〈关于化解农村宅基地确权登记历史遗留问题若干措施〉的通知》(宁自然资规发〔2021〕8号)等政策文件以及地方细化完善的政策要求办理登记。国有土地上宅基地及其地上房屋的确权登记可参照农村宅基地房地一体有关政策执行。

对纳入农村乱占耕地建房住宅类房屋专项整治问题台账的房屋及用地,作好问题处置与登记工作衔接,根据处置结果依法办理登记。对违反国土空间规划管控要求建房、城镇居民非法购买宅基地、小产权房等,不得办理登记,严禁通过不动产登记将违法用地或违法建设合法化。

第二十四条(耕地开垦费) 对农村村民住宅建设占用耕地的,县级自然资源主管部门要通过储备补充耕地指标、实施土地整治补充耕地等多种途径统一落实占补平衡,不得收取耕地开垦费。

第七章 设施农业用地管理

第二十五条(设施农业用地范围)

(一)设施农业用地。设施农业用地是农业生产中直接用于作物种植和畜禽、水产养殖的用地,分为生产设施用地和与生产直接相关联的辅助设施用地。

1. 作物种植设施用地

生产设施用地:直接用于种植类农产品生产的设施用地,包括工厂化作物栽培的智能温室、育种育苗大棚、连栋温室、日光温室、温棚看护房、符合农村道路规定的场区道路等用地。

辅助设施用地:辅助生产必需的烘干晾晒、分拣包装、保鲜预冷、存储、检验检疫监测、病虫害防控、废弃物处理以及为生产服务的农机农具存放场所、农业灌溉设施等用地。

2. 畜禽、水产养殖设施用地

生产设施用地:直接用于畜禽、水产类农产品生产的设施用地,包括养殖畜禽圈舍、养殖池、挤奶厅、进排水渠道、绿化隔离带、符合农村道路规定的场区道路等用地。

辅助设施用地:辅助生产必需的饲料存储、畜禽粪污处置、水产养殖尾水处理、生物质有机肥料生产、检验检疫检测、疫病防治、病死动物无害化处理,以及为生产服务的农机农具存放场所和管理用房等用地。

(二)非设施农业用地。经营性粮食存储、加工,农资农机存放、维修场所;集中建设仓储保鲜冷链设施的田头市场;屠宰和肉类加工存储场所;以农业为依托的休闲观光度假场所、各类庄园、酒庄、农家乐,以及各类农业园区对外经营的餐饮、住宿、办公、会议、展销、停车场、工厂化农产品加工等用地,必须依法依规按照建设用地进行报批和管理。

第二十六条(优化布局) 鼓励各地编制种植、养殖等农业发展规划,与国土空间规划充分衔接,安排农业产业发展空间,合理布局设施农业用地。尽量利用未利用地、荒山荒坡等非耕地、农村闲置设施农业用地、存量低效建设用地;尽量不占或少占耕地,避让永久基本农田。在保护生态和不增加用水总量前提下,探索科学利用戈壁、沙漠等发展设施农业。

第二十七条(合理确定规模)

(一)生产设施:生产设施用地规模根据农业生产需要,按照种植、养殖规模核定,其中规模化种植、养殖等按照农业行业标准合理确定。温棚看护房面积控制在单层 $22.5m^2$ 以内。按照农村道路管理的场区道路,宽度不得超过8m。

(二)辅助设施:作物种植辅助设施用地规模,原则上不得超过项目用地面积的5%,最大面积应控制在15亩以内;畜禽养殖辅助设施用地规模,原则上不得超过项目用地面积的

10%，最大面积应控制在 15 亩以内；水产养殖辅助设施用地规模，原则上不得超过项目用地面积的 10%，最大面积应控制在 10 亩以内。

对未纳入上述分类的新兴设施农业类型，由县（市、区）农业农村部门会同同级自然资源部门结合实际确定。

第二十八条（设施农业用地使用耕地要求） 永久基本农田不得转为林地、草地、园地等其他农用地及农业设施建设用地。严禁新增占用永久基本农田建设畜禽养殖设施、水产养殖设施和破坏耕作层的种植业设施。

严格管控一般耕地转为其他农用地。严格控制新增农村道路、畜禽养殖设施、水产养殖设施和破坏耕作层的种植业设施等农业设施建设用地使用一般耕地。确需使用的，应充分论证占用耕地的必要性、合理性、可行性，报乡（镇）人民政府备案，同时纳入县级年度耕地"进出平衡"总方案，从林地、草地、园地等其他农用地及农业设施建设用地中补足同等数量、质量的可长期稳定利用耕地。

第八章 拓展农村土地使用功能

第二十九条（农村土地复合利用） 因地制宜拓展农村土地使用功能，提高土地节约集约利用水平。在符合国土空间规划和用途管制要求、确保安全的前提下，鼓励农业生产和村庄建设等用地复合利用。同一项目用地兼容加工、科创、研发、销售、实训等两种以上用途的，以主用途供地。

第三十条（农村存量土地盘活利用）

（一）有序开展县域乡村闲置集体建设用地、闲置宅基地、村庄空闲地、厂矿废弃地、道路改线废弃地、农业生产与村庄建设复合用地及"四荒地"（荒山、荒沟、荒丘、荒滩）等土地综合整治，盘活建设用地重点用于乡村新产业新业态和返乡入乡创新创业。

（二）各地要统筹考虑区位条件、资源禀赋、环境容量、产业基础和历史文化传承，选择适合本地实际的农村闲置宅基地和闲置住宅盘活利用模式：一是鼓励利用闲置住宅发展符合乡村特点的休闲农业、乡村旅游、餐饮民宿、文化体验、创意办公、电子商务等新产业新业态；二是鼓励利用闲置住宅发展农产品冷链、初加工、仓储等一二三产业融合发展项目；三是支持采取整理、复垦、复绿等方式，开展农村闲置宅基地整治，为农民建房、乡村建设和产业发展等提供土地等要素保障。

（三）在充分尊重农民意愿的前提下，可依据国土空间规划，以乡镇或村为单位开展全域土地综合整治，腾挪空间用于支持农村产业融合发展和乡村振兴。对集中连片建设生态保护与修复工程达到一定规模和预期目标的社会投资主体，允许依法依规取得不超过 3% 治理修复面积的自然资源使用权，从事旅游、康养、体育、设施农业产业开发等相关产业。

第三十一条（农村一二三产融合发展）

（一）农村一二三产融合发展项目用地类型主要包括：农产品加工场所、农副产品交易市场、仓储保鲜冷链等农产品加工流通用地；农家乐、民宿、农事体验等农村休闲观光旅游场所用地；农产品网上营销、农村寄递物流基础设施等农村电商服务用地。土地用途可按工业、商业、物流仓储用地等管理。

（二）退出条件：使用集体建设用地的农村一二三产融合发展用地，在签订供地合同时应在合同中设置退出条件。出现擅自改变土地用途、从事与农业无关的工业商业项目、擅自分割转让转租、破坏生态环境等情况的,应按照合同约定依法依规收回土地使用权。农村产业融合发展项目因生产经营范围或内容发生变化需改变土地用途的,在符合国土空间规划和村庄规划前提下,应依法依规办理土地用途变更手续,涉及使用农村集体土地的应征得农村集体经济组织和相关权利人的同意。

第九章 城乡建设用地增减挂钩

第三十二条（分类实施政策） 积极支持同心县、红寺堡区、西吉县、原州区、海原县等5个原深度贫困县（区）继续开展增减挂钩节余指标跨省域调剂,指标交易资金全额用于脱贫攻坚和乡村振兴。对其他脱贫地区继续实施城乡建设用地增减挂钩节余指标省域内交易政策。同时,工矿废弃地复垦利用政策已到期,政策到期后不再新增项目,但符合条件的工矿废弃地可纳入增减挂钩实施。

第三十三条（拆旧复垦备选库） 相关县（市、区）要依据国土空间规划和国土变更调查成果,积极作好城乡建设用地增减挂钩项目储备。

按照"先复垦后利用"原则,综合考虑当地农村集体建设用地复垦潜力和经济社会发展需要,科学、合理地选择拆旧复垦地块,组成增减挂钩复垦项目备选库。重点将2016年以来,由当地政府组织实施的村庄整治、环境整治、危房改造、巷道通畅等项目实施中的拆旧复垦地块纳入备选库。

拆旧区备选地块必须符合以下条件:在最新土地利用现状数据库中现状地类是建设用地（村庄、采矿用地、特殊用地等）;3年内遥感影像图判读存在建筑物。

第三十四条（报批要件要求） 城乡建设用地增减挂钩建新区按照分批次方式申报建设用地。需提交的报批资料减少为4项:

（一）县级人民政府请示文件;

（二）项目拆旧区和建新区指标转换方案;

（三）土地勘测定界技术报告书及相关图件;

（四）一书一方案、建设用地呈报说明书、征收土地方案等。

第三十五条（规划修改程序） 增减挂钩项目实施过程中,确由群众意愿、复垦条件发生变化等原因导致已经批复的《增减挂钩项目区实施规划》需要修改的,按以下规定办理:

（一）无法实施的拆旧地块面积在批复拆旧地块总面积20%（含）以内的,在验收环节直接扣减;无法实施的拆旧地块面积超过批复拆旧地块总面积20%的,由县级人民政府提出申请,报自然资源厅审查批复。

（二）拆旧地块需要变更复垦方向,如变更面积不超过批准面积20%（含）的,在复垦验收环节直接变更;如超过20%的,由县级人民政府提出申请,报自然资源厅审查批复。

（三）建新地块预留用地位置的调整,由县级人民政府提出申请,报自然资源厅审查批复。

第三十六条（拆旧区复垦验收） 为进一步压实县级自然资源部门主体责任,减少验收环节,将原县级自查、市级初验、自治区级验收的流程调整为县级初验、市级验收。

第十章 土地出让收入使用

第三十七条（农业农村投入） 各级人民政府应当坚持取之于农、主要用之于农的原则，按照国家有关规定调整完善土地使用权出让收入使用范围，提高农业农村投入比例，重点用于高标准农田建设、农田水利建设、现代种业提升、农村供水保障、农村人居环境整治、农村土地综合整治、耕地及永久基本农田保护、村庄公共设施建设和管护、农村教育、农村文化和精神文明建设支出，以及与农业农村直接相关的山水林田湖草沙生态保护修复、以工代赈工程建设等。

第三十八条（统筹涉农资金） 土地出让收入用于农业农村的资金主要由市、县（区）安排使用，地级市要向市辖区倾斜，赋予市辖区合理使用资金自主权。自治区财政继续统筹农田水利建设资金、新增建设用地土地有偿使用费，重点支持粮食主产和财力薄弱市、县（区）乡村振兴。新增耕地指标和城乡建设用地增减挂钩节余指标跨省域调剂收益，全部用于巩固脱贫攻坚成果和支持乡村振兴。

第三十九条（出让底价规定） 对使用"四荒地"建设的乡村旅游项目，出让底价可按不低于土地取得成本、土地前期开发成本和按规定应收取相关费用之和的原则确定。

农产品批发市场用地作为经营性商业用地，应严格按照规划合理布局，土地招拍挂出让前，所在区域有工业用地交易地价的，可以参照市场地价水平、所在区域基准地价和工业用地最低价标准等确定出让底价。农林牧渔业产品初加工项目在确定土地出让底价时可按不低于所在地土地等别相对应全国工业用地出让最低价标准的70%执行。

第十一章 负面清单

第四十条（农村建房负面清单） 农村建房"八不准"行为具体如下：不准占用永久基本农田建房；不准强占多占耕地建房；不准买卖、流转耕地违法建房；不准在承包耕地上违法建房；不准巧立名目违法占用耕地建房；不准违反"一户一宅"规定占用耕地建房；不准非法出售占用耕地建的房屋；不准违法审批占用耕地建房。

第四十一条（永久基本农田负面清单） 永久基本农田不得转为林地、草地、园地等其他农用地及农业设施建设用地。严禁占用永久基本农田发展林果业和挖塘养鱼；严禁占用永久基本农田种植苗木、草皮等用于绿化装饰以及其他破坏耕作层的植物；严禁占用永久基本农田挖湖造景、建设绿化带；严禁新增占用永久基本农田建设畜禽养殖设施、水产养殖设施和破坏耕作层的种植业设施。

第四十二条（一般耕地负面清单） 耕地保护负面清单主要包含"五个不得""六个严禁"以及其他：

（一）"五个不得"：不得在一般耕地上挖湖造景、种植草皮；不得在国家批准的生态退耕规划和计划外擅自扩大退耕还林还草还湿还湖规模；不得违规超标准在铁路、公路等用地红线外，以及河渠两侧、水库周边占用一般耕地种树建设绿化带；未经批准不得占用一般耕地实施国土绿化；工商企业等社会资本不得未经批准将通过流转获得土地经营权的一般耕地转为林地、园地等其他农用地；确需在耕地上建设农田防护林的，严格控制新增农村道路、畜禽水产养殖设施和破坏耕作层的种植业设施等农业设施建设用地占用一般耕地。

（二）"六个严禁"：严禁违规占用耕地绿化造林；严禁超标准建设绿色通道；严禁违规占用耕地挖湖造景；严禁占用永久基本农田扩大自然保护地；严禁违规占用耕地从事非农建设；严禁违法违规批地用地。

（三）其他：禁止占用耕地建窑、建坟或者擅自在耕地上建房、挖砂、采石、采矿、取土等；严禁违规占用耕地进行农村产业建设，遏制耕地"非农化"，防止耕地"非粮化"，不得造成耕地污染；严禁以设施农业为名，占用耕地违法违规建设与农业发展无关的设施；严禁在农业大棚内违法占用耕地建设住宅、餐饮、娱乐等非农设施；新能源产业的规划建设不得占用耕地和补充耕地后备资源区，严格限制企业通过流转、租用、承包等方式，在耕地上建设养殖圈棚、温棚、开挖鱼塘后再建设光伏复合电站项目。

第四十三条（农村一二三产业融合发展项目负面清单） 以下情形不得纳入农村产业融合发展范围：开发商品住宅、别墅、酒店、公寓写字楼和乱占耕地建房的；利用农村宅基地建设别墅大院和私人会馆；挖湖造景或成片毁林毁草、破坏水域水系等破坏自然风貌、污染生态环境、造成水土流失的；擅自将农业设施用地改变用途的；擅自改变用途或分割转让转租的；法律法规和国家规定其他禁止的情形。

第四十四条（其他负面清单） 严禁在农用地转用报批中占多批少、应转未转；严禁挖山填湖、削峰填谷、挖湖造景或毁林、破坏水域水系；禁止毁林开垦、采石、采砂、采土以及其他毁坏林木和林地的行为。禁止违法将污染环境、破坏生态的产业、企业向农村转移；禁止违法将城镇垃圾、工业固体废物、未经达标处理的城镇污水等向农业农村转移；禁止向农用地排放重金属或者其他有毒有害物质含量超标的污水、污泥，以及可能造成土壤污染的清淤底泥、尾矿、矿渣等；禁止将有毒有害废物用作肥料或者用于造田和土地复垦。

第十二章 监督考核

第四十五条（考核评价） 国家实行乡村振兴战略实施目标责任制和考核评价制度。上级人民政府应当对下级人民政府实施乡村振兴战略的目标完成情况等进行考核，考核结果作为地方人民政府及其负责人综合考核评价的重要内容。

县级以上地方人民政府应当对本行政区域内乡村振兴战略实施情况进行评估，并向本级人民代表大会或者其常务委员会报告乡村振兴促进工作情况。乡镇人民政府应当向本级人民代表大会报告乡村振兴促进工作情况。

第四十六条（监督检查） 县级以上人民政府定期对下一级人民政府乡村振兴促进工作情况开展监督检查。

县级以上人民政府自然资源主管部门对违反土地管理法律法规的行为进行监督检查。

县级以上人民政府农业农村主管部门对违反农村宅基地管理法律法规的行为进行监督检查的，适用《中华人民共和国土地管理法》关于自然资源主管部门监督检查的规定。

附录：《宁夏回族自治区乡村振兴用地政策指引》引用的相关法律法规、规章和文件清单。

附　　录

《宁夏回族自治区乡村振兴用地政策指引》
引用的相关法律法规、规章和文件清单

一、法律法规

1. 中华人民共和国乡村振兴促进法
2. 中华人民共和国土地管理法
3. 中华人民共和国城乡规划法
4. 中华人民共和国土地管理法实施条例
5. 宁夏回族自治区土地管理条例

二、中共中央 国务院文件

6. 中共中央　国务院关于实现巩固拓展脱贫攻坚成果同乡村振兴有效衔接的意见（中发〔2020〕30号）
7. 中共中央　国务院关于全面推进乡村振兴加快农业农村现代化的意见（中发〔2021〕1号）
8. 中共中央　国务院关于做好2023年全面推进乡村振兴重点工作的意见（中发〔2023〕1号）
9. 中共中央办公厅　国务院办公厅印发《关于调整完善土地出让收入使用范围优先支持乡村振兴的意见》（中办发〔2020〕32号）
10. 国务院办公厅关于促进物流业健康发展政策措施的意见（国办发〔2011〕38号）
11. 国务院办公厅关于支持返乡下乡人员创业创新促进农村一二三产业融合发展的意见（国办发〔2016〕84号）
12. 国务院办公厅关于全面放开养老服务市场提升养老服务质量的若干意见（国办发〔2016〕91号）
13. 国务院办公厅关于促进全域旅游发展的指导意见（国办发〔2018〕15号）
14. 国务院关于促进乡村产业振兴的指导意见（国发〔2019〕12号）
15. 国务院办公厅关于防止耕地"非粮化"稳定粮食生产的意见（国办发〔2020〕44号）
16. 国务院办公厅关于坚决制止耕地"非农化"行为的通知（国办发明电〔2020〕24号）
17. 国务院关于新时代支持革命老区振兴发展的意见（国发〔2021〕3号）

三、各部委文件

18. 国土资源部　发展改革委　科技部　工业和信息化部　住房城乡建设部　商务部关于支持新产业新业态发展促进大众创业万众创新用地的意见（国土资规〔2015〕5号）

19. 国土资源部　住房和城乡建设部　国家旅游局关于支持旅游业发展用地政策的意见（国土资规〔2015〕10号）

20. 关于促进自驾车旅居车旅游发展的若干意见（旅发〔2016〕148号）

21. 国土资源部　国务院扶贫办　国家能源局关于支持光伏扶贫和规范光伏发电产业用地的意见（国土资规〔2017〕8号）

22. 国土资源部　国家发展改革委关于深入推进农业供给侧结构性改革做好农村产业融合发展用地保障的通知（国土资规〔2017〕12号）

23. 关于印发《全国冰雪场地设施建设规划（2016—2022年）》的通知（体经字〔2016〕646号）

24. 关于印发《关于促进乡村旅游可持续发展的指导意见》的通知（文旅资源发〔2018〕98号）

25. 关于印发《促进乡村旅游发展提质升级行动方案（2018年—2020年）》的通知（发改综合〔2018〕1465号）

26. 中央农村工作领导小组办公室　农业农村部关于进一步加强农村宅基地管理的通知（中农发〔2019〕11号）

27. 农业农村部　自然资源部关于规范农村宅基地审批管理的通知（农经发〔2019〕6号）

28. 自然资源部办公厅关于加强村庄规划促进乡村振兴的通知（自然资办发〔2019〕35号）

29. 自然资源部关于探索利用市场化方式推进矿山生态修复的意见（自然资规〔2019〕6号）

30. 自然资源部关于加强规划和用地保障支持养老服务发展的指导意见（自然资规〔2019〕3号）

31. 自然资源部　农业农村部关于设施农业用地管理有关问题的通知（自然资规〔2019〕4号）

32. 农业农村部关于积极稳妥开展农村闲置宅基地和闲置住宅盘活利用工作的通知（农经发〔2019〕4号）

33. 自然资源部办公厅关于进一步做好村庄规划工作的意见（自然资办发〔2020〕57号）

34. 关于村庄建设项目施行简易审批的指导意见（发改农经〔2020〕1337号）

35. 自然资源部　农业农村部关于保障农村村民住宅建设合理用地的通知（自然资发〔2020〕128号）

36. 自然资源部　农业农村部关于农村乱占耕地建房"八不准"的通知（自然资发〔2020〕127号）

37. 自然资源部　国家发展改革委　农业农村部关于保障和规范农村一二三产业融合发展用地的通知（自然资发〔2021〕16号）

38. 自然资源部　农业农村部　国家林业和草原局关于严格耕地用途管制有关问题的通知（自然资发〔2021〕166号）

39. 文化和旅游部　教育部　自然资源部　农业农村部　国家乡村振兴局　国家开发银

行关于推动文化产业赋能乡村振兴的意见（文旅产业发〔2022〕33号）

40. 自然资源部办公厅关于过渡期内支持巩固拓展脱贫攻坚成果同乡村振兴有效衔接的通知（自然资办发〔2022〕45号）

41. 自然资源部关于进一步做好用地用海要素保障的通知（自然资发〔2023〕89号）

42. 自然资源部关于深化规划用地"多审合一、多证合一"改革的通知（自然资发〔2023〕69号）

43. 自然资源部关于在经济发展用地要素保障工作中严守底线的通知（自然资发〔2023〕90号）

44. 自然资源部关于持续推进农村房地一体宅基地确权登记颁证工作的通知（自然资发〔2023〕109号）

四、自治区人民政府文件

45. 自治区人民政府办公厅关于规范新能源产业用地的通知（宁政办发〔2015〕108号）

46. 自治区人民政府关于推进农业高质量发展促进乡村产业振兴的实施意见（宁政发〔2020〕1号）

47. 自治区人民政府关于新时代支持革命老区振兴发展的实施意见（宁政发〔2021〕30号）

48. 自治区人民政府关于授权用地审批权的通知（宁政发〔2022〕39号）

五、自治区自然资源厅文件

49. 自治区发展改革委 国土资源厅关于规范光伏发电产业发展有关事项的通知（宁发改能源（发展）〔2018〕118号）

50. 关于优化城乡建设用地增减挂钩项目管理助推脱贫攻坚的通知（宁自然资发〔2019〕154号）

51. 关于加强设施农业用地管理促进现代农业健康发展的通知（宁自然资规发〔2020〕10号）

52. 自然资源厅关于印发《宁夏回族自治区自然资源系统助力脱贫攻坚 推进乡村振兴若干政策》的通知（宁自然资规发〔2020〕1号）

53. 关于进一步优化城乡建设用地增减挂钩项目实施管理工作的通知（宁自然资发〔2020〕207号）

54. 自治区农业农村厅 自治区自然资源厅关于规范农村宅基地审批管理的通知（宁农（经）发〔2021〕11号）

55. 关于印发《关于化解农村宅基地确权登记历史遗留问题若干措施》的通知（宁自然资规发〔2021〕8号）

56. 关于印发《宁夏回族自治区跨县域补充耕地指标交易管理暂行办法》的通知（宁自然资发〔2021〕215号）

57. 自治区自然资源厅关于加强和规范乡村建设规划许可管理工作的通知（宁自然资规发〔2021〕4号）

58. 关于印发保障和规范农村一二三产业融合发展用地实施细则的通知（宁自然资发〔2021〕174号）

59.自治区自然资源厅 农业农村厅关于加强设施农业用地备案监管工作的通知(宁自然资发〔2022〕74号)

60.自治区自然资源厅关于做好沙漠戈壁荒漠光伏等新能源产业用地保障工作的通知(宁自然资发〔2022〕183号)

61.关于贯彻落实过渡期内支持巩固拓展脱贫攻坚成果同乡村振兴有效衔接有关精神的通知(宁自然资发〔2022〕244号)

62.关于指导做好自治区人民政府授权用地审批权承接办理工作的通知(宁自然资发〔2023〕23号)

63.宁夏回族自治区自然资源厅等14部门关于印发《鼓励和支持社会资本参与生态保护修复的实施意见》的通知(宁自然资发〔2023〕20号)

64.关于印发《关于开展村庄规划编制攻坚行动工作方案》的通知(宁党农发〔2023〕9号)

宁夏回族自治区
乡村振兴用地政策文件汇编

法律法规

中华人民共和国乡村振兴促进法

(《中华人民共和国乡村振兴促进法》于 2021 年 4 月 29 日第十三届全国人民代表大会常务委员会第二十八次会议通过。)

第一章 总 则

第一条 为了全面实施乡村振兴战略,促进农业全面升级、农村全面进步、农民全面发展,加快农业农村现代化,全面建设社会主义现代化国家,制定本法。

第二条 全面实施乡村振兴战略,开展促进乡村产业振兴、人才振兴、文化振兴、生态振兴、组织振兴,推进城乡融合发展等活动,适用本法。

本法所称乡村,是指城市建成区以外具有自然、社会、经济特征和生产、生活、生态、文化等多重功能的地域综合体,包括乡镇和村庄等。

第三条 促进乡村振兴应当按照产业兴旺、生态宜居、乡风文明、治理有效、生活富裕的总要求,统筹推进农村经济建设、政治建设、文化建设、社会建设、生态文明建设和党的建设,充分发挥乡村在保障农产品供给和粮食安全、保护生态环境、传承发展中华民族优秀传统文化等方面的特有功能。

第四条 全面实施乡村振兴战略,应当坚持中国共产党的领导,贯彻创新、协调、绿色、开放、共享的新发展理念,走中国特色社会主义乡村振兴道路,促进共同富裕,遵循以下原则:

(一)坚持农业农村优先发展,在干部配备上优先考虑,在要素配置上优先满足,在资金投入上优先保障,在公共服务上优先安排;

(二)坚持农民主体地位,充分尊重农民意愿,保障农民民主权利和其他合法权益,调动农民的积极性、主动性、创造性,维护农民根本利益;

(三)坚持人与自然和谐共生,统筹山水林田湖草沙系统治理,推动绿色发展,推进生态文明建设;

(四)坚持改革创新,充分发挥市场在资源配置中的决定性作用,更好发挥政府作用,推进农业供给侧结构性改革和高质量发展,不断解放和发展乡村社会生产力,激发农村发展活力;

(五)坚持因地制宜、规划先行、循序渐进,顺应村庄发展规律,根据乡村的历史文化、发展现状、区位条件、资源禀赋、产业基础分类推进。

第五条 国家巩固和完善以家庭承包经营为基础、统分结合的双层经营体制,发展壮大农村集体所有制经济。

第六条 国家建立健全城乡融合发展的体制机制和政策体系,推动城乡要素有序流动、平等交换和公共资源均衡配置,坚持以工补农、以城带乡,推动形成工农互促、城乡互补、协调发展、共同繁荣的新型工农城乡关系。

第七条　国家坚持以社会主义核心价值观为引领,大力弘扬民族精神和时代精神,加强乡村优秀传统文化保护和公共文化服务体系建设,繁荣发展乡村文化。

每年农历秋分日为中国农民丰收节。

第八条　国家实施以我为主、立足国内、确保产能、适度进口、科技支撑的粮食安全战略,坚持藏粮于地、藏粮于技,采取措施不断提高粮食综合生产能力,建设国家粮食安全产业带,完善粮食加工、流通、储备体系,确保谷物基本自给、口粮绝对安全,保障国家粮食安全。

国家完善粮食加工、储存、运输标准,提高粮食加工出品率和利用率,推动节粮减损。

第九条　国家建立健全中央统筹、省负总责、市县乡抓落实的乡村振兴工作机制。

各级人民政府应当将乡村振兴促进工作纳入国民经济和社会发展规划,并建立乡村振兴考核评价制度、工作年度报告制度和监督检查制度。

第十条　国务院农业农村主管部门负责全国乡村振兴促进工作的统筹协调、宏观指导和监督检查;国务院其他有关部门在各自职责范围内负责有关的乡村振兴促进工作。

县级以上地方人民政府农业农村主管部门负责本行政区域内乡村振兴促进工作的统筹协调、指导和监督检查;县级以上地方人民政府其他有关部门在各自职责范围内负责有关的乡村振兴促进工作。

第十一条　各级人民政府及其有关部门应当采取多种形式,广泛宣传乡村振兴促进相关法律法规和政策,鼓励、支持人民团体、社会组织、企事业单位等社会各方面参与乡村振兴促进相关活动。

对在乡村振兴促进工作中做出显著成绩的单位和个人,按照国家有关规定给予表彰和奖励。

第二章　产业发展

第十二条　国家完善农村集体产权制度,增强农村集体所有制经济发展活力,促进集体资产保值增值,确保农民受益。

各级人民政府应当坚持以农民为主体,以乡村优势特色资源为依托,支持、促进农村一二三产业融合发展,推动建立现代农业产业体系、生产体系和经营体系,推进数字乡村建设,培育新产业、新业态、新模式和新型农业经营主体,促进小农户和现代农业发展有机衔接。

第十三条　国家采取措施优化农业生产力布局,推进农业结构调整,发展优势特色产业,保障粮食和重要农产品有效供给和质量安全,推动品种培优、品质提升、品牌打造和标准化生产,推动农业对外开放,提高农业质量、效益和竞争力。

国家实行重要农产品保障战略,分品种明确保障目标,构建科学合理、安全高效的重要农产品供给保障体系。

第十四条　国家建立农用地分类管理制度,严格保护耕地,严格控制农用地转为建设用地,严格控制耕地转为林地、园地等其他类型农用地。省、自治区、直辖市人民政府应当采取措施确保耕地总量不减少、质量有提高。

国家实行永久基本农田保护制度,建设粮食生产功能区、重要农产品生产保护区,建设并保护高标准农田。

地方各级人民政府应当推进农村土地整理和农用地科学安全利用,加强农田水利等基础设施建设,改善农业生产条件。

第十五条 国家加强农业种质资源保护利用和种质资源库建设,支持育种基础性、前沿性和应用技术研究,实施农作物和畜禽等良种培育、育种关键技术攻关,鼓励种业科技成果转化和优良品种推广,建立并实施种业国家安全审查机制,促进种业高质量发展。

第十六条 国家采取措施加强农业科技创新,培育创新主体,构建以企业为主体、产学研协同的创新机制,强化高等学校、科研机构、农业企业创新能力,建立创新平台,加强新品种、新技术、新装备、新产品研发,加强农业知识产权保护,推进生物种业、智慧农业、设施农业、农产品加工、绿色农业投入品等领域创新,建设现代农业产业技术体系,推动农业农村创新驱动发展。

国家健全农业科研项目评审、人才评价、成果产权保护制度,保障对农业科技基础性、公益性研究的投入,激发农业科技人员创新积极性。

第十七条 国家加强农业技术推广体系建设,促进建立有利于农业科技成果转化推广的激励机制和利益分享机制,鼓励企业、高等学校、职业学校、科研机构、科学技术社会团体、农民专业合作社、农业专业化社会化服务组织、农业科技人员等创新推广方式,开展农业技术推广服务。

第十八条 国家鼓励农业机械生产研发和推广应用,推进主要农作物生产全程机械化,提高设施农业、林草业、畜牧业、渔业和农产品初加工的装备水平,推动农机农艺融合、机械化信息化融合,促进机械化生产与农田建设相适应、服务模式与农业适度规模经营相适应。

国家鼓励农业信息化建设,加强农业信息监测预警和综合服务,推进农业生产经营信息化。

第十九条 各级人民政府应当发挥农村资源和生态优势,支持特色农业、休闲农业、现代农产品加工业、乡村手工业、绿色建材、红色旅游、乡村旅游、康养和乡村物流、电子商务等乡村产业的发展;引导新型经营主体通过特色化、专业化经营,合理配置生产要素,促进乡村产业深度融合;支持特色农产品优势区、现代农业产业园、农业科技园、农村创业园、休闲农业和乡村旅游重点村镇等的建设;统筹农产品生产地、集散地、销售地市场建设,加强农产品流通骨干网络和冷链物流体系建设;鼓励企业获得国际通行的农产品认证,增强乡村产业竞争力。

发展乡村产业应当符合国土空间规划和产业政策、环境保护的要求。

第二十条 各级人民政府应当完善扶持政策,加强指导服务,支持农民、返乡入乡人员在乡村创业创新,促进乡村产业发展和农民就业。

第二十一条 各级人民政府应当建立健全有利于农民收入稳定增长的机制,鼓励支持农民拓宽增收渠道,促进农民增加收入。

国家采取措施支持农村集体经济组织发展,为本集体成员提供生产生活服务,保障成员从集体经营收入中获得收益分配的权利。

国家支持农民专业合作社、家庭农场和涉农企业、电子商务企业、农业专业化社会化服务组织等以多种方式与农民建立紧密型利益联结机制,让农民共享全产业链增值收益。

第二十二条 各级人民政府应当加强国有农(林、牧、渔)场规划建设,推进国有农(林、牧、渔)场现代农业发展,鼓励国有农(林、牧、渔)场在农业农村现代化建设中发挥示范引领作用。

第二十三条 各级人民政府应当深化供销合作社综合改革,鼓励供销合作社加强与农民利益联结,完善市场运作机制,强化为农服务功能,发挥其为农服务综合性合作经济组织的作用。

第三章 人才支撑

第二十四条 国家健全乡村人才工作体制机制,采取措施鼓励和支持社会各方面提供教育培训、技术支持、创业指导等服务,培养本土人才,引导城市人才下乡,推动专业人才服务乡村,促进农业农村人才队伍建设。

第二十五条 各级人民政府应当加强农村教育工作统筹,持续改善农村学校办学条件,支持开展网络远程教育,提高农村基础教育质量,加大乡村教师培养力度,采取公费师范教育等方式吸引高等学校毕业生到乡村任教,对长期在乡村任教的教师在职称评定等方面给予优待,保障和改善乡村教师待遇,提高乡村教师学历水平、整体素质和乡村教育现代化水平。

各级人民政府应当采取措施加强乡村医疗卫生队伍建设,支持县乡村医疗卫生人员参加培训、进修,建立县乡村上下贯通的职业发展机制,对在乡村工作的医疗卫生人员实行优惠待遇,鼓励医学院校毕业生到乡村工作,支持医师到乡村医疗卫生机构执业、开办乡村诊所、普及医疗卫生知识,提高乡村医疗卫生服务能力。

各级人民政府应当采取措施培育农业科技人才、经营管理人才、法律服务人才、社会工作人才,加强乡村文化人才队伍建设,培育乡村文化骨干力量。

第二十六条 各级人民政府应当采取措施,加强职业教育和继续教育,组织开展农业技能培训、返乡创业就业培训和职业技能培训,培养有文化、懂技术、善经营、会管理的高素质农民和农村实用人才、创新创业带头人。

第二十七条 县级以上人民政府及其教育行政部门应当指导、支持高等学校、职业学校设置涉农相关专业,加大农村专业人才培养力度,鼓励高等学校、职业学校毕业生到农村就业创业。

第二十八条 国家鼓励城市人才向乡村流动,建立健全城乡、区域、校地之间人才培养合作与交流机制。

县级以上人民政府应当建立鼓励各类人才参与乡村建设的激励机制,搭建社会工作和乡村建设志愿服务平台,支持和引导各类人才通过多种方式服务乡村振兴。

乡镇人民政府和村民委员会、农村集体经济组织应当为返乡入乡人员和各类人才提供必要的生产生活服务。农村集体经济组织可以根据实际情况提供相关的福利待遇。

第四章 文化繁荣

第二十九条 各级人民政府应当组织开展新时代文明实践活动,加强农村精神文明建设,不断提高乡村社会文明程度。

第三十条 各级人民政府应当采取措施丰富农民文化体育生活,倡导科学健康的生产生活方式,发挥村规民约积极作用,普及科学知识,推进移风易俗,破除大操大办、铺张浪费等陈规陋习,提倡孝老爱亲、勤俭节约、诚实守信,促进男女平等,创建文明村镇、文明家庭,培育文明乡风、良好家风、淳朴民风,建设文明乡村。

第三十一条 各级人民政府应当健全完善乡村公共文化体育设施网络和服务运行机制,鼓励开展形式多样的农民群众性文化体育、节日民俗等活动,充分利用广播电视、视听网络和书籍报刊,拓展乡村文化服务渠道,提供便利可及的公共文化服务。

各级人民政府应当支持农业农村农民题材文艺创作,鼓励制作反映农民生产生活和乡村振兴实践的优秀文艺作品。

第三十二条 各级人民政府应当采取措施保护农业文化遗产和非物质文化遗产,挖掘优秀农业文化深厚内涵,弘扬红色文化,传承和发展优秀传统文化。

县级以上地方人民政府应当加强对历史文化名镇名村、传统村落和乡村风貌、少数民族特色村寨的保护,开展保护状况监测和评估,采取措施防御和减轻火灾、洪水、地震等灾害。

第三十三条 县级以上地方人民政府应当坚持规划引导、典型示范,有计划地建设特色鲜明、优势突出的农业文化展示区、文化产业特色村落,发展乡村特色文化体育产业,推动乡村地区传统工艺振兴,积极推动智慧广电乡村建设,活跃繁荣农村文化市场。

第五章 生态保护

第三十四条 国家健全重要生态系统保护制度和生态保护补偿机制,实施重要生态系统保护和修复工程,加强乡村生态保护和环境治理,绿化美化乡村环境,建设美丽乡村。

第三十五条 国家鼓励和支持农业生产者采用节水、节肥、节药、节能等先进的种植养殖技术,推动种养结合、农业资源综合开发,优先发展生态循环农业。

各级人民政府应当采取措施加强农业面源污染防治,推进农业投入品减量化、生产清洁化、废弃物资源化、产业模式生态化,引导全社会形成节约适度、绿色低碳、文明健康的生产生活和消费方式。

第三十六条 各级人民政府应当实施国土综合整治和生态修复,加强森林、草原、湿地等保护修复,开展荒漠化、石漠化、水土流失综合治理,改善乡村生态环境。

第三十七条 各级人民政府应当建立政府、村级组织、企业、农民等各方面参与的共建共管共享机制,综合整治农村水系,因地制宜推广卫生厕所和简便易行的垃圾分类,治理农村垃圾和污水,加强乡村无障碍设施建设,鼓励和支持使用清洁能源、可再生能源,持续改善农村人居环境。

第三十八条 国家建立健全农村住房建设质量安全管理制度和相关技术标准体系,建立农村低收入群体安全住房保障机制。建设农村住房应当避让灾害易发区域,符合抗震、防洪等基本安全要求。

县级以上地方人民政府应当加强农村住房建设管理和服务,强化新建农村住房规划管控,严格禁止违法占用耕地建房;鼓励农村住房设计体现地域、民族和乡土特色,鼓励农村住房建设采用新型建造技术和绿色建材,引导农民建设功能现代、结构安全、成本经济、绿色环保、与乡村环境相协调的宜居住房。

第三十九条 国家对农业投入品实行严格管理,对剧毒、高毒、高残留的农药、兽药采取禁用限用措施。农产品生产经营者不得使用国家禁用的农药、兽药或者其他有毒有害物质,不得违反农产品质量安全标准和国家有关规定超剂量、超范围使用农药、兽药、肥料、饲料添加剂等农业投入品。

第四十条　国家实行耕地养护、修复、休耕和草原森林河流湖泊休养生息制度。县级以上人民政府及其有关部门依法划定江河湖海限捕、禁捕的时间和区域，并可以根据地下水超采情况，划定禁止、限制开采地下水区域。

禁止违法将污染环境、破坏生态的产业、企业向农村转移。禁止违法将城镇垃圾、工业固体废物、未经达标处理的城镇污水等向农业农村转移。禁止向农用地排放重金属或者其他有毒有害物质含量超标的污水、污泥，以及可能造成土壤污染的清淤底泥、尾矿、矿渣等；禁止将有毒有害废物用作肥料或者用于造田和土地复垦。

地方各级人民政府及其有关部门应当采取措施，推进废旧农膜和农药等农业投入品包装废弃物回收处理，推进农作物秸秆、畜禽粪污的资源化利用，严格控制河流湖库、近岸海域投饵网箱养殖。

第六章　组织建设

第四十一条　建立健全党委领导、政府负责、民主协商、社会协同、公众参与、法治保障、科技支撑的现代乡村社会治理体制和自治、法治、德治相结合的乡村社会治理体系，建设充满活力、和谐有序的善治乡村。

地方各级人民政府应当加强乡镇人民政府社会管理和服务能力建设，把乡镇建成乡村治理中心、农村服务中心、乡村经济中心。

第四十二条　中国共产党农村基层组织，按照中国共产党章程和有关规定发挥全面领导作用。村民委员会、农村集体经济组织等应当在乡镇党委和村党组织的领导下，实行村民自治，发展集体所有制经济，维护农民合法权益，并应当接受村民监督。

第四十三条　国家建立健全农业农村工作干部队伍的培养、配备、使用、管理机制，选拔优秀干部充实到农业农村工作干部队伍，采取措施提高农业农村工作干部队伍的能力和水平，落实农村基层干部相关待遇保障，建设懂农业、爱农村、爱农民的农业农村工作干部队伍。

第四十四条　地方各级人民政府应当构建简约高效的基层管理体制，科学设置乡镇机构，加强乡村干部培训，健全农村基层服务体系，夯实乡村治理基础。

第四十五条　乡镇人民政府应当指导和支持农村基层群众性自治组织规范化、制度化建设，健全村民委员会民主决策机制和村务公开制度，增强村民自我管理、自我教育、自我服务、自我监督能力。

第四十六条　各级人民政府应当引导和支持农村集体经济组织发挥依法管理集体资产、合理开发集体资源、服务集体成员等方面的作用，保障农村集体经济组织的独立运营。

县级以上地方人民政府应当支持发展农民专业合作社、家庭农场、农业企业等多种经营主体，健全农业农村社会化服务体系。

第四十七条　县级以上地方人民政府应当采取措施加强基层群团组织建设，支持、规范和引导农村社会组织发展，发挥基层群团组织、农村社会组织团结群众、联系群众、服务群众等方面的作用。

第四十八条　地方各级人民政府应当加强基层执法队伍建设，鼓励乡镇人民政府根据需要设立法律顾问和公职律师，鼓励有条件的地方在村民委员会建立公共法律服务工作室，深入开展法治宣传教育和人民调解工作,健全乡村矛盾纠纷调处化解机制,推进法治乡村建设。

第四十九条 地方各级人民政府应当健全农村社会治安防控体系,加强农村警务工作,推动平安乡村建设;健全农村公共安全体系,强化农村公共卫生、安全生产、防灾减灾救灾、应急救援、应急广播、食品、药品、交通、消防等安全管理责任。

第七章 城乡融合

第五十条 各级人民政府应当协同推进乡村振兴战略和新型城镇化战略的实施,整体筹划城镇和乡村发展,科学有序统筹安排生态、农业、城镇等功能空间,优化城乡产业发展、基础设施、公共服务设施等布局,逐步健全全民覆盖、普惠共享、城乡一体的基本公共服务体系,加快县域城乡融合发展,促进农业高质高效、乡村宜居宜业、农民富裕富足。

第五十一条 县级人民政府和乡镇人民政府应当优化本行政区域内乡村发展布局,按照尊重农民意愿、方便群众生产生活、保持乡村功能和特色的原则,因地制宜安排村庄布局,依法编制村庄规划,分类有序推进村庄建设,严格规范村庄撤并,严禁违背农民意愿、违反法定程序撤并村庄。

第五十二条 县级以上地方人民政府应当统筹规划、建设、管护城乡道路以及垃圾污水处理、供水供电供气、物流、客运、信息通信、广播电视、消防、防灾减灾等公共基础设施和新型基础设施,推动城乡基础设施互联互通,保障乡村发展能源需求,保障农村饮用水安全,满足农民生产生活需要。

第五十三条 国家发展农村社会事业,促进公共教育、医疗卫生、社会保障等资源向农村倾斜,提升乡村基本公共服务水平,推进城乡基本公共服务均等化。

国家健全乡村便民服务体系,提升乡村公共服务数字化智能化水平,支持完善村级综合服务设施和综合信息平台,培育服务机构和服务类社会组织,完善服务运行机制,促进公共服务与自我服务有效衔接,增强生产生活服务功能。

第五十四条 国家完善城乡统筹的社会保障制度,建立健全保障机制,支持乡村提高社会保障管理服务水平;建立健全城乡居民基本养老保险待遇确定和基础养老金标准正常调整机制,确保城乡居民基本养老保险待遇随经济社会发展逐步提高。

国家支持农民按照规定参加城乡居民基本养老保险、基本医疗保险,鼓励具备条件的灵活就业人员和农业产业化从业人员参加职工基本养老保险、职工基本医疗保险等社会保险。

国家推进城乡最低生活保障制度统筹发展,提高农村特困人员供养等社会救助水平,加强对农村留守儿童、妇女和老年人以及残疾人、困境儿童的关爱服务,支持发展农村普惠型养老服务和互助性养老。

第五十五条 国家推动形成平等竞争、规范有序、城乡统一的人力资源市场,健全城乡均等的公共就业创业服务制度。

县级以上地方人民政府应当采取措施促进在城镇稳定就业和生活的农民自愿有序进城落户,不得以退出土地承包经营权、宅基地使用权、集体收益分配权等作为农民进城落户的条件;推进取得居住证的农民及其随迁家属享受城镇基本公共服务。

国家鼓励社会资本到乡村发展与农民利益联结型项目,鼓励城市居民到乡村旅游、休闲度假、养生养老等,但不得破坏乡村生态环境,不得损害农村集体经济组织及其成员的合法权益。

第五十六条 县级以上人民政府应当采取措施促进城乡产业协同发展,在保障农民主体地位的基础上健全联农带农激励机制,实现乡村经济多元化和农业全产业链发展。

第五十七条 各级人民政府及其有关部门应当采取措施鼓励农民进城务工,全面落实城乡劳动者平等就业、同工同酬,依法保障农民工工资支付和社会保障权益。

第八章 扶持措施

第五十八条 国家建立健全农业支持保护体系和实施乡村振兴战略财政投入保障制度。县级以上人民政府应当优先保障用于乡村振兴的财政投入,确保投入力度不断增强、总量持续增加、与乡村振兴目标任务相适应。

省、自治区、直辖市人民政府可以依法发行政府债券,用于现代农业设施建设和乡村建设。

各级人民政府应当完善涉农资金统筹整合长效机制,强化财政资金监督管理,全面实施预算绩效管理,提高财政资金使用效益。

第五十九条 各级人民政府应当采取措施增强脱贫地区内生发展能力,建立农村低收入人口、欠发达地区帮扶长效机制,持续推进脱贫地区发展;建立健全易返贫致贫人口动态监测预警和帮扶机制,实现巩固拓展脱贫攻坚成果同乡村振兴有效衔接。

国家加大对革命老区、民族地区、边疆地区实施乡村振兴战略的支持力度。

第六十条 国家按照增加总量、优化存量、提高效能的原则,构建以高质量绿色发展为导向的新型农业补贴政策体系。

第六十一条 各级人民政府应当坚持取之于农、主要用之于农的原则,按照国家有关规定调整完善土地使用权出让收入使用范围,提高农业农村投入比例,重点用于高标准农田建设、农田水利建设、现代种业提升、农村供水保障、农村人居环境整治、农村土地综合整治、耕地及永久基本农田保护、村庄公共设施建设和管护、农村教育、农村文化和精神文明建设支出,以及与农业农村直接相关的山水林田湖草沙生态保护修复、以工代赈工程建设等。

第六十二条 县级以上人民政府设立的相关专项资金、基金应当按照规定加强对乡村振兴的支持。

国家支持以市场化方式设立乡村振兴基金,重点支持乡村产业发展和公共基础设施建设。

县级以上地方人民政府应当优化乡村营商环境,鼓励创新投融资方式,引导社会资本投向乡村。

第六十三条 国家综合运用财政、金融等政策措施,完善政府性融资担保机制,依法完善乡村资产抵押担保权能,改进、加强乡村振兴的金融支持和服务。

财政出资设立的农业信贷担保机构应当主要为从事农业生产和与农业生产直接相关的经营主体服务。

第六十四条 国家健全多层次资本市场,多渠道推动涉农企业股权融资,发展并规范债券市场,促进涉农企业利用多种方式融资;丰富农产品期货品种,发挥期货市场价格发现和风险分散功能。

第六十五条 国家建立健全多层次、广覆盖、可持续的农村金融服务体系,完善金融支持乡村振兴考核评估机制,促进农村普惠金融发展,鼓励金融机构依法将更多资源配置到乡村发展的重点领域和薄弱环节。

政策性金融机构应当在业务范围内为乡村振兴提供信贷支持和其他金融服务,加大对乡村振兴的支持力度。

商业银行应当结合自身职能定位和业务优势,创新金融产品和服务模式,扩大基础金融服务覆盖面,增加对农民和农业经营主体的信贷规模,为乡村振兴提供金融服务。

农村商业银行、农村合作银行、农村信用社等农村中小金融机构应当主要为本地农业农村农民服务,当年新增可贷资金主要用于当地农业农村发展。

第六十六条 国家建立健全多层次农业保险体系,完善政策性农业保险制度,鼓励商业性保险公司开展农业保险业务,支持农民和农业经营主体依法开展互助合作保险。

县级以上人民政府应当采取保费补贴等措施,支持保险机构适当增加保险品种,扩大农业保险覆盖面,促进农业保险发展。

第六十七条 县级以上地方人民政府应当推进节约集约用地,提高土地使用效率,依法采取措施盘活农村存量建设用地,激活农村土地资源,完善农村新增建设用地保障机制,满足乡村产业、公共服务设施和农民住宅用地合理需求。

县级以上地方人民政府应当保障乡村产业用地,建设用地指标应当向乡村发展倾斜,县域内新增耕地指标应当优先用于折抵乡村产业发展所需建设用地指标,探索灵活多样的供地新方式。

经国土空间规划确定为工业、商业等经营性用途并依法登记的集体经营性建设用地,土地所有权人可以依法通过出让、出租等方式交由单位或者个人使用,优先用于发展集体所有制经济和乡村产业。

第九章 监督检查

第六十八条 国家实行乡村振兴战略实施目标责任制和考核评价制度。上级人民政府应当对下级人民政府实施乡村振兴战略的目标完成情况等进行考核,考核结果作为地方人民政府及其负责人综合考核评价的重要内容。

第六十九条 国务院和省、自治区、直辖市人民政府有关部门建立客观反映乡村振兴进展的指标和统计体系。县级以上地方人民政府应当对本行政区域内乡村振兴战略实施情况进行评估。

第七十条 县级以上各级人民政府应当向本级人民代表大会或者其常务委员会报告乡村振兴促进工作情况。乡镇人民政府应当向本级人民代表大会报告乡村振兴促进工作情况。

第七十一条 地方各级人民政府应当每年向上一级人民政府报告乡村振兴促进工作情况。

县级以上人民政府定期对下一级人民政府乡村振兴促进工作情况开展监督检查。

第七十二条 县级以上人民政府发展改革、财政、农业农村、审计等部门按照各自职责对农业农村投入优先保障机制落实情况、乡村振兴资金使用情况和绩效等实施监督。

第七十三条 各级人民政府及其有关部门在乡村振兴促进工作中不履行或者不正确履行职责的,依照法律法规和国家有关规定追究责任,对直接负责的主管人员和其他直接责任人员依法给予处分。

违反有关农产品质量安全、生态环境保护、土地管理等法律法规的,由有关主管部门依法予以处罚;构成犯罪的,依法追究刑事责任。

第十章 附　　则

第七十四条 本法自 2021 年 6 月 1 日起施行。

中华人民共和国土地管理法

(《中华人民共和国土地管理法》于1986年6月25日第六届全国人民代表大会常务委员会第十六次会议通过；根据1988年12月29日第七届全国人民代表大会常务委员会第五次会议《关于修改〈中华人民共和国土地管理法〉的决定》第一次修正；1998年8月29日第九届全国人民代表大会常务委员会第四次会议修订；根据2004年8月28日第十届全国人民代表大会常务委员会第十一次会议《关于修改〈中华人民共和国土地管理法〉的决定》第二次修正；根据2019年8月26日第十三届全国人民代表大会常务委员会第十二次会议《关于修改〈中华人民共和国土地管理法〉〈中华人民共和国城市房地产管理法〉的决定》第三次修正。)

第一章 总 则

第一条 为了加强土地管理，维护土地的社会主义公有制，保护、开发土地资源，合理利用土地，切实保护耕地，促进社会经济的可持续发展，根据宪法，制定本法。

第二条 中华人民共和国实行土地的社会主义公有制，即全民所有制和劳动群众集体所有制。

全民所有，即国家所有土地的所有权由国务院代表国家行使。

任何单位和个人不得侵占、买卖或者以其他形式非法转让土地。土地使用权可以依法转让。

国家为了公共利益的需要，可以依法对土地实行征收或者征用并给予补偿。

国家依法实行国有土地有偿使用制度。但是，国家在法律规定的范围内划拨国有土地使用权的除外。

第三条 十分珍惜、合理利用土地和切实保护耕地是我国的基本国策。各级人民政府应当采取措施，全面规划，严格管理，保护、开发土地资源，制止非法占用土地的行为。

第四条 国家实行土地用途管制制度。

国家编制土地利用总体规划，规定土地用途，将土地分为农用地、建设用地和未利用地。严格限制农用地转为建设用地，控制建设用地总量，对耕地实行特殊保护。

前款所称农用地是指直接用于农业生产的土地，包括耕地、林地、草地、农田水利用地、养殖水面等；建设用地是指建造建筑物、构筑物的土地，包括城乡住宅和公共设施用地、工矿用地、交通水利设施用地、旅游用地、军事设施用地等；未利用地是指农用地和建设用地以外的土地。

使用土地的单位和个人必须严格按照土地利用总体规划确定的用途使用土地。

第五条 国务院自然资源主管部门统一负责全国土地的管理和监督工作。

县级以上地方人民政府自然资源主管部门的设置及其职责，由省、自治区、直辖市人民政府根据国务院有关规定确定。

第六条 国务院授权的机构对省、自治区、直辖市人民政府以及国务院确定的城市人民政府土地利用和土地管理情况进行督察。

第七条 任何单位和个人都有遵守土地管理法律、法规的义务,并有权对违反土地管理法律、法规的行为提出检举和控告。

第八条 在保护和开发土地资源、合理利用土地以及进行有关的科学研究等方面成绩显著的单位和个人,由人民政府给予奖励。

第二章 土地的所有权和使用权

第九条 城市市区的土地属于国家所有。

农村和城市郊区的土地,除由法律规定属于国家所有的以外,属于农民集体所有;宅基地和自留地、自留山,属于农民集体所有。

第十条 国有土地和农民集体所有的土地,可以依法确定给单位或者个人使用。使用土地的单位和个人,有保护、管理和合理利用土地的义务。

第十一条 农民集体所有的土地依法属于村农民集体所有的,由村集体经济组织或者村民委员会经营、管理;已经分别属于村内两个以上农村集体经济组织的农民集体所有的,由村内各该农村集体经济组织或者村民小组经营、管理;已经属于乡(镇)农民集体所有的,由乡(镇)农村集体经济组织经营、管理。

第十二条 土地的所有权和使用权的登记,依照有关不动产登记的法律、行政法规执行。

依法登记的土地的所有权和使用权受法律保护,任何单位和个人不得侵犯。

第十三条 农民集体所有和国家所有依法由农民集体使用的耕地、林地、草地,以及其他依法用于农业的土地,采取农村集体经济组织内部的家庭承包方式承包,不宜采取家庭承包方式的荒山、荒沟、荒丘、荒滩等,可以采取招标、拍卖、公开协商等方式承包,从事种植业、林业、畜牧业、渔业生产。家庭承包的耕地的承包期为三十年,草地的承包期为三十年至五十年,林地的承包期为三十年至七十年;耕地承包期届满后再延长三十年,草地、林地承包期届满后依法相应延长。

国家所有依法用于农业的土地可以由单位或者个人承包经营,从事种植业、林业、畜牧业、渔业生产。

发包方和承包方应当依法订立承包合同,约定双方的权利和义务。承包经营土地的单位和个人,有保护和按照承包合同约定的用途合理利用土地的义务。

第十四条 土地所有权和使用权争议,由当事人协商解决;协商不成的,由人民政府处理。

单位之间的争议,由县级以上人民政府处理;个人之间、个人与单位之间的争议,由乡级人民政府或者县级以上人民政府处理。

当事人对有关人民政府的处理决定不服的,可以自接到处理决定通知之日起三十日内,向人民法院起诉。

在土地所有权和使用权争议解决前,任何一方不得改变土地利用现状。

第三章 土地利用总体规划

第十五条 各级人民政府应当依据国民经济和社会发展规划、国土整治和资源环境保护的要求、土地供给能力以及各项建设对土地的需求,组织编制土地利用总体规划。

土地利用总体规划的规划期限由国务院规定。

第十六条 下级土地利用总体规划应当依据上一级土地利用总体规划编制。

地方各级人民政府编制的土地利用总体规划中的建设用地总量不得超过上一级土地利用总体规划确定的控制指标,耕地保有量不得低于上一级土地利用总体规划确定的控制指标。

省、自治区、直辖市人民政府编制的土地利用总体规划,应当确保本行政区域内耕地总量不减少。

第十七条 土地利用总体规划按照下列原则编制:

(一)落实国土空间开发保护要求,严格土地用途管制;

(二)严格保护永久基本农田,严格控制非农业建设占用农用地;

(三)提高土地节约集约利用水平;

(四)统筹安排城乡生产、生活、生态用地,满足乡村产业和基础设施用地合理需求,促进城乡融合发展;

(五)保护和改善生态环境,保障土地的可持续利用;

(六)占用耕地与开发复垦耕地数量平衡、质量相当。

第十八条 国家建立国土空间规划体系。编制国土空间规划应当坚持生态优先,绿色、可持续发展,科学有序统筹安排生态、农业、城镇等功能空间,优化国土空间结构和布局,提升国土空间开发、保护的质量和效率。

经依法批准的国土空间规划是各类开发、保护、建设活动的基本依据。已经编制国土空间规划的,不再编制土地利用总体规划和城乡规划。

第十九条 县级土地利用总体规划应当划分土地利用区,明确土地用途。

乡(镇)土地利用总体规划应当划分土地利用区,根据土地使用条件,确定每一块土地的用途,并予以公告。

第二十条 土地利用总体规划实行分级审批。

省、自治区、直辖市的土地利用总体规划,报国务院批准。

省、自治区人民政府所在地的市、人口在一百万以上的城市以及国务院指定的城市的土地利用总体规划,经省、自治区人民政府审查同意后,报国务院批准。

本条第二款、第三款规定以外的土地利用总体规划,逐级上报省、自治区、直辖市人民政府批准;其中,乡(镇)土地利用总体规划可以由省级人民政府授权的设区的市、自治州人民政府批准。

土地利用总体规划一经批准,必须严格执行。

第二十一条 城市建设用地规模应当符合国家规定的标准,充分利用现有建设用地,不占或者尽量少占农用地。

城市总体规划、村庄和集镇规划,应当与土地利用总体规划相衔接,城市总体规划、村庄和集镇规划中建设用地规模不得超过土地利用总体规划确定的城市和村庄、集镇建设用地规模。

在城市规划区内、村庄和集镇规划区内，城市和村庄、集镇建设用地应当符合城市规划、村庄和集镇规划。

第二十二条　江河、湖泊综合治理和开发利用规划，应当与土地利用总体规划相衔接。在江河、湖泊、水库的管理和保护范围以及蓄洪滞洪区内，土地利用应当符合江河、湖泊综合治理和开发利用规划，符合河道、湖泊行洪、蓄洪和输水的要求。

第二十三条　各级人民政府应当加强土地利用计划管理，实行建设用地总量控制。

土地利用年度计划，根据国民经济和社会发展计划、国家产业政策、土地利用总体规划以及建设用地和土地利用的实际状况编制。土地利用年度计划应当对本法第六十三条规定的集体经营性建设用地作出合理安排。土地利用年度计划的编制审批程序与土地利用总体规划的编制审批程序相同，一经审批下达，必须严格执行。

第二十四条　省、自治区、直辖市人民政府应当将土地利用年度计划的执行情况列为国民经济和社会发展计划执行情况的内容，向同级人民代表大会报告。

第二十五条　经批准的土地利用总体规划的修改，须经原批准机关批准；未经批准，不得改变土地利用总体规划确定的土地用途。

经国务院批准的大型能源、交通、水利等基础设施建设用地，需要改变土地利用总体规划的，根据国务院的批准文件修改土地利用总体规划。

经省、自治区、直辖市人民政府批准的能源、交通、水利等基础设施建设用地，需要改变土地利用总体规划的，属于省级人民政府土地利用总体规划批准权限内的，根据省级人民政府的批准文件修改土地利用总体规划。

第二十六条　国家建立土地调查制度。

县级以上人民政府自然资源主管部门会同同级有关部门进行土地调查。土地所有者或者使用者应当配合调查，并提供有关资料。

第二十七条　县级以上人民政府自然资源主管部门会同同级有关部门根据土地调查成果、规划土地用途和国家制定的统一标准，评定土地等级。

第二十八条　国家建立土地统计制度。

县级以上人民政府统计机构和自然资源主管部门依法进行土地统计调查，定期发布土地统计资料。土地所有者或者使用者应当提供有关资料，不得拒报、迟报，不得提供不真实、不完整的资料。

统计机构和自然资源主管部门共同发布的土地面积统计资料是各级人民政府编制土地利用总体规划的依据。

第二十九条　国家建立全国土地管理信息系统，对土地利用状况进行动态监测。

第四章　耕地保护

第三十条　国家保护耕地，严格控制耕地转为非耕地。

国家实行占用耕地补偿制度。非农业建设经批准占用耕地的，按照"占多少，垦多少"的原则，由占用耕地的单位负责开垦与所占用耕地的数量和质量相当的耕地；没有条件开垦或者开垦的耕地不符合要求的,应当按照省、自治区、直辖市的规定缴纳耕地开垦费,专款用于开垦新的耕地。

省、自治区、直辖市人民政府应当制定开垦耕地计划,监督占用耕地的单位按照计划开垦耕地或者按照计划组织开垦耕地,并进行验收。

第三十一条 县级以上地方人民政府可以要求占用耕地的单位将所占用耕地耕作层的土壤用于新开垦耕地、劣质地或者其他耕地的土壤改良。

第三十二条 省、自治区、直辖市人民政府应当严格执行土地利用总体规划和土地利用年度计划,采取措施,确保本行政区域内耕地总量不减少、质量不降低。耕地总量减少的,由国务院责令在规定期限内组织开垦与所减少耕地的数量与质量相当的耕地;耕地质量降低的,由国务院责令在规定期限内组织整治。新开垦和整治的耕地由国务院自然资源主管部门会同农业农村主管部门验收。

个别省、直辖市确因土地后备资源匮乏,新增建设用地后,新开垦耕地的数量不足以补偿所占用耕地的数量的,必须报经国务院批准减免本行政区域内开垦耕地的数量,易地开垦数量和质量相当的耕地。

第三十三条 国家实行永久基本农田保护制度。下列耕地应当根据土地利用总体规划划为永久基本农田,实行严格保护:

(一)经国务院农业农村主管部门或者县级以上地方人民政府批准确定的粮、棉、油、糖等重要农产品生产基地内的耕地;

(二)有良好的水利与水土保持设施的耕地,正在实施改造计划以及可以改造的中、低产田和已建成的高标准农田;

(三)蔬菜生产基地;

(四)农业科研、教学试验田;

(五)国务院规定应当划为永久基本农田的其他耕地。

各省、自治区、直辖市划定的永久基本农田一般应当占本行政区域内耕地的百分之八十以上,具体比例由国务院根据各省、自治区、直辖市耕地实际情况规定。

第三十四条 永久基本农田划定以乡(镇)为单位进行,由县级人民政府自然资源主管部门会同同级农业农村主管部门组织实施。永久基本农田应当落实到地块,纳入国家永久基本农田数据库严格管理。

乡(镇)人民政府应当将永久基本农田的位置、范围向社会公告,并设立保护标志。

第三十五条 永久基本农田经依法划定后,任何单位和个人不得擅自占用或者改变其用途。国家能源、交通、水利、军事设施等重点建设项目选址确实难以避让永久基本农田,涉及农用地转用或者土地征收的,必须经国务院批准。

禁止通过擅自调整县级土地利用总体规划、乡(镇)土地利用总体规划等方式规避永久基本农田农用地转用或者土地征收的审批。

第三十六条 各级人民政府应当采取措施,引导因地制宜轮作休耕,改良土壤,提高地力,维护排灌工程设施,防止土地荒漠化、盐渍化、水土流失和土壤污染。

第三十七条 非农业建设必须节约使用土地,可以利用荒地的,不得占用耕地;可以利用劣地的,不得占用好地。

禁止占用耕地建窑、建坟或者擅自在耕地上建房、挖砂、采石、采矿、取土等。

禁止占用永久基本农田发展林果业和挖塘养鱼。

第三十八条 禁止任何单位和个人闲置、荒芜耕地。已经办理审批手续的非农业建设占用耕地,一年内不用而又可以耕种并收获的,应当由原耕种该幅耕地的集体或者个人恢复耕种,也可以由用地单位组织耕种;一年以上未动工建设的,应当按照省、自治区、直辖市的规定缴纳闲置费;连续二年未使用的,经原批准机关批准,由县级以上人民政府无偿收回用地单位的土地使用权;该幅土地原为农民集体所有的,应当交由原农村集体经济组织恢复耕种。

在城市规划区范围内,以出让方式取得土地使用权进行房地产开发的闲置土地,依照《中华人民共和国城市房地产管理法》的有关规定办理。

第三十九条 国家鼓励单位和个人按照土地利用总体规划,在保护和改善生态环境、防止水土流失和土地荒漠化的前提下,开发未利用的土地;适宜开发为农用地的,应当优先开发成农用地。

国家依法保护开发者的合法权益。

第四十条 开垦未利用的土地,必须经过科学论证和评估,在土地利用总体规划划定的可开垦的区域内,经依法批准后进行。禁止毁坏森林、草原开垦耕地,禁止围湖造田和侵占江河滩地。

根据土地利用总体规划,对破坏生态环境开垦、围垦的土地,有计划有步骤地退耕还林、还牧、还湖。

第四十一条 开发未确定使用权的国有荒山、荒地、荒滩从事种植业、林业、畜牧业、渔业生产的,经县级以上人民政府依法批准,可以确定给开发单位或者个人长期使用。

第四十二条 国家鼓励土地整理。县、乡(镇)人民政府应当组织农村集体经济组织,按照土地利用总体规划,对田、水、路、林、村综合整治,提高耕地质量,增加有效耕地面积,改善农业生产条件和生态环境。

地方各级人民政府应当采取措施,改造中、低产田,整治闲散地和废弃地。

第四十三条 因挖损、塌陷、压占等造成土地破坏,用地单位和个人应当按照国家有关规定负责复垦;没有条件复垦或者复垦不符合要求的,应当缴纳土地复垦费,专项用于土地复垦。复垦的土地应当优先用于农业。

第五章 建设用地

第四十四条 建设占用土地,涉及农用地转为建设用地的,应当办理农用地转用审批手续。

永久基本农田转为建设用地的,由国务院批准。

在土地利用总体规划确定的城市和村庄、集镇建设用地规模范围内,为实施该规划而将永久基本农田以外的农用地转为建设用地的,按土地利用年度计划分批次按照国务院规定由原批准土地利用总体规划的机关或者其授权的机关批准。在已批准的农用地转用范围内,具体建设项目用地可以由市、县人民政府批准。

在土地利用总体规划确定的城市和村庄、集镇建设用地规模范围外,将永久基本农田以外的农用地转为建设用地的,由国务院或者国务院授权的省、自治区、直辖市人民政府批准。

第四十五条 为了公共利益的需要,有下列情形之一,确需征收农民集体所有的土地的,可以依法实施征收:

(一)军事和外交需要用地的;

(二)由政府组织实施的能源、交通、水利、通信、邮政等基础设施建设需要用地的;

(三)由政府组织实施的科技、教育、文化、卫生、体育、生态环境和资源保护、防灾减灾、文物保护、社区综合服务、社会福利、市政公用、优抚安置、英烈保护等公共事业需要用地的;

(四)由政府组织实施的扶贫搬迁、保障性安居工程建设需要用地的;

(五)在土地利用总体规划确定的城镇建设用地范围内,经省级以上人民政府批准由县级以上地方人民政府组织实施的成片开发建设需要用地的;

(六)法律规定为公共利益需要可以征收农民集体所有的土地的其他情形。

前款规定的建设活动,应当符合国民经济和社会发展规划、土地利用总体规划、城乡规划和专项规划;第(四)项、第(五)项规定的建设活动,还应当纳入国民经济和社会发展年度计划;第(五)项规定的成片开发并应当符合国务院自然资源主管部门规定的标准。

第四十六条 征收下列土地的,由国务院批准:

(一)永久基本农田;

(二)永久基本农田以外的耕地超过三十五公顷的;

(三)其他土地超过七十公顷的。

征收前款规定以外的土地的,由省、自治区、直辖市人民政府批准。

征收农用地的,应当依照本法第四十四条的规定先行办理农用地转用审批。其中,经国务院批准农用地转用的,同时办理征地审批手续,不再另行办理征地审批;经省、自治区、直辖市人民政府在征地批准权限内批准农用地转用的,同时办理征地审批手续,不再另行办理征地审批,超过征地批准权限的,应当依照本条第一款的规定另行办理征地审批。

第四十七条 国家征收土地的,依照法定程序批准后,由县级以上地方人民政府予以公告并组织实施。

县级以上地方人民政府拟申请征收土地的,应当开展拟征收土地现状调查和社会稳定风险评估,并将征收范围、土地现状、征收目的、补偿标准、安置方式和社会保障等在拟征收土地所在的乡(镇)和村、村民小组范围内公告至少三十日,听取被征地的农村集体经济组织及其成员、村民委员会和其他利害关系人的意见。

多数被征地的农村集体经济组织成员认为征地补偿安置方案不符合法律、法规规定的,县级以上地方人民政府应当组织召开听证会,并根据法律、法规的规定和听证会情况修改方案。

拟征收土地的所有权人、使用权人应当在公告规定期限内,持不动产权属证明材料办理补偿登记。县级以上地方人民政府应当组织有关部门测算并落实有关费用,保证足额到位,与拟征收土地的所有权人、使用权人就补偿、安置等签订协议;个别确实难以达成协议的,应当在申请征收土地时如实说明。

相关前期工作完成后,县级以上地方人民政府方可申请征收土地。

第四十八条 征收土地应当给予公平、合理的补偿,保障被征地农民原有生活水平不降低、长远生计有保障。

征收土地应当依法及时足额支付土地补偿费、安置补助费以及农村村民住宅、其他地上附着物和青苗等的补偿费用,并安排被征地农民的社会保障费用。

征收农用地的土地补偿费、安置补助费标准由省、自治区、直辖市通过制定公布区片综合地价确定。制定区片综合地价应当综合考虑土地原用途、土地资源条件、土地产值、土地区位、土地供求关系、人口以及经济社会发展水平等因素,并至少每三年调整或者重新公布一次。

征收农用地以外的其他土地、地上附着物和青苗等的补偿标准,由省、自治区、直辖市制定。对其中的农村村民住宅,应当按照先补偿后搬迁、居住条件有改善的原则,尊重农村村民意愿,采取重新安排宅基地建房、提供安置房或者货币补偿等方式给予公平、合理的补偿,并对因征收造成的搬迁、临时安置等费用予以补偿,保障农村村民居住的权利和合法的住房财产权益。

县级以上地方人民政府应当将被征地农民纳入相应的养老等社会保障体系。被征地农民的社会保障费用主要用于符合条件的被征地农民的养老保险等社会保险缴费补贴。被征地农民社会保障费用的筹集、管理和使用办法,由省、自治区、直辖市制定。

第四十九条　被征地的农村集体经济组织应当将征收土地的补偿费用的收支状况向本集体经济组织的成员公布,接受监督。

禁止侵占、挪用被征收土地单位的征地补偿费用和其他有关费用。

第五十条　地方各级人民政府应当支持被征地的农村集体经济组织和农民从事开发经营,兴办企业。

第五十一条　大中型水利、水电工程建设征收土地的补偿费标准和移民安置办法,由国务院另行规定。

第五十二条　建设项目可行性研究论证时,自然资源主管部门可以根据土地利用总体规划、土地利用年度计划和建设用地标准,对建设用地有关事项进行审查,并提出意见。

第五十三条　经批准的建设项目需要使用国有建设用地的,建设单位应当持法律、行政法规规定的有关文件,向有批准权的县级以上人民政府自然资源主管部门提出建设用地申请,经自然资源主管部门审查,报本级人民政府批准。

第五十四条　建设单位使用国有土地,应当以出让等有偿使用方式取得;但是,下列建设用地,经县级以上人民政府依法批准,可以以划拨方式取得:

(一)国家机关用地和军事用地;

(二)城市基础设施用地和公益事业用地;

(三)国家重点扶持的能源、交通、水利等基础设施用地;

(四)法律、行政法规规定的其他用地。

第五十五条　以出让等有偿使用方式取得国有土地使用权的建设单位,按照国务院规定的标准和办法,缴纳土地使用权出让金等土地有偿使用费和其他费用后,方可使用土地。

自本法施行之日起,新增建设用地的土地有偿使用费,百分之三十上缴中央财政,百分之七十留给有关地方人民政府。具体使用管理办法由国务院财政部门会同有关部门制定,并报国务院批准。

第五十六条　建设单位使用国有土地的,应当按照土地使用权出让等有偿使用合同的约定或者土地使用权划拨批准文件的规定使用土地；确需改变该幅土地建设用途的，应当经有关人民政府自然资源主管部门同意，报原批准用地的人民政府批准。其中，在城市规划区内改变土地用途的，在报批前，应当先经有关城市规划行政主管部门同意。

第五十七条　建设项目施工和地质勘查需要临时使用国有土地或者农民集体所有的土地的，由县级以上人民政府自然资源主管部门批准。其中，在城市规划区内的临时用地，在报批前，应当先经有关城市规划行政主管部门同意。土地使用者应当根据土地权属，与有关自然资源主管部门或者农村集体经济组织、村民委员会签订临时使用土地合同，并按照合同的约定支付临时使用土地补偿费。

临时使用土地的使用者应当按照临时使用土地合同约定的用途使用土地，并不得修建永久性建筑物。

临时使用土地期限一般不超过二年。

第五十八条　有下列情形之一的，由有关人民政府自然资源主管部门报经原批准用地的人民政府或者有批准权的人民政府批准，可以收回国有土地使用权：

（一）为实施城市规划进行旧城区改建以及其他公共利益需要，确需使用土地的；

（二）土地出让等有偿使用合同约定的使用期限届满，土地使用者未申请续期或者申请续期未获批准的；

（三）因单位撤销、迁移等原因，停止使用原划拨的国有土地的；

（四）公路、铁路、机场、矿场等经核准报废的。

依照前款第（一）项的规定收回国有土地使用权的，对土地使用权人应当给予适当补偿。

第五十九条　乡镇企业、乡（镇）村公共设施、公益事业、农村村民住宅等乡（镇）村建设，应当按照村庄和集镇规划，合理布局，综合开发，配套建设；建设用地，应当符合乡（镇）土地利用总体规划和土地利用年度计划，并依照本法第四十四条、第六十条、第六十一条、第六十二条的规定办理审批手续。

第六十条　农村集体经济组织使用乡（镇）土地利用总体规划确定的建设用地兴办企业或者与其他单位、个人以土地使用权入股、联营等形式共同举办企业的，应当持有关批准文件，向县级以上地方人民政府自然资源主管部门提出申请，按照省、自治区、直辖市规定的批准权限，由县级以上地方人民政府批准；其中，涉及占用农用地的，依照本法第四十四条的规定办理审批手续。

按照前款规定兴办企业的建设用地，必须严格控制。省、自治区、直辖市可以按照乡镇企业的不同行业和经营规模，分别规定用地标准。

第六十一条　乡（镇）村公共设施、公益事业建设，需要使用土地的，经乡（镇）人民政府审核，向县级以上地方人民政府自然资源主管部门提出申请，按照省、自治区、直辖市规定的批准权限，由县级以上地方人民政府批准；其中，涉及占用农用地的，依照本法第四十四条的规定办理审批手续。

第六十二条　农村村民一户只能拥有一处宅基地，其宅基地的面积不得超过省、自治区、直辖市规定的标准。

人均土地少、不能保障一户拥有一处宅基地的地区，县级人民政府在充分尊重农村村民意愿的基础上，可以采取措施，按照省、自治区、直辖市规定的标准保障农村村民实现户有所居。

农村村民建住宅,应当符合乡(镇)土地利用总体规划、村庄规划,不得占用永久基本农田,并尽量使用原有的宅基地和村内空闲地。编制乡(镇)土地利用总体规划、村庄规划应当统筹并合理安排宅基地用地,改善农村村民居住环境和条件。

农村村民住宅用地,由乡(镇)人民政府审核批准;其中,涉及占用农用地的,依照本法第四十四条的规定办理审批手续。

农村村民出卖、出租、赠与住宅后,再申请宅基地的,不予批准。

国家允许进城落户的农村村民依法自愿有偿退出宅基地,鼓励农村集体经济组织及其成员盘活利用闲置宅基地和闲置住宅。

国务院农业农村主管部门负责全国农村宅基地改革和管理有关工作。

第六十三条 土地利用总体规划、城乡规划确定为工业、商业等经营性用途,并经依法登记的集体经营性建设用地,土地所有权人可以通过出让、出租等方式交由单位或者个人使用,并应当签订书面合同,载明土地界址、面积、动工期限、使用期限、土地用途、规划条件和双方其他权利义务。

前款规定的集体经营性建设用地出让、出租等,应当经本集体经济组织成员的村民会议三分之二以上成员或者三分之二以上村民代表的同意。

通过出让等方式取得的集体经营性建设用地使用权可以转让、互换、出资、赠与或者抵押,但法律、行政法规另有规定或者土地所有权人、土地使用权人签订的书面合同另有约定的除外。

集体经营性建设用地的出租,集体建设用地使用权的出让及其最高年限、转让、互换、出资、赠与、抵押等,参照同类用途的国有建设用地执行。具体办法由国务院制定。

第六十四条 集体建设用地的使用者应当严格按照土地利月总体规划、城乡规划确定的用途使用土地。

第六十五条 在土地利用总体规划制定前已建的不符合土地利用总体规划确定的用途的建筑物、构筑物,不得重建、扩建。

第六十六条 有下列情形之一的,农村集体经济组织报经原批准用地的人民政府批准,可以收回土地使用权:

(一)为乡(镇)村公共设施和公益事业建设,需要使用土地的;

(二)不按照批准的用途使用土地的;

(三)因撤销、迁移等原因而停止使用土地的。

依照前款第(一)项规定收回农民集体所有的土地的,对土地使用权人应当给予适当补偿。

收回集体经营性建设用地使用权,依照双方签订的书面合同办理,法律、行政法规另有规定的除外。

第六章 监督检查

第六十七条 县级以上人民政府自然资源主管部门对违反土地管理法律、法规的行为进行监督检查。

县级以上人民政府农业农村主管部门对违反农村宅基地管理法律、法规的行为进行监督检查的,适用本法关于自然资源主管部门监督检查的规定。

土地管理监督检查人员应当熟悉土地管理法律、法规,忠于职守、秉公执法。

第六十八条 县级以上人民政府自然资源主管部门履行监督检查职责时,有权采取下列措施:

(一)要求被检查的单位或者个人提供有关土地权利的文件和资料,进行查阅或者予以复制;

(二)要求被检查的单位或者个人就有关土地权利的问题作出说明;

(三)进入被检查单位或者个人非法占用的土地现场进行勘测;

(四)责令非法占用土地的单位或者个人停止违反土地管理法律、法规的行为。

第六十九条 土地管理监督检查人员履行职责,需要进入现场进行勘测、要求有关单位或者个人提供文件、资料和作出说明的,应当出示土地管理监督检查证件。

第七十条 有关单位和个人对县级以上人民政府自然资源主管部门就土地违法行为进行的监督检查应当支持与配合,并提供工作方便,不得拒绝与阻碍土地管理监督检查人员依法执行职务。

第七十一条 县级以上人民政府自然资源主管部门在监督检查工作中发现国家工作人员的违法行为,依法应当给予处分的,应当依法予以处理;自己无权处理的,应当依法移送监察机关或者有关机关处理。

第七十二条 县级以上人民政府自然资源主管部门在监督检查工作中发现土地违法行为构成犯罪的,应当将案件移送有关机关,依法追究刑事责任;尚不构成犯罪的,应当依法给予行政处罚。

第七十三条 依照本法规定应当给予行政处罚,而有关自然资源主管部门不给予行政处罚的,上级人民政府自然资源主管部门有权责令有关自然资源主管部门作出行政处罚决定或者直接给予行政处罚,并给予有关自然资源主管部门的负责人处分。

第七章 法律责任

第七十四条 买卖或者以其他形式非法转让土地的,由县级以上人民政府自然资源主管部门没收违法所得;对违反土地利用总体规划擅自将农用地改为建设用地的,限期拆除在非法转让的土地上新建的建筑物和其他设施,恢复土地原状,对符合土地利用总体规划的,没收在非法转让的土地上新建的建筑物和其他设施;可以并处罚款;对直接负责的主管人员和其他直接责任人员,依法给予处分;构成犯罪的,依法追究刑事责任。

第七十五条 违反本法规定,占用耕地建窑、建坟或者擅自在耕地上建房、挖砂、采石、采矿、取土等,破坏种植条件的,或者因开发土地造成土地荒漠化、盐渍化的,由县级以上人民政府自然资源主管部门、农业农村主管部门等按照职责责令限期改正或者治理,可以并处罚款;构成犯罪的,依法追究刑事责任。

第七十六条 违反本法规定,拒不履行土地复垦义务的,由县级以上人民政府自然资源主管部门责令限期改正;逾期不改正的,责令缴纳复垦费,专项用于土地复垦,可以处以罚款。

第七十七条 未经批准或者采取欺骗手段骗取批准,非法占用土地的,由县级以上人民政府自然资源主管部门责令退还非法占用的土地;对违反土地利用总体规划擅自将农用地改为建设用地的,限期拆除在非法占用的土地上新建的建筑物和其他设施,恢复土地原状;对符合土地利用总体规划的,没收在非法占用的土地上新建的建筑物和其他设施,可以并处罚款。对非法占用土地单位的直接负责的主管人员和其他直接责任人员,依法给予处分;构成犯罪的,依法追究刑事责任。

超过批准的数量占用土地,多占的土地以非法占用土地论处。

第七十八条　农村村民未经批准或者采取欺骗手段骗取批准,非法占用土地建住宅的,由县级以上人民政府农业农村主管部门责令退还非法占用的土地,限期拆除在非法占用的土地上新建的房屋。

超过省、自治区、直辖市规定的标准,多占的土地以非法占用土地论处。

第七十九条　无权批准征收、使用土地的单位或者个人非法批准占用土地的,超越批准权限非法批准占用土地的,不按照土地利用总体规划确定的用途批准用地的,或者违反法律规定的程序批准占用、征收土地的,其批准文件无效,对非法批准征收、使用土地的直接负责的主管人员和其他直接责任人员,依法给予处分;构成犯罪的,依法追究刑事责任。非法批准、使用的土地应当收回,有关当事人拒不归还的,以非法占用土地论处。

非法批准征收、使用土地,对当事人造成损失的,依法应当承担赔偿责任。

第八十条　侵占、挪用被征收土地单位的征地补偿费用和其他有关费用,构成犯罪的,依法追究刑事责任;尚不构成犯罪的,依法给予处分。

第八十一条　依法收回国有土地使用权当事人拒不交出土地的,临时使用土地期满拒不归还的,或者不按照批准的用途使用国有土地的,由县级以上人民政府自然资源主管部门责令交还土地,处以罚款。

第八十二条　擅自将农民集体所有的土地通过出让、转让使用权或者出租等方式用于非农业建设,或者违反本法规定,将集体经营性建设用地通过出让、出租等方式交由单位或者个人使用的,由县级以上人民政府自然资源主管部门责令限期改正,没收违法所得,并处罚款。

第八十三条　依照本法规定,责令限期拆除在非法占用的土地上新建的建筑物和其他设施的,建设单位或者个人必须立即停止施工,自行拆除;对继续施工的,作出处罚决定的机关有权制止。建设单位或者个人对责令限期拆除的行政处罚决定不服的,可以在接到责令限期拆除决定之日起十五日内,向人民法院起诉;期满不起诉又不自行拆除的,由作出处罚决定的机关依法申请人民法院强制执行,费用由违法者承担。

第八十四条　自然资源主管部门、农业农村主管部门的工作人员玩忽职守、滥用职权、徇私舞弊,构成犯罪的,依法追究刑事责任;尚不构成犯罪的,依法给予处分。

第八章　附　　则

第八十五条　外商投资企业使用土地的,适用本法;法律另有规定的,从其规定。

第八十六条　在根据本法第十八条的规定编制国土空间规划前,经依法批准的土地利用总体规划和城乡规划继续执行。

第八十七条　本法自1999年1月1日起施行。

中华人民共和国城乡规划法

（《中华人民共和国城乡规划法》于2007年10月28日第十届全国人民代表大会常务委员会第三十次会议通过；根据2015年4月24日第十二届全国人民代表大会常务委员会第十四次会议《关于修改〈中华人民共和国港口法〉等七部法律的决定》第一次修正；根据2019年4月23日第十三届全国人民代表大会常务委员会第十次会议《关于修改〈中华人民共和国建筑法〉等八部法律的决定》第二次修正。）

第一章 总 则

第一条 为了加强城乡规划管理，协调城乡空间布局，改善人居环境，促进城乡经济社会全面协调可持续发展，制定本法。

第二条 制定和实施城乡规划，在规划区内进行建设活动，必须遵守本法。

本法所称城乡规划，包括城镇体系规划、城市规划、镇规划、乡规划和村庄规划。城市规划、镇规划分为总体规划和详细规划。详细规划分为控制性详细规划和修建性详细规划。

本法所称规划区，是指城市、镇和村庄的建成区以及因城乡建设和发展需要，必须实行规划控制的区域。规划区的具体范围由有关人民政府在组织编制的城市总体规划、镇总体规划、乡规划和村庄规划中，根据城乡经济社会发展水平和统筹城乡发展的需要划定。

第三条 城市和镇应当依照本法制定城市规划和镇规划。城市、镇规划区内的建设活动应当符合规划要求。

县级以上地方人民政府根据本地农村经济社会发展水平，按照因地制宜、切实可行的原则，确定应当制定乡规划、村庄规划的区域。在确定区域内的乡、村庄，应当依照本法制定规划，规划区内的乡、村庄建设应当符合规划要求。

县级以上地方人民政府鼓励、指导前款规定以外的区域的乡、村庄制定和实施乡规划、村庄规划。

第四条 制定和实施城乡规划，应当遵循城乡统筹、合理布局、节约土地、集约发展和先规划后建设的原则，改善生态环境，促进资源、能源节约和综合利用，保护耕地等自然资源和历史文化遗产，保持地方特色、民族特色和传统风貌，防止污染和其他公害，并符合区域人口发展、国防建设、防灾减灾和公共卫生、公共安全的需要。

在规划区内进行建设活动，应当遵守土地管理、自然资源和环境保护等法律、法规的规定。

县级以上地方人民政府应当根据当地经济社会发展的实际，在城市总体规划、镇总体规划中合理确定城市、镇的发展规模、步骤和建设标准。

第五条 城市总体规划、镇总体规划以及乡规划和村庄规划的编制，应当依据国民经济和社会发展规划,并与土地利用总体规划相衔接。

第六条 各级人民政府应当将城乡规划的编制和管理经费纳入本级财政预算。

第七条 经依法批准的城乡规划,是城乡建设和规划管理的依据,未经法定程序不得修改。

第八条 城乡规划组织编制机关应当及时公布经依法批准的城乡规划。但是,法律、行政法规规定不得公开的内容除外。

第九条 任何单位和个人都应当遵守经依法批准并公布的城乡规划,服从规划管理,并有权就涉及其利害关系的建设活动是否符合规划的要求向城乡规划主管部门查询。

任何单位和个人都有权向城乡规划主管部门或者其他有关部门举报或者控告违反城乡规划的行为。城乡规划主管部门或者其他有关部门对举报或者控告,应当及时受理并组织核查、处理。

第十条 国家鼓励采用先进的科学技术,增强城乡规划的科学性,提高城乡规划实施及监督管理的效能。

第十一条 国务院城乡规划主管部门负责全国的城乡规划管理工作。

县级以上地方人民政府城乡规划主管部门负责本行政区域内的城乡规划管理工作。

第二章 城乡规划的制定

第十二条 国务院城乡规划主管部门会同国务院有关部门组织编制全国城镇体系规划,用于指导省域城镇体系规划、城市总体规划的编制。

全国城镇体系规划由国务院城乡规划主管部门报国务院审批。

第十三条 省、自治区人民政府组织编制省域城镇体系规划,报国务院审批。

省域城镇体系规划的内容应当包括:城镇空间布局和规模控制,重大基础设施的布局,为保护生态环境、资源等需要严格控制的区域。

第十四条 城市人民政府组织编制城市总体规划。

直辖市的城市总体规划由直辖市人民政府报国务院审批。省、自治区人民政府所在地的城市以及国务院确定的城市的总体规划,由省、自治区人民政府审查同意后,报国务院审批。其他城市的总体规划,由城市人民政府报省、自治区人民政府审批。

第十五条 县人民政府组织编制县人民政府所在地镇的总体规划,报上一级人民政府审批。其他镇的总体规划由镇人民政府组织编制,报上一级人民政府审批。

第十六条 省、自治区人民政府组织编制的省域城镇体系规划,城市、县人民政府组织编制的总体规划,在报上一级人民政府审批前,应当先经本级人民代表大会常务委员会审议,常务委员会组成人员的审议意见交由本级人民政府研究处理。

镇人民政府组织编制的镇总体规划,在报上一级人民政府审批前,应当先经镇人民代表大会审议,代表的审议意见交由本级人民政府研究处理。

规划的组织编制机关报送审批省域城镇体系规划、城市总体规划或者镇总体规划,应当将本级人民代表大会常务委员会组成人员或者镇人民代表大会代表的审议意见和根据审议意见修改规划的情况一并报送。

第十七条 城市总体规划、镇总体规划的内容应当包括:城市、镇的发展布局,功能分区,用地布局,综合交通体系,禁止、限制和适宜建设的地域范围,各类专项规划等。

规划区范围、规划区内建设用地规模、基础设施和公共服务设施用地、水源地和水系、基本农田和绿化用地、环境保护、自然与历史文化遗产保护以及防灾减灾等内容,应当作为城市总体规划、镇总体规划的强制性内容。

城市总体规划、镇总体规划的规划期限一般为二十年。城市总体规划还应当对城市更长远的发展作出预测性安排。

第十八条 乡规划、村庄规划应当从农村实际出发,尊重村民意愿,体现地方和农村特色。

乡规划、村庄规划的内容应当包括:规划区范围,住宅、道路、供水、排水、供电、垃圾收集、畜禽养殖场所等农村生产、生活服务设施、公益事业等各项建设的用地布局、建设要求,以及对耕地等自然资源和历史文化遗产保护、防灾减灾等的具体安排。乡规划还应当包括本行政区域内的村庄发展布局。

第十九条 城市人民政府城乡规划主管部门根据城市总体规划的要求,组织编制城市的控制性详细规划,经本级人民政府批准后,报本级人民代表大会常务委员会和上一级人民政府备案。

第二十条 镇人民政府根据镇总体规划的要求,组织编制镇的控制性详细规划,报上一级人民政府审批。县人民政府所在地镇的控制性详细规划,由县人民政府城乡规划主管部门根据镇总体规划的要求组织编制,经县人民政府批准后,报本级人民代表大会常务委员会和上一级人民政府备案。

第二十一条 城市、县人民政府城乡规划主管部门和镇人民政府可以组织编制重要地块的修建性详细规划。修建性详细规划应当符合控制性详细规划。

第二十二条 乡、镇人民政府组织编制乡规划、村庄规划,报上一级人民政府审批。村庄规划在报送审批前,应当经村民会议或者村民代表会议讨论同意。

第二十三条 首都的总体规划、详细规划应当统筹考虑中央国家机关用地布局和空间安排的需要。

第二十四条 城乡规划组织编制机关应当委托具有相应资质等级的单位承担城乡规划的具体编制工作。

从事城乡规划编制工作应当具备下列条件,并经国务院城乡规划主管部门或者省、自治区、直辖市人民政府城乡规划主管部门依法审查合格,取得相应等级的资质证书后,方可在资质等级许可的范围内从事城乡规划编制工作:

(一)有法人资格;

(二)有规定数量的经相关行业协会注册的规划师;

(三)有规定数量的相关专业技术人员;

(四)有相应的技术装备;

(五)有健全的技术、质量、财务管理制度。

编制城乡规划必须遵守国家有关标准。

第二十五条 编制城乡规划,应当具备国家规定的勘察、测绘、气象、地震、水文、环境等基础资料。

县级以上地方人民政府有关主管部门应当根据编制城乡规划的需要,及时提供有关基础资料。

第二十六条 城乡规划报送审批前,组织编制机关应当依法将城乡规划草案予以公告,并采取论证会、听证会或者其他方式征求专家和公众的意见。公告的时间不得少于三十日。

组织编制机关应当充分考虑专家和公众的意见,并在报送审批的材料中附具意见采纳情况及理由。

第二十七条 省域城镇体系规划、城市总体规划、镇总体规划批准前,审批机关应当组织专家和有关部门进行审查。

第三章 城乡规划的实施

第二十八条 地方各级人民政府应当根据当地经济社会发展水平,量力而行,尊重群众意愿,有计划、分步骤地组织实施城乡规划。

第二十九条 城市的建设和发展,应当优先安排基础设施以及公共服务设施的建设,妥善处理新区开发与旧区改建的关系,统筹兼顾进城务工人员生活和周边农村经济社会发展、村民生产与生活的需要。

镇的建设和发展,应当结合农村经济社会发展和产业结构调整,优先安排供水、排水、供电、供气、道路、通信、广播电视等基础设施和学校、卫生院、文化站、幼儿园、福利院等公共服务设施的建设,为周边农村提供服务。

乡、村庄的建设和发展,应当因地制宜、节约用地,发挥村民自治组织的作用,引导村民合理进行建设,改善农村生产、生活条件。

第三十条 城市新区的开发和建设,应当合理确定建设规模和时序,充分利用现有市政基础设施和公共服务设施,严格保护自然资源和生态环境,体现地方特色。

在城市总体规划、镇总体规划确定的建设用地范围以外,不得设立各类开发区和城市新区。

第三十一条 旧城区的改建,应当保护历史文化遗产和传统风貌,合理确定拆迁和建设规模,有计划地对危房集中、基础设施落后等地段进行改建。

历史文化名城、名镇、名村的保护以及受保护建筑物的维护和使用,应当遵守有关法律、行政法规和国务院的规定。

第三十二条 城乡建设和发展,应当依法保护和合理利用风景名胜资源,统筹安排风景名胜区及周边乡、镇、村庄的建设。

风景名胜区的规划、建设和管理,应当遵守有关法律、行政法规和国务院的规定。

第三十三条 城市地下空间的开发和利用,应当与经济和技术发展水平相适应,遵循统筹安排、综合开发、合理利用的原则,充分考虑防灾减灾、人民防空和通信等需要,并符合城市规划,履行规划审批手续。

第三十四条 城市、县、镇人民政府应当根据城市总体规划、镇总体规划、土地利用总体规划和年度计划以及国民经济和社会发展规划,制定近期建设规划,报总体规划审批机关备案。

近期建设规划应当以重要基础设施、公共服务设施和中低收入居民住房建设以及生态环境保护为重点内容,明确近期建设的时序、发展方向和空间布局。近期建设规划的规划期限为五年。

第三十五条　城乡规划确定的铁路、公路、港口、机场、道路、绿地、输配电设施及输电线路走廊、通信设施、广播电视设施、管道设施、河道、水库、水源地、自然保护区、防汛通道、消防通道、核电站、垃圾填埋场及焚烧厂、污水处理厂和公共服务设施的用地以及其他需要依法保护的用地,禁止擅自改变用途。

第三十六条　按照国家规定需要有关部门批准或者核准的建设项目,以划拨方式提供国有土地使用权的,建设单位在报送有关部门批准或者核准前,应当向城乡规划主管部门申请核发选址意见书。

前款规定以外的建设项目不需要申请选址意见书。

第三十七条　在城市、镇规划区内以划拨方式提供国有土地使用权的建设项目,经有关部门批准、核准、备案后,建设单位应当向城市、县人民政府城乡规划主管部门提出建设用地规划许可申请,由城市、县人民政府城乡规划主管部门依据控制性详细规划核定建设用地的位置、面积、允许建设的范围,核发建设用地规划许可证。

建设单位在取得建设用地规划许可证后,方可向县级以上地方人民政府土地主管部门申请用地,经县级以上人民政府审批后,由土地主管部门划拨土地。

第三十八条　在城市、镇规划区内以出让方式提供国有土地使用权的,在国有土地使用权出让前,城市、县人民政府城乡规划主管部门应当依据控制性详细规划,提出出让地块的位置、使用性质、开发强度等规划条件,作为国有土地使用权出让合同的组成部分。未确定规划条件的地块,不得出让国有土地使用权。

以出让方式取得国有土地使用权的建设项目,建设单位在取得建设项目的批准、核准、备案文件和签订国有土地使用权出让合同后,向城市、县人民政府城乡规划主管部门领取建设用地规划许可证。

城市、县人民政府城乡规划主管部门不得在建设用地规划许可证中,擅自改变作为国有土地使用权出让合同组成部分的规划条件。

第三十九条　规划条件未纳入国有土地使用权出让合同的,该国有土地使用权出让合同无效;对未取得建设用地规划许可证的建设单位批准用地的,由县级以上人民政府撤销有关批准文件;占用土地的,应当及时退回;给当事人造成损失的,应当依法给予赔偿。

第四十条　在城市、镇规划区内进行建筑物、构筑物、道路、管线和其他工程建设的,建设单位或者个人应当向城市、县人民政府城乡规划主管部门或者省、自治区、直辖市人民政府确定的镇人民政府申请办理建设工程规划许可证。

申请办理建设工程规划许可证,应当提交使用土地的有关证明文件、建设工程设计方案等材料。需要建设单位编制修建性详细规划的建设项目,还应当提交修建性详细规划。对符合控制性详细规划和规划条件的,由城市、县人民政府城乡规划主管部门或者省、自治区、直辖市人民政府确定的镇人民政府核发建设工程规划许可证。

城市、县人民政府城乡规划主管部门或者省、自治区、直辖市人民政府确定的镇人民政府应当依法将经审定的修建性详细规划、建设工程设计方案的总平面图予以公布。

第四十一条　在乡、村庄规划区内进行乡镇企业、乡村公共设施和公益事业建设的,建设单位或者个人应当向乡、镇人民政府提出申请,由乡、镇人民政府报城市、县人民政府城乡规划主管部门核发乡村建设规划许可证。

在乡、村庄规划区内使用原有宅基地进行农村村民住宅建设的规划管理办法,由省、自治区、直辖市制定。

在乡、村庄规划区内进行乡镇企业、乡村公共设施和公益事业建设以及农村村民住宅建设,不得占用农用地;确需占用农用地的,应当依照《中华人民共和国土地管理法》有关规定办理农用地转用审批手续后,由城市、县人民政府城乡规划主管部门核发乡村建设规划许可证。

建设单位或者个人在取得乡村建设规划许可证后,方可办理用地审批手续。

第四十二条 城乡规划主管部门不得在城乡规划确定的建设用地范围以外作出规划许可。

第四十三条 建设单位应当按照规划条件进行建设;确需变更的,必须向城市、县人民政府城乡规划主管部门提出申请。变更内容不符合控制性详细规划的,城乡规划主管部门不得批准。城市、县人民政府城乡规划主管部门应当及时将依法变更后的规划条件通报同级土地主管部门并公示。

建设单位应当及时将依法变更后的规划条件报有关人民政府土地主管部门备案。

第四十四条 在城市、镇规划区内进行临时建设的,应当经城市、县人民政府城乡规划主管部门批准。

临时建设影响近期建设规划或者控制性详细规划的实施以及交通、市容、安全等的,不得批准。临时建设应当在批准的使用期限内自行拆除。

临时建设和临时用地规划管理的具体办法,由省、自治区、直辖市人民政府制定。

第四十五条 县级以上地方人民政府城乡规划主管部门按照国务院规定对建设工程是否符合规划条件予以核实。未经核实或者经核实不符合规划条件的,建设单位不得组织竣工验收。

建设单位应当在竣工验收后六个月内向城乡规划主管部门报送有关竣工验收资料。

第四章 城乡规划的修改

第四十六条 省域城镇体系规划、城市总体规划、镇总体规划的组织编制机关,应当组织有关部门和专家定期对规划实施情况进行评估,并采取论证会、听证会或者其他方式征求公众意见。组织编制机关应当向本级人民代表大会常务委员会、镇人民代表大会和原审批机关提出评估报告并附具征求意见的情况。

第四十七条 有下列情形之一的,组织编制机关方可按照规定的权限和程序修改省域城镇体系规划、城市总体规划、镇总体规划:

(一)上级人民政府制定的城乡规划发生变更,提出修改规划要求的;

(二)行政区划调整确需修改规划的;

(三)因国务院批准重大建设工程确需修改规划的;

(四)经评估确需修改规划的;

(五)城乡规划的审批机关认为应当修改规划的其他情形。

修改省域城镇体系规划、城市总体规划、镇总体规划前,组织编制机关应当对原规划的实施情况进行总结,并向原审批机关报告;修改涉及城市总体规划、镇总体规划强制性内容的,应当先向原审批机关提出专题报告,经同意后,方可编制修改方案。

修改后的省域城镇体系规划、城市总体规划、镇总体规划,应当依照本法第十三条、第十四条、第十五条和第十六条规定的审批程序报批。

第四十八条 修改控制性详细规划的,组织编制机关应当对修改的必要性进行论证,征求规划地段内利害关系人的意见,并向原审批机关提出专题报告,经原审批机关同意后,方可编制修改方案。修改后的控制性详细规划,应当依照本法第十九条、第二十条规定的审批程序报批。控制性详细规划修改涉及城市总体规划、镇总体规划的强制性内容的,应当先修改总体规划。

修改乡规划、村庄规划的,应当依照本法第二十二条规定的审批程序报批。

第四十九条 城市、县、镇人民政府修改近期建设规划的,应当将修改后的近期建设规划报总体规划审批机关备案。

第五十条 在选址意见书、建设用地规划许可证、建设工程规划许可证或者乡村建设规划许可证发放后,因依法修改城乡规划给被许可人合法权益造成损失的,应当依法给予补偿。

经依法审定的修建性详细规划、建设工程设计方案的总平面图不得随意修改;确需修改的,城乡规划主管部门应当采取听证会等形式,听取利害关系人的意见;因修改给利害关系人合法权益造成损失的,应当依法给予补偿。

第五章 监督检查

第五十一条 县级以上人民政府及其城乡规划主管部门应当加强对城乡规划编制、审批、实施、修改的监督检查。

第五十二条 地方各级人民政府应当向本级人民代表大会常务委员会或者乡、镇人民代表大会报告城乡规划的实施情况,并接受监督。

第五十三条 县级以上人民政府城乡规划主管部门对城乡规划的实施情况进行监督检查,有权采取以下措施:

(一)要求有关单位和人员提供与监督事项有关的文件、资料,并进行复制;

(二)要求有关单位和人员就监督事项涉及的问题作出解释和说明,并根据需要进入现场进行勘测;

(三)责令有关单位和人员停止违反有关城乡规划的法律、法规的行为。

城乡规划主管部门的工作人员履行前款规定的监督检查职责,应当出示执法证件。被监督检查的单位和人员应当予以配合,不得妨碍和阻挠依法进行的监督检查活动。

第五十四条 监督检查情况和处理结果应当依法公开,供公众查阅和监督。

第五十五条 城乡规划主管部门在查处违反本法规定的行为时,发现国家机关工作人员依法应当给予行政处分的,应当向其任免机关或者监察机关提出处分建议。

第五十六条 依照本法规定应当给予行政处罚,而有关城乡规划主管部门不给予行政处罚的,上级人民政府城乡规划主管部门有权责令其作出行政处罚决定或者建议有关人民政府责令其给予行政处罚。

第五十七条 城乡规划主管部门违反本法规定作出行政许可的,上级人民政府城乡规划主管部门有权责令其撤销或者直接撤销该行政许可。因撤销行政许可给当事人合法权益造成损失的,应当依法给予赔偿。

第六章　法律责任

第五十八条　对依法应当编制城乡规划而未组织编制,或者未按法定程序编制、审批、修改城乡规划的,由上级人民政府责令改正,通报批评;对有关人民政府负责人和其他直接责任人员依法给予处分。

第五十九条　城乡规划组织编制机关委托不具有相应资质等级的单位编制城乡规划的,由上级人民政府责令改正,通报批评;对有关人民政府负责人和其他直接责任人员依法给予处分。

第六十条　镇人民政府或者县级以上人民政府城乡规划主管部门有下列行为之一的,由本级人民政府、上级人民政府城乡规划主管部门或者监察机关依据职权责令改正,通报批评;对直接负责的主管人员和其他直接责任人员依法给予处分:

(一)未依法组织编制城市的控制性详细规划、县人民政府所在地镇的控制性详细规划的;

(二)超越职权或者对不符合法定条件的申请人核发选址意见书、建设用地规划许可证、建设工程规划许可证、乡村建设规划许可证的;

(三)对符合法定条件的申请人未在法定期限内核发选址意见书、建设用地规划许可证、建设工程规划许可证、乡村建设规划许可证的;

(四)未依法对经审定的修建性详细规划、建设工程设计方案的总平面图予以公布的;

(五)同意修改修建性详细规划、建设工程设计方案的总平面图前未采取听证会等形式听取利害关系人的意见的;

(六)发现未依法取得规划许可或者违反规划许可的规定在规划区内进行建设的行为,而不予查处或者接到举报后不依法处理的。

第六十一条　县级以上人民政府有关部门有下列行为之一的,由本级人民政府或者上级人民政府有关部门责令改正,通报批评;对直接负责的主管人员和其他直接责任人员依法给予处分:

(一)对未依法取得选址意见书的建设项目核发建设项目批准文件的;

(二)未依法在国有土地使用权出让合同中确定规划条件或者改变国有土地使用权出让合同中依法确定的规划条件的;

(三)对未依法取得建设用地规划许可证的建设单位划拨国有土地使用权的。

第六十二条　城乡规划编制单位有下列行为之一的,由所在地城市、县人民政府城乡规划主管部门责令限期改正,处合同约定的规划编制费一倍以上二倍以下的罚款;情节严重的,责令停业整顿,由原发证机关降低资质等级或者吊销资质证书;造成损失的,依法承担赔偿责任:

(一)超越资质等级许可的范围承揽城乡规划编制工作的;

(二)违反国家有关标准编制城乡规划的。未依法取得资质证书承揽城乡规划编制工作的,由县级以上地方人民政府城乡规划主管部门责令停止违法行为,依照前款规定处以罚款;

造成损失的,依法承担赔偿责任。

以欺骗手段取得资质证书承揽城乡规划编制工作的,由原发证机关吊销资质证书,依照本条第一款规定处以罚款;造成损失的,依法承担赔偿责任。

第六十三条　城乡规划编制单位取得资质证书后,不再符合相应的资质条件的,由原发证机关责令限期改正;逾期不改正的,降低资质等级或者吊销资质证书。

第六十四条　未取得建设工程规划许可证或者未按照建设工程规划许可证的规定进行建设的,由县级以上地方人民政府城乡规划主管部门责令停止建设;尚可采取改正措施消除对规划实施的影响的,限期改正,处建设工程造价百分之五以上百分之十以下的罚款;无法采取改正措施消除影响的,限期拆除,不能拆除的,没收实物或者违法收入,可以并处建设工程造价百分之十以下的罚款。

第六十五条　在乡、村庄规划区内未依法取得乡村建设规划许可证或者未按照乡村建设规划许可证的规定进行建设的,由乡、镇人民政府责令停止建设、限期改正;逾期不改正的,可以拆除。

第六十六条　建设单位或者个人有下列行为之一的,由所在地城市、县人民政府城乡规划主管部门责令限期拆除,可以并处临时建设工程造价一倍以下的罚款:

(一)未经批准进行临时建设的;

(二)未按照批准内容进行临时建设的;

(三)临时建筑物、构筑物超过批准期限不拆除的。

第六十七条　建设单位未在建设工程竣工验收后六个月内向城乡规划主管部门报送有关竣工验收资料的,由所在地城市、县人民政府城乡规划主管部门责令限期补报;逾期不补报的,处一万元以上五万元以下的罚款。

第六十八条　城乡规划主管部门作出责令停止建设或者限期拆除的决定后,当事人不停止建设或者逾期不拆除的,建设工程所在地县级以上地方人民政府可以责成有关部门采取查封施工现场、强制拆除等措施。

第六十九条　违反本法规定,构成犯罪的,依法追究刑事责任。

第七章　附　　则

第七十条　本法自 2008 年 1 月 1 日起施行。《中华人民共和国城市规划法》同时废止。

中华人民共和国土地管理法实施条例

(《中华人民共和国土地管理法实施条例》于1998年12月27日中华人民共和国国务院令第256号发布;根据2011年1月8日《国务院关于废止和修改部分行政法规的决定》第一次修订;根据2014年7月29日《国务院关于修改部分行政法规的决定》第二次修订;2021年7月2日中华人民共和国国务院令第743号第三次修订。)

第一章 总 则

第一条 根据《中华人民共和国土地管理法》(以下简称《土地管理法》),制定本条例。

第二章 国土空间规划

第二条 国家建立国土空间规划体系。

土地开发、保护、建设活动应当坚持规划先行。经依法批准的国土空间规划是各类开发、保护、建设活动的基本依据。

已经编制国土空间规划的,不再编制土地利用总体规划和城乡规划。在编制国土空间规划前,经依法批准的土地利用总体规划和城乡规划继续执行。

第三条 国土空间规划应当细化落实国家发展规划提出的国土空间开发保护要求,统筹布局农业、生态、城镇等功能空间,划定落实永久基本农田、生态保护红线和城镇开发边界。

国土空间规划应当包括国土空间开发保护格局和规划用地布局、结构、用途管制要求等内容,明确耕地保有量、建设用地规模、禁止开垦的范围等要求,统筹基础设施和公共设施用地布局,综合利用地上地下空间,合理确定并严格控制新增建设用地规模,提高土地节约集约利用水平,保障土地的可持续利用。

第四条 土地调查应当包括下列内容:
(一)土地权属以及变化情况;
(二)土地利用现状以及变化情况;
(三)土地条件。

全国土地调查成果,报国务院批准后向社会公布。地方土地调查成果,经本级人民政府审核,报上一级人民政府批准后向社会公布。全国土地调查成果公布后,县级以上地方人民政府方可自上而下逐级依次公布本行政区域的土地调查成果。

土地调查成果是编制国土空间规划以及自然资源管理、保护和利用的重要依据。

土地调查技术规程由国务院自然资源主管部门会同有关部门制定。

第五条 国务院自然资源主管部门会同有关部门制定土地等级评定标准。

县级以上人民政府自然资源主管部门应当会同有关部门根据土地等级评定标准，对土地等级进行评定。地方土地等级评定结果经本级人民政府审核，报上一级人民政府自然资源主管部门批准后向社会公布。

根据国民经济和社会发展状况，土地等级每五年重新评定一次。

第六条 县级以上人民政府自然资源主管部门应当加强信息化建设，建立统一的国土空间基础信息平台，实行土地管理全流程信息化管理，对土地利用状况进行动态监测，与发展改革、住房和城乡建设等有关部门建立土地管理信息共享机制，依法公开土地管理信息。

第七条 县级以上人民政府自然资源主管部门应当加强地籍管理，建立健全地籍数据库。

第三章 耕地保护

第八条 国家实行占用耕地补偿制度。在国土空间规划确定的城市和村庄、集镇建设用地范围内经依法批准占用耕地，以及在国土空间规划确定的城市和村庄、集镇建设用地范围外的能源、交通、水利、矿山、军事设施等建设项目经依法批准占用耕地的，分别由县级人民政府、农村集体经济组织和建设单位负责开垦与所占用耕地的数量和质量相当的耕地；没有条件开垦或者开垦的耕地不符合要求的，应当按照省、自治区、直辖市的规定缴纳耕地开垦费，专款用于开垦新的耕地。

省、自治区、直辖市人民政府应当组织自然资源主管部门、农业农村主管部门对开垦的耕地进行验收，确保开垦的耕地落实到地块。划入永久基本农田的还应当纳入国家永久基本农田数据库严格管理。占用耕地补充情况应当按照国家有关规定向社会公布。

个别省、直辖市需要易地开垦耕地的，依照《土地管理法》第三十二条的规定执行。

第九条 禁止任何单位和个人在国土空间规划确定的禁止开垦的范围内从事土地开发活动。

按照国土空间规划，开发未确定土地使用权的国有荒山、荒地、荒滩从事种植业、林业、畜牧业、渔业生产的，应当向土地所在地的县级以上地方人民政府自然资源主管部门提出申请，按照省、自治区、直辖市规定的权限，由县级以上地方人民政府批准。

第十条 县级人民政府应当按照国土空间规划关于统筹布局农业、生态、城镇等功能空间的要求，制定土地整理方案，促进耕地保护和土地节约集约利用。

县、乡（镇）人民政府应当组织农村集体经济组织，实施土地整理方案，对闲散地和废弃地有计划地整治、改造。土地整理新增耕地，可以用作建设所占用耕地的补充。

鼓励社会主体依法参与土地整理。

第十一条 县级以上地方人民政府应当采取措施，预防和治理耕地土壤流失、污染，有计划地改造中低产田，建设高标准农田，提高耕地质量，保护黑土地等优质耕地，并依法对建设所占用耕地耕作层的土壤利用作出合理安排。

非农业建设依法占用永久基本农田的，建设单位应当按照省、自治区、直辖市的规定，将所占用耕地耕作层的土壤用于新开垦耕地、劣质地或者其他耕地的土壤改良。

县级以上地方人民政府应当加强对农业结构调整的引导和管理，防止破坏耕地耕作层；设施农业用地不再使用的，应当及时组织恢复种植条件。

第十二条　国家对耕地实行特殊保护,严守耕地保护红线,严格控制耕地转为林地、草地、园地等其他农用地,并建立耕地保护补偿制度,具体办法和耕地保护补偿实施步骤由国务院自然资源主管部门会同有关部门规定。

非农业建设必须节约使用土地,可以利用荒地的,不得占用耕地;可以利用劣地的,不得占用好地。禁止占用耕地建窑、建坟或者擅自在耕地上建房、挖砂、采石、采矿、取土等。禁止占用永久基本农田发展林果业和挖塘养鱼。

耕地应当优先用于粮食和棉、油、糖、蔬菜等农产品生产。按照国家有关规定需要将耕地转为林地、草地、园地等其他农用地的,应当优先使用难以长期稳定利用的耕地。

第十三条　省、自治区、直辖市人民政府对本行政区域耕地保护负总责,其主要负责人是本行政区域耕地保护的第一责任人。

省、自治区、直辖市人民政府应当将国务院确定的耕地保有量和永久基本农田保护任务分解下达,落实到具体地块。

国务院对省、自治区、直辖市人民政府耕地保护责任目标落实情况进行考核。

第四章　建设用地

第一节　一般规定

第十四条　建设项目需要使用土地的,应当符合国土空间规划、土地利用年度计划和用途管制以及节约资源、保护生态环境的要求,并严格执行建设用地标准,优先使用存量建设用地,提高建设用地使用效率。

从事土地开发利用活动,应当采取有效措施,防止、减少土壤污染,并确保建设用地符合土壤环境质量要求。

第十五条　各级人民政府应当依据国民经济和社会发展规划及年度计划、国土空间规划、国家产业政策以及城乡建设、土地利用的实际状况等,加强土地利用计划管理,实行建设用地总量控制,推动城乡存量建设用地开发利用,引导城镇低效用地再开发,落实建设用地标准控制制度,开展节约集约用地评价,推广应用节地技术和节地模式。

第十六条　县级以上地方人民政府自然资源主管部门应当将本级人民政府确定的年度建设用地供应总量、结构、时序、地块、用途等在政府网站上向社会公布,供社会公众查阅。

第十七条　建设单位使用国有土地,应当以有偿使用方式取得;但是,法律、行政法规规定可以以划拨方式取得的除外。

国有土地有偿使用的方式包括:

(一)国有土地使用权出让;

(二)国有土地租赁;

(三)国有土地使用权作价出资或者入股。

第十八条　国有土地使用权出让、国有土地租赁等应当依照国家有关规定通过公开的交易平台进行交易,并纳入统一的公共资源交易平台体系。除依法可以采取协议方式外,应当采取招标、拍卖、挂牌等竞争性方式确定土地使用者。

第十九条　《土地管理法》第五十五条规定的新增建设用地的土地有偿使用费,是指国家在新增建设用地中应取得的平均土地纯收益。

第二十条　建设项目施工、地质勘查需要临时使用土地的,应当尽量不占或者少占耕地。

临时用地由县级以上人民政府自然资源主管部门批准,期限一般不超过二年;建设周期较长的能源、交通、水利等基础设施建设使用的临时用地,期限不超过四年;法律、行政法规另有规定的除外。

土地使用者应当自临时用地期满之日起一年内完成土地复垦,使其达到可供利用状态,其中占用耕地的应当恢复种植条件。

第二十一条　抢险救灾、疫情防控等急需使用土地的,可以先行使用土地。其中,属于临时用地的,用后应当恢复原状并交还原土地使用者使用,不再办理用地审批手续;属于永久性建设用地的,建设单位应当在不晚于应急处置工作结束六个月内申请补办建设用地审批手续。

第二十二条　具有重要生态功能的未利用地应当依法划入生态保护红线,实施严格保护。

建设项目占用国土空间规划确定的未利用地的,按照省、自治区、直辖市的规定办理。

第二节　农用地转用

第二十三条　在国土空间规划确定的城市和村庄、集镇建设用地范围内,为实施该规划而将农用地转为建设用地的,由市、县人民政府组织自然资源等部门拟订农用地转用方案,分批次报有批准权的人民政府批准。

农用地转用方案应当重点对建设项目安排、是否符合国土空间规划和土地利用年度计划以及补充耕地情况作出说明。

农用地转用方案经批准后,由市、县人民政府组织实施。

第二十四条　建设项目确需占用国土空间规划确定的城市和村庄、集镇建设用地范围外的农用地,涉及占用永久基本农田的,由国务院批准;不涉及占用永久基本农田的,由国务院或者国务院授权的省、自治区、直辖市人民政府批准。具体按照下列规定办理:

(一)建设项目批准、核准前或者备案前后,由自然资源主管部门对建设项目用地事项进行审查,提出建设项目用地预审意见。建设项目需要申请核发选址意见书的,应当合并办理建设项目用地预审与选址意见书,核发建设项目用地预审与选址意见书。

(二)建设单位持建设项目的批准、核准或者备案文件,向市、县人民政府提出建设用地申请。市、县人民政府组织自然资源等部门拟订农用地转用方案,报有批准权的人民政府批准;依法应当由国务院批准的,由省、自治区、直辖市人民政府审核后上报。农用地转用方案应当重点对是否符合国土空间规划和土地利用年度计划以及补充耕地情况作出说明,涉及占用永久基本农田的,还应当对占用永久基本农田的必要性、合理性和补划可行性作出说明。

(三)农用地转用方案经批准后,由市、县人民政府组织实施。

第二十五条　建设项目需要使用土地的,建设单位原则上应当一次申请,办理建设用地审批手续,确需分期建设的项目,可以根据可行性研究报告确定的方案,分期申请建设用地,分期办理建设用地审批手续。建设过程中用地范围确需调整的,应当依法办理建设用地审批手续。

农用地转用涉及征收土地的,还应当依法办理征收土地手续。

第三节 土地征收

第二十六条 需要征收土地,县级以上地方人民政府认为符合《土地管理法》第四十五条规定的,应当发布征收土地预公告,并开展拟征收土地现状调查和社会稳定风险评估。

征收土地预公告应当包括征收范围、征收目的、开展土地现状调查的安排等内容。征收土地预公告应当采用有利于社会公众知晓的方式,在拟征收土地所在的乡(镇)和村、村民小组范围内发布,预公告时间不少于十个工作日。自征收土地预公告发布之日起,任何单位和个人不得在拟征收范围内抢栽抢建;违反规定抢栽抢建的,对抢栽抢建部分不予补偿。

土地现状调查应当查明土地的位置、权属、地类、面积,以及农村村民住宅、其他地上附着物和青苗等的权属、种类、数量等情况。

社会稳定风险评估应当对征收土地的社会稳定风险状况进行综合研判,确定风险点,提出风险防范措施和处置预案。社会稳定风险评估应当有被征地的农村集体经济组织及其成员、村民委员会和其他利害关系人参加,评估结果是申请征收土地的重要依据。

第二十七条 县级以上地方人民政府应当依据社会稳定风险评估结果,结合土地现状调查情况,组织自然资源、财政、农业农村、人力资源和社会保障等有关部门拟定征地补偿安置方案。

征地补偿安置方案应当包括征收范围、土地现状、征收目的、补偿方式和标准、安置对象、安置方式、社会保障等内容。

第二十八条 征地补偿安置方案拟定后,县级以上地方人民政府应当在拟征收土地所在的乡(镇)和村、村民小组范围内公告,公告时间不少于三十日。

征地补偿安置公告应当同时载明办理补偿登记的方式和期限、异议反馈渠道等内容。

多数被征地的农村集体经济组织成员认为拟定的征地补偿安置方案不符合法律、法规规定的,县级以上地方人民政府应当组织听证。

第二十九条 县级以上地方人民政府根据法律、法规规定和听证会等情况确定征地补偿安置方案后,应当组织有关部门与拟征收土地的所有权人、使用权人签订征地补偿安置协议。征地补偿安置协议示范文本由省、自治区、直辖市人民政府制定。

对个别确实难以达成征地补偿安置协议的,县级以上地方人民政府应当在申请征收土地时如实说明。

第三十条 县级以上地方人民政府完成本条例规定的征地前期工作后,方可提出征收土地申请,依照《土地管理法》第四十六条的规定报有批准权的人民政府批准。

有批准权的人民政府应当对征收土地的必要性、合理性、是否符合《土地管理法》第四十五条规定的为了公共利益确需征收土地的情形以及是否符合法定程序进行审查。

第三十一条 征收土地申请经依法批准后,县级以上地方人民政府应当自收到批准文件之日起十五个工作日内在拟征收土地所在的乡(镇)和村、村民小组范围内发布征收土地公告,公布征收范围、征收时间等具体工作安排,对个别未达成征地补偿安置协议的应当作出征地补偿安置决定,并依法组织实施。

第三十二条 省、自治区、直辖市应当制定公布区片综合地价,确定征收农用地的土地补偿费、安置补助费标准,并制定土地补偿费、安置补助费分配办法。

地上附着物和青苗等的补偿费用,归其所有权人所有。

社会保障费用主要用于符合条件的被征地农民的养老保险等社会保险缴费补贴,按照省、自治区、直辖市的规定单独列支。

申请征收土地的县级以上地方人民政府应当及时落实土地补偿费、安置补助费、农村村民住宅以及其他地上附着物和青苗等的补偿费用、社会保障费用等,并保证足额到位,专款专用。有关费用未足额到位的,不得批准征收土地。

第四节　宅基地管理

第三十三条　农村居民点布局和建设用地规模应当遵循节约集约、因地制宜的原则合理规划。县级以上地方人民政府应当按照国家规定安排建设用地指标,合理保障本行政区域农村村民宅基地需求。

乡(镇)、县、市国土空间规划和村庄规划应当统筹考虑农村村民生产、生活需求,突出节约集约用地导向,科学划定宅基地范围。

第三十四条　农村村民申请宅基地的,应当以户为单位向农村集体经济组织提出申请;没有设立农村集体经济组织的,应当向所在的村民小组或者村民委员会提出申请。宅基地申请依法经农村村民集体讨论通过并在本集体范围内公示后,报乡(镇)人民政府审核批准。

涉及占用农用地的,应当依法办理农用地转用审批手续。

第三十五条　国家允许进城落户的农村村民依法自愿有偿退出宅基地。乡(镇)人民政府和农村集体经济组织、村民委员会等应当将退出的宅基地优先用于保障该农村集体经济组织成员的宅基地需求。

第三十六条　依法取得的宅基地和宅基地上的农村村民住宅及其附属设施受法律保护。

禁止违背农村村民意愿强制流转宅基地,禁止违法收回农村村民依法取得的宅基地,禁止以退出宅基地作为农村村民进城落户的条件,禁止强迫农村村民搬迁退出宅基地。

第五节　集体经营性建设用地管理

第三十七条　国土空间规划应当统筹并合理安排集体经营性建设用地布局和用途,依法控制集体经营性建设用地规模,促进集体经营性建设用地的节约集约利用。

鼓励乡村重点产业和项目使用集体经营性建设用地。

第三十八条　国土空间规划确定为工业、商业等经营性用途,且已依法办理土地所有权登记的集体经营性建设用地,土地所有权人可以通过出让、出租等方式交由单位或者个人在一定年限内有偿使用。

第三十九条　土地所有权人拟出让、出租集体经营性建设用地的,市、县人民政府自然资源主管部门应当依据国土空间规划提出拟出让、出租的集体经营性建设用地的规划条件,明确土地界址、面积、用途和开发建设强度等。

市、县人民政府自然资源主管部门应当会同有关部门提出产业准入和生态环境保护要求。

第四十条　土地所有权人应当依据规划条件、产业准入和生态环境保护要求等,编制集体经营性建设用地出让、出租等方案,并依照《土地管理法》第六十三条的规定,由本集体经济组织形成书面意见,在出让、出租前不少于十个工作日报市、县人民政府。市、县人民政府认为该方案不符合规划条件或者产业准入和生态环境保护要求等的,应当在收到方案后五个工作日内提出修改意见。土地所有权人应当按照市、县人民政府的意见进行修改。

集体经营性建设用地出让、出租等方案应当载明宗地的土地界址、面积、用途、规划条件、产业准入和生态环境保护要求、使用期限、交易方式、入市价格、集体收益分配安排等内容。

第四十一条　土地所有权人应当依据集体经营性建设用地出让、出租等方案，以招标、拍卖、挂牌或者协议等方式确定土地使用者，双方应当签订书面合同，载明土地界址、面积、用途、规划条件、使用期限、交易价款支付、交地时间和开工竣工期限、产业准入和生态环境保护要求，约定提前收回的条件、补偿方式、土地使用权届满续期和地上建筑物、构筑物等附着物处理方式，以及违约责任和解决争议的方法等，并报市、县人民政府自然资源主管部门备案。未依法将规划条件、产业准入和生态环境保护要求纳入合同的，合同无效；造成损失的，依法承担民事责任。合同示范文本由国务院自然资源主管部门制定。

第四十二条　集体经营性建设用地使用者应当按照约定及时支付集体经营性建设用地价款，并依法缴纳相关税费，对集体经营性建设用地使用权以及依法利用集体经营性建设用地建造的建筑物、构筑物及其附属设施的所有权，依法申请办理不动产登记。

第四十三条　通过出让等方式取得的集体经营性建设用地使用权依法转让、互换、出资、赠与或者抵押的，双方应当签订书面合同，并书面通知土地所有权人。

集体经营性建设用地的出租，集体建设用地使用权的出让及其最高年限、转让、互换、出资、赠与、抵押等，参照同类用途的国有建设用地执行，法律、行政法规另有规定的除外。

第五章　监督检查

第四十四条　国家自然资源督察机构根据授权对省、自治区、直辖市人民政府以及国务院确定的城市人民政府下列土地利用和土地管理情况进行督察：

（一）耕地保护情况；

（二）土地节约集约利用情况；

（三）国土空间规划编制和实施情况；

（四）国家有关土地管理重大决策落实情况；

（五）土地管理法律、行政法规执行情况；

（六）其他土地利用和土地管理情况。

第四十五条　国家自然资源督察机构进行督察时，有权向有关单位和个人了解督察事项有关情况，有关单位和个人应当支持、协助督察机构工作，如实反映情况，并提供有关材料。

第四十六条　被督察的地方人民政府违反土地管理法律、行政法规，或者落实国家有关土地管理重大决策不力的，国家自然资源督察机构可以向被督察的地方人民政府下达督察意见书，地方人民政府应当认真组织整改，并及时报告整改情况；国家自然资源督察机构可以约谈被督察的地方人民政府有关负责人，并可以依法向监察机关、任免机关等有关机关提出追究相关责任人责任的建议。

第四十七条　土地管理监督检查人员应当经过培训，经考核合格，取得行政执法证件后，方可从事土地管理监督检查工作。

第四十八条　自然资源主管部门、农业农村主管部门按照职责分工进行监督检查时，可以采取下列措施：

（一）询问违法案件涉及的单位或者个人；

(二)进入被检查单位或者个人涉嫌土地违法的现场进行拍照、摄像;

(三)责令当事人停止正在进行的土地违法行为;

(四)对涉嫌土地违法的单位或者个人,在调查期间暂停办理与该违法案件相关的土地审批、登记等手续;

(五)对可能被转移、销毁、隐匿或者篡改的文件、资料予以封存,责令涉嫌土地违法的单位或者个人在调查期间不得变卖、转移与案件有关的财物;

(六)《土地管理法》第六十八条规定的其他监督检查措施。

第四十九条 依照《土地管理法》第七十三条的规定给予处分的,应当按照管理权限由责令作出行政处罚决定或者直接给予行政处罚的上级人民政府自然资源主管部门或者其他任免机关、单位作出。

第五十条 县级以上人民政府自然资源主管部门应当会同有关部门建立信用监管、动态巡查等机制,加强对建设用地供应交易和供后开发利用的监管,对建设用地市场重大失信行为依法实施惩戒,并依法公开相关信息。

第六章 法律责任

第五十一条 违反《土地管理法》第三十七条的规定,非法占用永久基本农田发展林果业或者挖塘养鱼的,由县级以上人民政府自然资源主管部门责令限期改正;逾期不改正的,按占用面积处耕地开垦费2倍以上5倍以下的罚款;破坏种植条件的,依照《土地管理法》第七十五条的规定处罚。

第五十二条 违反《土地管理法》第五十七条的规定,在临时使用的土地上修建永久性建筑物的,由县级以上人民政府自然资源主管部门责令限期拆除,按占用面积处土地复垦费5倍以上10倍以下的罚款;逾期不拆除的,由作出行政决定的机关依法申请人民法院强制执行。

第五十三条 违反《土地管理法》第六十五条的规定,对建筑物、构筑物进行重建、扩建的,由县级以上人民政府自然资源主管部门责令限期拆除;逾期不拆除的,由作出行政决定的机关依法申请人民法院强制执行。

第五十四条 依照《土地管理法》第七十四条的规定处以罚款的,罚款额为违法所得的10%以上50%以下。

第五十五条 依照《土地管理法》第七十五条的规定处以罚款的,罚款额为耕地开垦费的5倍以上10倍以下;破坏黑土地等优质耕地的,从重处罚。

第五十六条 依照《土地管理法》第七十六条的规定处以罚款的,罚款额为土地复垦费的2倍以上5倍以下。

违反本条例规定,临时用地期满之日起一年内未完成复垦或者未恢复种植条件的,由县级以上人民政府自然资源主管部门责令限期改正,依照《土地管理法》第七十六条的规定处罚,并由县级以上人民政府自然资源主管部门会同农业农村主管部门代为完成复垦或者恢复种植条件。

第五十七条 依照《土地管理法》第七十七条的规定处以罚款的,罚款额为非法占用土地每平方米100元以上1000元以下。

违反本条例规定,在国土空间规划确定的禁止开垦的范围内从事土地开发活动的,由县级以上人民政府自然资源主管部门责令限期改正,并依照《土地管理法》第七十七条的规定处罚。

第五十八条　依照《土地管理法》第七十四条、第七十七条的规定,县级以上人民政府自然资源主管部门没收在非法转让或者非法占用的土地上新建的建筑物和其他设施的,应当于九十日内交由本级人民政府或者其指定的部门依法管理和处置。

第五十九条　依照《土地管理法》第八十一条的规定处以罚款的,罚款额为非法占用土地每平方米100元以上500元以下。

第六十条　依照《土地管理法》第八十二条的规定处以罚款的,罚款额为违法所得的10%以上30%以下。

第六十一条　阻碍自然资源主管部门、农业农村主管部门的工作人员依法执行职务,构成违反治安管理行为的,依法给予治安管理处罚。

第六十二条　违反土地管理法律、法规规定,阻挠国家建设征收土地的,由县级以上地方人民政府责令交出土地;拒不交出土地的,依法申请人民法院强制执行。

第六十三条　违反本条例规定,侵犯农村村民依法取得的宅基地权益的,责令限期改正,对有关责任单位通报批评、给予警告;造成损失的,依法承担赔偿责任;对直接负责的主管人员和其他直接责任人员,依法给予处分。

第六十四条　贪污、侵占、挪用、私分、截留、拖欠征地补偿安置费用和其他有关费用的,责令改正,追回有关款项,限期退还违法所得,对有关责任单位通报批评、给予警告;造成损失的,依法承担赔偿责任;对直接负责的主管人员和其他直接责任人员,依法给予处分。

第六十五条　各级人民政府及自然资源主管部门、农业农村主管部门工作人员玩忽职守、滥用职权、徇私舞弊的,依法给予处分。

第六十六条　违反本条例规定,构成犯罪的,依法追究刑事责任。

第七章　附　　则

第六十七条　本条例自2021年9月1日起施行。

宁夏回族自治区土地管理条例

（1983年12月24日宁夏回族自治区第五届人民代表大会常务委员会第四次会议通过《宁夏回族自治区土地管理暂行条例》；1990年12月28日宁夏回族自治区第六届人民代表大会常务委员会第十六次会议修改为《宁夏回族自治区实施〈中华人民共和国土地管理法〉办法》；根据1997年10月17日宁夏回族自治区第七届人民代表大会常务委员会第二十七次会议《关于修改八件地方性法规的决定》第一次修正；2000年11月17日宁夏回族自治区第八届人民代表大会常务委员会第十六次会议修改为《宁夏回族自治区土地管理条例》；根据2012年3月29日宁夏回族自治区第十届人民代表大会常务委员会第二十九次会议《关于修改十五件地方性法规的决定》第二次修正；2022年11月4日宁夏回族自治区第十二届人民代表大会常务委员会第三十七次会议第三次修订。）

第一章 总 则

第一条 为了加强土地管理，保护、开发土地资源，合理利用土地，切实保护耕地，促进社会经济的可持续发展，根据《中华人民共和国土地管理法》《中华人民共和国土地管理法实施条例》等法律、行政法规，结合自治区实际，制定本条例。

第二条 本条例适用于自治区行政区域内土地的保护、开发、利用及其监督管理活动。

第三条 土地管理应当贯彻执行十分珍惜、合理利用土地和切实保护耕地的基本国策，坚持土地节约集约利用，严格落实土地用途管制制度，加强生态保护和修复，推动绿色发展。

第四条 各级人民政府应当加强对土地管理工作的领导，履行土地管理主体责任，科学规划、严格管理，保护和合理开发利用土地资源，制止非法占用土地和破坏土地资源的行为。

第五条 县级以上人民政府自然资源主管部门统一负责本行政区域内的土地管理和监督工作。

县级以上人民政府农业农村主管部门负责本行政区域内农村宅基地改革和管理有关工作，依法做好耕地质量管理相关工作。

县级以上人民政府发展改革、财政、人力资源社会保障、生态环境、住房和城乡建设、水利、统计、林业和草原等有关部门按照各自职责，做好土地管理相关工作。

乡（镇）人民政府依法负责做好本行政区域内土地管理相关工作。

第二章 国土空间规划

第六条 自治区建立国土空间规划体系。经依法批准的国土空间规划是各类开发、保护、建设活动的基本依据。

国土空间规划包括总体规划、详细规划和相关专项规划。下级国土空间总体规划应当服从上级国土空间总体规划；详细规划、专项规划应当服从国土空间总体规划；相关专项规划应当相互协同，并与详细规划相衔接。

第七条 各级人民政府应当按照国家和自治区有关规定组织编制国土空间规划。已经编制国土空间规划的，不再编制土地利用总体规划和城乡规划。

编制国土空间规划应当坚持生态优先，绿色、可持续发展，科学有序统筹安排农业、生态、城镇等功能空间，划定落实耕地和永久基本农田、生态保护红线、城镇开发边界等管控线，优化国土空间结构和布局，提升国土空间开发、保护的质量和效率。

第八条 经依法批准的国土空间规划应当严格执行，任何组织和个人不得擅自修改。因国家重大战略调整、重大项目建设或者行政区划调整等确需修改规划的，经原规划审批机关同意后，按照法定程序进行修改。

第九条 各级人民政府应当加强土地利用年度计划管理，严格控制建设用地总量。

土地利用年度计划应当优先保障国家和自治区重大能源、交通、水利、信息、国防等基础设施用地，自治区确定的重大产业用地，教育、医疗等重大民生项目用地，并合理安排乡村产业发展、公共设施、公益事业、农田水利设施等用地，以及农村宅基地和集体经营性建设用地，促进乡村振兴发展。

第十条 经批准的土地利用年度计划应当严格执行。

土地利用年度计划包括农用地转用计划指标、耕地保有量计划指标和土地开发整理计划指标等，没有农用地转用计划指标或者超过农用地转用计划指标的，不得批准新增建设用地；节约的农用地转用计划指标，经自治区人民政府自然资源主管部门核准，可以结转下一年度继续使用。

国家、自治区重大建设项目使用土地，实行年度用地计划指标单列，由自治区人民政府自然资源主管部门统一安排。

第三章 耕地保护

第十一条 各级人民政府对本行政区域耕地保护负总责，其主要负责人是本行政区域耕地保护的第一责任人。

上级人民政府应当对下级人民政府耕地保护责任目标完成情况进行考核。考核内容包括耕地保有量、永久基本农田保护面积、高标准农田建设任务等。考核结果作为领导干部综合考核评价、生态文明建设目标评价考核、粮食安全责任制考核、领导干部问责和领导干部自然资源资产离任审计的重要依据。

自治区建立耕地保护监管责任制，实行网格化监管，实现耕地保护责任全覆盖。

第十二条 自治区对耕地实施特殊保护，严守耕地保护红线，严格控制耕地转为非耕地。

县级以上人民政府应当严格执行国土空间规划和土地利用年度计划，确保本行政区域内耕地总量不减少、质量不降低。

第十三条 自治区实行占用耕地补偿制度。非农业建设经批准占用耕地的，由占用耕地的单位负责开垦与所占用耕地的数量和质量相当的耕地；没有条件开垦或者开垦的耕地不符合要求的，应当按照自治区规定缴纳耕地开垦费，专款用于开垦新的耕地。

需要跨县域补充耕地的,按照国家和自治区有关规定执行。

第十四条　自治区实行永久基本农田保护制度,逐步将永久基本农田全部建成高标准农田。

自治区人民政府应当根据国家下达的永久基本农田保护目标任务,逐级分解下达各设区的市、县(市、区)永久基本农田保护目标和任务。上一级人民政府应当与下一级人民政府签订永久基本农田保护责任书,乡(镇)人民政府应当与农村集体经济组织或者村民委员会签订永久基本农田保护责任书,明确保护职责。

第十五条　县(市、区)人民政府自然资源主管部门应当会同农业农村主管部门按照有关规定依法划定永久基本农田,将永久基本农田落实到地块,确定管护单位或者个人,并纳入国家永久基本农田数据库严格管理。

乡(镇)人民政府应当将永久基本农田的位置、范围向社会公告,设立保护标志,并落实永久基本农田保护责任。

任何单位和个人不得擅自占用永久基本农田或者改变其用途。禁止通过擅自调整国土空间规划等方式规避永久基本农田农用地转用或者土地征收的审批。

第十六条　自治区人民政府自然资源主管部门应当会同农业农村主管部门,根据国家和自治区有关规定确定设区的市、县(市、区)永久基本农田储备区的划定任务,并组织验收。

设区的市、县(市、区)人民政府应当按照有关规定,将永久基本农田范围之外一定数量的优质耕地划为永久基本农田储备区,作为补划永久基本农田的后备资源。

第十七条　非农业建设必须节约使用土地,可以利用荒地的,不得占用耕地;可以利用劣地的,不得占用好地。禁止占用耕地建窑、建坟或者擅自在耕地上建房、挖砂、采石、采矿、取土等。禁止占用永久基本农田发展林果业和挖塘养鱼、挖湖造景。禁止任何单位和个人闲置、荒芜耕地。

严格控制耕地转为林地、草地、园地等其他农用地。按照国家有关规定将耕地转为其他农用地的,应当通过统筹林地、草地、园地等其他农用地整治为耕地等方式,补足同等数量、质量,并可以长期稳定利用的耕地。

第十八条　县级以上人民政府应当实行耕地保护补偿制度,根据耕地保护面积、耕地质量状况、粮食播种面积、粮食产量和粮食商品率以及耕地保护任务量等因素,按照谁保护谁受益的原则,对农村集体经济组织和农户等承担耕地保护责任的主体给予补偿奖励。

第十九条　各级人民政府应当采取措施,稳定粮食种植面积,预防和制止耕地非农化、非粮化,保证耕地优先用于粮食和棉、油、糖、蔬菜等农产品生产。

县级以上人民政府应当统筹安排各类涉农资金,加大对粮食适度规模经营的支持力度,提升种粮规模效益。

第二十条　县级以上人民政府自然资源主管部门应当会同农业农村主管部门按照国家和自治区有关规定,支持设施农业发展,加强设施农业用地管理。

严格控制畜禽水产养殖设施和破坏耕作层的作物种植设施等设施农业用地占用耕地,确需占用的按照国家和自治区有关规定执行。设施农业用地不再使用的,应当及时恢复种植条件。

第二十一条　开垦未利用的土地,应当坚持以水定地,保护和改善生态环境,防止水土流失和土地荒漠化。在国土空间规划划定的可开垦的区域内开垦未利用地的,应当经过科学论证和评估,经依法批准后进行。

禁止毁坏森林、草原开垦耕地,禁止围湖(河)造田和侵占河流滩地。对破坏生态环境开垦、围垦的土地,有计划有步骤地退耕还林、还牧、还湖(河)。

第二十二条 开发未确定使用权的国有荒山、荒地、荒滩从事种植业、林业、畜牧业、渔业生产的,应当按照以下规定办理:

(一)开发者向拟开发地的县(市、区)人民政府自然资源主管部门提出书面申请,并附有关材料;

(二)县(市、区)人民政府自然资源主管部门会同生态环境、农业农村、水利等有关部门对农业开发是否符合保护和改善生态环境、防止水土流失和土地荒漠化,以及水资源承载能力等进行论证,符合相关要求的,确定土地开发的位置、数量、用途、供地方式后报有批准权的人民政府批准;

(三)农业开发用地经批准后,县(市、区)人民政府自然资源主管部门与开发者签订土地开发合同或者有偿使用合同;

(四)开发者按照土地开发合同或者有偿使用合同的约定开发土地后,县(市、区)人民政府自然资源主管部门对开发用地进行验收,开发者依法申请办理登记。

土地开发合同或者有偿使用合同,应当对土地开发期限、逾期未开发责任、合同终止情形等进行约定。

农业开发用地中的非农业建设用地,应当按照建设用地的审批程序和权限另行报批。

第二十三条 开发未确定使用权的国有荒山、荒地、荒滩从事农业生产的,应当按照以下权限审批:

(一)一次性开发三十公顷以下的,由县(市、区)人民政府批准;

(二)一次性开发三十公顷以上六十公顷以下的,由设区的市人民政府批准;

(三)一次性开发六十公顷以上的,由自治区人民政府批准。

本条所称一次性开发,是指用于同一个项目、在同一宗土地上所进行的开垦。

第二十四条 依法批准的国有农业开发用地,可以确定给予发单位或者个人长期使用。土地使用期限一般为三十年,用于种草的为三十年至五十年,用于植树的为三十年至七十年。

第二十五条 县(市、区)人民政府应当根据国土空间规划要求,制定土地开垦和整理方案,与乡(镇)人民政府组织有关单位开展土地开垦、高标准农田建设和土地综合整治等工作,增加有效耕地面积,提高耕地质量和土地利用效率。

土地开垦、综合整治项目由县级以上人民政府自然资源主管部门会同农业农村主管部门组织验收。新增加的耕地,可以用作建设所占用耕地的补充。

第二十六条 县级以上人民政府应当建立耕地质量调查监测评价制度,定期对耕地质量进行评价,动态更新耕地质量监测成果。

因人为因素损毁耕地种植条件,需要对破坏程度进行鉴定的,由县级以上人民政府自然资源、农业农村、生态环境主管部门按照职责,委托具有相应资质的鉴定机构进行鉴定。

第二十七条 县级以上人民政府应当统筹安排资金,用于高标准农田建设、土地综合整治、耕地保护补偿等工作。

鼓励社会主体依法投资或者参与高标准农田建设、土地综合整治、耕地保护补偿等工作。

第四章 建设用地

第一节 一般规定

第二十八条 自治区建立城乡统一的建设用地市场,保障集体经营性建设用地与国有建设用地同等入市。

设区的市、县(市)人民政府应当加强城乡建设用地市场调节,合理安排年度建设用地供应总量、结构、时序、地块和用途;建立城乡统一的公示地价体系,依法定期确定、更新、公布本地区基准地价、标定地价等公示地价。

第二十九条 县级以上人民政府应当根据国民经济和社会发展规划、国土空间规划、城市建设发展和土地市场调控需要,合理确定未来一定时期内土地储备规模,统筹安排土地资源的收储,优先储备闲置、低效利用和未确定使用权人的存量建设用地。

入库储备的土地应当产权清晰。存在污染、文物遗存、矿产压覆、洪涝隐患、地质灾害风险等情况的土地,在按照有关规定完成核查、评估和治理之前,不得入库储备。

第三十条 建设占用土地,应当按照法定权限和程序报批。涉及占用农用地的,应当依法办理农用地转用审批手续;占用未利用地的,按照农用地转用审批程序办理。

农用地和未利用地转用经批准后,需要调整用地范围的,应当报原批准用地的人民政府批准。影响工期的单体控制性工程用地,可以按照有关规定办理先行占地施工手续。

第三十一条 建设项目施工和地质勘查需要临时使用国有土地或者农民集体所有的土地的,由设区的市、县(市)人民政府自然资源主管部门批准;其中涉及占用耕地和永久基本农田的,由设区的市级以上人民政府自然资源主管部门批准。

临时使用农用地应当编制土地复垦方案。土地使用者应当自临时用地期满一年内按照土地复垦方案的要求恢复土地原用途,占用耕地的应当恢复种植条件,并经设区的市、县(市)人民政府自然资源、农业农村主管部门验收。没有条件复垦或者复垦经验收不符合要求的,应当缴纳土地复垦费,由设区的市、县(市)人民政府自然资源主管部门组织复垦;无法恢复,造成损失的,应当承担相应的赔偿责任。

临时使用土地的期限按照国家有关规定执行。

第三十二条 县级以上人民政府应当采取措施,引导各项建设优先利用闲置和低效利用的存量建设用地。

县级以上人民政府应当编制低效用地再开发专项规划,盘活闲置土地,减少批而未供土地存量,提高土地节约集约利用水平。

第三十三条 鼓励合理利用地下空间,统筹地上地下开发利用,促进城镇土地复合利用、立体利用、综合利用。

开发利用地下空间,应当符合国土空间规划要求,依法取得地下空间建设用地使用权。

第三十四条 国有农场、林场、牧场、自然保护地和水利管理等单位,利用本单位使用的土地进行非农业建设的,应当按照规定办理农用地转用和建设用地批准手续。

第三十五条 设区的市、县(市)人民政府对本行政区域的挖沙、采石、建窑、建坟、取土、垃圾填埋等用地实行统一管理。用地应当符合国土空间规划、土地用途管制和保护生态环境的规定,并依法办理用地批准手续。具体办法由自治区人民政府制定。

第二节 土地征收和补偿

第三十六条 县级以上人民政府负责本行政区域土地征收工作,依法发布征收土地预公告,组织开展拟征收土地现状调查、社会稳定风险评估,确定并公告征地补偿安置方案,组织听证、签订征地补偿安置协议,申请征收土地,发布征收土地公告等。

前款征收工作所需征地补偿安置协议、征收公告等示范文本由自治区人民政府制定。

第三十七条 因公共利益需要依法对农民集体所有土地实施征收的,实施征收的人民政府应当发布拟征收土地预公告。

征收土地预公告应当包括征收范围、征收目的、开展土地现状调查以及相关工作安排等内容。征收土地预公告应当采用有利于社会公众知晓的方式,在拟征收土地所在的乡(镇)和村、村民小组范围内发布,预公告时间不少于十个工作日。

预公告发布后,任何单位和个人不得在拟征地范围内抢栽抢建。违反规定的,对抢栽抢建的部分不予补偿。

第三十八条 土地征收预公告发布后,实施征收的人民政府应当组织开展拟征收土地现状调查和社会稳定风险评估工作。

土地现状调查应当查明土地的位置、权属、地类、面积,以及农村村民住宅、其他地上附着物和青苗等的权属、种类和数量等情况。

社会稳定风险评估由实施征收的人民政府组织有关部门开展或者委托具备相应评估能力的第三方机构开展。社会稳定风险评估应当有被征地的农村集体经济组织及其成员、村民委员会和其他利害关系人参加,评估结果是申请征收土地的重要依据。

第三十九条 实施征收的人民政府应当组织拟定征地补偿安置方案。征地补偿安置方案应当包括征收范围、土地现状、征收目的、补偿方式和标准、安置对象、安置方式和社会保障等内容,并在拟征收土地所在的乡(镇)和村、村民小组范围内公告。征地补偿安置公告应当同时载明办理补偿登记的方式和期限、异议反馈渠道、申请听证等内容。公告时间不少于三十日。

过半数被征地农村集体经济组织成员认为拟定的征地补偿安置方案不符合法律、法规规定的,实施征收的人民政府应当组织召开听证会。

实施征收的人民政府应当根据法律、法规规定和听证会等情况确定是否修改征地补偿安置方案,认为需要修改的,修改后重新公告,公告时间不少于十个工作日。

第四十条 拟征收土地的所有权人、使用权人应当在征地补偿安置公告规定的期限内,持不动产权属证明材料办理补偿登记。未在规定期限内登记的,根据公示的土地现状调查结果确定其补偿登记内容。

第四十一条 实施征收的人民政府应当根据征地补偿安置方案组织有关部门测算并落实有关费用,保证足额到位,并与拟征收土地的所有权人、使用权人签订征地补偿安置协议。个别确实难以达成协议的,应当在申请征收土地时如实说明。

征收土地涉及农村村民住宅的,应当在征地补偿安置协议中单独予以说明。

第四十二条 实施征收的人民政府应当将符合条件的被征地农民纳入相应的养老等社会保障体系。

实施征收的人民政府人力资源社会保障、自然资源主管部门在征地报批时应当审查被征地农民社会保障对象、保障费用等落实情况。未落实被征地农民社会保障等费用的,不得批准征收土地。

被征地农民社会保障费用的筹集、管理和使用,按照自治区有关规定执行。

第四十三条 依法完成相关前期工作后,实施征收的人民政府方可提出土地征收申请,报有批准权的人民政府批准。

属于《中华人民共和国土地管理法》规定的成片开发征收土地的,实施征收的人民政府应当按照国家和自治区有关规定编制土地征收成片开发方案。成片开发方案经批准后,方可依法批准土地征收。

第四十四条 征收土地申请经依法批准后,实施征收的人民政府应当自收到批准文件之日起十五个工作日内,在拟征收土地所在的乡(镇)和村、村民小组范围内发布土地征收公告。公告时间不少于三十日,公告内容应当包括:

(一)征地批准机关、批准文号、批准时间、批准用途;

(二)征收目的、征收范围、征收时间和土地现状;

(三)土地补偿费、安置补助费、农村村民住宅、其他地上附着物和青苗以及社会保障等费用的支付方式和期限等;

(四)其他需要公告的内容。

对个别未签订征地补偿安置协议的,由实施征收的人民政府依据征地补偿安置方案和征地补偿登记结果及时作出征地补偿安置决定,并依法组织实施。

第四十五条 征收土地应当对土地所有权人、使用权人给予公平、合理的补偿,保障被征地农民原有生活水平不降低、长远生计有保障。

征收土地应当依法及时足额支付土地补偿费、安置补助费以及农村村民住宅、其他地上附着物和青苗等的补偿费用,并安排被征地农民的社会保障费用。

征收农用地的土地补偿费、安置补助费标准按照自治区人民政府制定的区片综合地价确定;征收集体建设用地、未利用地以及农村村民住宅、其他地上附着物和青苗费标准按照自治区有关规定执行。

第四十六条 征收土地涉及农村村民住宅的,应当尊重农村村民意愿,按照先补偿后搬迁、居住条件有改善的原则,采取重新安排宅基地建房、提供安置房或者货币补偿等方式给予公平、合理的补偿,并对因征收造成的搬迁、临时安置等费用应当予以补偿,保障农村村民居住的权利和合法的住房财产权益。

重新安排宅基地建房的,对其住房按照建筑重置价格给予补偿;不能重新安排宅基地建房的,应当提供安置房或者按照市场评估价值给予货币补偿。

第三节 国有建设用地供应和使用

第四十七条 建设单位使用国有土地,除国家规定并经依法批准以划拨方式取得外,应当以出让、租赁、作价出资或者入股等有偿使用方式取得。

国有土地使用权出让、国有土地租赁等应当依照国家有关规定通过公开的交易平台进行交易,并纳入统一的公共资源交易平台体系。

第四十八条 以出让方式供应国有建设用地的,由设区的市、县(市)人民政府自然资源主管部门会同相关部门根据规划条件、评估结果拟定宗地出让方案,明确出让底价和出让条件,报同级人民政府批准后实施。国有土地使用权出让,应当按照国家有关规定采用招标、拍卖、挂牌或者协议等公开方式进行。出让条件不得影响公平竞争。

工业、商业、旅游、娱乐和商品住宅等经营性用地或者同一宗土地有两个以上意向用地者的,应当采取招标、拍卖或者挂牌的方式出让。

以协议方式出让国有土地使用权的,应当符合国家规定的协议出让条件和要求。

第四十九条 以租赁方式供应国有建设用地的,由设区的市、县(市)人民政府统一组织,自然资源主管部门负责具体实施,参照国有土地使用权出让程序,通过招标、拍卖、挂牌或者协议等公开方式确定国有建设用地承租人,并签订国有土地租赁合同。

以作价出资或者入股方式取得国有建设用地的,按照国家和自治区有关规定办理手续。

第五十条 设区的市、县(市)人民政府可以探索实行弹性年期、长期租赁、先租后让、租让结合的方式供应工业用地。

以弹性年期、长期租赁方式供应工业用地的,应当采取招标、拍卖或者挂牌的方式办理;以先租后让、租让结合的方式供应工业用地的,应当在租赁时采取招标、拍卖或者挂牌的方式办理,达到合同约定的转为出让土地条件的,可以按照协议方式办出让手续。

第五十一条 建设单位使用国有土地的,应当按照土地使用权出让等有偿使用合同的约定或者土地使用权划拨批准文件的规定使用土地;确需改变该幅土地建设用途的,应当经有关人民政府自然资源主管部门同意,报原批准用地的人民政府批准。

经批准改变土地用途,属于出让等有偿方式取得的,应当签订国有土地使用权出让合同变更协议或者重新签订国有土地使用权出让合同,并按照有关规定补缴土地出让价款;属于划拨方式取得,改变后的土地用途不符合《划拨用地目录》的,按照划拨用地有关规定执行。

第五十二条 依法取得的国有建设用地使用权可以依法转让、互换、出资、赠与或者抵押。国有建设用地使用权转让的,附着于该土地上的建筑物、构筑物及其附属设施一并处置。涉及房地产转让的,按照房地产转让相关法律、法规的规定办理转让手续。

第五十三条 以划拨方式取得的国有建设用地使用权转让的,应当向县级以上人民政府自然资源主管部门提出申请,报有批准权的人民政府批准。转让后的土地用途符合《划拨用地目录》的,依法办理登记;转让后的土地用途不符合《划拨用地目录》,但符合国土空间规划的,由受让方依法补缴国有土地使用权出让金,并办理登记。

以划拨方式取得的国有建设用地使用权出租的,应当按照有关规定申报并缴纳租金中所含土地收益,纳入土地出让收入管理。出租人依法申报并缴纳相关收益的,不再另行单独办理划拨建设用地使用权出租的批准手续。

以划拨方式取得的国有建设用地使用权可以依法设定抵押权。实现划拨土地抵押权时应当优先缴纳国有土地使用权出让金。

第四节 集体建设用地和宅基地管理

第五十四条 农村集体经济组织使用国土空间规划确定的村庄、集镇建设用地兴办企业或者与其他单位、个人以土地使用权入股、联营等形式共同举办企业的,应当持有关批准文件,向土地所在地自然资源主管部门提出申请,由县(市、区)人民政府批准;乡(镇)村公共设施、公益事业建设,需要使用土地的,经乡(镇)人民政府审核,向土地所在地自然资源主管部门提出申请,由县(市、区)人民政府批准。涉及占用农用地的,依法办理农用地转用审批手续。

乡镇企业的不同行业和经营规模用地标准,由自治区人民政府自然资源主管部门会同有关部门制定。

第五十五条　县级以上人民政府应当统筹并合理安排集体经营性建设用地布局和用途,依法控制集体经营性建设用地规模,促进集体经营性建设用地的节约集约利用。

经依法登记的集体经营性建设用地,土地所有权人可以通过出让、出租等方式交由单位或者个人在一定年限内有偿使用。具体条件、程序等按照国家有关规定执行。

第五十六条　农村村民建造住宅应当符合国土空间规划和用途管制要求,尽量使用原有的宅基地和村内空闲地,不得占用永久基本农田。

人均土地少,不能保障一户拥有一处宅基地的地区,县(市、区)人民政府在尊重农村村民意愿的基础上,可以通过统建、联建和建造公寓式住宅等方式保障农村村民实现户有所居。

第五十七条　农村村民一户只能拥有一处宅基地。宅基地面积(包括附属用房、庭院用地)按照以下标准执行:

(一)使用水浇地的,每户不得超过二百七十平方米;

(二)使用平川旱作耕地的,每户不得超过四百平方米;

(三)使用山坡地的,每户不得超过五百四十平方米。

设区的市、县(市)人民政府应当根据当地实际情况,在前款规定的用地限额内制定宅基地具体标准。

农村村民应当按照批准面积建造住宅,禁止未批先建、超面积占用宅基地。

第五十八条　允许进城落户的农村村民依法自愿有偿退出宅基地。土地所有权人对退出宅基地的农村村民应当给予公平、合理的补偿。退出的宅基地优先用于保障本集体经济组织成员的宅基地需求。

鼓励农村集体经济组织及其成员采取自主经营、合作经营、委托经营等方式盘活利用闲置宅基地和闲置住宅。在符合国土空间规划的前提下,闲置的宅基地优先用于乡(镇)村公共设施、公益事业和集体经营性建设用地等用途。

第五章　监督检查

第五十九条　县级以上人民政府自然资源、农业农村主管部门和乡(镇)人民政府应当按照各自职责,建立土地巡查、违法信息共享、违法案件查处和举报等制度,及时发现、依法制止和查处土地违法行为。

县级以上人民政府应当建立土地违法案件查处和执法协调机制,维护本行政区域的土地管理秩序。

第六十条　自治区建立土地督察制度。自治区人民政府授权的机构对设区的市、县(市、区)人民政府下列土地利用和土地管理情况进行督察:

(一)耕地保护情况;

(二)土地节约集约利用情况;

(三)国土空间规划编制和实施情况;

(四)国家和自治区有关土地管理重大决策落实情况;

（五）土地管理法律、法规执行情况；

（六）其他土地利用和管理情况。

第六十一条 自治区人民政府应当建立重大土地违法案件督办制度。

设区的市、县（市、区）人民政府未按照要求和时限办理督办案件的，自治区人民政府可以责令其限期整改，并可以在整改期间暂停或者责令暂停违法案件所在地有关农用地转用、征收土地的审批。

第六十二条 县级以上人民政府自然资源主管部门应当按照国家和自治区有关信用监管要求，加强对建设用地供应交易、土地出让合同履行、土地开发利用的监督管理，对建设用地市场重大失信行为依法实施惩戒，并依法公开相关信息。

第六章　法律责任

第六十三条 各级人民政府和自然资源、农业农村等有关部门及其工作人员有下列行为之一的，对直接负责的主管人员和其他直接责任人员依法给予处分；构成犯罪的，依法追究刑事责任：

（一）违反法定权限、程序批准或者修改国土空间规划的；

（二）违反法定权限、程序或者不按照国土空间规划确定的土地用途批准使用土地的；

（三）违反法定权限、程序批准农用地、未利用地转用和实施土地征收的；

（四）违反法定权限、程序批准划拨、出让、租赁等方式供应国有建设用地的；

（五）违法减免耕地开垦费、被征地农民社会保障费、土地复垦费、土地有偿使用费等费用的；

（六）拒绝、阻碍自然资源督察的；

（七）其他玩忽职守、滥用职权、徇私舞弊的行为。

第六十四条 未经批准或者采取欺骗手段骗取批准，非法占用土地的，由县级以上人民政府自然资源主管部门责令退还非法占用的土地，对违反国土空间规划擅自将农用地改为建设用地的，限期拆除在非法占用的土地上新建的建筑物和其他设施，恢复土地原状，对符合国土空间规划的，没收在非法占用的土地上新建的建筑物和其他设施，可以并处非法占用土地每平方米一百元以上一千元以下的罚款；对非法占用土地单位的直接负责的主管人员和其他直接责任人员，依法给予处分；构成犯罪的，依法追究刑事责任。

超过批准的数量占用土地，多占的土地以非法占用土地论处。

第六十五条 无权批准征收、使用土地的单位或者个人非法批准占用土地的，超越批准权限非法批准占用土地的，不按照国土空间规划确定的用途批准用地的，或者违反法律规定的程序批准占用、征收土地的，其批准文件无效，对非法批准征收、使用土地的直接负责的主管人员和其他直接责任人员，依法给予处分；构成犯罪的，依法追究刑事责任。非法批准、使用的土地应当收回，有关当事人拒不归还的，以非法占用土地论处。

非法批准征收、使用土地，对当事人造成损失的，依法承担赔偿责任。

第六十六条 违反本条例规定的行为，法律、行政法规已有法律责任规定的，从其规定。

第七章　附　　则

第六十七条　街道办事处履行土地管理相关职责的,参照本条例关于乡(镇)人民政府的有关规定执行。

第六十八条　本条例自 2023 年 1 月 1 日起施行。

中共中央　国务院文件

国务院办公厅关于促进物流业健康发展政策措施的意见

国办发〔2011〕38号

各省、自治区、直辖市人民政府,国务院各部委、各直属机构:

为进一步贯彻落实《国务院关于印发物流业调整和振兴规划的通知》(国发〔2009〕8号)精神,制定和完善相关配套政策措施,促进物流业健康发展,经国务院同意,现提出以下意见。

一、切实减轻物流企业税收负担

根据物流业的产业特点和物流企业一体化、社会化、网络化、规模化发展要求,统筹完善有关税收支持政策。有关部门要抓紧完善物流企业营业税差额纳税试点办法,进一步扩大试点范围,并在总结试点经验、完善相关配套措施的基础上全面推广。要结合增值税改革试点,尽快研究解决仓储、配送和货运代理等环节与运输环节营业税税率不统一的问题。研究完善大宗商品仓储设施用地的土地使用税政策,既要促进物流企业集约使用土地,又要满足大宗商品实际物流需要。

二、加大对物流业的土地政策支持力度

仓储设施、配送中心、转运中心以及物流园区等物流基础设施占地面积大、资金投入多、投资回收期长,要在加强和改善管理、切实节约土地的基础上,加大土地政策支持力度。科学制定全国物流园区发展专项规划,提高土地集约利用水平,对纳入规划的物流园区用地给予重点保障。对各地区物流业发展规划确定的重点物流项目用地,应在土地利用总体规划修编时纳入规划统筹安排,涉及农用地转用的,可在土地利用年度计划中优先安排。对政府供应的物流用地,应纳入年度建设用地供应计划,依法采取招标、拍卖或挂牌等方式出让。积极支持利用工业企业旧厂房、仓库和存量土地资源建设物流设施或提供物流服务,涉及原划拨土地使用权转让或租赁的,应按规定办理土地有偿使用手续,经批准可采取协议方式出让。土地出让收入依法实行"收支两条线"管理。

三、促进物流车辆便利通行

进一步降低过路过桥收费,按照规定逐步有序取消政府还贷二级公路收费,减少普通公路收费站点数量,控制收费公路规模,优化收费公路结构。加大对高速公路收费的监管力度,撤并不合理的收费站点,逐步降低偏高的高速公路收费标准,对已出让经营权的繁忙路段,应根据政府财力状况逐步回购经营权。尽快研究修订《收费公路管理条例》,统筹发展以普通公路为主的体现政府普遍服务的非收费公路和以高速公路为主的收费公路。大力推行不停车收费系统,提高车辆通行效率。抓紧修订完善道路大型物件运输管理办法和超限运输车辆行

驶公路规定,规范道路交通管理和超限治理行为。按照依法、高效、环保的原则,研究制定城市配送管理办法,确定城市配送车辆的标准环保车型,全面禁止将客运车辆改装为货运车辆,有效解决城市中转配送难、配送货车停靠难等问题,促进符合条件的物流企业加快规模化发展。研究调整挂车交强险征收政策,促进甩挂运输发展。

四、加快物流管理体制改革

加快推进物流管理体制改革,打破物流管理的条块分割。加强依法行政,完善政府监管,强化行业自律。结合制(修)订相关法律、行政法规,在规范管理的前提下适当放宽对物流企业资质的行政许可和审批条件,改进资质审批管理方式。认真清理针对物流企业的资质审批项目,逐步减少行政审批。要破除地区封锁和体制、机制障碍,积极为物流企业设立法人、非法人分支机构提供便利,鼓励物流企业开展跨区域网络化经营。进一步规范交通、公安、环保、质检、消防等方面的审批手续,缩短审批时间,提高审批效率。对于法律未规定或国务院未批准必须由法人机构申请的资质,物流企业总部统一申请获得后,其非法人分支机构可向所在地有关部门备案获得。物流企业总部统一办理工商登记注册和经营审批手续后,其非法人分支机构可持总部出具的文件,直接到所在地工商行政管理机关申请登记注册,免予办理工商登记核转手续。合理规划口岸布局,改善口岸通关管理,提高通关效率,促进国际物流和保税物流发展。加强物流业政策及法规体系建设,从国民经济行业分类、产业统计、工商注册、土地使用及税目设立等方面明确物流业类别,进一步确定物流业的产业地位。尽快完善物流调查统计和信息管理制度。

五、鼓励整合物流设施资源

支持大型优势物流企业通过兼并重组等方式,对分散的物流设施资源进行整合;鼓励中小物流企业加强联盟合作,创新合作方式和服务模式,优化资源配置,提高服务水平,积极推进物流业发展方式转变。只为本行业本系统提供服务的仓储和运输设施,要积极创造条件向社会开放,开展社会化物流服务。支持商贸流通企业发展共同配送,降低配送成本,提高配送效率。支持物流企业加强与制造企业合作,全面参与制造企业的供应链管理,或与制造企业共同组建第三方物流企业。制造企业剥离物流资产和业务,可根据《财政部国家税务总局关于企业重组业务企业所得税处理若干问题的通知》(财税〔2009〕59号)、《财政部国家税务总局关于企业改制重组若干契税政策的通知》(财税〔2008〕175号)和《财政部关于企业重组有关职工安置费用财务管理问题的通知》(财企〔2009〕117号)等文件规定,享受税收、资产处置、人员安置等相关扶持政策。统筹规划和发展工业园区、经济开发区、海关特殊监管区域、高新技术产业园区等制造业集聚区的物流服务体系,积极引导区内企业将物流业务外包,扩大物流需求,推动区域内物流基础设施和信息平台等共享共用。

六、推进物流技术创新和应用

加强物流新技术的自主研发,重点支持货物跟踪定位、无线射频识别、物流信息平台、智能交通、物流管理软件、移动物流信息服务等关键技术攻关。适时启动物联网在物流领域的应用示范。加快先进物流设备的研制,提高物流装备的现代化水平。加强物流标准的制定和推广,促进物流标准的贯彻实施。鼓励物流企业应用供应链管理技术和信息技术,地方各级人民政府对物流企业的物流信息平台建设要积极给予扶持。推动有关部门、重点制造企业和商贸企业、物流企业不断提高物流信息资源的开发利用水平,促进物流信息的科学采集、安全管理、有效利用、深度开发、有序交换和集成应用。调整完善物流企业申请高新技术企业的认定标准,具备条件的物流企业可以享受高新技术企业的相关政策。推进物流信息资源开放共享,处理好安全与协同的关系,鼓励采取多种方式实现物流信息的互通交换,促进信息流、物流和资金流的协同与联动,提高物流服务效率和经营管理水平。

七、加大对物流业的投入

各级人民政府要加大对物流基础设施投资的扶持力度,对符合条件的重点物流企业的运输、仓储、配送、信息设施和物流园区的基础设施建设给予必要的资金扶持。积极引导银行业金融机构加大对物流企业的信贷支持力度,加快推动适合物流企业特点的金融产品和服务方式创新,积极探索抵押或质押等多种贷款担保方式,进一步提高对物流企业的金融服务水平。完善融资机制,进一步拓宽融资渠道,积极支持符合条件的物流企业上市和发行企业债券。

八、优先发展农产品物流业

要把农产品物流业发展放在优先位置,加大政策扶持力度,加快建立畅通高效、安全便利的农产品物流体系,着力解决农产品物流经营规模小、环节多、成本高、损耗大的问题。大力发展"农超对接""农校对接""农企对接"等产地到销地的直接配送方式,支持发展农民专业合作组织,加强主产区大型农产品集散中心建设,促进大型连锁超市、学校、酒店、大企业等最终用户与农民专业合作社、生产基地建立长期稳定的产销关系。发挥供销社和邮政等物流体系在农村的网络优势,积极开展"农资下乡"配送和农产品进城配送服务。抓紧开展农产品增值税抵扣政策调整试点,妥善解决农产品进项税抵扣中存在的问题,鼓励大型企业从事农产品物流业,提高农产品物流业的规模效益。加大农产品冷链物流基础设施建设投入,加快建立主要品种和重点地区的冷链物流体系,对开展鲜活农产品业务的冷库用电实行与工业同价。推动农产品包装和标识的标准化,完善农产品质量安全可追溯制度。提高对农产品批发市场和农贸市场(含社区菜市场)公益性的认识,加大政府投入和政策扶持力度。加强农产品批发市场、农贸市场的规划和建设,新建城市居住区要严格按照相关规定,配套建设社区菜市场或相应的商业设施,不得随意改变用途。农产品批发市场用地作为经营性商业用地,应严格按照规划合理布局,土地招拍挂出让前,所在区域有工业用地交易地价的,可以参照市场地价水平、所在区域基准地价和工业用地最低价标准等确定出让底价,土地出让后严禁擅自改变用途从事商业性房地产开发,确需改变用途、性质或者进行转让的,应当符合土地利用总体规划并经依法批准。研究农产品批发市场相关房产税政策,农产品批发市场和农贸市场的用水、用电、用气、用热价格实行与工业同价。规范和降低农产品批发市场、农贸市场的摊位费等相关收费,必要时按法定程序将摊位费纳入地方政府定价目录管理,清理超市向供应商收取的违反国家相关法律法规的通道费。继续严格执行并完善鲜活农产品"绿色通道"政策,进一步加强管理,完善技术手段,提高车辆检测水平和通行效率。进一步落实鲜活农产品配送车辆24小时进城通行和便利停靠政策。提高粮食物流现代化水平,推进粮食储、运、装、卸的"四散化",加强东北产区散粮收纳和发放设施及南方销区的铁路、港口散粮接卸设施建设,推动东北地区散粮火车入关,加快发展散粮铁水联运。进一步推进棉花质检体制改革,提高棉花包装质量和物流技术装备水平与标准化程度,在全国范围推行棉花的机械快速装卸作业法,组织好新疆棉外运工作。

九、加强组织协调

各地区、各有关部门要充分认识物流业的重要性,加快政府职能转变和管理创新,积极推动物流业又好又快发展。国务院有关部门要按照职能分工,加强对物流业发展的协调指导,抓紧细化政策措施,认真组织贯彻实施,切实规范物流服务,提升物流业经营水平。发展改革委要会同有关部门加强对各项政策措施落实情况的督促检查,及时研究新情况、解决新问题,为物流业进一步健康发展创造良好的政策和体制环境。

国务院办公厅
2011 年 8 月 2 日

国务院办公厅关于支持返乡下乡人员创业创新促进农村一二三产业融合发展的意见

国办发〔2016〕84号

各省、自治区、直辖市人民政府，国务院各部委、各直属机构：

近年来，随着大众创业、万众创新的深入推进，越来越多的农民工、中高等院校毕业生、退役士兵和科技人员等返乡下乡人员到农村创业创新，为推进农业供给侧结构性改革、活跃农村经济发挥了重要作用。返乡下乡人员创业创新，有利于将现代科技、生产方式和经营理念引入农业，提高农业质量效益和竞争力；有利于发展新产业新业态新模式，推动农村一二三产业融合发展；有利于激活各类城乡生产资源要素，促进农民就业增收。在《国务院办公厅关于支持农民工等人员返乡创业的意见》（国办发〔2015〕47号）和《国务院办公厅关于推进农村一二三产业融合发展的指导意见》（国办发〔2015〕93号）的基础上，为进一步细化和完善扶持政策措施，鼓励和支持返乡下乡人员创业创新，经国务院同意，现提出如下意见。

一、重点领域和发展方向

（一）突出重点领域。鼓励和引导返乡下乡人员结合自身优势和特长，根据市场需求和当地资源禀赋，利用新理念、新技术和新渠道，开发农业农村资源，发展优势特色产业，繁荣农村经济。重点发展规模种养业、特色农业、设施农业、林下经济、庭院经济等农业生产经营模式，烘干、贮藏、保鲜、净化、分等分级、包装等农产品加工业，农资配送、耕地修复治理、病虫害防治、农机作业服务、农产品流通、农业废弃物处理、农业信息咨询等生产性服务业，休闲农业和乡村旅游、民族风情旅游、传统手工艺、文化创意、养生养老、中央厨房、农村绿化美化、农村物业管理等生活性服务业，以及其他新产业新业态新模式。

（二）丰富创业创新方式。鼓励和引导返乡下乡人员按照法律法规和政策规定，通过承包、租赁、入股、合作等多种形式，创办领办家庭农场林场、农民合作社、农业企业、农业社会化服务组织等新型农业经营主体。通过聘用管理技术人才组建创业团队，与其他经营主体合作组建现代企业、企业集团或产业联盟，共同开辟创业空间。通过发展农村电商平台，利用互联网思维和技术，实施"互联网＋"现代农业行动，开展网上创业。通过发展合作制、股份合作制、股份制等形式，培育产权清晰、利益共享、机制灵活的创业创新共同体。

（三）推进农村产业融合。鼓励和引导返乡下乡人员按照全产业链、全价值链的现代产业组织方式开展创业创新，建立合理稳定的利益联结机制，推进农村一二三产业融合发展，让农民分享二三产业增值收益。以农牧（农林、农渔）结合、循环发展为导向，发展优质高效绿色农业。实行产加销一体化运作，延长农业产业链条。推进农业与旅游、教育、文化、健康养老等产业深度融合，提升农业价值链。引导返乡下乡人员创业创新向特色小城镇和产业园区等集中，培育产业集群和产业融合先导区。

二、政策措施

(四)简化市场准入。落实简政放权、放管结合、优化服务一系列措施,深化行政审批制度改革,持续推进商事制度改革,提高便利化水平。落实注册资本认缴登记和"先照后证"改革,在现有"三证合一"登记制度改革成效的基础上大力推进"五证合一、一照一码"登记制度改革。推动住所登记制度改革,积极支持各地放宽住所(经营场所)登记条件。县级人民政府要设立"绿色通道",为返乡下乡人员创业创新提供便利服务,对进入创业园区的,提供有针对性的创业辅导、政策咨询、集中办理证照等服务。对返乡下乡人员创业创新免收登记类、证照类等行政事业性收费。(工商总局等负责)

(五)改善金融服务。采取财政贴息、融资担保、扩大抵押物范围等综合措施,努力解决返乡下乡人员创业创新融资难问题。稳妥有序推进农村承包土地的经营权抵押贷款试点,有效盘活农村资源、资金和资产。鼓励银行业金融机构开发符合返乡下乡人员创业创新需求的信贷产品和服务模式,探索权属清晰的包括农业设施、农机具在内的动产和不动产抵押贷款业务,提升返乡下乡人员金融服务可获得性。推进农村普惠金融发展,加强对纳入信用评价体系返乡下乡人员的金融服务。加大对农业保险产品的开发和推广力度,鼓励有条件的地方探索开展价格指数保险、收入保险、信贷保证保险、农产品质量安全保证保险、畜禽水产活体保险等创新试点,更好地满足返乡下乡人员的风险保障需求。(人民银行、银监会、保监会、农业部、国家林业局等负责)

(六)加大财政支持力度。加快将现有财政政策措施向返乡下乡人员创业创新拓展,将符合条件的返乡下乡人员创业创新项目纳入强农惠农富农政策范围。新型职业农民培育、农村一二三产业融合发展、农业生产全程社会化服务、农产品加工、农村信息化建设等各类财政支农项目和产业基金,要将符合条件的返乡下乡人员纳入扶持范围,采取以奖代补、先建后补、政府购买服务等方式予以积极支持。大学生、留学回国人员、科技人员、青年、妇女等人员创业的财政支持政策,要向返乡下乡人员创业创新延伸覆盖。把返乡下乡人员开展农业适度规模经营所需贷款纳入全国农业信贷担保体系。切实落实好定向减税和普遍性降费政策。(财政部、税务总局、教育部、科技部、工业和信息化部、人力资源社会保障部、农业部、国家林业局、共青团中央、全国妇联等负责)

(七)落实用地用电支持措施。在符合土地利用总体规划的前提下,通过调整存量土地资源,缓解返乡下乡人员创业创新用地难问题。支持返乡下乡人员按照相关用地政策,开展设施农业建设和经营。落实大众创业万众创新、现代农业、农产品加工业、休闲农业和乡村旅游等用地政策。鼓励返乡下乡人员依法以入股、合作、租赁等形式使用农村集体土地发展农业产业,依法使用农村集体建设用地开展创业创新。各省(区、市)可以根据本地实际,制定管理办法,支持返乡下乡人员依托自有和闲置农房院落发展农家乐。在符合农村宅基地管理规定和相关规划的前提下,允许返乡下乡人员和当地农民合作改建自住房。县级人民政府可在年度建设用地指标中单列一定比例专门用于返乡下乡人员建设农业配套辅助设施。城乡建设用地增减挂钩政策腾退出的建设用地指标,以及通过农村闲置宅基地整理新增的耕地和建设用地,重点支持返乡下乡人员创业创新。支持返乡下乡人员与农村集体经济组织共建农业物流仓储等设施。鼓励利用"四荒地"(荒山、荒沟、荒丘、荒滩)和厂矿废弃地、砖瓦窑废弃地、道路改线废弃地、闲置校舍、村庄空闲地等用于返乡下乡人员创业创新。农林牧渔业产品初加工项目在确定土地出让底价时可按不低于所在地土地等别相对应全国工业用地出让最低价标准的70％执行。返乡下乡人员发展农业、林木培育和种植、畜牧业、渔业生产、农业排灌用电以及农业服务业中的农产品初加工用电,包括对各种农产品进行脱水、凝固、去籽、净化、分类、晒干、剥皮、初烤、沤软或大批包装以供应初级市场的用电,均执行农业生产电价。(国土资源部、国家发展改革委、住房城乡建设部、农业部、国家林业局、国家旅游局、国家电网公司等负责)

(八)开展创业培训。实施农民工等人员返乡创业培训五年行动计划和新型职业农民培育工程、农村青年创业致富"领头雁"计划、贫困村创业致富带头人培训工程,开展农村妇女创业创新培训,让有创业和培训意愿的返乡下乡人员都能接受培训。建立返乡下乡人员信息库,有针对性地确定培训项目,实施精准培训,提升其创业能力。地方各级人民政府要将返乡下乡人员创业创新培训经费纳入财政预算。鼓励各类培训资源参与返乡下乡人员培训,支持各类园区、星创天地、农民合作社、中高等院校、农业企业等建立创业创新实训基地。采取线上学习与线下培训、自主学习与教师传授相结合的方式,开辟培训新渠道。加强创业创新导师队伍建设,从企业家、投资者、专业人才、科技特派员和返乡下乡创业创新带头人中遴选一批导师。建立各类专家对口联系制度,对返乡下乡人员及时开展技术指导和跟踪服务。(人力资源社会保障部、农业部、教育部、科技部、民政部、国家林业局、国务院扶贫办、共青团中央、全国妇联等负责)

(九)完善社会保障政策。返乡下乡人员可在创业地按相关规定参加各项社会保险,有条件的地方要将其纳入住房公积金缴存范围,按规定将其子女纳入城镇(城乡)居民基本医疗保险参保范围。对返乡下乡创业创新的就业困难人员、离校未就业高校毕业生以灵活就业方式参加社会保险的,可按规定给予一定社会保险补贴。对返乡下乡人员初始创业失败后生活困难的,可按规定享受社会救助。持有居住证的返乡下乡人员的子女可在创业地接受义务教育,依地方相关规定接受普惠性学前教育。(人力资源社会保障部、财政部、民政部、住房城乡建设部、教育部等负责)

(十)强化信息技术支撑。支持返乡下乡人员投资入股参与信息进村入户工程建设和运营,可聘用其作为村级信息员或区域中心管理员。鼓励各类电信运营商、电商等企业面向返乡下乡人员开发信息应用软件,开展农业生产技术培训,提供农资配送、农机作业等农业社会化服务,推介优质农产品,组织开展网络营销。面向返乡下乡人员开展信息技术技能培训。通过财政补贴、政府购买服务、落实税收优惠等政策,支持返乡下乡人员利用大数据、物联网、云计算、移动互联网等新一代信息技术开展创业创新。(农业部、国家发展改革委、工业和信息化部、财政部、商务部、税务总局、国家林业局等负责)

(十一)创建创业园区(基地)。按照政府搭建平台、平台聚集资源、资源服务创业的思路,依托现有开发区、农业产业园等各类园区以及专业市场、农民合作社、农业规模种养基地等,整合创建一批具有区域特色的返乡下乡人员创业创新园区(基地),建立开放式服务窗口,形成合力。现代农业示范区要发挥辐射带动和示范作用,成为返乡下乡人员创业创新的重要载体。支持中高等院校、大型企业采取众创空间、创新工厂等模式,创建一批重点面向初创期"种子培育"的孵化园(基地),有条件的地方可对返乡下乡人员到孵化园(基地)创业给予租金

补贴。(农业部、国家发展改革委、科技部、工业和信息化部、财政部、人力资源社会保障部、商务部、文化部、国家林业局等负责)

三、组织领导

(十二)健全组织领导机制。各地区、各有关部门要充分认识返乡下乡人员创业创新的重要意义,作为经济社会发展的重点任务予以统筹安排。农业部要发挥牵头作用,明确推进机构,加强工作指导,建立部门间协调机制,督促返乡下乡人员创业创新政策落实,加强经验交流和推广。地方人民政府要建立协调机制,明确任务分工,落实部门责任,形成工作合力;加强调查研究,结合本地实际,研究制定和落实支持返乡下乡人员创业创新的政策措施。探索建立领导干部定点联系返乡下乡人员创业创新制度,深入了解情况,帮助解决实际问题。(农业部、省级人民政府等负责)

(十三)提升公共服务能力。积极开展面向返乡下乡人员的政策咨询、市场信息等公共服务。推进农村社区综合服务设施和信息平台建设,依托现有的各类公益性农产品市场和园区(基地),为返乡下乡人员创业创新提供高效便捷服务。做好返乡下乡人员创业创新的土地流转、项目选择、科技推广等方面专业服务。利用农村调查系统和农村固定观察点,加强对返乡下乡人员创业创新的动态监测和调查分析。(农业部、国家发展改革委、民政部、人力资源社会保障部、商务部、国家统计局、国家林业局等负责)

(十四)加强宣传引导。采取编制手册、制定明白卡、编发短信微信微博等方式,宣传解读政策措施。大力弘扬创业创新精神,树立返乡下乡人员先进典型,宣传推介优秀带头人,发挥其示范带动作用。充分调动社会各界支持返乡下乡人员创业创新的积极性,广泛开展创业大赛、创业大讲堂等活动,营造良好氛围。(农业部等负责)

国务院办公厅
2016 年 11 月 18 日

(此件公开发布)

国务院办公厅关于全面放开养老服务市场提升养老服务质量的若干意见

国办发〔2016〕91号

各省、自治区、直辖市人民政府,国务院各部委、各直属机构:

养老服务业既是涉及亿万群众福祉的民生事业,也是具有巨大发展潜力的朝阳产业。近年来,我国养老服务业快速发展,产业规模不断扩大,服务体系逐步完善,但仍面临供给结构不尽合理、市场潜力未充分释放、服务质量有待提高等问题。随着人口老龄化程度不断加深和人民生活水平逐步提高,老年群体多层次、多样化的服务需求持续增长,对扩大养老服务有效供给提出了更高要求。为促进养老服务业更好更快发展,经国务院同意,现提出如下意见。

一、总体要求

(一)指导思想。

全面贯彻党的十八大和十八届三中、四中、五中、六中全会精神,深入学习贯彻习近平总书记系列重要讲话精神和治国理政新理念新思想新战略,认真落实党中央、国务院决策部署,紧紧围绕"五位一体"总体布局和"四个全面"战略布局,坚持以新发展理念引领经济发展新常态,坚持中国特色卫生与健康发展道路,持续深化简政放权、放管结合、优化服务改革,积极应对人口老龄化,培育健康养老意识,加快推进养老服务业供给侧结构性改革,保障基本需求,繁荣养老市场,提升服务质量,让广大老年群体享受优质养老服务,切实增强人民群众获得感。

(二)基本原则。

深化改革,放开市场。进一步降低准入门槛,营造公平竞争环境,积极引导社会资本进入养老服务业,推动公办养老机构改革,充分激发各类市场主体活力。

改善结构,突出重点。补齐短板,将养老资源向居家社区服务倾斜,向农村倾斜,向失能、半失能老年人倾斜。进一步扩大护理型服务资源,大力培育发展小型化、连锁化、专业化服务机构。

鼓励创新,提质增效。树立健康养老理念,注重管理创新、产品创新和品牌创新,积极运用新技术,培育发展新业态,促进老年产品用品丰富多样、养老服务方便可及。

强化监管,优化环境。完善监督机制,健全评估制度,推动行业标准化和行业信用建设,加强行业自律,促进规范发展,维护老年人合法权益。

(三)发展目标。

到2020年,养老服务市场全面放开,养老服务和产品有效供给能力大幅提升,供给结构更加合理,养老服务政策法规体系、行业质量标准体系进一步完善,信用体系基本建立,市场监管机制有效运行,服务质量明显改善,群众满意度显著提高,养老服务业成为促进经济社会发展的新动能。

二、全面放开养老服务市场

(四)进一步放宽准入条件。

降低准入门槛。设立营利性养老机构,应按"先照后证"的简化程序执行,在工商行政管理部门办理登记后,在辖区县级以上人民政府民政部门申请设立许可。在民政部门登记的非营利性养老机构,可以依法在其登记管理机关管辖范围内设立多个不具备法人资格的服务网点。非本地投资者举办养老服务项目与当地投资者享受同等政策待遇,当地不得以任何名目对此加以限制。

放宽外资准入。在鼓励境外投资者在华举办营利性养老机构的基础上,进一步放开市场,鼓励境外投资者设立非营利性养老机构,其设立的非营利性养老机构与境内投资者设立的非营利性养老机构享受同等优惠政策。

精简行政审批环节。全面清理、取消申办养老机构的不合理前置审批事项,优化审批程序,简化审批流程。申请设立养老服务类社会组织,符合直接登记条件的可以直接向民政部门依法申请登记,不再经由业务主管单位审查同意。支持新兴养老业态发展,对于养老机构以外的其他提供养老服务的主体,鼓励其依法办理法人登记并享受相关优惠政策。

(五)优化市场环境。

进一步改进政府服务。举办养老机构审批过程中涉及的各有关部门,都要主动公开审批程序和审批时限,推进行政审批标准化,加强对筹建养老机构的指导服务。加快推行养老机构申办一站式服务,建立"一门受理、一并办理"的网上并联审批平台,进一步提高审批效率。根据消防法和有关规定,制定既保障安全、又方便合理的养老机构设立和管理配套办法。

完善价格形成机制。加快建立以市场形成价格为主的养老机构服务收费管理机制。对于民办营利性养老机构,服务收费项目和标准由经营者自主确定。对于民办非营利性养老机构,服务收费标准由经营者合理确定,有关部门对其财务收支状况、收费项目和调价频次进行必要监管,同时加强对价格水平的监测分析。对于政府运营的养老机构,以扣除政府投入、社会捐赠后的实际服务成本为依据,按照非营利原则,实行政府定价或政府指导价;对于以公建民营等方式运营的养老机构,采用招投标、委托运营等竞争性方式确定运营方,具体服务收费标准由运营方依据委托协议等合理确定。

加快公办养老机构改革。各地要因地制宜设置改革过渡期,加快推进具备向社会提供养老服务条件的公办养老机构转制成为企业或开展公建民营,到2020年政府运营的养老床位数占当地养老床位总数的比例应不超过50%。鼓励社会力量通过独资、合资、合作、联营、参股、租赁等方式,参与公办养老机构改革。完善公建民营养老机构管理办法,政府投资建设和购置的养老设施、新建居民区按规定配建并移交给民政部门的养老设施、国有单位培训疗养机构等改建的养老设施,均可实施公建民营。改革公办养老机构运营方式,鼓励实行服务外包。

加强行业信用建设。建立覆盖养老服务行业法人、从业人员和服务对象的行业信用体系。建立健全信用信息记录和归集机制,加强与全国信用信息共享平台的信息交换和共享,通过企业信用信息公示系统向社会公示相关企业的行政许可、行政处罚等信息。引入第三方征信机构,参与养老行业信用建设和信用监管。建立多部门、跨地区的联合奖惩机制,将信用信息作为各项支持政策的重要衡量因素,对诚实守信者在政府购买服务、债券发行等方面实行优先办理、简化程序等绿色通道支持激励政策,建立养老服务行业黑名单制度和市场退出机制,加强行业自律和监管。

三、大力提升居家社区养老生活品质

(六)推进居家社区养老服务全覆盖。

开展老年人养老需求评估,加快建设社区综合服务信息平台,对接供求信息,提供助餐、助洁、助行、助浴、助医等上门服务,提升居家养老服务覆盖率和服务水平。依托社区服务中心(站)、社区日间照料中心、卫生服务中心等资源,为老年人提供健康、文化、体育、法律援助等服务。鼓励建设小型社区养老院,满足老年人就近养老需求,方便亲属照护探视。

(七)提升农村养老服务能力和水平。

依托农村社区综合服务设施,拓展养老服务功能。鼓励各地建设农村幸福院等自助式、互助式养老服务设施,加强与农村危房改造等涉农基本住房保障政策的衔接。农村集体经济、农村土地流转等收益分配应充分考虑解决本村老年人的养老问题。加强农村敬老院建设和改造,推动服务设施达标,满足农村特困人员集中供养需求,为农村低收入老年人和失能、半失能老年人提供便捷可及的养老服务。鼓励专业社会工作者、社区工作者、志愿服务者加强对农村留守、困难、鳏寡、独居老年人的关爱保护和心理疏导、咨询等服务。充分依托农村基层党组织、自治组织和社会组织等,开展基层联络人登记,建立应急处置和评估帮扶机制,关注老年人的心理、安全等问题。

(八)提高老年人生活便捷化水平。

通过政府补贴、产业引导和业主众筹等方式,加快推进老旧居住小区和老年人家庭的无障碍改造,重点做好居住区缘石坡道、轮椅坡道、公共出入口、走道、楼梯、电梯候梯厅及轿厢等设施和部位的无障碍改造,优先安排贫困、高龄、失能等老年人家庭设施改造,组织开展多层老旧住宅电梯加装。支持开发老年宜居住宅和代际亲情住宅。各地在推进易地扶贫搬迁以及城镇棚户区、城乡危房改造和配套基础设施建设等保障性安居工程中,要统筹考虑适老化设施配套建设。

四、全力建设优质养老服务供给体系

(九)推进"互联网+"养老服务创新。

发展智慧养老服务新业态,开发和运用智能硬件,推动移动互联网、云计算、物联网、大数据等与养老服务业结合,创新居家养老服务模式,重点推进老年人健康管理、紧急救援、精神慰藉、服务预约、物品代购等服务,开发更加多元、精准的私人订制服务。支持适合老年人的智能化产品、健康监测可穿戴设备、健康养老移动应用软件(App)等设计开发。打通养老服务信息共享渠道,推进社区综合服务信息平台与户籍、医疗、社会保障等信息资源对接,促进养老服务公共信息资源向各类养老服务机构开放。

(十)建立医养结合绿色通道。

建立医疗卫生机构设置审批绿色通道,支持养老机构开办老年病院、康复院、医务室等医疗卫生机构,将符合条件的养老机构内设医疗卫生机构按规定纳入城乡基本医疗保险定点范围。鼓励符合条件的执业医师到养老机构、社区老年照料机构内设的医疗卫生机构多点执业。开通预约就诊绿色通道,推进养老服务机构、社区老年照料机构与医疗机构对接,为老年人提供便捷医疗服务。提升医保经办服务能力,切实解决老年人异地就医直接结算问题。探索建立长期护理保险制度,形成多元化的保险筹资模式,推动解决失能人员基本生活照料和相关医疗护理等所需费用问题。

(十一)促进老年产品用品升级。

支持企业利用新技术、新工艺、新材料和新装备开发为老年人服务的产品用品,研发老年人乐于接受和方便使用的智能科技产品,丰富产品品种,提高产品安全性、可靠性和实用性;上述企业经认定为高新技术企业的,按规定享受企业所得税优惠。及时更新康复辅助器具配置目录,重点支持自主研发和生产康复辅助器具。

(十二)发展适老金融服务。

规范和引导商业银行、保险公司等金融机构开发适合老年人的理财、保险产品,满足老年人金融服务需求,鼓励金融机构建设老年人无障碍设施,开辟服务绿色通道。强化老年人金融安全意识,加大金融消费权益保护力度。稳步推进养老金管理公司试点,按照国家有关规定,积极参与养老金管理相关业务,做好相关受托管理、投资管理和账户管理等服务工作。

五、切实增强政策保障能力

(十三)加强统筹规划。

发挥规划引领作用,分级制定养老服务相关规划,与城乡规划、土地利用总体规划、城镇化规划、区域规划等相衔接,系统提升服务能力和水平。各地要进一步扩大面向居家社区、农村、失能半失能老年人的服务资源,结合实际提出养老床位结构的合理比例,到2020年护理型床位占当地养老床位总数的比例应不低于30%。

(十四)完善土地支持政策。

统筹利用闲置资源发展养老服务,有关部门应按程序依据规划调整其土地使用性质。营利性养老服务机构利用存量建设用地建设养老设施,涉及划拨建设用地使用权出让(租赁)或转让的,在原土地用途符合规划的前提下,允许补缴土地出让金(租金),办理协议出让或租赁手续。企事业单位、个人对城镇现有空闲的厂房、学校、社区用房等进行改造和利用,举办养老服务机构,经有关部门批准临时改变建筑使用功能从事非营利性养老服务且连续经营一年以上的,五年内土地使用性质可暂不作变更。民间资本举办的非营利性养老机构与政府举办的养老机构可依法使用农民集体所有的土地。对在养老服务领域采取政府和社会资本合作(PPP)方式的项目,可以国有建设用地使用权作价出资或者入股建设。

(十五)提升养老服务人才素质。

将养老护理员培训作为职业培训和促进就业的重要内容。对参加养老服务技能培训或创业培训且培训合格的劳动者,按规定给予培训补贴。推动普通高校和职业院校开发养老服务和老年教育课程,为社区、老年教育机构及养老服务机构等提供教学资源及服务。完善职业技能等级与养老服务人员薪酬待遇挂钩机制。建立养老服务行业从业人员奖惩机制,提升养老护理队伍职业道德素养。将养老护理员纳入企业新型学徒制试点和城市积分入户政策范围。积极开发老年人力资源,为老年人的家庭成员提供养老服务培训,倡导"互助养老"模式。

(十六)完善财政支持和投融资政策。

完善财政支持政策。各地要建立健全针对经济困难的高龄、失能老年人的补贴制度,统一设计、分类施补,提高补贴政策的精准度。对养老机构的运行补贴应根据接收失能老年人等情况合理发放。各级政府要加大投入,支持养老服务设施建设,切实落实养老机构相关税费优惠政策,落实彩票公益金支持养老服务体系建设政策要求。鼓励各地向符合条件的各类养老机构购买服务。

拓宽投融资渠道。鼓励社会资本采取建立基金、发行企业债券等方式筹集资金,用于建设养老设施、购置设备和收购改造社会闲置资源等。鼓励银行业金融机构以养老服务机构有偿取得的土地使用权、产权明晰的房产等固定资产和应收账款、动产、知识产权、股权等抵质押,提供信贷支持,满足养老服务机构多样化融资需求。有条件的地方在风险可控、不改变养老机构性质和用途的前提下,可探索养老服务机构其他资产抵押贷款的可行模式。

六、加强监管和组织实施

(十七)加强服务监管。

各地要建立健全民政部门和相关部门协同配合的监管机制,加强对养老机构运营和服务的监管。严禁以举办养老机构名义从事房地产开发,严禁利用养老机构的房屋、场地、设施开展与养老服务无关的活动,严禁改变机构的养老服务性质。做好养老服务领域非法集资信息监测和分析工作,做好政策宣传和风险提示工作。对养老服务中虐老欺老等行为,对养老机构在收取保证金、办理会员卡和发行金融产品等活动中的违法违规行为,要依法严厉查处。加强养老设施和服务安全管理,建立定期检查机制,确保老年人人身安全。

(十八)加强行业自律。

民政、质检等部门要进一步完善养老服务标准体系,抓紧制定管理和服务标准。落实养老机构综合评估和报告制度,开展第三方评估并向社会公布,评估结果应与政府购买服务、发放建设运营补贴等挂钩。政府运营的养老机构要实行老年人入住评估制度,综合评估申请入住老年人的情况,优先保障特困人员集中供养需求和其他经济困难的孤寡、失能、高龄等老年人的服务需求。

(十九)加强宣传引导。

坚持以社会主义核心价值观为引领,弘扬中华民族尊老、敬老的社会风尚和传统美德,开展孝敬教育,营造养老、助老的良好社会氛围,加强对养老服务业发展过程中涌现出的先进典型和先进事迹的宣传报道,及时总结推广养老服务业综合改革试点中的好经验、好做法。依法打击虐待、伤害老年人及侵害老年人合法权益的行为。积极组织开展适合老年人的文化体育娱乐活动,引导老年人积极参与社区服务、公益活动和健康知识培训,丰富老年人精神文化生活。

（二十）加强督促落实。

各地要把全面放开养老服务市场、提升养老服务质量摆在重要位置，建立组织实施机制，及时制定配套实施意见，对政策落实情况进行跟踪分析和监督检查，确保责任到位、工作到位、见到实效。各部门要加强协同配合，落实和完善相关优惠政策，共同促进养老服务提质增效。对不落实养老服务政策，或者在养老机构运营和服务中有违反法律法规行为的，依法依规追究相关人员的责任。国家发展改革委、民政部要会同有关部门加强对地方的指导，及时督促检查并报告工作进展情况。

国务院办公厅

2016 年 12 月 7 日

（此件公开发布）

国务院办公厅关于促进全域旅游发展的指导意见

国办发〔2018〕15 号

各省、自治区、直辖市人民政府,国务院各部委、各直属机构:

旅游是发展经济、增加就业和满足人民日益增长的美好生活需要的有效手段,旅游业是提高人民生活水平的重要产业。近年来,我国旅游经济快速增长,产业格局日趋完善,市场规模品质同步提升,旅游业已成为国民经济的战略性支柱产业。但是,随着大众旅游时代到来,我国旅游有效供给不足、市场秩序不规范、体制机制不完善等问题日益凸显。发展全域旅游,将一定区域作为完整旅游目的地,以旅游业为优势产业,统一规划布局、优化公共服务、推进产业融合、加强综合管理、实施系统营销,有利于不断提升旅游业现代化、集约化、品质化、国际化水平,更好满足旅游消费需求。为指导各地促进全域旅游发展,经国务院同意,现提出以下意见。

一、总体要求

(一)指导思想。

全面贯彻党的十九大精神,以习近平新时代中国特色社会主义思想为指导,认真落实党中央、国务院决策部署,统筹推进"五位一体"总体布局和协调推进"四个全面"战略布局,牢固树立和贯彻落实新发展理念,加快旅游供给侧结构性改革,着力推动旅游业从门票经济向产业经济转变,从粗放低效方式向精细高效方式转变,从封闭的旅游自循环向开放的"旅游+"转变,从企业单打独享向社会共建共享转变,从景区内部管理向全面依法治理转变,从部门行为向政府统筹推进转变,从单一景点景区建设向综合目的地服务转变。

(二)基本原则。

统筹协调,融合发展。把促进全域旅游发展作为推动经济社会发展的重要抓手,从区域发展全局出发,统一规划,整合资源,凝聚全域旅游发展新合力。大力推进"旅游+",促进产业融合、产城融合,全面增强旅游发展新功能,使发展成果惠及各方,构建全域旅游共建共享新格局。

因地制宜,绿色发展。注重产品、设施与项目的特色,不搞一个模式,防止千城一面、千村一面、千景一面,推行各具特色、差异化推进的全域旅游发展新方式。牢固树立绿水青山就是金山银山理念,坚持保护优先,合理有序开发,防止破坏环境,摒弃盲目开发,实现经济效益、社会效益、生态效益相互促进、共同提升。

改革创新,示范引导。突出目标导向和问题导向,努力破除制约旅游发展的瓶颈与障碍,不断完善全域旅游发展的体制机制、政策措施、产业体系。开展全域旅游示范区创建工作,打造全域旅游发展典型,形成可借鉴可推广的经验,树立全域旅游发展新标杆。

（三）主要目标。

旅游发展全域化。推进全域统筹规划、全域合理布局、全域服务提升、全域系统营销，构建良好自然生态环境、人文社会环境和放心旅游消费环境，实现全域宜居宜业宜游。

旅游供给品质化。加大旅游产业融合开放力度，提升科技水平、文化内涵、绿色含量，增加创意产品、体验产品、定制产品，发展融合新业态，提供更多精细化、差异化旅游产品和更加舒心、放心的旅游服务，增加有效供给。

旅游治理规范化。加强组织领导，增强全社会参与意识，建立各部门联动、全社会参与的旅游综合协调机制。坚持依法治旅，创新管理机制，提升治理效能，形成综合产业综合抓的局面。

旅游效益最大化。把旅游业作为经济社会发展的重要支撑，发挥旅游"一业兴百业"的带动作用，促进传统产业提档升级，孵化一批新产业、新业态，不断提高旅游对经济和就业的综合贡献水平。

二、推进融合发展，创新产品供给

（四）推动旅游与城镇化、工业化和商贸业融合发展。建设美丽宜居村庄、旅游小镇、风情县城以及城市绿道、慢行系统，支持旅游综合体、主题功能区、中央游憩区等建设。依托风景名胜区、历史文化名城名镇名村、特色景观旅游名镇、传统村落，探索名胜名城名镇名村"四名一体"全域旅游发展模式。利用工业园区、工业展示区、工业历史遗迹等开展工业旅游，发展旅游用品、户外休闲用品和旅游装备制造业。积极发展商务会展旅游，完善城市商业区旅游服务功能，开发具有自主知识产权和鲜明地方特色的时尚性、实用性、便携性旅游商品，增加旅游购物收入。

（五）推动旅游与农业、林业、水利融合发展。大力发展观光农业、休闲农业，培育田园艺术景观、阳台农艺等创意农业，鼓励发展具备旅游功能的定制农业、会展农业、众筹农业、家庭农场、家庭牧场等新型农业业态，打造一二三产业融合发展的美丽休闲乡村。积极建设森林公园、湿地公园、沙漠公园、海洋公园，发展"森林人家""森林小镇"。科学合理利用水域和水利工程，发展观光、游憩、休闲度假等水利旅游。

（六）推动旅游与交通、环保、国土、海洋、气象融合发展。加快建设自驾车房车旅游营地，推广精品自驾游线路，打造旅游风景道和铁路遗产、大型交通工程等特色交通旅游产品，积极发展邮轮游艇旅游、低空旅游。开发建设生态旅游区、天然氧吧、地质公园、矿山公园、气象公园以及山地旅游、海洋海岛旅游等产品，大力开发避暑避寒旅游产品，推动建设一批避暑避寒度假目的地。

（七）推动旅游与科技、教育、文化、卫生、体育融合发展。充分利用科技工程、科普场馆、科研设施等发展科技旅游。以弘扬社会主义核心价值观为主线发展红色旅游，积极开发爱国主义和革命传统教育、国情教育等研学旅游产品。科学利用传统村落、文物遗迹及博物馆、纪念馆、美术馆、艺术馆、世界文化遗产、非物质文化遗产展示馆等文化场所开展文化、文物旅游，推动剧场、演艺、游乐、动漫等产业与旅游业融合开展文化体验旅游。加快开发高端医疗、中医药特色、康复疗养、休闲养生等健康旅游。大力发展冰雪运动、山地户外运动、水上运动、汽车摩托车运动、航空运动、健身气功养生等体育旅游，将城市大型商场、有条件景区、开发区闲置空间、体育场馆、运动休闲特色小镇、连片美丽乡村打造成体育旅游综合体。

（八）提升旅游产品品质。深入挖掘历史文化、地域特色文化、民族民俗文化、传统农耕文化等，实施中国传统工艺振兴计划，提升传统工艺产品品质和旅游产品文化含量。积极利用新能源、新材料和新科技装备，提高旅游产品科技含量。推广资源循环利用、生态修复、无害化处理等生态技术，加强环境综合治理，提高旅游开发生态含量。

（九）培育壮大市场主体。大力推进旅游领域大众创业、万众创新，开展旅游创客行动，建设旅游创客示范基地，加强政策引导和专业培训，促进旅游领域创业和就业。鼓励各类市场主体通过资源整合、改革重组、收购兼并、线上线下融合等投资旅游业，促进旅游投资主体多元化。培育和引进有竞争力的旅游骨干企业和大型旅游集团，促进规模化、品牌化、网络化经营。落实中小旅游企业扶持政策，引导其向专业、精品、特色、创新方向发展，形成以旅游骨干企业为龙头、大中小旅游企业协调发展的格局。

三、加强旅游服务，提升满意指数

（十）以标准化提升服务品质。完善服务标准，加强涉旅行业从业人员培训，规范服务礼仪与服务流程，增强服务意识与服务能力，塑造规范专业、热情主动的旅游服务形象。

（十一）以品牌化提高满意度。按照个性化需求，实施旅游服务质量标杆引领计划和服务承诺制度，建立优质旅游服务商名录，推出优质旅游服务品牌，开展以游客评价为主的旅游目的地评价，不断提高游客满意度。

（十二）推进服务智能化。涉旅场所实现免费 Wi-Fi、通信信号、视频监控全覆盖，主要旅游消费场所实现在线预订、网上支付，主要旅游区实现智能导游、电子讲解、实时信息推送，开发建设咨询、导览、导游、导购、导航和分享评价等智能化旅游服务系统。

（十三）推行旅游志愿服务。建立旅游志愿服务工作站，制定管理激励制度，开展志愿服务公益行动，提供文明引导、游览讲解、信息咨询和应急救援等服务，打造旅游志愿服务品牌。

（十四）提升导游服务质量。加强导游队伍建设和权益保护，指导督促用人单位依法与导游签订劳动合同，落实导游薪酬和社会保险制度，明确用人单位与导游的权利义务，构建和谐稳定的劳动关系，为持续提升导游服务质量奠定坚实基础。全面开展导游培训，组织导游服务技能竞赛，建设导游服务网络平台，切实提高导游服务水平。

四、加强基础配套，提升公共服务

（十五）扎实推进"厕所革命"。加强规划引导、科学布局和配套设施建设，提高城乡公厕管理维护水平，因地制宜推进农村"厕所革命"。加大中央预算内资金、旅游发展基金和地方各级政府投资对"厕所革命"的支持力度，加强厕所技术攻关和科技支撑，全面开展文明用厕宣传教育。在重要旅游活动场所设置第三卫生间，做到主要旅游景区、旅游线路以及客运列车、车站等场所厕所数量充足、干净卫生、实用免费、管理有效。

（十六）构建畅达便捷交通网络。完善综合交通运输体系，加快新建或改建支线机场和通用机场，优化旅游旺季以及交通重点客源地与目的地的航班配置。改善公路通达条件，提高旅游景区可进入性，推进干线公路与重要景区连接，强化旅游客运、城市公交对旅游景区、景点的服务保障，推进城市绿道、骑行专线、登山步道、慢行系统、交通驿站等旅游休闲设施建设，打造具有通达、游憩、体验、运动、健身、文化、教育等复合功能的主题旅游线路。鼓励在国省干线公路和通景区公路沿线增设观景台、自驾车房车营地和公路服务区等设施，推动高速公路服务区向集交通、旅游、生态等服务于一体的复合型服务场所转型升级。

（十七）完善集散咨询服务体系。继续建设提升景区服务中心，加快建设全域旅游集散中心，在商业街区、交通枢纽、景点景区等游客集聚区设立旅游咨询服务中心，有效提供景区、线路、交通、气象、海洋、安全、医疗急救等信息与服务。

（十八）规范完善旅游引导标识系统。建立位置科学、布局合理、指向清晰的旅游引导标识体系，重点涉旅场所规范使用符合国家标准的公共信息图形符号。

五、加强环境保护，推进共建共享

（十九）加强资源环境保护。强化对自然生态、田园风光、传统村落、历史文化、民族文化等资源的保护，依法保护名胜名城名镇名村的真实性和完整性，严格规划建设管控，保持传统村镇原有肌理，延续传统空间格局，注重文化挖掘和传承，构筑具有地域特征、民族特色的城乡建筑风貌。倡导绿色旅游消费，实施旅游能效提升计划，降低资源消耗，推广使用节水节能产品和技术，推进节水节能型景区、酒店和旅游村镇建设。

（二十）推进全域环境整治。积极开展主要旅游线路沿线风貌集中整治，在路边、水边、山边、村边开展净化、绿化、美化行动，在重点旅游村镇实行改厨、改厕、改客房、整理院落和垃圾污水无害化、生态化处理，全面优化旅游环境。

（二十一）强化旅游安全保障。组织开展旅游风险评估，加强旅游安全制度建设，按照职责分工强化各有关部门安全监管责任。强化安全警示、宣传、引导，完善各项应急预案，定期组织开展应急培训和应急演练，建立政府救助与商业救援相结合的旅游救援体系。加强景点景区最大承载量警示、重点时段游客量调控和应急管理工作，提高景区灾害风险管理能力，强化对客运索道、大型游乐设施、玻璃栈道等设施设备和旅游客运、旅游道路、旅游节庆活动等重点领域及环节的监管，落实旅行社、饭店、景区安全规范。完善旅游保险产品，扩大旅游保险覆盖面，提高保险理赔服务水平。

（二十二）大力推进旅游扶贫和旅游富民。大力实施乡村旅游扶贫富民工程，通过资源整合积极发展旅游产业，健全完善"景区带村、能人带户"的旅游扶贫模式。通过民宿改造提升、安排就业、定点采购、输送客源、培训指导以及建立农副土特产品销售区、乡村旅游后备箱基地等方式，增加贫困村集体收入和建档立卡贫困人口人均收入。加强对深度贫困地区旅游资源普查，完善旅游扶贫规划，指导和帮助深度贫困地区设计、推广跨区域自驾游等精品旅游线路，提高旅游扶贫的精准性，真正让贫困地区、贫困人口受益。

（二十三）营造良好社会环境。树立"处处都是旅游环境，人人都是旅游形象"理念，面向目的地居民开展旅游知识宣传教育，强化居民旅游参与意识、形象意识和责任意识。加强旅游惠民便民服务，推动博物馆、纪念馆、全国爱国主义教育示范基地、美术馆、公共图书馆、文化馆、科技馆等免费开放。加强对老年人、残疾人等特殊群体的旅游服务。

六、实施系统营销，塑造品牌形象

（二十四）制定营销规划。把营销工作纳入全域旅游发展大局，坚持以需求为导向，树立系统营销和全面营销理念,明确市场开发和营销战略,加强市场推广部门与生产供给部门的协调沟通,实现产品开发与市场开发无缝对接。制定客源市场开发规划和工作计划,切实做好入境旅游营销。

(二十五)丰富营销内容。进一步提高景点景区、饭店宾馆等旅游宣传推广水平,深入挖掘和展示地区特色,做好商贸活动、科技产业、文化节庆、体育赛事、特色企业、知名院校、城乡社区、乡风民俗、优良生态等旅游宣传推介,提升旅游整体吸引力。

(二十六)实施品牌战略。着力塑造特色鲜明的旅游目的地形象,打造主题突出、传播广泛、社会认可度高的旅游目的地品牌,建立多层次、全产业链的品牌体系,提升区域内各类旅游品牌影响力。

(二十七)完善营销机制。建立政府、行业、媒体、公众等共同参与的整体营销机制,整合利用各类宣传营销资源和渠道,建立推广联盟等合作平台,形成上下结合、横向联动、多方参与的全域旅游营销格局。

(二十八)创新营销方式。有效运用高层营销、网络营销、公众营销、节庆营销等多种方式,借助大数据分析加强市场调研,充分运用现代新媒体、新技术和新手段,提高营销精准度。

七、加强规划工作,实施科学发展

(二十九)加强旅游规划统筹协调。将旅游发展作为重要内容纳入经济社会发展规划和城乡建设、土地利用、海洋主体功能区和海洋功能区划、基础设施建设、生态环境保护等相关规划中,由当地人民政府编制旅游发展规划并依法开展环境影响评价。

(三十)完善旅游规划体系。编制旅游产品指导目录,制定旅游公共服务、营销推广、市场治理、人力资源开发等专项规划或行动方案,形成层次分明、相互衔接、规范有效的规划体系。

(三十一)做好旅游规划实施工作。全域旅游发展总体规划、重要专项规划及重点项目规划应制定实施分工方案与细则,建立规划评估与实施督导机制,提升旅游规划实施效果。

八、创新体制机制,完善治理体系

(三十二)推进旅游管理体制改革。加强旅游业发展统筹协调和部门联动,各级旅游部门要切实承担起旅游资源整合与开发、旅游规划与产业促进、旅游监督管理与综合执法、旅游营销推广与形象提升、旅游公共服务与资金管理、旅游数据统计与综合考核等职责。发挥旅游行业协会自律作用,完善旅游监管服务平台,健全旅游诚信体系。

(三十三)加强旅游综合执法。建立健全旅游部门与相关部门联合执法机制,强化涉旅领域执法检查。加强旅游执法领域行政执法与刑事执法衔接,促进旅游部门与有关监管部门协调配合,形成工作合力。加强旅游质监执法工作,组织开展旅游执法人员培训,提高旅游执法专业化和人性化水平。

(三十四)创新旅游协调参与机制。强化全域旅游组织领导,加强部门联动,建立健全旅游联席会议、旅游投融资、旅游标准化建设和考核激励等工作机制。

(三十五)加强旅游投诉举报处理。建立统一受理旅游投诉举报机制,积极运用"12301"智慧旅游服务平台、"12345"政府服务热线以及手机App、微信公众号、咨询中心等多种手段,形成线上线下联动、高效便捷畅通的旅游投诉举报受理、处理、反馈机制,做到及时公正,规范有效。

（三十六）推进文明旅游。加强文明旅游宣传引导，全面推行文明旅游公约，树立文明旅游典型，建立旅游不文明行为记录制度和部门间信息通报机制，促进文明旅游工作制度化、常态化。

九、强化政策支持，认真组织实施

（三十七）加大财政金融支持力度。通过现有资金渠道，加大旅游基础设施和公共服务设施建设投入力度，鼓励地方统筹相关资金支持全域旅游发展。创新旅游投融资机制，鼓励有条件的地方设立旅游产业促进基金并实行市场化运作，充分依托已有平台促进旅游资源资产交易，促进旅游资源市场化配置，加强监管、防范风险，积极引导私募股权、创业投资基金等投资各类旅游项目。

（三十八）强化旅游用地用海保障。将旅游发展所需用地纳入土地利用总体规划、城乡规划统筹安排，年度土地利用计划适当向旅游领域倾斜，适度扩大旅游产业用地供给，优先保障旅游重点项目和乡村旅游扶贫项目用地。鼓励通过开展城乡建设用地增减挂钩和工矿废弃地复垦利用试点的方式建设旅游项目。农村集体经济组织可依法使用建设用地自办或以土地使用权入股、联营等方式开办旅游企业。城乡居民可以利用自有住宅依法从事民宿等旅游经营。在不改变用地主体、规划条件的前提下，市场主体利用旧厂房、仓库提供符合全域旅游发展需要的旅游休闲服务的，可执行在五年内继续按原用途和土地权利类型使用土地的过渡期政策。在符合管控要求的前提下，合理有序安排旅游产业用海需求。

（三十九）加强旅游人才保障。实施"人才强旅、科教兴旅"战略，将旅游人才队伍建设纳入重点人才支持计划。大力发展旅游职业教育，深化校企合作，加快培养适应全域旅游发展要求的技术技能人才，有条件的县市应积极推进涉旅行业全员培训。鼓励规划、建筑、设计、艺术等各类专业人才通过到基层挂职等方式帮扶指导旅游发展。

（四十）加强旅游专业支持。推进旅游基础理论、应用研究和学科体系建设，优化专业设置。推动旅游科研单位、旅游规划单位与国土、交通、住建等相关规划研究机构服务全域旅游建设。强化全域旅游宣传教育，营造全社会支持旅游业发展的环境氛围。增强科学技术对旅游产业发展的支撑作用，加快推进旅游业现代化、信息化建设。

各地区、各部门要充分认识发展全域旅游的重大意义，统一思想、勇于创新，积极作为、狠抓落实，确保全域旅游发展工作取得实效。国务院旅游行政部门要组织开展好全域旅游示范区创建工作，会同有关部门对全域旅游发展情况进行监督检查和跟踪评估，重要情况及时报告国务院。

国务院办公厅
2018年3月9日

（此件公开发布）

国务院关于促进乡村产业振兴的指导意见

国发〔2019〕12号

各省、自治区、直辖市人民政府，国务院各部委、各直属机构：

产业兴旺是乡村振兴的重要基础，是解决农村一切问题的前提。乡村产业根植于县域，以农业农村资源为依托，以农民为主体，以农村一二三产业融合发展为路径，地域特色鲜明、创新创业活跃、业态类型丰富、利益联结紧密，是提升农业、繁荣农村、富裕农民的产业。近年来，我国农村创新创业环境不断改善，新产业新业态大量涌现，乡村产业发展取得了积极成效，但也存在产业门类不全、产业链条较短、要素活力不足和质量效益不高等问题，亟需加强引导和扶持。为促进乡村产业振兴，现提出如下意见。

一、总体要求

（一）指导思想。以习近平新时代中国特色社会主义思想为指导，全面贯彻党的十九大和十九届二中、三中全会精神，牢固树立新发展理念，落实高质量发展要求，坚持农业农村优先发展总方针，以实施乡村振兴战略为总抓手，以农业供给侧结构性改革为主线，围绕农村一二三产业融合发展，与脱贫攻坚有效衔接、与城镇化联动推进，充分挖掘乡村多种功能和价值，聚焦重点产业，聚集资源要素，强化创新引领，突出集群成链，延长产业链、提升价值链，培育发展新动能，加快构建现代农业产业体系、生产体系和经营体系，推动形成城乡融合发展格局，为农业农村现代化奠定坚实基础。

（二）基本原则。

因地制宜、突出特色。依托种养业、绿水青山、田园风光和乡土文化等，发展优势明显、特色鲜明的乡村产业，更好彰显地域特色、承载乡村价值、体现乡土气息。

市场导向、政府支持。充分发挥市场在资源配置中的决定性作用，激活要素、市场和各类经营主体。更好发挥政府作用，引导形成以农民为主体、企业带动和社会参与相结合的乡村产业发展格局。

融合发展、联农带农。加快全产业链、全价值链建设，健全利益联结机制，把以农业农村资源为依托的二三产业尽量留在农村，把农业产业链的增值收益、就业岗位尽量留给农民。

绿色引领、创新驱动。践行绿水青山就是金山银山理念，严守耕地和生态保护红线，节约资源，保护环境，促进农村生产生活生态协调发展。推动科技、业态和模式创新，提高乡村产业质量效益。

（三）目标任务。力争用5—10年时间，农村一二三产业融合发展增加值占县域生产总值的比重实现较大幅度提高，乡村产业振兴取得重要进展。乡村产业体系健全完备，农业供给侧结构性改革成效明显，绿色发展模式更加成熟，乡村就业结构更加优化，农民增收渠道持续拓宽,产业扶贫作用进一步凸显。

二、突出优势特色,培育壮大乡村产业

(四)做强现代种养业。创新产业组织方式,推动种养业向规模化、标准化、品牌化和绿色化方向发展,延伸拓展产业链,增加绿色优质产品供给,不断提高质量效益和竞争力。巩固提升粮食产能,全面落实永久基本农田特殊保护制度,加强高标准农田建设,加快划定粮食生产功能区和重要农产品生产保护区。加强生猪等畜禽产能建设,提升动物疫病防控能力,推进奶业振兴和渔业转型升级。发展经济林和林下经济。(农业农村部、国家发展改革委、自然资源部、国家林草局等负责)

(五)做精乡土特色产业。因地制宜发展小宗类、多样性特色种养,加强地方品种种质资源保护和开发。建设特色农产品优势区,推进特色农产品基地建设。支持建设规范化乡村工厂、生产车间,发展特色食品、制造、手工业和绿色建筑建材等乡土产业。充分挖掘农村各类非物质文化遗产资源,保护传统工艺,促进乡村特色文化产业发展。(农业农村部、工业和信息化部、文化和旅游部、国家林草局等负责)

(六)提升农产品加工流通业。支持粮食主产区和特色农产品优势区发展农产品加工业,建设一批农产品精深加工基地和加工强县。鼓励农民合作社和家庭农场发展农产品初加工,建设一批专业村镇。统筹农产品产地、集散地、销地批发市场建设,加强农产品物流骨干网络和冷链物流体系建设。(农业农村部、国家发展改革委、工业和信息化部、商务部、国家粮食和储备局、国家邮政局等负责)

(七)优化乡村休闲旅游业。实施休闲农业和乡村旅游精品工程,建设一批设施完备、功能多样的休闲观光园区、乡村民宿、森林人家和康养基地,培育一批美丽休闲乡村、乡村旅游重点村,建设一批休闲农业示范县。(农业农村部、文化和旅游部、国家卫生健康委、国家林草局等负责)

(八)培育乡村新型服务业。支持供销、邮政、农业服务公司、农民合作社等开展农资供应、土地托管、代耕代种、统防统治、烘干收储等农业生产性服务业。改造农村传统小商业、小门店、小集市等,发展批发零售、养老托幼、环境卫生等农村生活性服务业。(农业农村部、国家发展改革委、财政部、商务部、国家邮政局、供销合作总社等负责)

(九)发展乡村信息产业。深入推进"互联网+"现代农业,加快重要农产品全产业链大数据建设,加强国家数字农业农村系统建设。全面推进信息进村入户,实施"互联网+"农产品出村进城工程。推动农村电子商务公共服务中心和快递物流园区发展。(农业农村部、中央网信办、工业和信息化部、商务部、国家邮政局等负责)

三、科学合理布局,优化乡村产业空间结构

(十)强化县域统筹。在县域内统筹考虑城乡产业发展,合理规划乡村产业布局,形成县城、中心镇(乡)、中心村层级分工明显、功能有机衔接的格局。推进城镇基础设施和基本公共服务向乡村延伸,实现城乡基础设施互联互通、公共服务普惠共享。完善县城综合服务功能,搭建技术研发、人才培训和产品营销等平台。(国家发展改革委、自然资源部、生态环境部、住房城乡建设部、农业农村部等负责)

（十一）推进镇域产业聚集。发挥镇（乡）上连县、下连村的纽带作用，支持有条件的地方建设以镇（乡）所在地为中心的产业集群。支持农产品加工流通企业重心下沉，向有条件的镇（乡）和物流节点集中。引导特色小镇立足产业基础，加快要素聚集和业态创新，辐射和带动周边地区产业发展。（国家发展改革委、住房城乡建设部、农业农村部等负责）

（十二）促进镇村联动发展。引导农业企业与农民合作社、农户联合建设原料基地、加工车间等，实现加工在镇、基地在村、增收在户。支持镇（乡）发展劳动密集型产业，引导有条件的村建设农工贸专业村。（国家发展改革委、农业农村部、商务部等负责）

（十三）支持贫困地区产业发展。持续加大资金、技术、人才等要素投入，巩固和扩大产业扶贫成果。支持贫困地区特别是"三区三州"等深度贫困地区开发特色资源、发展特色产业，鼓励农业产业化龙头企业、农民合作社与贫困户建立多种形式的利益联结机制。引导大型加工流通、采购销售、投融资企业与贫困地区对接，开展招商引资，促进产品销售。鼓励农业产业化龙头企业与贫困地区合作创建绿色食品、有机农产品原料标准化生产基地，带动贫困户进入大市场。（农业农村部、国家发展改革委、财政部、商务部、国务院扶贫办等负责）

四、促进产业融合发展，增强乡村产业聚合力

（十四）培育多元融合主体。支持农业产业化龙头企业发展，引导其向粮食主产区和特色农产品优势区集聚。启动家庭农场培育计划，开展农民合作社规范提升行动。鼓励发展农业产业化龙头企业带动、农民合作社和家庭农场跟进、小农户参与的农业产业化联合体。支持发展县域范围内产业关联度高、辐射带动力强、多种主体参与的融合模式，实现优势互补、风险共担、利益共享。（农业农村部、国家发展改革委、财政部、国家林草局等负责）

（十五）发展多类型融合业态。跨界配置农业和现代产业要素，促进产业深度交叉融合，形成"农业＋"多业态发展态势。推进规模种植与林牧渔融合，发展稻渔共生、林下种养等。推进农业与加工流通业融合，发展中央厨房、直供直销、会员农业等。推进农业与文化、旅游、教育、康养等产业融合，发展创意农业、功能农业等。推进农业与信息产业融合，发展数字农业、智慧农业等。（农业农村部、国家发展改革委、教育部、工业和信息化部、文化和旅游部、国家卫生健康委、国家林草局等负责）

（十六）打造产业融合载体。立足县域资源禀赋，突出主导产业，建设一批现代农业产业园和农业产业强镇，创建一批农村产业融合发展示范园，形成多主体参与、多要素聚集、多业态发展格局。（农业农村部、国家发展改革委、财政部、国家林草局等负责）

（十七）构建利益联结机制。引导农业企业与小农户建立契约型、分红型、股权型等合作方式，把利益分配重点向产业链上游倾斜，促进农民持续增收。完善农业股份合作制企业利润分配机制，推广"订单收购＋分红""农民入股＋保底收益＋按股分红"等模式。开展土地经营权入股从事农业产业化经营试点。（农业农村部、国家发展改革委等负责）

五、推进质量兴农绿色兴农，增强乡村产业持续增长力

（十八）健全绿色质量标准体系。实施国家质量兴农战略规划，制修订农业投入品、农产品加工业、农村新业态等方面的国家和行业标准，建立统一的绿色农产品市场准入标准。积极参与国际标准制修订，推进农产品认证结果互认。引导和鼓励农业企业获得国际通行的农

产品认证,拓展国际市场。(农业农村部、市场监管总局等负责)

(十九)大力推进标准化生产。引导各类农业经营主体建设标准化生产基地,在国家农产品质量安全县整县推进全程标准化生产。加强化肥、农药、兽药及饲料质量安全管理,推进废旧地膜和包装废弃物等回收处理,推行水产健康养殖。加快建立农产品质量分级及产地准出、市场准入制度,实现从田间到餐桌的全产业链监管。(农业农村部、生态环境部、市场监管总局等负责)

(二十)培育提升农业品牌。实施农业品牌提升行动,建立农业品牌目录制度,加强农产品地理标志管理和农业品牌保护。鼓励地方培育品质优良、特色鲜明的区域公用品牌,引导企业与农户等共创企业品牌,培育一批"土字号""乡字号"产品品牌。(农业农村部、商务部、国家知识产权局等负责)

(二十一)强化资源保护利用。大力发展节地节能节水等资源节约型产业。建设农业绿色发展先行区。国家明令淘汰的落后产能、列入国家禁止类产业目录的、污染环境的项目,不得进入乡村。推进种养循环一体化,支持秸秆和畜禽粪污资源化利用。推进加工副产物综合利用。(国家发展改革委、工业和信息化部、自然资源部、生态环境部、水利部、农业农村部等负责)

六、推动创新创业升级,增强乡村产业发展新动能

(二十二)强化科技创新引领。大力培育乡村产业创新主体。建设国家农业高新技术产业示范区和国家农业科技园区。建立产学研用协同创新机制,联合攻克一批农业领域关键技术。支持种业育繁推一体化,培育一批竞争力强的大型种业企业集团。建设一批农产品加工技术集成基地。创新公益性农技推广服务方式。(科技部、农业农村部等负责)

(二十三)促进农村创新创业。实施乡村就业创业促进行动,引导农民工、大中专毕业生、退役军人、科技人员等返乡入乡人员和"田秀才""土专家""乡创客"创新创业。创建农村创新创业和孵化实训基地,加强乡村工匠、文化能人、手工艺人和经营管理人才等创新创业主体培训,提高创业技能。(农业农村部、国家发展改革委、教育部、人力资源社会保障部、退役军人部、共青团中央、全国妇联等负责)

七、完善政策措施,优化乡村产业发展环境

(二十四)健全财政投入机制。加强一般公共预算投入保障,提高土地出让收入用于农业农村的比例,支持乡村产业振兴。新增耕地指标和城乡建设用地增减挂钩节余指标跨省域调剂收益,全部用于巩固脱贫攻坚成果和支持乡村振兴。鼓励有条件的地方按市场化方式设立乡村产业发展基金,重点用于乡村产业技术创新。鼓励地方按规定对吸纳贫困家庭劳动力、农村残疾人就业的农业企业给予相关补贴,落实相关税收优惠政策。(财政部、自然资源部、农业农村部、税务总局、国务院扶贫办等负责)

(二十五)创新乡村金融服务。引导县域金融机构将吸收的存款主要用于当地,重点支持乡村产业。支持小微企业融资优惠政策适用于乡村产业和农村创新创业。发挥全国农业信贷担保体系作用,鼓励地方通过实施担保费用补助、业务奖补等方式支持乡村产业贷款担保,拓宽担保物范围。允许权属清晰的农村承包土地经营权、农业设施、农机具等依法抵押贷款。

加大乡村产业项目融资担保力度。支持地方政府发行一般债券用于支持乡村振兴领域的纯公益性项目建设。鼓励地方政府发行项目融资和收益自平衡的专项债券,支持符合条件、有一定收益的乡村公益性项目建设。规范地方政府举债融资行为,不得借乡村振兴之名违法违规变相举债。支持符合条件的农业企业上市融资。(人民银行、财政部、农业农村部、银保监会、证监会等负责)

(二十六)有序引导工商资本下乡。坚持互惠互利,优化营商环境,引导工商资本到乡村投资兴办农民参与度高、受益面广的乡村产业,支持发展适合规模化集约化经营的种养业。支持企业到贫困地区和其他经济欠发达地区吸纳农民就业、开展职业培训和就业服务等。工商资本进入乡村,要依法依规开发利用农业农村资源,不得违规占用耕地从事非农产业,不能侵害农民财产权益。(农业农村部、国家发展改革委等负责)

(二十七)完善用地保障政策。耕地占补平衡以县域自行平衡为主,在安排土地利用年度计划时,加大对乡村产业发展用地的倾斜支持力度。探索针对乡村产业的省市县联动"点供"用地。推动制修订相关法律法规,完善配套制度,开展农村集体经营性建设用地入市改革,增加乡村产业用地供给。有序开展县域乡村闲置集体建设用地、闲置宅基地、村庄空闲地、厂矿废弃地、道路改线废弃地、农业生产与村庄建设复合用地及"四荒地"(荒山、荒沟、荒丘、荒滩)等土地综合整治,盘活建设用地重点用于乡村新产业新业态和返乡入乡创新创业。完善设施农业用地管理办法。(自然资源部、农业农村部、司法部、国家林草局等负责)

(二十八)健全人才保障机制。各类创业扶持政策向农业农村领域延伸覆盖,引导各类人才到乡村兴办产业。加大农民技能培训力度,支持职业学校扩大农村招生。深化农业系列职称制度改革,开展面向农技推广人员的评审。支持科技人员以科技成果入股农业企业,建立健全科研人员校企、院企共建双聘机制,实行股权分红等激励措施。实施乡村振兴青春建功行动。(科技部、教育部、人力资源社会保障部、农业农村部、退役军人部、共青团中央、全国妇联等负责)

八、强化组织保障,确保乡村产业振兴落地见效

(二十九)加强统筹协调。各地要落实五级书记抓乡村振兴的工作要求,把乡村产业振兴作为重要任务,摆上突出位置。建立农业农村部门牵头抓总、相关部门协同配合、社会力量积极支持、农民群众广泛参与的推进机制。(农业农村部牵头负责)

(三十)强化指导服务。深化"放管服"改革,发挥各类服务机构作用,为从事乡村产业的各类经营主体提供高效便捷服务。完善乡村产业监测体系,研究开展农村一二三产业融合发展情况统计。(农业农村部、国家统计局等负责)

(三十一)营造良好氛围。宣传推介乡村产业发展鲜活经验,推广一批农民合作社、家庭农场和农村创新创业典型案例。弘扬企业家精神和工匠精神,倡导诚信守法,营造崇尚创新、鼓励创业的良好环境。(农业农村部、广电总局等负责)

国务院
2019 年 6 月 17 日

(此件公开发布)

中共中央办公厅　国务院办公厅印发
《关于调整完善土地出让收入使用范围优先支持乡村振兴的意见》

中办发〔2020〕32号

土地出让收入是地方政府性基金预算收入的重要组成部分。长期以来,土地增值收益取之于农、主要用之于城,有力推动了工业化、城镇化快速发展,但直接用于农业农村比例偏低,对农业农村发展的支持作用发挥不够。为深入贯彻习近平总书记关于把土地增值收益更多用于"三农"的重要指示精神,落实党中央、国务院有关决策部署,拓宽实施乡村振兴战略资金来源,现就调整完善土地出让收入使用范围优先支持乡村振兴提出如下意见。

一、总体要求

(一)指导思想。以习近平新时代中国特色社会主义思想为指导,全面贯彻党的十九大和十九届二中、三中、四中全会精神,紧紧围绕统筹推进"五位一体"总体布局和协调推进"四个全面"战略布局,坚持和加强党对农村工作的全面领导,坚持把解决好"三农"问题作为全党工作重中之重,坚持农业农村优先发展,按照"取之于农、主要用之于农"的要求,调整土地出让收益城乡分配格局,稳步提高土地出让收入用于农业农村比例,集中支持乡村振兴重点任务,加快补上"三农"发展短板,为实施乡村振兴战略提供有力支撑。

(二)工作原则。

坚持优先保障、务求实效。既要在存量调整上做文章,也要在增量分配上想办法,确保土地出让收入用于支持乡村振兴的力度不断增强,为实施乡村振兴战略建立稳定可靠的资金来源。

坚持积极稳妥、分步实施。统筹考虑各地财政实力、土地出让收入规模、农业农村发展需求等情况,明确全国总体目标,各省(自治区、直辖市)确定分年度目标和实施步骤,合理把握改革节奏。

坚持统筹使用、规范管理。统筹整合土地出让收入用于农业农村的资金,与实施乡村振兴战略规划相衔接,聚焦补短板、强弱项,健全管理制度,坚持精打细算,加强监督检查,防止支出碎片化,提高资金使用整体效益。

(三)总体目标。从"十四五"第一年开始,各省(自治区、直辖市)分年度稳步提高土地出让收入用于农业农村比例;到"十四五"期末,以省(自治区、直辖市)为单位核算,土地出让收益用于农业农村比例达到50%以上。

二、重点举措

(一)提高土地出让收入用于农业农村比例。以省(自治区、直辖市)为单位确定计提方式。各省(自治区、直辖市)可结合本地实际,从以下两种方式中选择一种组织实施:一是按照当年土地出让收益用于农业农村的资金占比逐步达到50%以上计提,若计提数小于土地出让收入8%的,则按不低于土地出让收入8%计提;二是按照当年土地出让收入用于农业农村的资金占比逐步达到10%以上计提。严禁以已有明确用途的土地出让收入作为偿债资金来源发行地方政府专项债券。各省(自治区、直辖市)可对所辖市、县设定差异化计提标准,但全省(自治区、直辖市)总体上要实现土地出让收益用于农业农村比例逐步达到50%以上的目标要求。北京、上海等土地出让收入高、农业农村投入需求小的少数地区,可根据实际需要确定提高土地出让收入用于农业农村的具体比例。中央将根据实际支出情况考核各省(自治区、直辖市)土地出让收入用于农业农村比例是否达到要求,具体考核办法由财政部另行制定。

(二)做好与相关政策衔接。从土地出让收益中计提的农业土地开发资金、农田水利建设资金、教育资金等,以及市、县政府缴纳的新增建设用地土地有偿使用费中,实际用于农业农村的部分,计入土地出让收入用于农业农村的支出。允许省级政府按照现行政策继续统筹土地出让收入用于支持"十三五"易地扶贫搬迁融资资金偿还。允许将已收储土地的出让收入,继续通过计提国有土地收益基金用于偿还因收储土地形成的地方政府债务,并作为土地出让成本性支出计算核定。各地应当依据土地管理法等有关法律法规及政策规定,合理把握土地征收、收储、供应节奏,保持土地出让收入和收益总体稳定,统筹处理好提高土地出让收入用于农业农村比例与防范化解地方政府债务风险的关系。

(三)建立市县留用为主、中央和省级适当统筹的资金调剂机制。土地出让收入用于农业农村的资金主要由市、县政府安排使用,重点向县级倾斜,赋予县级政府合理使用资金自主权。省级政府可从土地出让收入用于农业农村的资金中统筹一定比例资金,在所辖各地区间进行调剂,重点支持粮食主产和财力薄弱县(市、区、旗)乡村振兴。省级统筹办法和具体比例由各省(自治区、直辖市)自主确定。中央财政继续按现行规定统筹农田水利建设资金的20%、新增建设用地土地有偿使用费的30%,向粮食主产区、中西部地区倾斜。

(四)加强土地出让收入用于农业农村资金的统筹使用。允许各地根据乡村振兴实际需要,打破分项计提、分散使用的管理方式,整合使用土地出让收入中用于农业农村的资金,重点用于高标准农田建设、农田水利建设、现代种业提升、农村供水保障、农村人居环境整治、农村土地综合整治、耕地及永久基本农田保护、村庄公共设施建设和管护、农村教育、农村文化和精神文明建设支出,以及与农业农村直接相关的山水林田湖草生态保护修复、以工代赈工程建设等。加强土地出让收入用于农业农村资金与一般公共预算支农投入之间的统筹衔接,持续加大各级财政通过原有渠道用于农业农村的支出力度,避免对一般公共预算支农投入产生挤出效应,确保对农业农村投入切实增加。

(五)加强对土地出让收入用于农业农村资金的核算。根据改革目标要求,进一步完善土地出让收入和支出核算办法,加强对土地出让收入用于农业农村支出的监督管理。规范土地出让收入管理,严禁变相减免土地出让收入,确保土地出让收入及时足额缴入国库。严格核定土地出让成本性支出,不得将与土地前期开发无关的基础设施和公益性项目建设成本纳入成本核算范围,虚增土地出让成本,缩减土地出让收益。

三、保障措施

（一）加强组织领导。各地区各有关部门要提高政治站位，从补齐全面建成小康社会短板、促进乡村全面振兴、推动城乡融合发展高度，深刻认识调整完善土地出让收入使用范围优先支持乡村振兴的重要性和紧迫性，切实将其摆上重要议事日程，明确工作责任，确保各项举措落地见效。地方党委和政府要加强领导，各省（自治区、直辖市）在 2020 年年底前制定具体措施并报中央农办，由中央农办会同有关部门审核备案。

（二）强化考核监督。把调整完善土地出让收入使用范围、提高用于农业农村比例情况纳入实施乡村振兴战略实绩考核，作为中央一号文件贯彻落实情况督查的重要内容。加强对土地出让相关政策落实及土地出让收支管理的审计监督，适时开展土地出让收入专项审计。建立全国统一的土地出让收支信息平台，实现收支实时监控。严肃查处擅自减免、截留、挤占、挪用应缴国库土地出让收入以及虚增土地出让成本、违规使用农业农村投入资金等行为，并依法依规追究有关责任人的责任。

各省（自治区、直辖市）党委和政府每年向党中央、国务院报告实施乡村振兴战略进展情况时，要专题报告调整完善土地出让收入使用范围、提高用于农业农村投入比例优先支持乡村振兴的情况。

中共中央　国务院关于实现巩固拓展
脱贫攻坚成果同乡村振兴有效衔接的意见

中发〔2020〕30 号

打赢脱贫攻坚战、全面建成小康社会后,要进一步巩固拓展脱贫攻坚成果,接续推动脱贫地区发展和乡村全面振兴。为实现巩固拓展脱贫攻坚成果同乡村振兴有效衔接,现提出如下意见。

一、重大意义

党的十八大以来,以习近平同志为核心的党中央把脱贫攻坚摆在治国理政的突出位置,作为实现第一个百年奋斗目标的重点任务,纳入"五位一体"总体布局和"四个全面"战略布局,作出一系列重大部署和安排,全面打响脱贫攻坚战,困扰中华民族几千年的绝对贫困问题即将历史性地得到解决,脱贫攻坚成果举世瞩目。到 2020 年我国现行标准下农村贫困人口全部实现脱贫、贫困县全部摘帽、区域性整体贫困得到解决。"两不愁"质量水平明显提升,"三保障"突出问题彻底消除。贫困人口收入水平大幅度提高,自主脱贫能力稳步增强。贫困地区生产生活条件明显改善,经济社会发展明显加快。脱贫攻坚取得全面胜利,提前 10 年实现《联合国 2030 年可持续发展议程》减贫目标,实现了全面小康路上一个都不掉队,在促进全体人民共同富裕的道路上迈出了坚实一步。完成脱贫攻坚这一伟大事业,不仅在中华民族发展史上具有重要里程碑意义,更是中国人民对人类文明和全球反贫困事业的重大贡献。

脱贫攻坚的伟大实践,充分展现了我们党领导亿万人民坚持和发展中国特色社会主义创造的伟大奇迹,充分彰显了中国共产党领导和我国社会主义制度的政治优势。脱贫攻坚的伟大成就,极大增强了全党全国人民的凝聚力和向心力,极大增强了全党全国人民的道路自信、理论自信、制度自信、文化自信。

这些成就的取得,归功于以习近平同志为核心的党中央坚强领导,习近平总书记亲自谋划、亲自挂帅、亲自督战,推动实施精准扶贫精准脱贫基本方略;归功于全党全社会众志成城、共同努力,中央统筹、省负总责、市县抓落实,省市县乡村五级书记抓扶贫,构建起专项扶贫、行业扶贫、社会扶贫互为补充的大扶贫格局;归功于广大干部群众辛勤工作和不懈努力,数百万干部战斗在扶贫一线,亿万贫困群众依靠自己的双手和智慧摆脱贫困;归功于行之有效的政策体系、制度体系和工作体系,脱贫攻坚政策体系覆盖面广、含金量高,脱贫攻坚制度体系完备、上下贯通,脱贫攻坚工作体系目标明确、执行力强,为打赢脱贫攻坚战提供了坚强支撑,为全面推进乡村振兴提供了宝贵经验。

脱贫摘帽不是终点,而是新生活、新奋斗的起点。打赢脱贫攻坚战、全面建成小康社会后,要在巩固拓展脱贫攻坚成果的基础上,做好乡村振兴这篇大文章,接续推进脱贫地区发展和群众生活改善。做好巩固拓展脱贫攻坚成果同乡村振兴有效衔接,关系到构建以国内大循环为主体、国内国际双循环相互促进的新发展格局,关系到全面建设社会主义现代化国家全局和实现第二个百年奋斗目标。全党务必站在践行初心使命、坚守社会主义本质要求的政治高度,充分认识实现巩固拓展脱贫攻坚成果同乡村振兴有效衔接的重要性、紧迫性,举全党全国之力,统筹安排、强力推进,让包括脱贫群众在内的广大人民过上更加美好的生活,朝着逐步实现全体人民共同富裕的目标继续前进,彰显党的根本宗旨和我国社会主义制度优势。

二、总体要求

（一）指导思想。以习近平新时代中国特色社会主义思想为指导,深入贯彻党的十九大和十九届二中、三中、四中、五中全会精神,坚定不移贯彻新发展理念,坚持稳中求进工作总基调,坚持以人民为中心的发展思想,坚持共同富裕方向,将巩固拓展脱贫攻坚成果放在突出位置,建立农村低收入人口和欠发达地区帮扶机制,健全乡村振兴领导体制和工作体系,加快推进脱贫地区乡村产业、人才、文化、生态、组织等全面振兴,为全面建设社会主义现代化国家开好局、起好步奠定坚实基础。

（二）基本思路和目标任务。脱贫攻坚目标任务完成后,设立5年过渡期。脱贫地区要根据形势变化,理清工作思路,做好过渡期内领导体制、工作体系、发展规划、政策举措、考核机制等有效衔接,从解决建档立卡贫困人口"两不愁三保障"为重点转向实现乡村产业兴旺、生态宜居、乡风文明、治理有效、生活富裕,从集中资源支持脱贫攻坚转向巩固拓展脱贫攻坚成果和全面推进乡村振兴。到2025年,脱贫攻坚成果巩固拓展,乡村振兴全面推进,脱贫地区经济活力和发展后劲明显增强,乡村产业质量效益和竞争力进一步提高,农村基础设施和基本公共服务水平进一步提升,生态环境持续改善,美丽宜居乡村建设扎实推进,乡风文明建设取得显著进展,农村基层组织建设不断加强,农村低收入人口分类帮扶长效机制逐步完善,脱贫地区农民收入增速高于全国农民平均水平。到2035年,脱贫地区经济实力显著增强,乡村振兴取得重大进展,农村低收入人口生活水平显著提高,城乡差距进一步缩小,在促进全体人民共同富裕上取得更为明显的实质性进展。

（三）主要原则。

坚持党的全面领导。坚持中央统筹、省负总责、市县乡抓落实的工作机制,充分发挥各级党委总揽全局、协调各方的领导作用,省市县乡村五级书记抓巩固拓展脱贫攻坚成果和乡村振兴。总结脱贫攻坚经验,发挥脱贫攻坚体制机制作用。

坚持有序调整、平稳过渡。过渡期内在巩固拓展脱贫攻坚成果上下更大功夫、想更多办法、给予更多后续帮扶支持,对脱贫县、脱贫村、脱贫人口扶上马送一程,确保脱贫群众不返贫。在主要帮扶政策保持总体稳定的基础上,分类优化调整,合理把握调整节奏、力度和时限,增强脱贫稳定性。

坚持群众主体、激发内生动力。坚持扶志扶智相结合,防止政策养懒汉和泛福利化倾向,发挥奋进致富典型示范引领作用,激励有劳动能力的低收入人口勤劳致富。

坚持政府推动引导、社会市场协同发力。坚持行政推动与市场机制有机结合,发挥集中力量办大事的优势,广泛动员社会力量参与,形成巩固拓展脱贫攻坚成果、全面推进乡村振兴的强大合力。

三、建立健全巩固拓展脱贫攻坚成果长效机制

(一)保持主要帮扶政策总体稳定。过渡期内严格落实"四个不摘"要求,摘帽不摘责任,防止松劲懈怠;摘帽不摘政策,防止急刹车;摘帽不摘帮扶,防止一撤了之;摘帽不摘监管,防止贫困反弹。现有帮扶政策该延续的延续、该优化的优化、该调整的调整,确保政策连续性。兜底救助类政策要继续保持稳定。落实好教育、医疗、住房、饮水等民生保障普惠性政策,并根据脱贫人口实际困难给予适度倾斜。优化产业就业等发展类政策。

(二)健全防止返贫动态监测和帮扶机制。对脱贫不稳定户、边缘易致贫户,以及因病因灾因意外事故等刚性支出较大或收入大幅缩减导致基本生活出现严重困难户,开展定期检查、动态管理,重点监测其收入支出状况、"两不愁三保障"及饮水安全状况,合理确定监测标准。建立健全易返贫致贫人口快速发现和响应机制,分层分类及时纳入帮扶政策范围,实行动态清零。健全防止返贫大数据监测平台,加强相关部门、单位数据共享和对接,充分利用先进技术手段提升监测准确性,以国家脱贫攻坚普查结果为依据,进一步完善基础数据库。建立农户主动申请、部门信息比对、基层干部定期跟踪回访相结合的易返贫致贫人口发现和核查机制,实施帮扶对象动态管理。坚持预防性措施和事后帮扶相结合,精准分析返贫致贫原因,采取有针对性的帮扶措施。

(三)巩固"两不愁三保障"成果。落实行业主管部门工作责任。健全控辍保学工作机制,确保除身体原因不具备学习条件外脱贫家庭义务教育阶段适龄儿童少年不失学辍学。有效防范因病返贫致贫风险,落实分类资助参保政策,做好脱贫人口参保动员工作。建立农村脱贫人口住房安全动态监测机制,通过农村危房改造等多种方式保障低收入人口基本住房安全。巩固维护好已建农村供水工程成果,不断提升农村供水保障水平。

(四)做好易地扶贫搬迁后续扶持工作。聚焦原深度贫困地区、大型特大型安置区,从就业需要、产业发展和后续配套设施建设提升完善等方面加大扶持力度,完善后续扶持政策体系,持续巩固易地搬迁脱贫成果,确保搬迁群众稳得住、有就业、逐步能致富。提升安置区社区管理服务水平,建立关爱机制,促进社会融入。

(五)加强扶贫项目资产管理和监督。分类摸清各类扶贫项目形成的资产底数。公益性资产要落实管护主体,明确管护责任,确保继续发挥作用。经营性资产要明晰产权关系,防止资产流失和被侵占,资产收益重点用于项目运行管护、巩固拓展脱贫攻坚成果、村级公益事业等。确权到农户或其他经营主体的扶贫资产,依法维护其财产权利,由其自主管理和运营。

四、聚力做好脱贫地区巩固拓展脱贫攻坚成果同乡村振兴有效衔接重点工作

(六)支持脱贫地区乡村特色产业发展壮大。注重产业后续长期培育,尊重市场规律和产业发展规律,提高产业市场竞争力和抗风险能力。以脱贫县为单位规划发展乡村特色产业,实施特色种养业提升行动,完善全产业链支持措施。加快脱贫地区农产品和食品仓储保鲜、冷链物流设施建设,支持农产品流通企业、电商、批发市场与区域特色产业精准对接。现代农业产业园、科技园、产业融合发展示范园继续优先支持脱贫县。支持脱贫地区培育绿色食品、有机农产品、地理标志农产品,打造区域公用品牌。继续大力实施消费帮扶。

(七)促进脱贫人口稳定就业。搭建用工信息平台,培育区域劳务品牌,加大脱贫人口有

组织劳务输出力度。支持脱贫地区在农村人居环境、小型水利、乡村道路、农田整治、水土保持、产业园区、林业草原基础设施等涉农项目建设和管护时广泛采取以工代赈方式。延续支持扶贫车间的优惠政策。过渡期内逐步调整优化生态护林员政策。统筹用好乡村公益岗位，健全按需设岗、以岗聘任、在岗领补、有序退岗的管理机制，过渡期内逐步调整优化公益岗位政策。

（八）持续改善脱贫地区基础设施条件。继续加大对脱贫地区基础设施建设的支持力度，重点谋划建设一批高速公路、客货共线铁路、水利、电力、机场、通信网络等区域性和跨区域重大基础设施建设工程。按照实施乡村建设行动统一部署，支持脱贫地区因地制宜推进农村厕所革命、生活垃圾和污水治理、村容村貌提升。推进脱贫县"四好农村路"建设，推动交通项目更多向进村入户倾斜，因地制宜推进较大人口规模自然村（组）通硬化路，加强通村公路和村内主干道连接，加大农村产业路、旅游路建设力度。加强脱贫地区农村防洪、灌溉等中小型水利工程建设。统筹推进脱贫地区县乡村三级物流体系建设，实施"快递进村"工程。支持脱贫地区电网建设和乡村电气化提升工程实施。

（九）进一步提升脱贫地区公共服务水平。继续改善义务教育办学条件，加强乡村寄宿制学校和乡村小规模学校建设。加强脱贫地区职业院校（含技工院校）基础能力建设。继续实施家庭经济困难学生资助政策和农村义务教育学生营养改善计划。在脱贫地区普遍增加公费师范生培养供给，加强城乡教师合理流动和对口支援。过渡期内保持现有健康帮扶政策基本稳定，完善大病专项救治政策，优化高血压等主要慢性病签约服务，调整完善县域内先诊疗后付费政策。继续开展三级医院对口帮扶并建立长效机制，持续提升县级医院诊疗能力。加大中央倾斜支持脱贫地区医疗卫生机构基础设施建设和设备配备力度，继续改善疾病预防控制机构条件。继续实施农村危房改造和地震高烈度设防地区农房抗震改造，逐步建立农村低收入人口住房安全保障长效机制。继续加强脱贫地区村级综合服务设施建设，提升为民服务能力和水平。

五、健全农村低收入人口常态化帮扶机制

（十）加强农村低收入人口监测。以现有社会保障体系为基础，对农村低保对象、农村特困人员、农村易返贫致贫人口，以及因病因灾因意外事故等刚性支出较大或收入大幅缩减导致基本生活出现严重困难人口等农村低收入人口开展动态监测。充分利用民政、扶贫、教育、人力资源社会保障、住房城乡建设、医疗保障等政府部门现有数据平台，加强数据比对和信息共享，完善基层主动发现机制。健全多部门联动的风险预警、研判和处置机制，实现对农村低收入人口风险点的早发现和早帮扶。完善农村低收入人口定期核查和动态调整机制。

（十一）分层分类实施社会救助。完善最低生活保障制度，科学认定农村低保对象，提高政策精准性。调整优化针对原建档立卡贫困户的低保"单人户"政策。完善低保家庭收入财产认定方法。健全低保标准制定和动态调整机制。加大低保标准制定省级统筹力度。鼓励有劳动能力的农村低保对象参与就业，在计算家庭收入时扣减必要的就业成本。完善农村特困人员救助供养制度，合理提高救助供养水平和服务质量。完善残疾儿童康复救助制度，提高救助服务质量。加强社会救助资源统筹，根据对象类型、困难程度等，及时有针对性地给予困难群众医疗、教育、住房、就业等专项救助，做到精准识别、应救尽救。对基本生活陷入暂时

困难的群众加强临时救助,做到凡困必帮、有难必救。鼓励通过政府购买服务对社会救助家庭中生活不能自理的老年人、未成年人、残疾人等提供必要的访视、照料服务。

(十二)合理确定农村医疗保障待遇水平。坚持基本标准,统筹发挥基本医疗保险、大病保险、医疗救助三重保障制度综合梯次减负功能。完善城乡居民基本医疗保险参保个人缴费资助政策,继续全额资助农村特困人员,定额资助低保对象,过渡期内逐步调整脱贫人口资助政策。在逐步提高大病保障水平基础上,大病保险继续对低保对象、特困人员和返贫致贫人口进行倾斜支付。进一步夯实医疗救助托底保障,合理设定年度救助限额,合理控制救助对象政策范围内自付费用比例。分阶段、分对象、分类别调整脱贫攻坚期超常规保障措施。重点加大医疗救助资金投入,倾斜支持乡村振兴重点帮扶县。

(十三)完善养老保障和儿童关爱服务。完善城乡居民基本养老保险费代缴政策,地方政府结合当地实际情况,按照最低缴费档次为参加城乡居民养老保险的低保对象、特困人员、返贫致贫人口、重度残疾人等缴费困难群体代缴部分或全部保费。在提高城乡居民养老保险缴费档次时,对上述困难群体和其他已脱贫人口可保留现行最低缴费档次。强化县乡两级养老机构对失能、部分失能特困老年人口的兜底保障。加大对孤儿、事实无人抚养儿童等保障力度。加强残疾人托养照护、康复服务。

(十四)织密兜牢丧失劳动能力人口基本生活保障底线。对脱贫人口中完全丧失劳动能力或部分丧失劳动能力且无法通过产业就业获得稳定收入的人口,要按规定纳入农村低保或特困人员救助供养范围,并按困难类型及时给予专项救助、临时救助等,做到应保尽保、应兜尽兜。

六、着力提升脱贫地区整体发展水平

(十五)在西部地区脱贫县中集中支持一批乡村振兴重点帮扶县。按照应减尽减原则,在西部地区处于边远或高海拔、自然环境相对恶劣、经济发展基础薄弱、社会事业发展相对滞后的脱贫县中,确定一批国家乡村振兴重点帮扶县,从财政、金融、土地、人才、基础设施建设、公共服务等方面给予集中支持,增强其区域发展能力。支持各地在脱贫县中自主选择一部分县作为乡村振兴重点帮扶县。支持革命老区、民族地区、边疆地区巩固脱贫攻坚成果和乡村振兴。建立跟踪监测机制,对乡村振兴重点帮扶县进行定期监测评估。

(十六)坚持和完善东西部协作和对口支援、社会力量参与帮扶机制。继续坚持并完善东西部协作机制,在保持现有结对关系基本稳定和加强现有经济联系的基础上,调整优化结对帮扶关系,将现行一对多、多对一的帮扶办法,调整为原则上一个东部地区省份帮扶一个西部地区省份的长期固定结对帮扶关系。省际间要做好帮扶关系的衔接,防止出现工作断档、力量弱化。中部地区不再实施省际间结对帮扶。优化协作帮扶方式,在继续给予资金支持、援建项目基础上,进一步加强产业合作、劳务协作、人才支援,推进产业梯度转移,鼓励东西部共建产业园区。教育、文化、医疗卫生、科技等行业对口支援原则上纳入新的东西部协作结对关系。更加注重发挥市场作用,强化以企业合作为载体的帮扶协作。继续坚持定点帮扶机制,适当予以调整优化,安排有能力的部门、单位和企业承担更多责任。军队持续推进定点帮扶工作,健全完善长效机制,巩固提升帮扶成效。继续实施"万企帮万村"行动。定期对东西部协作和定点帮扶成效进行考核评价。

七、加强脱贫攻坚与乡村振兴政策有效衔接

（十七）做好财政投入政策衔接。过渡期内在保持财政支持政策总体稳定的前提下，根据巩固拓展脱贫攻坚成果同乡村振兴有效衔接的需要和财力状况，合理安排财政投入规模，优化支出结构，调整支持重点。保留并调整优化原财政专项扶贫资金，聚焦支持脱贫地区巩固拓展脱贫攻坚成果和乡村振兴，适当向国家乡村振兴重点帮扶县倾斜，并逐步提高用于产业发展的比例。各地要用好城乡建设用地增减挂钩政策，统筹地方可支配财力，支持"十三五"易地扶贫搬迁融资资金偿还。对农村低收入人口的救助帮扶，通过现有资金支出渠道支持。过渡期前3年脱贫县继续实行涉农资金统筹整合试点政策，此后调整至国家乡村振兴重点帮扶县实施，其他地区探索建立涉农资金整合长效机制。确保以工代赈中央预算内投资落实到项目，及时足额发放劳务报酬。现有财政相关转移支付继续倾斜支持脱贫地区。对支持脱贫地区产业发展效果明显的贷款贴息、政府采购等政策，在调整优化基础上继续实施。过渡期内延续脱贫攻坚相关税收优惠政策。

（十八）做好金融服务政策衔接。继续发挥再贷款作用，现有再贷款帮扶政策在展期期间保持不变。进一步完善针对脱贫人口的小额信贷政策。对有较大贷款资金需求、符合贷款条件的对象，鼓励其申请创业担保贷款政策支持。加大对脱贫地区优势特色产业信贷和保险支持力度。鼓励各地因地制宜开发优势特色农产品保险。对脱贫地区继续实施企业上市"绿色通道"政策。探索农产品期货期权和农业保险联动。

（十九）做好土地支持政策衔接。坚持最严格耕地保护制度，强化耕地保护主体责任，严格控制非农建设占用耕地，坚决守住18亿亩耕地红线。以国土空间规划为依据，按照应保尽保原则，新增建设用地计划指标优先保障巩固拓展脱贫攻坚成果和乡村振兴用地需要，过渡期内专项安排脱贫县年度新增建设用地计划指标，专项指标不得挪用；原深度贫困地区计划指标不足的，由所在省份协调解决。过渡期内，对脱贫地区继续实施城乡建设用地增减挂钩节余指标省内交易政策；在东西部协作和对口支援框架下，对现行政策进行调整完善，继续开展增减挂钩节余指标跨省域调剂。

（二十）做好人才智力支持政策衔接。延续脱贫攻坚期间各项人才智力支持政策，建立健全引导各类人才服务乡村振兴长效机制。继续实施农村义务教育阶段教师特岗计划、中小学幼儿园教师国家级培训计划、银龄讲学计划、乡村教师生活补助政策，优先满足脱贫地区对高素质教师的补充需求。继续实施高校毕业生"三支一扶"计划，继续实施重点高校定向招生专项计划。全科医生特岗和农村订单定向医学生免费培养计划优先向中西部地区倾斜。在国家乡村振兴重点帮扶县对农业科技推广人员探索"县管乡用、下沉到村"的新机制。继续支持脱贫户"两后生"接受职业教育，并按规定给予相应资助。鼓励和引导各方面人才向国家乡村振兴重点帮扶县基层流动。

八、全面加强党的集中统一领导

（二十一）做好领导体制衔接。健全中央统筹、省负总责、市县乡抓落实的工作机制，构建责任清晰、各负其责、执行有力的乡村振兴领导体制，层层压实责任。充分发挥中央和地方各级党委农村工作领导小组作用，建立统一高效的实现巩固拓展脱贫攻坚成果同乡村振兴有效

衔接的决策议事协调工作机制。

(二十二)做好工作体系衔接。脱贫攻坚任务完成后,要及时做好巩固拓展脱贫攻坚成果同全面推进乡村振兴在工作力量、组织保障、规划实施、项目建设、要素保障方面的有机结合,做到一盘棋、一体化推进。持续加强脱贫村党组织建设,选好用好管好乡村振兴带头人。对巩固拓展脱贫攻坚成果和乡村振兴任务重的村,继续选派驻村第一书记和工作队,健全常态化驻村工作机制。

(二十三)做好规划实施和项目建设衔接。将实现巩固拓展脱贫攻坚成果同乡村振兴有效衔接的重大举措纳入"十四五"规划。将脱贫地区巩固拓展脱贫攻坚成果和乡村振兴重大工程项目纳入"十四五"相关规划。科学编制"十四五"时期巩固拓展脱贫攻坚成果同乡村振兴有效衔接规划。

(二十四)做好考核机制衔接。脱贫攻坚任务完成后,脱贫地区开展乡村振兴考核时要把巩固拓展脱贫攻坚成果纳入市县党政领导班子和领导干部推进乡村振兴战略实绩考核范围。与高质量发展综合绩效评价做好衔接,科学设置考核指标,切实减轻基层负担。强化考核结果运用,将考核结果作为干部选拔任用、评先奖优、问责追责的重要参考。

决战脱贫攻坚目标任务胜利完成,我们要更加紧密地团结在以习近平同志为核心的党中央周围,乘势而上、埋头苦干,巩固拓展脱贫攻坚成果,全面推进乡村振兴,朝着全面建设社会主义现代化国家、实现第二个百年奋斗目标迈进。

国务院办公厅关于防止耕地"非粮化"稳定粮食生产的意见

国办发〔2020〕44 号

各省、自治区、直辖市人民政府,国务院各部委、各直属机构:

近年来,我国农业结构不断优化,区域布局趋于合理,粮食生产连年丰收,有力保障了国家粮食安全,为稳定经济社会发展大局提供坚实支撑。与此同时,部分地区也出现耕地"非粮化"倾向,一些地方把农业结构调整简单理解为压减粮食生产,一些经营主体违规在永久基本农田上种树挖塘,一些工商资本大规模流转耕地改种非粮作物等,这些问题如果任其发展,将影响国家粮食安全。各地区各部门要坚持以习近平新时代中国特色社会主义思想为指导,增强"四个意识"、坚定"四个自信"、做到"两个维护",认真落实党中央、国务院决策部署,采取有力举措防止耕地"非粮化",切实稳定粮食生产,牢牢守住国家粮食安全的生命线。经国务院同意,现提出以下意见。

一、充分认识防止耕地"非粮化"稳定粮食生产的重要性紧迫性

(一)坚持把确保国家粮食安全作为"三农"工作的首要任务。随着我国人口增长、消费结构不断升级和资源环境承载能力趋紧,粮食产需仍将维持紧平衡态势。新冠肺炎疫情全球大流行,国际农产品市场供给不确定性增加,必须以稳定国内粮食生产来应对国际形势变化带来的不确定性。各地区各部门要始终绷紧国家粮食安全这根弦,把稳定粮食生产作为农业供给侧结构性改革的前提,着力稳政策、稳面积、稳产量,坚持耕地管控、建设、激励多措并举,不断巩固提升粮食综合生产能力,确保谷物基本自给、口粮绝对安全,切实把握国家粮食安全主动权。

(二)坚持科学合理利用耕地资源。耕地是粮食生产的根基。我国耕地总量少,质量总体不高,后备资源不足,水热资源空间分布不匹配,确保国家粮食安全,必须处理好发展粮食生产和发挥比较效益的关系,不能单纯以经济效益决定耕地用途,必须将有限的耕地资源优先用于粮食生产。各地区各部门要认真落实重要农产品保障战略,进一步优化区域布局和生产结构,实施最严格的耕地保护制度,科学合理利用耕地资源,防止耕地"非粮化",切实提高保障国家粮食安全和重要农产品有效供给水平。

(三)坚持共同扛起保障国家粮食安全的责任。我国人多地少的基本国情决定了必须举全国之力解决 14 亿人口的吃饭大事。各地区都有保障国家粮食安全的责任和义务,粮食主产区要努力发挥优势,巩固提升粮食综合生产能力,继续为全国作贡献;产销平衡区和主销区要保持应有的自给率,确保粮食种植面积不减少、产能有提升、产量不下降,共同维护好国家粮食安全。

二、坚持问题导向,坚决防止耕地"非粮化"倾向

(四)明确耕地利用优先序。对耕地实行特殊保护和用途管制,严格控制耕地转为林地、园地等其他类型农用地。永久基本农田是依法划定的优质耕地,要重点用于发展粮食生产,特别是保障稻谷、小麦、玉米三大谷物的种植面积。一般耕地应主要用于粮食和棉、油、糖、蔬菜等农产品及饲草饲料生产。耕地在优先满足粮食和食用农产品生产基础上,适度用于非食用农产品生产,对市场明显过剩的非食用农产品,要加以引导,防止无序发展。

(五)加强粮食生产功能区监管。各地区要把粮食生产功能区落实到地块,引导种植目标作物,保障粮食种植面积。组织开展粮食生产功能区划定情况"回头看",对粮食种植面积大但划定面积少的进行补划,对耕地性质发生改变、不符合划定标准的予以剔除并及时补划。引导作物一年两熟以上的粮食生产功能区至少生产一季粮食,种植非粮作物的要在一季后能够恢复粮食生产。不得擅自调整粮食生产功能区,不得违规在粮食生产功能区内建设种植和养殖设施,不得违规将粮食生产功能区纳入退耕还林还草范围,不得在粮食生产功能区内超标准建设农田林网。

(六)稳定非主产区粮食种植面积。粮食产销平衡区和主销区要按照重要农产品区域布局及分品种生产供给方案要求,制定具体实施方案并抓好落实,扭转粮食种植面积下滑势头。产销平衡区要着力建成一批旱涝保收、高产稳产的口粮田,保证粮食基本自给。主销区要明确粮食种植面积底线,稳定和提高粮食自给率。

(七)有序引导工商资本下乡。鼓励和引导工商资本到农村从事良种繁育、粮食加工流通和粮食生产专业化社会化服务等。尽快修订农村土地经营权流转管理办法,督促各地区抓紧建立健全工商资本流转土地资格审查和项目审核制度,强化租赁农地监测监管,对工商资本违反相关产业发展规划大规模流转耕地不种粮的"非粮化"行为,一经发现要坚决予以纠正,并立即停止其享受相关扶持政策。

(八)严禁违规占用永久基本农田种树挖塘。贯彻土地管理法、基本农田保护条例有关规定,落实耕地保护目标和永久基本农田保护任务。严格规范永久基本农田上农业生产经营活动,禁止占用永久基本农田从事林果业以及挖塘养鱼、非法取土等破坏耕作层的行为,禁止闲置、荒芜永久基本农田。利用永久基本农田发展稻渔、稻虾、稻蟹等综合立体种养,应当以不破坏永久基本农田为前提,沟坑占比要符合稻渔综合种养技术规范通则标准。推动制定和完善相关法律法规,明确对占用永久基本农田从事林果业、挖塘养鱼等的处罚措施。

三、强化激励约束,落实粮食生产责任

(九)严格落实粮食安全省长责任制。各省、自治区、直辖市人民政府要切实承担起保障本地区粮食安全的主体责任,稳定粮食种植面积,将粮食生产目标任务分解到市县。要坚决遏制住耕地"非粮化"增量,同时对存量问题摸清情况,从实际出发,分类稳妥处置,不搞"一刀切"。国家发展改革委、农业农村部、国家粮食和储备局等部门要将防止耕地"非粮化"作为粮食安全省长责任制考核重要内容,提高粮食种植面积、产量和高标准农田建设等考核指标权重,细化对粮食主产区、产销平衡区和主销区的考核要求。严格考核并强化结果运用,对成绩突出的省份进行表扬,对落实不力的省份进行通报约谈,并与相关支持政策和资金相衔接。

（十）完善粮食生产支持政策。落实产粮大县奖励政策，健全粮食主产区利益补偿机制，着力保护和调动地方各级政府重农抓粮、农民务农种粮的积极性。将省域内高标准农田建设产生的新增耕地指标调剂收益优先用于农田建设再投入和债券偿还、贴息等。加大粮食生产功能区政策支持力度，相关农业资金向粮食生产功能区倾斜，优先支持粮食生产功能区内目标作物种植，加快把粮食生产功能区建成"一季千斤、两季一吨"的高标准粮田。加强对种粮主体的政策激励，支持家庭农场、农民合作社发展粮食适度规模经营，大力推进代耕代种、统防统治、土地托管等农业生产社会化服务，提高种粮规模效益。完善小麦稻谷最低收购价政策，继续实施稻谷补贴和玉米大豆生产者补贴，继续推进三大粮食作物完全成本保险和收入保险试点。积极开展粮食生产薄弱环节机械化技术试验示范，着力解决水稻机插、玉米籽粒机收等瓶颈问题，加快丘陵山区农田宜机化改造。支持建设粮食产后烘干、加工设施，延长产业链条，提高粮食经营效益。

（十一）加强耕地种粮情况监测。农业农村部、自然资源部要综合运用卫星遥感等现代信息技术，每半年开展一次全国耕地种粮情况监测评价，建立耕地"非粮化"情况通报机制。各地区要对本区域耕地种粮情况进行动态监测评价，发现问题及时整改，重大情况及时报告。定期对粮食生产功能区内目标作物种植情况进行监测评价，实行信息化、精细化管理，及时更新电子地图和数据库。

（十二）加强组织领导。各省、自治区、直辖市人民政府要按照本意见要求，抓紧制定工作方案，完善相关政策措施，稳妥有序抓好贯彻落实，于2020年年底前将有关落实情况报国务院，并抄送农业农村部、自然资源部。各有关部门要按照职责分工，切实做好相关工作。农业农村部、自然资源部要会同有关部门做好对本意见执行情况的监督检查。

国务院办公厅
2020 年 11 月 4 日

国务院办公厅关于坚决制止耕地"非农化"行为的通知

国办发明电〔2020〕24号

各省、自治区、直辖市人民政府，国务院各部委、各直属机构：

耕地是粮食生产的重要基础，解决好14亿人口的吃饭问题，必须守住耕地这个根基。党中央、国务院高度重视耕地保护，习近平总书记作出重要指示批示，李克强总理提出明确要求。近年来，党中央、国务院出台了一系列严格耕地保护的政策措施，但一些地方仍然存在违规占用耕地开展非农建设的行为，有的违规占用永久基本农田绿化造林，有的在高速铁路、国道省道（含高速公路）、河渠两侧违规占用耕地超标准建设绿化带，有的大规模挖湖造景，对国家粮食安全构成威胁。地方各级人民政府要增强"四个意识"、坚定"四个自信"、做到"两个维护"，按照党中央、国务院决策部署，采取有力措施，强化监督管理，落实好最严格的耕地保护制度，坚决制止各类耕地"非农化"行为，坚决守住耕地红线。经国务院同意，现将有关要求通知如下：

一、**严禁违规占用耕地绿化造林**。要严格执行土地管理法、基本农田保护条例等法律法规，禁止占用永久基本农田种植苗木、草皮等用于绿化装饰以及其他破坏耕作层的植物。违规占用耕地及永久基本农田造林的，不予核实造林面积，不享受财政资金补助政策。平原地区要根据资源禀赋，合理制定绿化造林等生态建设目标。退耕还林还草要严格控制在国家批准的规模和范围内，涉及地块全部实现上图入库管理。正在违规占用耕地绿化造林的要立即停止。

二、**严禁超标准建设绿色通道**。要严格控制铁路、公路两侧用地范围以外绿化带用地审批，道路沿线是耕地的，两侧用地范围以外绿化带宽度不得超过5米，其中县乡道路不得超过3米。铁路、国道省道（含高速公路）、县乡道路两侧用地范围以外违规占用耕地超标准建设绿化带的要立即停止。不得违规在河渠两侧、水库周边占用耕地及永久基本农田超标准建设绿色通道。今后新增的绿色通道，要依法依规建设，确需占用永久基本农田的，应履行永久基本农田占用报批手续。交通、水利工程建设用地范围内的绿化用地要严格按照有关规定办理建设用地审批手续，其中涉及占用耕地的必须做到占补平衡。禁止以城乡绿化建设等名义违法违规占用耕地。

三、**严禁违规占用耕地挖湖造景**。禁止以河流、湿地、湖泊治理为名，擅自占用耕地及永久基本农田挖田造湖、挖湖造景。不准在城市建设中违规占用耕地建设人造湿地公园、人造水利景观。确需占用的，应符合国土空间规划，依法办理建设用地审批和规划许可手续。未履行审批手续的在建项目，应立即停止并纠正；占用永久基本农田的，要限期恢复，确实无法恢复的按照有关规定进行补划。

四、**严禁占用永久基本农田扩大自然保护地**。新建的自然保护地应当边界清楚，不准占用永久基本农田。目前已划入自然保护地核心保护区内的永久基本农田要纳入生态退耕、有序退出。自然保护地一般控制区内的永久基本农田要根据对生态功能造成的影响确定是否退出，造成明显影响的纳入生态退耕、有序退出，不造成明显影响的可采取依法依规相应调整一般控制区范围等措施妥善处理。自然保护地以外的永久基本农田和集中连片耕地，不得划入生态保护红线，允许生态保护红线内零星的原住民在不扩大现有耕地规模前提下，保留生活必需的少量种植。

五、**严禁违规占用耕地从事非农建设**。加强农村地区建设用地审批和乡村建设规划许可管理，坚持农地农用。不得违反规划搞非农建设、乱占耕地建房等。巩固"大棚房"问题清理整治成果，强化农业设施用地监管。加强耕地利用情况监测，对乱占耕地从事非农建设及时预警，构建早发现、早制止、严查处的常态化监管机制。

六、**严禁违法违规批地用地**。批地用地必须符合国土空间规划，凡不符合国土空间规划以及不符合土地管理法律法规和国家产业政策的建设项目，不予批准用地。各地区不得通过擅自调整县乡国土空间规划规避占用永久基本农田审批。各项建设用地必须按照法定权限和程序报批，按照批准的用途、位置、标准使用，严禁未批先用、批少占多、批甲占乙。严格临时用地管理，不得超过规定时限长期使用。对各类未经批准或不符合规定的建设项目、临时用地等占用耕地及永久基本农田的，依法依规严肃处理，责令限期恢复原种植条件。

七、**全面开展耕地保护检查**。各省、自治区、直辖市人民政府要组织有关部门，结合2016—2020年省级政府耕地保护责任目标考核，对本地区耕地及永久基本农田保护情况进行全面检查，严肃查处违法占用和破坏耕地及永久基本农田的行为，对发现的问题限期整改。自然资源部要会同农业农村部、国家统计局按照《省级政府耕地保护责任目标考核办法》进行全面检查，并将违规占用永久基本农田开展绿化造林、挖湖造景、非农建设等耕地"非农化"行为纳入考核内容，加强对违法违规行为的查处，对有令不行、有禁不止的严肃追究责任。

八、**严格落实耕地保护责任**。各地区各部门要充分认识实行最严格耕地保护制度的极端重要性。地方各级人民政府要承担起耕地保护责任，对本行政区域内耕地保有量和永久基本农田保护面积及年度计划执行情况负总责。要健全党委领导、政府负责、部门协同、公众参与、上下联动的共同责任机制，对履职不力、监管不严、失职渎职的领导干部，依纪依规追究责任。各地区要根据本通知精神，抓紧制定和调整完善相关政策措施，对违反本通知规定的行为立即纠正，坚决遏制新增问题发生。各省、自治区、直辖市人民政府要在2020年底前将本通知执行情况报国务院，并抄送自然资源部、农业农村部。各有关部门要按照职责分工，履行耕地保护责任。自然资源部、农业农村部要会同有关部门做好对本通知执行情况的监督检查。

国务院办公厅

2020年9月10日

中共中央 国务院关于全面推进乡村振兴加快农业农村现代化的意见

中发〔2021〕1号

党的十九届五中全会审议通过的《中共中央关于制定国民经济和社会发展第十四个五年规划和二〇三五年远景目标的建议》,对新发展阶段优先发展农业农村、全面推进乡村振兴作出总体部署,为做好当前和今后一个时期"三农"工作指明了方向。

"十三五"时期,现代农业建设取得重大进展,乡村振兴实现良好开局。粮食年产量连续保持在1.3万亿斤(1斤=0.5千克)以上,农民人均收入较2010年翻一番多。新时代脱贫攻坚目标任务如期完成,现行标准下农村贫困人口全部脱贫,贫困县全部摘帽,易地扶贫搬迁任务全面完成,消除了绝对贫困和区域性整体贫困,创造了人类减贫史上的奇迹。农村人居环境明显改善,农村改革向纵深推进,农村社会保持和谐稳定,农村即将同步实现全面建成小康社会目标。农业农村发展取得新的历史性成就,为党和国家战胜各种艰难险阻、稳定经济社会发展大局,发挥了"压舱石"作用。实践证明,以习近平同志为核心的党中央驰而不息重农强农的战略决策完全正确,党的"三农"政策得到亿万农民衷心拥护。

"十四五"时期,是乘势而上开启全面建设社会主义现代化国家新征程、向第二个百年奋斗目标进军的第一个五年。民族要复兴,乡村必振兴。全面建设社会主义现代化国家,实现中华民族伟大复兴,最艰巨最繁重的任务依然在农村,最广泛最深厚的基础依然在农村。解决好发展不平衡不充分问题,重点难点在"三农",迫切需要补齐农业农村短板弱项,推动城乡协调发展;构建新发展格局,潜力后劲在"三农",迫切需要扩大农村需求,畅通城乡经济循环;应对国内外各种风险挑战,基础支撑在"三农",迫切需要稳住农业基本盘,守好"三农"基础。党中央认为,新发展阶段"三农"工作依然极端重要,须臾不可放松,务必抓紧抓实。要坚持把解决好"三农"问题作为全党工作重中之重,把全面推进乡村振兴作为实现中华民族伟大复兴的一项重大任务,举全党全社会之力加快农业农村现代化,让广大农民过上更加美好的生活。

一、总体要求

(一)指导思想。以习近平新时代中国特色社会主义思想为指导,全面贯彻党的十九大和十九届二中、三中、四中、五中全会精神,贯彻落实中央经济工作会议精神,统筹推进"五位一体"总体布局,协调推进"四个全面"战略布局,坚定不移贯彻新发展理念,坚持稳中求进工作总基调,坚持加强党对"三农"工作的全面领导,坚持农业农村优先发展,坚持农业现代化与农村现代化一体设计、一并推进,坚持创新驱动发展,以推动高质量发展为主题,统筹发展和安全,落实加快构建新发展格局要求,巩固和完善农村基本经营制度,深入推进农业供给侧结构性改革,把乡村建设摆在社会主义现代化建设的重要位置,全面推进乡村产业、人才、文化、生态、组织振兴,充分发挥农业产品供给、生态屏障、文化传承等功能,走中国特色社会主义乡村振兴道路,加快农业农村现代化,加快形成工农互促、城乡互补、协调发展、共同繁荣的新型工农城乡关系,促进农业高质高效、乡村宜居宜业、农民富裕富足,为全面建设社会主义现代化国家开好局、起好步提供有力支撑。

(二)目标任务。2021年,农业供给侧结构性改革深入推进,粮食播种面积保持稳定、产量达到1.3万亿斤以上,生猪产业平稳发展,农产品质量和食品安全水平进一步提高,农民收入增长继续快于城镇居民,脱贫攻坚成果持续巩固。农业农村现代化规划启动实施,脱贫攻坚政策体系和工作机制同乡村振兴有效衔接、平稳过渡,乡村建设行动全面启动,农村人居环境整治提升,农村改革重点任务深入推进,农村社会保持和谐稳定。

到2025年,农业农村现代化取得重要进展,农业基础设施现代化迈上新台阶,农村生活设施便利化初步实现,城乡基本公共服务均等化水平明显提高。农业基础更加稳固,粮食和重要农产品供应保障更加有力,农业生产结构和区域布局明显优化,农业质量效益和竞争力明显提升,现代乡村产业体系基本形成,有条件的地区率先基本实现农业现代化。脱贫攻坚成果巩固拓展,城乡居民收入差距持续缩小。农村生产生活方式绿色转型取得积极进展,化肥农药使用量持续减少,农村生态环境得到明显改善。乡村建设行动取得明显成效,乡村面貌发生显著变化,乡村发展活力充分激发,乡村文明程度得到新提升,农村发展安全保障更加有力,农民获得感、幸福感、安全感明显提高。

二、实现巩固拓展脱贫攻坚成果同乡村振兴有效衔接

(三)设立衔接过渡期。脱贫攻坚目标任务完成后,对摆脱贫困的县,从脱贫之日起设立5年过渡期,做到扶上马送一程。过渡期内保持现有主要帮扶政策总体稳定,并逐项分类优化调整,合理把握节奏、力度和时限,逐步实现由集中资源支持脱贫攻坚向全面推进乡村振兴平稳过渡,推动"三农"工作重心历史性转移。抓紧出台各项政策完善优化的具体实施办法,确保工作不留空档、政策不留空白。

(四)持续巩固拓展脱贫攻坚成果。健全防止返贫动态监测和帮扶机制,对易返贫致贫人口及时发现、及时帮扶,守住防止规模性返贫底线。以大中型集中安置区为重点,扎实做好易地搬迁后续帮扶工作,持续加大就业和产业扶持力度,继续完善安置区配套基础设施、产业园区配套设施、公共服务设施,切实提升社区治理能力。加强扶贫项目资产管理和监督。

(五)接续推进脱贫地区乡村振兴。实施脱贫地区特色种养业提升行动,广泛开展农产品产销对接活动,深化拓展消费帮扶。持续做好有组织劳务输出工作。统筹用好公益岗位,对符合条件的就业困难人员进行就业援助。在农业农村基础设施建设领域推广以工代赈方式,吸纳更多脱贫人口和低收入人口就地就近就业。在脱贫地区重点建设一批区域性和跨区域重大基础设施工程。加大对脱贫县乡村振兴支持力度。在西部地区脱贫县中确定一批国家乡村振兴重点帮扶县集中支持。支持各地自主选择部分脱贫县作为乡村振兴重点帮扶县。坚持和完善东西部协作和对口支援、社会力量参与帮扶等机制。

(六)加强农村低收入人口常态化帮扶。开展农村低收入人口动态监测,实行分层分类帮扶。对有劳动能力的农村低收入人口,坚持开发式帮扶,帮助其提高内生发展能力,发展产业、参与就业,依靠双手勤劳致富。对脱贫人口中丧失劳动能力且无法通过产业就业获得稳

定收入的人口,以现有社会保障体系为基础,按规定纳入农村低保或特困人员救助供养范围,并按困难类型及时给予专项救助、临时救助。

三、加快推进农业现代化

(七)提升粮食和重要农产品供给保障能力。地方各级党委和政府要切实扛起粮食安全政治责任,实行粮食安全党政同责。深入实施重要农产品保障战略,完善粮食安全省长责任制和"菜篮子"市长负责制,确保粮、棉、油、糖、肉等供给安全。"十四五"时期各省(自治区、直辖市)要稳定粮食播种面积、提高单产水平。加强粮食生产功能区和重要农产品生产保护区建设。建设国家粮食安全产业带。稳定种粮农民补贴,让种粮有合理收益。坚持并完善稻谷、小麦最低收购价政策,完善玉米、大豆生产者补贴政策。深入推进农业结构调整,推动品种培优、品质提升、品牌打造和标准化生产。鼓励发展青贮玉米等优质饲草饲料,稳定大豆生产,多措并举发展油菜、花生等油料作物。健全产粮大县支持政策体系。扩大稻谷、小麦、玉米三大粮食作物完全成本保险和收入保险试点范围,支持有条件的省份降低产粮大县三大粮食作物农业保险保费县级补贴比例。深入推进优质粮食工程。加快构建现代养殖体系,保护生猪基础产能,健全生猪产业平稳有序发展长效机制,积极发展牛羊产业,继续实施奶业振兴行动,推进水产绿色健康养殖。推进渔港建设和管理改革。促进木本粮油和林下经济发展。优化农产品贸易布局,实施农产品进口多元化战略,支持企业融入全球农产品供应链。保持打击重点农产品走私高压态势。加强口岸检疫和外来入侵物种防控。开展粮食节约行动,减少生产、流通、加工、存储、消费环节粮食损耗浪费。

(八)打好种业翻身仗。农业现代化,种子是基础。加强农业种质资源保护开发利用,加快第三次农作物种质资源、畜禽种质资源调查收集,加强国家作物、畜禽和海洋渔业生物种质资源库建设。对育种基础性研究以及重点育种项目给予长期稳定支持。加快实施农业生物育种重大科技项目。深入实施农作物和畜禽良种联合攻关。实施新一轮畜禽遗传改良计划和现代种业提升工程。尊重科学、严格监管,有序推进生物育种产业化应用。加强育种领域知识产权保护。支持种业龙头企业建立健全商业化育种体系,加快建设南繁硅谷,加强制种基地和良种繁育体系建设,研究重大品种研发与推广后补助政策,促进育繁推一体化发展。

(九)坚决守住18亿亩耕地红线。统筹布局生态、农业、城镇等功能空间,科学划定各类空间管控边界,严格实行土地用途管制。采取"长牙齿"的措施,落实最严格的耕地保护制度。严禁违规占用耕地和违背自然规律绿化造林、挖湖造景,严格控制非农建设占用耕地,深入推进农村乱占耕地建房专项整治行动,坚决遏制耕地"非农化"、防止"非粮化"。明确耕地利用优先序,永久基本农田重点用于粮食特别是口粮生产,一般耕地主要用于粮食和棉、油、糖、蔬菜等农产品及饲草饲料生产。明确耕地和永久基本农田不同的管制目标和管制强度,严格控制耕地转为林地、园地等其他类型农用地,强化土地流转用途监管,确保耕地数量不减少、质量有提高。实施新一轮高标准农田建设规划,提高建设标准和质量,健全管护机制,多渠道筹集建设资金,中央和地方共同加大粮食主产区高标准农田建设投入,2021年建设1亿亩旱涝保收、高产稳产高标准农田。在高标准农田建设中增加的耕地作为占补平衡补充耕地指标在省域内调剂,所得收益用于高标准农田建设。加强和改进建设占用耕地占补平衡管理,严格新增耕地核实认定和监管。健全耕地数量和质量监测监管机制,加强耕地保护督察和执法监督,开展"十三五"时期省级政府耕地保护责任目标考核。

（十）强化现代农业科技和物质装备支撑。实施大中型灌区续建配套和现代化改造。到2025年全部完成现有病险水库除险加固。坚持农业科技自立自强,完善农业科技领域基础研究稳定支持机制,深化体制改革,布局建设一批创新基地平台。深入开展乡村振兴科技支撑行动。支持高校为乡村振兴提供智力服务。加强农业科技社会化服务体系建设,深入推行科技特派员制度。打造国家热带农业科学中心。提高农机装备自主研制能力,支持高端智能、丘陵山区农机装备研发制造,加大购置补贴力度,开展农机作业补贴。强化动物防疫和农作物病虫害防治体系建设,提升防控能力。

（十一）构建现代乡村产业体系。依托乡村特色优势资源,打造农业全产业链,把产业链主体留在县域,让农民更多分享产业增值收益。加快健全现代农业全产业链标准体系,推动新型农业经营主体按标生产,培育农业龙头企业标准"领跑者"。立足县域布局特色农产品产地初加工和精深加工,建设现代农业产业园、农业产业强镇、优势特色产业集群。推进公益性农产品市场和农产品流通骨干网络建设。开发休闲农业和乡村旅游精品线路,完善配套设施。推进农村一二三产业融合发展示范园和科技示范园区建设。把农业现代化示范区作为推进农业现代化的重要抓手,围绕提高农业产业体系、生产体系、经营体系现代化水平,建立指标体系,加强资源整合、政策集成,以县（市、区）为单位开展创建,到2025年创建500个左右示范区,形成梯次推进农业现代化的格局。创建现代林业产业示范区。组织开展"万企兴万村"行动。稳步推进反映全产业链价值的农业及相关产业统计核算。

（十二）推进农业绿色发展。实施国家黑土地保护工程,推广保护性耕作模式。健全耕地休耕轮作制度。持续推进化肥农药减量增效,推广农作物病虫害绿色防控产品和技术。加强畜禽粪污资源化利用。全面实施秸秆综合利用和农膜、农药包装物回收行动,加强可降解农膜研发推广。在长江经济带、黄河流域建设一批农业面源污染综合治理示范县。支持国家农业绿色发展先行区建设。加强农产品质量和食品安全监管,发展绿色农产品、有机农产品和地理标志农产品,试行食用农产品达标合格证制度,推进国家农产品质量安全县创建。加强水生生物资源养护,推进以长江为重点的渔政执法能力建设,确保十年禁渔令有效落实,做好退捕渔民安置保障工作。发展节水农业和旱作农业。推进荒漠化、石漠化、坡耕地水土流失综合治理和土壤污染防治、重点区域地下水保护与超采治理。实施水系连通及农村水系综合整治,强化河湖长制。巩固退耕还林还草成果,完善政策、有序推进。实行林长制。科学开展大规模国土绿化行动。完善草原生态保护补助奖励政策,全面推进草原禁牧轮牧休牧,加强草原鼠害防治,稳步恢复草原生态环境。

（十三）推进现代农业经营体系建设。突出抓好家庭农场和农民合作社两类经营主体,鼓励发展多种形式适度规模经营。实施家庭农场培育计划,把农业规模经营户培育成有活力的家庭农场。推进农民合作社质量提升,加大对运行规范的农民合作社扶持力度。发展壮大农业专业化社会化服务组织,将先进适用的品种、投入品、技术、装备导入小农户。支持市场主体建设区域性农业全产业链综合服务中心。支持农业产业化龙头企业创新发展、做大做强。深化供销合作社综合改革,开展生产、供销、信用"三位一体"综合合作试点,健全服务农民生产生活综合平台。培育高素质农民,组织参加技能评价、学历教育,设立专门面向农民的技能大赛。吸引城市各方面人才到农村创业创新,参与乡村振兴和现代农业建设。

四、大力实施乡村建设行动

（十四）加快推进村庄规划工作。2021年基本完成县级国土空间规划编制，明确村庄布局分类。积极有序推进"多规合一"实用性村庄规划编制，对有条件、有需求的村庄尽快实现村庄规划全覆盖。对暂时没有编制规划的村庄，严格按照县乡两级国土空间规划中确定的用途管制和建设管理要求进行建设。编制村庄规划要立足现有基础，保留乡村特色风貌，不搞大拆大建。按照规划有序开展各项建设，严肃查处违规乱建行为。健全农房建设质量安全法律法规和监管体制，3年内完成安全隐患排查整治。完善建设标准和规范，提高农房设计水平和建设质量。继续实施农村危房改造和地震高烈度设防地区农房抗震改造。加强村庄风貌引导，保护传统村落、传统民居和历史文化名村名镇。加大农村地区文化遗产遗迹保护力度。乡村建设是为农民而建，要因地制宜、稳扎稳打，不刮风搞运动。严格规范村庄撤并，不得违背农民意愿、强迫农民上楼，把好事办好、把实事办实。

（十五）加强乡村公共基础设施建设。继续把公共基础设施建设的重点放在农村，着力推进往村覆盖、往户延伸。实施农村道路畅通工程。有序实施较大人口规模自然村（组）通硬化路。加强农村资源路、产业路、旅游路和村内主干道建设。推进农村公路建设项目更多向进村入户倾斜。继续通过中央车购税补助地方资金、成品油税费改革转移支付、地方政府债券等渠道，按规定支持农村道路发展。继续开展"四好农村路"示范创建。全面实施路长制。开展城乡交通一体化示范创建工作。加强农村道路桥梁安全隐患排查，落实管养主体责任。强化农村道路交通安全监管。实施农村供水保障工程。加强中小型水库等稳定水源工程建设和水源保护，实施规模化供水工程建设和小型工程标准化改造，有条件的地区推进城乡供水一体化，到2025年农村自来水普及率达到88%。完善农村水价水费形成机制和工程长效运营机制。实施乡村清洁能源建设工程。加大农村电网建设力度，全面巩固提升农村电力保障水平。推进燃气下乡，支持建设安全可靠的乡村储气罐站和微管网供气系统。发展农村生物质能源。加强煤炭清洁化利用。实施数字乡村建设发展工程。推动农村千兆光网、第五代移动通信（5G）、移动物联网与城市同步规划建设。完善电信普遍服务补偿机制，支持农村及偏远地区信息通信基础设施建设。加快建设农业农村遥感卫星等天基设施。发展智慧农业，建立农业农村大数据体系，推动新一代信息技术与农业生产经营深度融合。完善农业气象综合监测网络，提升农业气象灾害防范能力。加强乡村公共服务、社会治理等数字化智能化建设。实施村级综合服务设施提升工程。加强村级客运站点、文化体育、公共照明等服务设施建设。

（十六）实施农村人居环境整治提升五年行动。分类有序推进农村厕所革命，加快研发干旱、寒冷地区卫生厕所适用技术和产品，加强中西部地区农村户用厕所改造。统筹农村改厕和污水、黑臭水体治理，因地制宜建设污水处理设施。健全农村生活垃圾收运处置体系，推进源头分类减量、资源化处理利用，建设一批有机废弃物综合处置利用设施。健全农村人居环境设施管护机制。有条件的地区推广城乡环卫一体化第三方治理。深入推进村庄清洁和绿化行动。开展美丽宜居村庄和美丽庭院示范创建活动。

（十七）提升农村基本公共服务水平。建立城乡公共资源均衡配置机制，强化农村基本公共服务供给县乡村统筹，逐步实现标准统一、制度并轨。提高农村教育质量，多渠道增加农村普惠性学前教育资源供给，继续改善乡镇寄宿制学校办学条件，保留并办好必要的乡村小规模学校,在县城和中心镇新建改扩建一批高中和中等职业学校。完善农村特殊教育保障机制。推进县域内义务教育学校校长教师交流轮岗,支持建设城乡学校共同体。面向农民就业创业需求,发展职业技术教育与技能培训,建设一批产教融合基地。开展耕读教育。加快发展面向乡村的网络教育。加大涉农高校、涉农职业院校、涉农学科专业建设力度。全面推进健康乡村建设,提升村卫生室标准化建设和健康管理水平,推动乡村医生向执业(助理)医师转变,采取派驻、巡诊等方式提高基层卫生服务水平。提升乡镇卫生院医疗服务能力,选建一批中心卫生院。加强县级医院建设,持续提升县级疾控机构应对重大疫情及突发公共卫生事件能力。加强县域紧密型医共体建设,实行医保总额预算管理。加强妇幼、老年人、残疾人等重点人群健康服务。健全统筹城乡的就业政策和服务体系,推动公共就业服务机构向乡村延伸。深入实施新生代农民工职业技能提升计划。完善统一的城乡居民基本医疗保险制度,合理提高政府补助标准和个人缴费标准,健全重大疾病医疗保险和救助制度。落实城乡居民基本养老保险待遇确定和正常调整机制。推进城乡低保制度统筹发展,逐步提高特困人员供养服务质量。加强对农村留守儿童和妇女、老年人以及困境儿童的关爱服务。健全县乡村衔接的三级养老服务网络,推动村级幸福院、日间照料中心等养老服务设施建设,发展农村普惠型养老服务和互助性养老。推进农村公益性殡葬设施建设。推进城乡公共文化服务体系一体建设,创新实施文化惠民工程。

(十八)全面促进农村消费。加快完善县乡村三级农村物流体系,改造提升农村寄递物流基础设施,深入推进电子商务进农村和农产品出村进城,推动城乡生产与消费有效对接。促进农村居民耐用消费品更新换代。加快实施农产品仓储保鲜冷链物流设施建设工程,推进田头小型仓储保鲜冷链设施、产地低温直销配送中心、国家骨干冷链物流基地建设。完善农村生活性服务业支持政策,发展线上线下相结合的服务网点,推动便利化、精细化、品质化发展,满足农村居民消费升级需要,吸引城市居民下乡消费。

(十九)加快县域内城乡融合发展。推进以人为核心的新型城镇化,促进大中小城市和小城镇协调发展。把县域作为城乡融合发展的重要切入点,强化统筹谋划和顶层设计,破除城乡分割的体制弊端,加快打通城乡要素平等交换、双向流动的制度性通道。统筹县域产业、基础设施、公共服务、基本农田、生态保护、城镇开发、村落分布等空间布局,强化县城综合服务能力,把乡镇建设成为服务农民的区域中心,实现县乡村功能衔接互补。壮大县域经济,承接适宜产业转移,培育支柱产业。加快小城镇发展,完善基础设施和公共服务,发挥小城镇连接城市、服务乡村作用。推进以县城为重要载体的城镇化建设,有条件的地区按照小城市标准建设县城。积极推进扩权强镇,规划建设一批重点镇。开展乡村全域土地综合整治试点。推动在县域就业的农民工就地市民化,增加适应进城农民刚性需求的住房供给。鼓励地方建设返乡入乡创业园和孵化实训基地。

(二十)强化农业农村优先发展投入保障。继续把农业农村作为一般公共预算优先保障领域。中央预算内投资进一步向农业农村倾斜。制定落实提高土地出让收益用于农业农村比例考核办法,确保按规定提高用于农业农村的比例。各地区各部门要进一步完善涉农资金统筹整合长效机制。支持地方政府发行一般债券和专项债券用于现代农业设施建设和乡村建设行动,制定出台操作指引,做好高质量项目储备工作。发挥财政投入引领作用,支持以市场化方式设立乡村振兴基金,撬动金融资本、社会力量参与,重点支持乡村产业发展。坚持为农服务宗旨,持续深化农村金融改革。运用支农支小再贷款、再贴现等政策工具,实施最优惠的存款准备金率,加大对机构法人在县域、业务在县域的金融机构的支持力度,推动农村金融机构回归本源。鼓励银行业金融机构建立服务乡村振兴的内设机构。明确地方政府监管和风险处置责任,稳妥规范开展农民合作社内部信用合作试点。保持农村信用合作社等县域农村金融机构法人地位和数量总体稳定,做好监督管理、风险化解、深化改革工作。完善涉农金融机构治理结构和内控机制,强化金融监管部门的监管责任。支持市县构建域内共享的涉农信用信息数据库,用3年时间基本建成比较完善的新型农业经营主体信用体系。发展农村数字普惠金融。大力开展农户小额信用贷款、保单质押贷款、农机具和大棚设施抵押贷款业务。鼓励开发专属金融产品支持新型农业经营主体和农村新产业新业态,增加首贷、信用贷。加大对农业农村基础设施投融资的中长期信贷支持。加强对农业信贷担保放大倍数的量化考核,提高农业信贷担保规模。将地方优势特色农产品保险以奖代补做法逐步扩大到全国。健全农业再保险制度。发挥"保险+期货"在服务乡村产业发展中的作用。

(二十一)深入推进农村改革。完善农村产权制度和要素市场化配置机制,充分激发农村发展内生动力。坚持农村土地农民集体所有制不动摇,坚持家庭承包经营基础性地位不动摇,有序开展第二轮土地承包到期后再延长30年试点,保持农村土地承包关系稳定并长久不变,健全土地经营权流转服务体系。积极探索实施农村集体经营性建设用地入市制度。完善盘活农村存量建设用地政策,实行负面清单管理,优先保障乡村产业发展、乡村建设用地。根据乡村休闲观光等产业分散布局的实际需要,探索灵活多样的供地新方式。加强宅基地管理,稳慎推进农村宅基地制度改革试点,探索宅基地所有权、资格权、使用权分置有效实现形式。规范开展房地一体宅基地日常登记颁证工作。规范开展城乡建设用地增减挂钩,完善审批实施程序、节余指标调剂及收益分配机制。2021年基本完成农村集体产权制度改革阶段性任务,发展壮大新型农村集体经济。保障进城落户农民土地承包权、宅基地使用权、集体收益分配权,研究制定依法自愿有偿转让的具体办法。加强农村产权流转交易和管理信息网络平台建设,提供综合性交易服务。加快农业综合行政执法信息化建设。深入推进农业水价综合改革。继续深化农村集体林权制度改革。

五、加强党对"三农"工作的全面领导

(二十二)强化五级书记抓乡村振兴的工作机制。全面推进乡村振兴的深度、广度、难度都不亚于脱贫攻坚,必须采取更有力的举措,汇聚更强大的力量。要深入贯彻落实《中国共产党农村工作条例》,健全中央统筹、省负总责、市县乡抓落实的农村工作领导体制,将脱贫攻坚工作中形成的组织推动、要素保障、政策支持、协作帮扶、考核督导等工作机制,根据实际需要运用到推进乡村振兴,建立健全上下贯通、精准施策、一抓到底的乡村振兴工作体系。省、市、县级党委要定期研究乡村振兴工作。县委书记应当把主要精力放在"三农"工作上。建立乡村振兴联系点制度,省、市、县级党委和政府负责同志都要确定联系点。开展县乡村三级党组织书记乡村振兴轮训。加强党对乡村人才工作的领导,将乡村人才振兴纳入党委人才工作总体部署,健全适合乡村特点的人才培养机制,强化人才服务乡村激励约束。加快建设政治过硬、本领过硬、作风过硬的乡村振兴干部队伍,选派优秀干部到乡村振兴一线岗位,把乡村振兴作为培养锻炼干部的广阔舞台,对在艰苦地区、关键岗位工作表现突出的干部优先重用。

（二十三）加强党委农村工作领导小组和工作机构建设。充分发挥各级党委农村工作领导小组牵头抓总、统筹协调作用，成员单位出台重要涉农政策要征求党委农村工作领导小组意见并进行备案。各地要围绕"五大振兴"目标任务，设立由党委和政府负责同志领导的专项小组或工作专班，建立落实台账，压实工作责任。强化党委农村工作领导小组办公室决策参谋、统筹协调、政策指导、推动落实、督促检查等职能，每年分解"三农"工作重点任务，落实到各责任部门，定期调度工作进展。加强党委农村工作领导小组办公室机构设置和人员配置。

（二十四）加强党的农村基层组织建设和乡村治理。充分发挥农村基层党组织领导作用，持续抓党建促乡村振兴。有序开展乡镇、村集中换届，选优配强乡镇领导班子、村"两委"成员特别是村党组织书记。在有条件的地方积极推行村党组织书记通过法定程序担任村民委员会主任，因地制宜、不搞"一刀切"。与换届同步选优配强村务监督委员会成员，基层纪检监察组织加强与村务监督委员会的沟通协作、有效衔接。坚决惩治侵害农民利益的腐败行为。坚持和完善向重点乡村选派驻村第一书记和工作队制度。加大在优秀农村青年中发展党员力度，加强对农村基层干部激励关怀，提高工资补助待遇，改善工作生活条件，切实帮助解决实际困难。推进村委会规范化建设和村务公开"阳光工程"。开展乡村治理试点示范创建工作。创建民主法治示范村，培育农村学法用法示范户。加强乡村人民调解组织队伍建设，推动就地化解矛盾纠纷。深入推进平安乡村建设。建立健全农村地区扫黑除恶常态化机制。加强县乡村应急管理和消防安全体系建设，做好对自然灾害、公共卫生、安全隐患等重大事件的风险评估、监测预警、应急处置。

（二十五）加强新时代农村精神文明建设。弘扬和践行社会主义核心价值观，以农民群众喜闻乐见的方式，深入开展习近平新时代中国特色社会主义思想学习教育。拓展新时代文明实践中心建设，深化群众性精神文明创建活动。建强用好县级融媒体中心。在乡村深入开展"听党话、感党恩、跟党走"宣讲活动。深入挖掘、继承创新优秀传统乡土文化，把保护传承和开发利用结合起来，赋予中华农耕文明新的时代内涵。持续推进农村移风易俗，推广积分制、道德评议会、红白理事会等做法，加大高价彩礼、人情攀比、厚葬薄养、铺张浪费、封建迷信等不良风气治理，推动形成文明乡风、良好家风、淳朴民风。加大对农村非法宗教活动和境外渗透活动的打击力度，依法制止利用宗教干预农村公共事务。办好中国农民丰收节。

（二十六）健全乡村振兴考核落实机制。各省（自治区、直辖市）党委和政府每年向党中央、国务院报告实施乡村振兴战略进展情况。对市县党政领导班子和领导干部开展乡村振兴实绩考核，纳入党政领导班子和领导干部综合考核评价内容，加强考核结果应用，注重提拔使用乡村振兴实绩突出的市县党政领导干部。对考核排名落后、履职不力的市县党委和政府主要负责同志进行约谈，建立常态化约谈机制。将巩固拓展脱贫攻坚成果纳入乡村振兴考核。强化乡村振兴督查，创新完善督查方式，及时发现和解决存在的问题，推动政策举措落实落地。持续纠治形式主义、官僚主义，将减轻村级组织不合理负担纳入中央基层减负督查重点内容。坚持实事求是、依法行政，把握好农村各项工作的时度效。加强乡村振兴宣传工作，在全社会营造共同推进乡村振兴的浓厚氛围。

让我们紧密团结在以习近平同志为核心的党中央周围，开拓进取，真抓实干，全面推进乡村振兴，加快农业农村现代化，努力开创"三农"工作新局面，为全面建设社会主义现代化国家、实现第二个百年奋斗目标作出新的贡献！

国务院关于新时代支持革命老区振兴发展的意见

国发〔2021〕3号

各省、自治区、直辖市人民政府，国务院各部委、各直属机构：

革命老区是党和人民军队的根，是中国人民选择中国共产党的历史见证。革命老区大部分位于多省交界地区，很多仍属于欠发达地区。为加大对革命老区支持力度，2012年以来国务院先后批准了支持赣南等原中央苏区和陕甘宁、左右江、大别山、川陕等革命老区振兴发展的政策文件，部署实施了一批支持措施和重大项目，助力革命老区如期打赢脱贫攻坚战，持续改善基本公共服务，发挥特色优势推进高质量发展，为全面建成小康社会作出了积极贡献。为深入贯彻落实党中央、国务院决策部署，支持革命老区在新发展阶段巩固拓展脱贫攻坚成果，开启社会主义现代化建设新征程，让革命老区人民逐步过上更加富裕幸福的生活，现提出以下意见。

一、总体要求

（一）指导思想。以习近平新时代中国特色社会主义思想为指导，全面贯彻党的十九大和十九届二中、三中、四中、五中全会精神，坚持和加强党的全面领导，坚持以人民为中心，立足新发展阶段、贯彻新发展理念、构建新发展格局、推动高质量发展，巩固拓展脱贫攻坚成果，激发内生动力，发挥比较优势，努力走出一条新时代振兴发展新路，把革命老区建设得更好，让革命老区人民过上更好生活，逐步实现共同富裕。

（二）主要目标。到2025年，革命老区脱贫攻坚成果全面巩固拓展，乡村振兴和新型城镇化建设取得明显进展，基础设施和基本公共服务进一步改善，居民收入增长幅度高于全国平均水平，对内对外开放合作水平显著提高，红色文化影响力明显增强，生态环境质量持续改善。到2035年，革命老区与全国同步基本实现社会主义现代化，现代化经济体系基本形成，居民收入水平显著提升，基本公共服务实现均等化，人民生活更加美好，形成红色文化繁荣、生态环境优美、基础设施完善、产业发展兴旺、居民生活幸福、社会和谐稳定的发展新局面。

二、巩固拓展脱贫攻坚成果，因地制宜推进振兴发展

坚持统筹谋划、因地制宜、各扬所长，聚焦重点区域、重点领域、重点人群巩固拓展脱贫攻坚成果，促进革命老区振兴发展。

（三）推动实现巩固拓展脱贫攻坚成果同乡村振兴有效衔接。一定时期内保持脱贫攻坚政策总体稳定，完善防止返贫监测和帮扶机制，优先支持将革命老区县列为国家乡村振兴重点帮扶县，巩固"两不愁三保障"等脱贫攻坚成果。做好易地扶贫搬迁后续帮扶工作，建设配套产业园区，提升完善安置区公共服务设施。加大以工代赈对革命老区的支持力度，合理确

定建设领域、赈济方式。统筹城乡规划，以交通、能源、水利、信息网络等为重点，加快推进革命老区美丽生态宜居乡村建设。提高农房设计和建造水平，改善群众住房条件和居住环境。因地制宜发展规模化供水、建设小型标准化供水设施，大力实施乡村电气化提升工程，全面推进"四好农村路"建设，开展数字乡村试点，加快乡村绿化美化。坚持扶志扶智相结合，加大对革命老区农村低收入群体就业技能培训和外出务工的扶持力度。完善城乡低保对象认定方法，适当提高低保标准，落实符合条件的"三红"人员（在乡退伍红军老战士、在乡西路军红军老战士、红军失散人员）、烈士老年子女、年满60周岁农村籍退役士兵等人群的优抚待遇。

（四）促进大中小城市协调发展。落实推进以人为核心的新型城镇化要求，支持革命老区重点城市提升功能品质、承接产业转移，建设区域性中心城市和综合交通枢纽城市。研究支持赣州、三明等城市建设革命老区高质量发展示范区。支持革命老区县城建设和县域经济发展，促进环境卫生设施、市政公用设施、公共服务设施、产业配套设施提质增效，支持符合条件的县城建设一批产业转型升级示范园区，增强内生发展动力和服务农业农村能力。健全城乡融合发展体制机制，推进经济发达镇行政管理体制改革。推动信息网络等新型基础设施建设，加快打造智慧城市，提升城市管理和社会治理的数字化、智能化、精准化水平。

（五）对接国家重大区域战略。将支持革命老区振兴发展纳入国家重大区域战略和经济区、城市群、都市圈相关规划并放在突出重要位置，加强革命老区与中心城市、城市群合作，共同探索生态、交通、产业、园区等多领域合作机制。支持赣南等原中央苏区和海陆丰革命老区深度参与粤港澳大湾区建设，支持赣州、龙岩与粤港澳大湾区共建产业合作试验区，建设好赣州、井冈山、梅州综合保税区和龙岩、梅州跨境电商综合试验区，支持吉安申请设立跨境电商综合试验区，支持三明推动海峡两岸乡村融合发展。鼓励大别山、川陕、湘鄂渝黔等革命老区对接长江经济带发展、成渝地区双城经济圈建设，陕甘宁、太行、沂蒙等革命老区重点对接黄河流域生态保护和高质量发展，浙西南革命老区融入长江三角洲区域一体化发展，琼崖革命老区在海南自由贸易港建设中发挥独特作用。鼓励左右江革命老区开展全方位开放合作，引导赣南等原中央苏区与湘赣边区域协同发展。支持革命老区积极参与"一带一路"建设，以开放合作增强振兴发展活力。

三、促进实体经济发展，增强革命老区发展活力

加快完善革命老区基础设施，发展特色产业体系，提升创新能力，培育革命老区振兴发展新动能，提高经济质量效益和核心竞争力。

（六）完善基础设施网络。支持将革命老区公路、铁路、机场和能源、水利、应急等重大基础设施项目列入国家相关规划，具备条件后尽快启动建设，促进实现互联互通。加快建设京港（台）、包（银）海、沿江、厦渝等高铁主通道，规划建设相关区域连接线，加大普速货运铁路路网投资建设和改造升级力度。大力支持革命老区高速公路规划建设，优化高速公路出入口布局，便捷连接重点城镇和重点红色文化纪念地，加快国省道干线改造。支持革命老区民用运输机场新建和改扩建，规划建设一批通用机场。加快综合水运枢纽建设和航道整治，推进百色水利枢纽过船设施等工程，研究论证赣粤运河可行性。建设一批重点水源工程和大型灌区工程，推进大中型灌区续建配套与现代化改造、中小河流治理、病险水库除险加固和山洪灾害防治等工程。有序规划建设支撑性清洁煤电项目、煤运通道和煤炭储备基地，加快建设跨区

域输电工程,持续完善电力骨干网架,推动石油、天然气管道和配套项目建设,保障革命老区能源稳定供应。

(七)培育壮大特色产业。支持革命老区加强农田水利和高标准农田建设,深入推进优质粮食工程,稳步提升粮食生产能力。加强绿色食品、有机农产品、地理标志农产品认证和管理,推行食用农产品合格证制度,推动品种培优、品质提升、品牌打造和标准化生产。做大做强水果、蔬菜、茶叶等特色农林产业,支持发展沙县小吃等特色富民产业。建设一批农村产业融合发展园区、农业标准化示范区、农产品质量检验检测中心和冷链物流基地,鼓励电商企业与革命老区共建农林全产业链加工、物流和交易平台。支持有条件的地区建设新材料、能源化工、生物医药、电子信息、新能源汽车等特色优势产业集群,支持符合条件的地区建设承接产业转移示范区。推进"中国稀金谷"建设,研究中重稀土和钨资源收储政策。支持革命老区立足红色文化、民族文化和绿色生态资源,加快特色旅游产业发展,推出一批乡村旅游重点村镇和精品线路。支持有条件的地区规划建设稀土、旅游等行业大数据中心,鼓励互联网企业在革命老区发展运营中心、呼叫中心等业务。

(八)提升创新驱动发展能力。支持革命老区重点高校、重点学科和重点实验室建设,加大对口支援革命老区重点高校工作力度,鼓励"双一流"建设高校、中国特色高水平高职学校与革命老区开展合作共建。完善东中西部科技合作机制,促进中西部革命老区与东部地区加强科技合作。鼓励科研院所、高校与革命老区合作,共建中科院赣江创新研究院、国家钨与稀土产业计量测试中心等创新平台,研究建设稀土绿色高效利用等重大创新平台,支持有条件的地区组建专业化技术转移机构,创建国家科技成果转移转化示范区。支持在革命老区建设创新型城市和创新型县(市),布局建设一批国家级高新区、创新研发基地等创新载体。支持地方完善人才政策和激励机制,加大人才培养和引进力度,在科技特派员制度创新等方面先行先试,深入推进大众创业、万众创新。强化企业创新主体地位,鼓励企业加大研发投入。鼓励革命老区完善第五代移动通信(5G)网络、工业互联网、物联网等新一代信息基础设施,因地制宜促进数字经济发展,鼓励有条件的地区开展北斗系统应用。

四、补齐公共服务短板,增进革命老区人民福祉

健全基本公共服务体系,改善人民生活品质,提高社会治理水平,繁荣发展红色文化,促进人与自然和谐共生,增强革命老区人民群众获得感、幸福感、安全感。

(九)提升公共服务质量。支持革命老区依据国家基本公共服务标准,结合本地实际,尽力而为、量力而行,建立健全本地区基本公共服务标准,保障群众基本生活。完善革命老区中小学和幼儿园布局,加大教师培训力度。继续推进"八一爱民学校"援建工作。继续面向革命老区实施相关专项招生计划倾斜。推进高职学校、技工院校建设,实施省部共建职业教育试点项目。加强革命老区公共卫生防控救治能力建设,支持市县级综合医院、传染病医院(传染科)和卫生应急监测预警体系建设。鼓励国内一流医院与革命老区重点医院开展对口帮扶,合作共建医联体。按照"保基本、强基层、建机制"要求,深化县域综合医改,整合县域医疗卫生资源,推动发展县域医共体。实施中医临床优势培育工程和中医康复服务能力提升工程,建设中医优势专科。提升公共文化和公共体育设施建设运营水平,优化广播电视公共服务供给和基层公共文化服务网络,建设一批体育公园,鼓励革命老区承办全国性、区域性文化交流

和体育赛事活动。

（十）弘扬传承红色文化。把红色资源作为坚定理想信念、加强党性修养的生动教材,围绕革命历史创作一批文艺作品,将红色经典、革命故事纳入中小学教材,在干部培训中加强党史、新中国史、改革开放史、社会主义发展史教育。加大对瑞金中央苏区旧址、古田会议旧址、杨家岭革命旧址、鄂豫皖苏区首府革命博物馆、川陕革命根据地博物馆等革命历史类纪念设施、遗址和英雄烈士纪念设施的保护修缮力度,加强西路军、东北抗联等战斗过的革命老区县现存革命文物保护修复和纪念设施保护修缮。统筹推进长征国家文化公园建设,建设一批标志性工程。公布革命文物名录,实施革命文物保护利用工程。支持革命历史类纪念设施、遗址积极申报全国爱国主义教育示范基地、全国重点文物保护单位、国家级英雄烈士纪念设施和国家级抗战纪念设施、遗址。推动红色旅游高质量发展,建设红色旅游融合发展示范区,支持中央和地方各类媒体通过新闻报道、公益广告等多种方式宣传推广红色旅游。

（十一）促进绿色转型发展。坚持绿水青山就是金山银山理念,促进生态保护和经济发展、民生保障相得益彰。统筹推进革命老区山水林田湖草一体化保护和修复,加强长江、黄河等大江大河和其他重要江河源头生态环境治理,支持赣南等原中央苏区和陕甘宁、左右江等革命老区建设长江、黄河、珠江流域重要生态安全屏障。深入总结浙西南等革命老区生态保护修复成果经验,继续支持新安江等流域探索生态保护补偿,复制推广经验做法,建立健全流域上下游横向生态保护补偿机制。支持大别山、川陕等革命老区实施生物多样性保护重大工程。支持科学布局建设国家公园。支持革命老区开展促进生态保护修复的产权激励机制试点。鼓励地方依法依规通过租赁、置换、合作等方式规范流转集体林地。加快能源资源产业绿色发展,延伸拓展产业链,鼓励资源就地转化和综合利用,支持资源开发和地方经济协同发展。推动绿色矿山建设,加强赣南、陕北等历史遗留矿山生态修复,开展尾矿库综合治理,推进采煤沉陷区综合治理,推动将部分厂矿旧址、遗址列为工业遗产。

五、健全政策体系和长效机制

坚持目标导向和问题导向,健全长效普惠性的扶持机制和精准有效的差别化支持机制,激发革命老区振兴发展内生动力。

（十二）加强党的全面领导。增强"四个意识"、坚定"四个自信"、做到"两个维护",充分发挥党总揽全局、协调各方的领导核心作用,把党的领导始终贯穿革命老区振兴发展全过程和各领域各方面各环节。完善支持赣南等原中央苏区振兴发展部际联席会议制度,研究建立省部会商和省际协商机制,及时协调推动陕甘宁、大别山、左右江、川陕等革命老区振兴发展重要事项。出台中央国家机关及有关单位对口支援赣南等原中央苏区工作方案,继续组织对口支援工作。研究建立发达省市与革命老区重点城市对口合作机制,支持革命老区重点城市与中央国家机关及有关单位、重点高校、经济发达地区开展干部双向挂职交流。发挥井冈山、延安等干部学院作用,支持地方办好瑞金、古田、百色、大别山等干部学院,开展理想信念和党性教育。大力弘扬老区精神,广泛凝聚正能量,表彰奖励正面典型,努力营造全社会支持参与革命老区振兴发展的良好氛围。

（十三）加大财政金融支持力度。中央财政在安排革命老区转移支付、地方政府专项债券时,对革命老区所在省份予以倾斜支持。探索制定革命老区转移支付绩效评估和奖惩激励办法。继续支持赣州执行西部大开发政策,在加快革命老区高质量发展上作示范。中央预算内投资对赣南等原中央苏区参照执行西部地区政策,对沂蒙革命老区参照执行中部地区政策,研究安排专项资金支持革命老区产业转型升级平台建设。支持符合条件的革命老区海关特殊监管区域按规定开展增值税一般纳税人资格试点,对其他地区向革命老区重点城市转移的企业,按原所在地区已取得的海关信用等级实施监督。鼓励政策性金融机构结合职能定位和业务范围加大对革命老区支持力度,鼓励商业性金融机构通过市场化方式积极参与革命老区振兴发展,支持符合条件的革命老区重点企业上市融资。

(十四)优化土地资源配置。支持革命老区重点城市开展城镇低效用地再开发,对损毁的建设用地和零星分散的未利用地开发整理成耕地的,经认定可用于占补平衡,允许城乡建设用地增减挂钩节余指标按规定在省域范围内流转使用。对革命老区列入国家有关规划和政策文件的建设项目,纳入国家重大建设项目范围并按规定加大用地保障力度。支持探索革命老区乡村产业发展用地政策。

(十五)强化组织实施。相关省(自治区、直辖市)要将革命老区振兴发展列为本地区重点工作,加强组织领导,完善工作机制,明确责任分工,制定配套政策,健全对革命老区的差别化绩效评估体系,对重点城市和城市化地区侧重考核经济转型发展和常住人口基本公共服务等方面指标,对重点生态功能区和农产品主产区进一步强化生态服务功能和农产品供给能力相关指标考核,在开展试点示范和安排中央补助时对革命老区给予倾斜支持。有关部门要加强工作指导,在国土空间规划、专项规划、区域规划等相关规划编制实施过程中强化对革命老区的统筹支持,研究制定支持革命老区巩固拓展脱贫攻坚成果、基础设施建设、生态环境保护修复、红色旅游等重点领域实施方案,细化具体支持政策,指导地方开展革命老区振兴发展规划修编。国家发展改革委要加强对革命老区振兴发展各项工作的协调,制定重点任务分工和年度工作要点,重大事项及时向国务院报告。

国务院

2021年1月24日

中共中央 国务院关于做好 2023 年全面推进乡村振兴重点工作的意见

中发〔2023〕1号

党的二十大擘画了以中国式现代化全面推进中华民族伟大复兴的宏伟蓝图。全面建设社会主义现代化国家,最艰巨最繁重的任务仍然在农村。世界百年未有之大变局加速演进,我国发展进入战略机遇和风险挑战并存、不确定难预料因素增多的时期,守好"三农"基本盘至关重要、不容有失。党中央认为,必须坚持不懈把解决好"三农"问题作为全党工作重中之重,举全党全社会之力全面推进乡村振兴,加快农业农村现代化。强国必先强农,农强方能国强。要立足国情农情,体现中国特色,建设供给保障强、科技装备强、经营体系强、产业韧性强、竞争能力强的农业强国。

做好 2023 年和今后一个时期"三农"工作,要坚持以习近平新时代中国特色社会主义思想为指导,全面贯彻落实党的二十大精神,深入贯彻落实习近平总书记关于"三农"工作的重要论述,坚持和加强党对"三农"工作的全面领导,坚持农业农村优先发展,坚持城乡融合发展,强化科技创新和制度创新,坚决守牢确保粮食安全、防止规模性返贫等底线,扎实推进乡村发展、乡村建设、乡村治理等重点工作,加快建设农业强国,建设宜居宜业和美乡村,为全面建设社会主义现代化国家开好局起好步打下坚实基础。

一、抓紧抓好粮食和重要农产品稳产保供

(一)全力抓好粮食生产。确保全国粮食产量保持在 1.3 万亿斤以上,各省(自治区、直辖市)都要稳住面积、主攻单产、力争多增产。全方位夯实粮食安全根基,强化藏粮于地、藏粮于技的物质基础,健全农民种粮挣钱得利、地方抓粮担责尽义的机制保障。实施新一轮千亿斤粮食产能提升行动。开展吨粮田创建。推动南方省份发展多熟制粮食生产,鼓励有条件的地方发展再生稻。支持开展小麦"一喷三防"。实施玉米单产提升工程。继续提高小麦最低收购价,合理确定稻谷最低收购价,稳定稻谷补贴,完善农资保供稳价应对机制。健全主产区利益补偿机制,增加产粮大县奖励资金规模。逐步扩大稻谷小麦玉米完全成本保险和种植收入保险实施范围。实施好优质粮食工程。鼓励发展粮食订单生产,实现优质优价。严防"割青毁粮"。严格省级党委和政府耕地保护和粮食安全责任制考核。推动出台粮食安全保障法。

(二)加力扩种大豆油料。深入推进大豆和油料产能提升工程。扎实推进大豆玉米带状复合种植,支持东北、黄淮海地区开展粮豆轮作,稳步开发利用盐碱地种植大豆。完善玉米大豆生产者补贴,实施好大豆完全成本保险和种植收入保险试点。统筹油菜综合性扶持措施,推行稻油轮作,大力开发利用冬闲田种植油菜。支持木本油料发展,实施加快油茶产业发展三年行动,落实油茶扩种和低产低效林改造任务。深入实施饲用豆粕减量替代行动。

（三）发展现代设施农业。实施设施农业现代化提升行动。加快发展水稻集中育秧中心和蔬菜集约化育苗中心。加快粮食烘干、农产品产地冷藏、冷链物流设施建设。集中连片推进老旧蔬菜设施改造提升。推进畜禽规模化养殖场和水产养殖池塘改造升级。在保护生态和不增加用水总量前提下，探索科学利用戈壁、沙漠等发展设施农业。鼓励地方对设施农业建设给予信贷贴息。

（四）构建多元化食物供给体系。树立大食物观，加快构建粮经饲统筹、农林牧渔结合、植物动物微生物并举的多元化食物供给体系，分领域制定实施方案。建设优质节水高产稳产饲草料生产基地，加快苜蓿等草产业发展。大力发展青贮饲料，加快推进秸秆养畜。发展林下种养。深入推进草原畜牧业转型升级，合理利用草地资源，推进划区轮牧。科学划定限养区，发展大水面生态渔业。建设现代海洋牧场，发展深水网箱、养殖工船等深远海养殖。培育壮大食用菌和藻类产业。加大食品安全、农产品质量安全监管力度，健全追溯管理制度。

（五）统筹做好粮食和重要农产品调控。加强粮食应急保障能力建设。强化储备和购销领域监管。落实生猪稳产保供省负总责，强化以能繁母猪为主的生猪产能调控。严格"菜篮子"市长负责制考核。完善棉花目标价格政策。继续实施糖料蔗良种良法技术推广补助政策。完善天然橡胶扶持政策。加强化肥等农资生产、储运调控。发挥农产品国际贸易作用，深入实施农产品进口多元化战略。深入开展粮食节约行动，推进全链条节约减损，健全常态化、长效化工作机制。提倡健康饮食。

二、加强农业基础设施建设

（六）加强耕地保护和用途管控。严格耕地占补平衡管理，实行部门联合开展补充耕地验收评定和"市县审核、省级复核、社会监督"机制，确保补充的耕地数量相等、质量相当、产能不降。严格控制耕地转为其他农用地。探索建立耕地种植用途管控机制，明确利用优先序，加强动态监测，有序开展试点。加大撂荒耕地利用力度。做好第三次全国土壤普查工作。

（七）加强高标准农田建设。完成高标准农田新建和改造提升年度任务，重点补上土壤改良、农田灌排设施等短板，统筹推进高效节水灌溉，健全长效管护机制。制定逐步把永久基本农田全部建成高标准农田的实施方案。加强黑土地保护和坡耕地综合治理。严厉打击盗挖黑土、电捕蚯蚓等破坏土壤行为。强化干旱半干旱耕地、红黄壤耕地产能提升技术攻关，持续推动由主要治理盐碱地适应作物向更多选育耐盐碱植物适应盐碱地转变，做好盐碱地等耕地后备资源综合开发利用试点。

（八）加强水利基础设施建设。扎实推进重大水利工程建设，加快构建国家水网骨干网络。加快大中型灌区建设和现代化改造。实施一批中小型水库及引调水、抗旱备用水源等工程建设。加强田间地头渠系与灌区骨干工程连接等农田水利设施建设。支持重点区域开展地下水超采综合治理，推进黄河流域农业深度节水控水。在干旱半干旱地区发展高效节水旱作农业。强化蓄滞洪区建设管理、中小河流治理、山洪灾害防治，加快实施中小水库除险加固和小型水库安全监测。深入推进农业水价综合改革。

（九）强化农业防灾减灾能力建设。研究开展新一轮农业气候资源普查和农业气候区划工作。优化完善农业气象观测设施站网布局，分区域、分灾种发布农业气象灾害信息。加强旱涝灾害防御体系建设和农业生产防灾救灾保障。健全基层动植物疫病虫害监测预警网络。

抓好非洲猪瘟等重大动物疫病常态化防控和重点人兽共患病源头防控。提升重点区域森林草原火灾综合防控水平。

三、强化农业科技和装备支撑

（十）推动农业关键核心技术攻关。坚持产业需求导向，构建梯次分明、分工协作、适度竞争的农业科技创新体系，加快前沿技术突破。支持农业领域国家实验室、全国重点实验室、制造业创新中心等平台建设，加强农业基础性长期性观测实验站（点）建设。完善农业科技领域基础研究稳定支持机制。

（十一）深入实施种业振兴行动。完成全国农业种质资源普查。构建开放协作、共享应用的种质资源精准鉴定评价机制。全面实施生物育种重大项目，扎实推进国家育种联合攻关和畜禽遗传改良计划，加快培育高产高油大豆、短生育期油菜、耐盐碱作物等新品种。加快玉米大豆生物育种产业化步伐，有序扩大试点范围，规范种植管理。

（十二）加快先进农机研发推广。加紧研发大型智能农机装备、丘陵山区适用小型机械和园艺机械。支持北斗智能监测终端及辅助驾驶系统集成应用。完善农机购置与应用补贴政策，探索与作业量挂钩的补贴办法，地方要履行法定支出责任。

（十三）推进农业绿色发展。加快农业投入品减量增效技术推广应用，推进水肥一体化，建立健全秸秆、农膜、农药包装废弃物、畜禽粪污等农业废弃物收集利用处理体系。推进农业绿色发展先行区和观测试验基地建设。健全耕地休耕轮作制度。加强农用地土壤镉等重金属污染源头防治。强化受污染耕地安全利用和风险管控。建立农业生态环境保护监测制度。出台生态保护补偿条例。严格执行休禁渔期制度，实施好长江十年禁渔，巩固退捕渔民安置保障成果。持续开展母亲河复苏行动，科学实施农村河湖综合整治。加强黄土高原淤地坝建设改造。加大草原保护修复力度。巩固退耕还林还草成果，落实相关补助政策。严厉打击非法引入外来物种行为，实施重大危害入侵物种防控攻坚行动，加强"异宠"交易与放生规范管理。

四、巩固拓展脱贫攻坚成果

（十四）坚决守住不发生规模性返贫底线。压紧压实各级巩固拓展脱贫攻坚成果责任，确保不松劲、不跑偏。强化防止返贫动态监测。对有劳动能力、有意愿的监测户，落实开发式帮扶措施。健全分层分类的社会救助体系，做好兜底保障。巩固提升"三保障"和饮水安全保障成果。

（十五）增强脱贫地区和脱贫群众内生发展动力。把增加脱贫群众收入作为根本要求，把促进脱贫县加快发展作为主攻方向，更加注重扶志扶智，聚焦产业就业，不断缩小收入差距、发展差距。中央财政衔接推进乡村振兴补助资金用于产业发展的比重力争提高到60%以上，重点支持补上技术、设施、营销等短板。鼓励脱贫地区有条件的农户发展庭院经济。深入开展多种形式的消费帮扶，持续推进消费帮扶示范城市和产地示范区创建，支持脱贫地区打造区域公用品牌。财政资金和帮扶资金支持的经营性帮扶项目要健全利益联结机制，带动农民增收。管好用好扶贫项目资产。深化东西部劳务协作，实施防止返贫就业攻坚行动，确保脱贫劳动力就业规模稳定在3000万人以上。持续运营好就业帮扶车间和其他产业帮扶项目。

充分发挥乡村公益性岗位就业保障作用。深入开展"雨露计划＋"就业促进行动。在国家乡村振兴重点帮扶县实施一批补短板促振兴重点项目,深入实施医疗、教育干部人才"组团式"帮扶,更好发挥驻村干部、科技特派员产业帮扶作用。深入开展巩固易地搬迁脱贫成果专项行动和搬迁群众就业帮扶专项行动。

（十六）稳定完善帮扶政策。落实巩固拓展脱贫攻坚成果同乡村振兴有效衔接政策。开展国家乡村振兴重点帮扶县发展成效监测评价。保持脱贫地区信贷投放力度不减,扎实做好脱贫人口小额信贷工作。按照市场化原则加大对帮扶项目的金融支持。深化东西部协作,组织东部地区经济较发达县（市、区）与脱贫县开展携手促振兴行动,带动脱贫县更多承接和发展劳动密集型产业。持续做好中央单位定点帮扶,调整完善结对关系。深入推进"万企兴万村"行动。研究过渡期后农村低收入人口和欠发达地区常态化帮扶机制。

五、推动乡村产业高质量发展

（十七）做大做强农产品加工流通业。实施农产品加工业提升行动,支持家庭农场、农民合作社和中小微企业等发展农产品产地初加工,引导大型农业企业发展农产品精深加工。引导农产品加工企业向产地下沉、向园区集中,在粮食和重要农产品主产区统筹布局建设农产品加工产业园。完善农产品流通骨干网络,改造提升产地、集散地、销地批发市场,布局建设一批城郊大仓基地。支持建设产地冷链集配中心。统筹疫情防控和农产品市场供应,确保农产品物流畅通。

（十八）加快发展现代乡村服务业。全面推进县域商业体系建设。加快完善县乡村电子商务和快递物流配送体系,建设县域集采集配中心,推动农村客货邮融合发展,大力发展共同配送、即时零售等新模式,推动冷链物流服务网络向乡村下沉。发展乡村餐饮购物、文化体育、旅游休闲、养老托幼、信息中介等生活服务。鼓励有条件的地区开展新能源汽车和绿色智能家电下乡。

（十九）培育乡村新产业新业态。继续支持创建农业产业强镇、现代农业产业园、优势特色产业集群。支持国家农村产业融合发展示范园建设。深入推进农业现代化示范区建设。实施文化产业赋能乡村振兴计划。实施乡村休闲旅游精品工程,推动乡村民宿提质升级。深入实施"数商兴农"和"互联网＋"农产品出村进城工程,鼓励发展农产品电商直采、定制生产等模式,建设农副产品直播电商基地。提升净菜、中央厨房等产业标准化和规范化水平。培育发展预制菜产业。

（二十）培育壮大县域富民产业。完善县乡村产业空间布局,提升县城产业承载和配套服务功能,增强重点镇集聚功能。实施"一县一业"强县富民工程。引导劳动密集型产业向中西部地区、向县域梯度转移,支持大中城市在周边县域布局关联产业和配套企业。支持国家级高新区、经开区、农高区托管联办县域产业园区。

六、拓宽农民增收致富渠道

（二十一）促进农民就业增收。强化各项稳岗纾困政策落实,加大对中小微企业稳岗倾斜力度,稳定农民工就业。促进农民工职业技能提升。完善农民工工资支付监测预警机制。维护好超龄农民工就业权益。加快完善灵活就业人员权益保障制度。加强返乡入乡创业园、农村创业孵化实训基地等建设。在政府投资重点工程和农业农村基础设施建设项目中推广以工代赈,适当提高劳务报酬发放比例。

(二十二)促进农业经营增效。深入开展新型农业经营主体提升行动,支持家庭农场组建农民合作社、合作社根据发展需要办企业,带动小农户合作经营、共同增收。实施农业社会化服务促进行动,大力发展代耕代种、代管代收、全程托管等社会化服务,鼓励区域性综合服务平台建设,促进农业节本增效、提质增效、营销增效。引导土地经营权有序流转,发展农业适度规模经营。总结地方"小田并大田"等经验,探索在农民自愿前提下,结合农田建设、土地整治逐步解决细碎化问题。完善社会资本投资农业农村指引,加强资本下乡引入、使用、退出的全过程监管。健全社会资本通过流转取得土地经营权的资格审查、项目审核和风险防范制度,切实保障农民利益。坚持为农服务和政事分开、社企分开,持续深化供销合作社综合改革。

(二十三)赋予农民更加充分的财产权益。深化农村土地制度改革,扎实搞好确权,稳步推进赋权,有序实现活权,让农民更多分享改革红利。研究制定第二轮土地承包到期后再延长30年试点工作指导意见。稳慎推进农村宅基地制度改革试点,切实摸清底数,加快房地一体宅基地确权登记颁证,加强规范管理,妥善化解历史遗留问题,探索宅基地"三权分置"有效实现形式。深化农村集体经营性建设用地入市试点,探索建立兼顾国家、农村集体经济组织和农民利益的土地增值收益有效调节机制。保障进城落户农民合法土地权益,鼓励依法自愿有偿转让。巩固提升农村集体产权制度改革成果,构建产权关系明晰、治理架构科学、经营方式稳健、收益分配合理的运行机制,探索资源发包、物业出租、居间服务、资产参股等多样化途径发展新型农村集体经济。健全农村集体资产监管体系。保障妇女在农村集体经济组织中的合法权益。继续深化集体林权制度改革。深入推进农村综合改革试点示范。

七、扎实推进宜居宜业和美乡村建设

(二十四)加强村庄规划建设。坚持县域统筹,支持有条件有需求的村庄分区分类编制村庄规划,合理确定村庄布局和建设边界。将村庄规划纳入村级议事协商目录。规范优化乡村地区行政区划设置,严禁违背农民意愿撤并村庄、搞大社区。推进以乡镇为单元的全域土地综合整治。积极盘活存量集体建设用地,优先保障农民居住、乡村基础设施、公共服务空间和产业用地需求,出台乡村振兴用地政策指南。编制村容村貌提升导则,立足乡土特征、地域特点和民族特色提升村庄风貌,防止大拆大建、盲目建牌楼亭廊"堆盆景"。实施传统村落集中连片保护利用示范,建立完善传统村落调查认定、撤并前置审查、灾毁防范等制度。制定农村基本具备现代生活条件建设指引。

(二十五)扎实推进农村人居环境整治提升。加大村庄公共空间整治力度,持续开展村庄清洁行动。巩固农村户厕问题摸排整改成果,引导农民开展户内改厕。加强农村公厕建设维护。以人口集中村镇和水源保护区周边村庄为重点,分类梯次推进农村生活污水治理。推动农村生活垃圾源头分类减量,及时清运处置。推进厕所粪污、易腐烂垃圾、有机废弃物就近就地资源化利用。持续开展爱国卫生运动。

(二十六)持续加强乡村基础设施建设。加强农村公路养护和安全管理,推动与沿线配套设施、产业园区、旅游景区、乡村旅游重点村一体化建设。推进农村规模化供水工程建设和小型供水工程标准化改造,开展水质提升专项行动。推进农村电网巩固提升,发展农村可再生能源。支持农村危房改造和抗震改造,基本完成农房安全隐患排查整治,建立全过程监管制度。开展现代宜居农房建设示范。深入实施数字乡村发展行动,推动数字化应用场景研发推广。加快农业农村大数据应用,推进智慧农业发展。落实村庄公共基础设施管护责任。加强农村应急管理基础能力建设,深入开展乡村交通、消防、经营性自建房等重点领域风险隐患治理攻坚。

(二十七)提升基本公共服务能力。推动基本公共服务资源下沉,着力加强薄弱环节。推进县域内义务教育优质均衡发展,提升农村学校办学水平。落实乡村教师生活补助政策。推进医疗卫生资源县域统筹,加强乡村两级医疗卫生、医疗保障服务能力建设。统筹解决乡村医生薪酬分配和待遇保障问题,推进乡村医生队伍专业化规范化。提高农村传染病防控和应急处置能力。做好农村新冠疫情防控工作,层层压实责任,加强农村老幼病残孕等重点人群医疗保障,最大程度维护好农村居民身体健康和正常生产生活秩序。优化低保审核确认流程,确保符合条件的困难群众"应保尽保"。深化农村社会工作服务。加快乡镇区域养老服务中心建设,推广日间照料、互助养老、探访关爱、老年食堂等养老服务。实施农村妇女素质提升计划,加强农村未成年人保护工作,健全农村残疾人社会保障制度和关爱服务体系,关心关爱精神障碍人员。

八、健全党组织领导的乡村治理体系

(二十八)强化农村基层党组织政治功能和组织功能。突出大抓基层的鲜明导向,强化县级党委抓乡促村责任,深入推进抓党建促乡村振兴。全面培训提高乡镇、村班子领导乡村振兴能力。派强用好驻村第一书记和工作队,强化派出单位联村帮扶。开展乡村振兴领域腐败和作风问题整治。持续开展市县巡察,推动基层纪检监察组织和村务监督委员会有效衔接,强化对村干部全方位管理和经常性监督。对农村党员分期分批开展集中培训。通过设岗定责等方式,发挥农村党员先锋模范作用。

(二十九)提升乡村治理效能。坚持以党建引领乡村治理,强化县乡村三级治理体系功能,压实县级责任,推动乡镇扩权赋能,夯实村级基础。全面落实县级领导班子成员包乡走村、乡镇领导班子成员包村联户、村干部经常入户走访制度。健全党组织领导的村民自治机制,全面落实"四议两公开"制度。加强乡村法治教育和法律服务,深入开展"民主法治示范村(社区)"创建。坚持和发展新时代"枫桥经验",完善社会矛盾纠纷多元预防调处化解机制。完善网格化管理、精细化服务、信息化支撑的基层治理平台。推进农村扫黑除恶常态化。开展打击整治农村赌博违法犯罪专项行动。依法严厉打击侵害农村妇女儿童权利的违法犯罪行为。完善推广积分制、清单制、数字化、接诉即办等务实管用的治理方式。深化乡村治理体系建设试点,组织开展全国乡村治理示范村镇创建。

(三十)加强农村精神文明建设。深入开展社会主义核心价值观宣传教育,继续在乡村开展听党话、感党恩、跟党走宣传教育活动。深化农村群众性精神文明创建,拓展新时代文明实践中心、县级融媒体中心等建设,支持乡村自办群众性文化活动。注重家庭家教家风建设。深入实施农耕文化传承保护工程,加强重要农业文化遗产保护利用。办好中国农民丰收节。

推动各地因地制宜制定移风易俗规范,强化村规民约约束作用,党员、干部带头示范,扎实开展高价彩礼、大操大办等重点领域突出问题专项治理。推进农村丧葬习俗改革。

九、强化政策保障和体制机制创新

(三十一)健全乡村振兴多元投入机制。坚持把农业农村作为一般公共预算优先保障领域,压实地方政府投入责任。稳步提高土地出让收益用于农业农村比例。将符合条件的乡村振兴项目纳入地方政府债券支持范围。支持以市场化方式设立乡村振兴基金。健全政府投资与金融、社会投入联动机制,鼓励将符合条件的项目打捆打包按规定由市场主体实施,撬动金融和社会资本按市场化原则更多投向农业农村。用好再贷款再贴现、差别化存款准备金、差异化金融监管和考核评估等政策,推动金融机构增加乡村振兴相关领域贷款投放,重点保障粮食安全信贷资金需求。引导信贷担保业务向农业农村领域倾斜,发挥全国农业信贷担保体系作用。加强农业信用信息共享。发挥多层次资本市场支农作用,优化"保险+期货"。加快农村信用社改革化险,推动村镇银行结构性重组。鼓励发展渔业保险。

(三十二)加强乡村人才队伍建设。实施乡村振兴人才支持计划,组织引导教育、卫生、科技、文化、社会工作、精神文明建设等领域人才到基层一线服务,支持培养本土急需紧缺人才。实施高素质农民培育计划,开展农村创业带头人培育行动,提高培训实效。大力发展面向乡村振兴的职业教育,深化产教融合和校企合作。完善城市专业技术人才定期服务乡村激励机制,对长期服务乡村的在职务晋升、职称评定方面予以适当倾斜。引导城市专业技术人员入乡兼职兼薪和离岗创业。允许符合一定条件的返乡回乡下乡就业创业人员在原籍地或就业创业地落户。继续实施农村订单定向医学生免费培养项目、教师"优师计划"、"特岗计划"、"国培计划",实施"大学生乡村医生"专项计划。实施乡村振兴巾帼行动、青年人才开发行动。

(三十三)推进县域城乡融合发展。健全城乡融合发展体制机制和政策体系,畅通城乡要素流动。统筹县域城乡规划建设,推动县城城镇化补短板强弱项,加强中心镇市政、服务设施建设。深入推进县域农民工市民化,建立健全基本公共服务同常住人口挂钩、由常住地供给机制。做好农民工金融服务工作。梯度配置县乡村公共资源,发展城乡学校共同体、紧密型医疗卫生共同体、养老服务联合体,推动县域供电、供气、电信、邮政等普遍服务类设施城乡统筹建设和管护,有条件的地区推动市政管网、乡村微管网等往户延伸。扎实开展乡村振兴示范创建。

办好农村的事,实现乡村振兴,关键在党。各级党委和政府要认真学习宣传贯彻党的二十大精神,学深悟透习近平总书记关于"三农"工作的重要论述,把"三农"工作摆在突出位置抓紧抓好,不断提高"三农"工作水平。加强工作作风建设,党员干部特别是领导干部要树牢群众观点,贯彻群众路线,多到基层、多接地气,大兴调查研究之风。发挥农民主体作用,调动农民参与乡村振兴的积极性、主动性、创造性。强化系统观念,统筹解决好"三农"工作中两难、多难问题,把握好工作时度效。深化纠治乡村振兴中的各类形式主义、官僚主义等问题,切实减轻基层迎评送检、填表报数、过度留痕等负担,推动基层把主要精力放在谋发展、抓治理和为农民群众办实事上。全面落实乡村振兴责任制,坚持五级书记抓,统筹开展乡村振兴战略实绩考核、巩固拓展脱贫攻坚成果同乡村振兴有效衔接考核评估,将抓党建促乡村振兴情况作为市县乡党委书记抓基层党建述职评议考核的重要内容。加强乡村振兴统计监测。制定加快建设农业强国规划,做好整体谋划和系统安排,同现有规划相衔接,分阶段扎实稳步推进。

让我们紧密团结在以习近平同志为核心的党中央周围,坚定信心、踔厉奋发、埋头苦干,全面推进乡村振兴,加快建设农业强国,为全面建设社会主义现代化国家、全面推进中华民族伟大复兴作出新的贡献。

各部委文件

国土资源部 发展改革委 科技部 工业和信息化部 住房城乡建设部 商务部关于支持新产业新业态发展促进大众创业万众创新用地的意见

国土资规〔2015〕5号

各省、自治区、直辖市和新疆生产建设兵团国土资源、发展改革、科技、工业和信息化(通信管理)、住房和城乡建设、商务主管部门：

为贯彻落实党中央、国务院关于加快实施创新驱动发展战略、大力推进大众创业万众创新重大决策部署，增强战略性新兴产业支撑作用，推进"互联网＋"行动，发展电子商务，构建众创空间等创业服务平台，支持培育发展新产业、新业态，依据国家相关法律法规政策，提出以下用地意见。

一、加大新供用地保障力度

（一）优先安排新产业发展用地。依据国家《战略性新兴产业重点产品和相关服务指导目录》、《中国制造2025》、"互联网＋"等国家鼓励发展的新产业、新业态政策要求，各地可结合地方实际，确定当地重点发展的新产业，以"先存量、后增量"的原则，优先安排用地供应。对新产业发展快、用地集约且需求大的地区，可适度增加年度新增建设用地指标。

（二）明确新产业、新业态用地类型。国家支持发展的新产业、新业态建设项目，属于产品加工制造、高端装备修理的项目，可按工业用途落实用地；属于研发设计、勘察、检验检测、技术推广、环境评估与监测的项目，可按科教用途落实用地；属于水资源循环利用与节水、新能源发电运营维护、环境保护及污染治理中的排水、供电及污水、废物收集、贮存、利用、处理以及通信设施的项目，可按公用设施用途落实用地；属于下一代信息网络产业（通信设施除外）、新型信息技术服务、电子商务服务等经营服务项目，可按商服用途落实用地。新业态项目土地用途不明确的，可经县级以上城乡规划部门会同国土资源等相关部门论证，在现有国家城市用地分类的基础上制定地方标准予以明确，向社会公开后实施。

（三）运用多种方式供应新产业用地。新产业项目用地符合《划拨用地目录》的，可以划拨供应。鼓励以租赁等多种方式向中小企业供应土地。积极推行先租后让、租让结合供应方式。出让土地依法需以招标拍卖挂牌方式供应的，在公平、公正、不排除多个市场主体竞争的前提下，可将投资和产业主管部门提出的产业类型、生产技术、产业标准、产品品质要求作为土地供应前置条件；以先租后让等方式供应土地涉及招标拍卖挂牌的，招标拍卖挂牌程序也可在租赁供应时实施，租赁期满符合条件的可转为出让土地。

（四）采取差别化用地政策支持新业态发展。光伏、风力发电等项目使用戈壁、荒漠、荒草地等未利用土地的，对不占压土地、不改变地表形态的用地部分，可按原地类认定，不改变土地用途,在年度土地变更调查时作出标注,用地允许以租赁等方式取得,双方签订好补偿协议,用地报当地县级国土资源部门备案;对项目永久性建筑用地部分,应依法按建设用地办理手续。对建设占用农用地的,所有用地部分均应按建设用地管理。新能源汽车充电设施、移动通信基站等用地面积小、需多点分布的新产业配套基础设施,可采取配建方式供地。在供应其他相关建设项目用地时,将配建要求纳入土地使用条件,土地供应后,由相关权利人依法明确配套设施用地产权关系;鼓励新产业小型配套设施依法取得地役权进行建设。

二、鼓励盘活利用现有用地

(五)促进制造业迈向中高端。传统工业企业转为先进制造业企业,以及利用存量房产进行制造业与文化创意、科技服务业融合发展的,可实行继续按原用途和土地权利类型使用土地的过渡期政策。在符合控制性详细规划的前提下,现有制造业企业通过提高工业用地容积率、调整用地结构增加服务型制造业务设施和经营场所,其建筑面积比例不超过原总建筑面积15%的,可继续按原用途使用土地,但不得分割转让。

(六)支持生产性、科技及高技术服务业发展。原制造业企业和科研机构整体或部分转型、转制成立独立法人实体,从事研发设计、勘察、科技成果转化转移、信息技术服务和软件研发及知识产权、综合科技、节能环保等经营服务的,可实行继续按原用途和土地权利类型使用土地的过渡期政策。

(七)鼓励建设创业创新平台。依托国家实验室、重点实验室、工程实验室、工程(技术)研究中心构建的开放共享互动创新网络平台,利用现有建设用地建设的产学研结合中试基地、共性技术研发平台、产业创新中心,可继续保持土地原用途和权利类型不变。按照国家加快构建众创空间的要求,对国家自主创新示范区、开发区、新型工业化产业示范基地、科技企业孵化器、国家大学科技园、小企业创业基地、高校、科技院所等机构,利用存量房产兴办创客空间、创业咖啡、创新工场等众创空间的,可实行继续按原用途和土地权利类型使用土地的过渡期政策。

(八)支持"互联网+"行动计划实施。在不改变用地主体、规划条件的前提下,开发互联网信息资源,利用存量房产、土地资源发展新业态、创新商业模式、开展线上线下融合业务的,可实行继续按原用途和土地权利类型使用土地的过渡期政策。过渡期满,可根据企业发展业态和控制性详细规划,确定是否另行办理用地手续事宜。

(九)促进科研院所企业化转制改革。科研机构转制为产业技术研发企业,其使用的原划拨科研用地、生产性建设用地,可按国有企业改制政策进行土地资产处置,对省级以上人民政府批准改制为国有独资公司、国有资本控股公司的,可采取作价出资(入股)、授权经营方式配置土地。

三、引导新产业集聚发展

(十)促进产业集聚集群发展。着力推进战略性新兴产业等新产业在现有开发区、产业集聚区集中布局,高新区、经开区、新型工业化产业示范基地要发挥新产业集聚集群发展的引领作用。支持以产业链为纽带,集中布局相关产业生产、研发、供应、上下游产品服务项目及公共服务项目。引导生产性服务业在中心城市、制造业集中区域集聚发展。国家在重大产业关键共性技术、装备和标准研发攻关及技术改造基建专项、工业转型升级等资金安排上,对各类开发区、产业集聚区中的重点企业予以支持。

（十一）有效保障中小企业发展空间。鼓励开发区、产业集聚区规划建设多层工业厂房、国家大学科技园、科技企业孵化器,供中小企业进行生产、研发、设计、经营多功能复合利用。标准厂房用地按工业用途管理,国家大学科技园、科技企业孵化器实行只租不售、租金管制、租户审核、转让限制的,其用地可按科教用途管理。创办三年内租用经营场所的小型微型企业,投资项目属于新产业、新业态的,可给予一定比例的租金补贴。鼓励地方出台支持政策,在规划许可的前提下,积极盘活商业用房、工业厂房、企业库房、物流设施和家庭住所、租赁房等资源,为创业者提供低成本办公场所和居住条件。

（十二）引导土地用途兼容复合利用。城乡规划主管部门在符合控制性详细规划的前提下,按照用途相近、功能兼容、互无干扰、基础设施共享的原则,会同发展改革、国土资源主管部门,根据当地实际,研究制定有助于新产业、新业态发展的兼容性地类和相关控制指标。经市、县国土资源会同城乡规划等部门充分论证,新产业工业项目用地,生产服务、行政办公、生活服务设施建筑面积占项目总建筑面积比例不超过15%的,可仍按工业用途管理。科教用地可兼容研发与中试,科技服务设施与项目及生活性服务设施,兼容设施建筑面积比例不得超过项目总建筑面积的15%,兼容用途的土地、房产不得分割转让。出让兼容用途的土地,按主用途确定供应方式,在现有建设用地上增加兼容的,可以协议方式办理用地手续。

（十三）推动功能混合和产城融合。单一生产功能的开发区、产业集聚区,可按照统一配套、依法供应、统筹管理的原则,在符合城乡规划的前提下,适当安排建设用地用于商品零售、住宿餐饮、商务金融、城镇住宅等建设,推动相关区域从单一生产功能向城市综合功能转型。

四、完善新产业用地监管制度

（十四）建立政策实施部门联动机制。市、县国土资源主管部门编制国有建设用地供应计划前,应征询相关部门意见。发展改革应会同工业和信息化、科技、商务等部门及开发区管理机构,研究提出新产业和新业态项目的用地需求;城乡规划主管部门会同国土部门提出用地布局、协调土地供应和建设时序意见。国有建设用地供应计划报市、县人民政府批准后组织实施。现有建设用地过渡期支持政策以5年为限,5年期满及涉及转让需办理相关用地手续的,可按新用途、新权利类型、市场价,以协议方式办理。对需享受政策的市场主体,投资或相关行业主管部门应向国土资源主管部门提供项目符合条件证明文件,国土资源主管部门登记备案后执行。加强过渡期满政策执行监管,防止以任何名目改变政策适用期。

（十五）建立共同监管机制。对于投资和产业主管等部门提出产业类型、生产技术、产业标准、产品品质要求作为土地供应条件的,在土地供应成交后,提出关联条件部门应当要求土地使用权取得人提交项目用地产业发展承诺书,作为国土资源主管部门签订土地供应合同的前提条件。提出关联条件部门应对承诺书的履行进行监督,并适时通报国土资源主管部门。项目竣工投产达不到约定要求的,各相关部门应按职能分工依法依约进行处置。对利用现有建设用地兴办的新产业、新业态项目提出证明文件部门,应对项目经营方向进行监管。在工业、科教用地上建设或兼容的研发场所,允许转让、出租的,受让方、承租方投资项目所属产业应符合研发场所允许布局产业要求,不符合的,应按商服用途办理补缴土地出让价款手续及相关变更手续。

（十六）建立定期核验评估制度。签订、接收项目用地产业发展承诺书、土地供应合同、划拨决定书及提供项目符合用地支持政策要求证明文件的政府相关责任部门，应按法律文书约定、规定的事项，定期进行核验评估。对不符合用地支持扶持政策的，应及时终止政策执行；对需承担违约责任的，应依法依约追究责任。对符合相关规定、约定且需办理后续用地手续的，应及时办理。

本文件自下发之日起执行，有效期八年。

国土资源部 住房和城乡建设部 国家旅游局关于支持旅游业发展用地政策的意见

国土资规〔2015〕10 号

各省、自治区、直辖市和新疆生产建设兵团国土资源、住房和城乡建设、旅游主管部门：

为贯彻党的十八届五中全会精神，落实《国务院关于促进旅游业改革发展的若干意见》（国发〔2014〕31号）、《国务院办公厅关于进一步促进旅游投资和消费的若干意见》（国办发〔2015〕62号）相关部署，促进稳增长、调结构、扩就业，提高旅游业用地市场化配置和节约集约利用水平，现就相关用地问题提出以下意见。

一、积极保障旅游业发展用地供应

（一）有效落实旅游重点项目新增建设用地。按照资源和生态保护、文物安全、节约集约用地原则，在与土地利用总体规划、城乡规划、风景名胜区规划、环境保护规划等相关规划衔接的基础上，加快编制旅游发展规划。对符合相关规划的旅游项目，各地应按照项目建设时序，及时安排新增建设用地计划指标，依法办理土地转用、征收或收回手续，积极组织实施土地供应。加大旅游扶贫用地保障。

（二）支持使用未利用地、废弃地、边远海岛等土地建设旅游项目。在符合生态环境保护要求和相关规划的前提下，对使用荒山、荒地、荒滩及石漠化、边远海岛土地建设的旅游项目，优先安排新增建设用地计划指标，出让底价可按不低于土地取得成本、土地前期开发成本和按规定应收取相关费用之和的原则确定。对复垦利用垃圾场、废弃矿山等历史遗留损毁土地建设的旅游项目，各地可按照"谁投资、谁受益"的原则，制定支持政策，吸引社会投资，鼓励土地权利人自行复垦。政府收回和征收的历史遗留损毁土地用于旅游项目建设的，可合并开展确定复垦投资主体和土地供应工作，但应通过招标拍卖挂牌方式进行。

（三）依法实行用地分类管理制度。旅游项目中，属于永久性设施建设用地的，依法按建设用地管理；属于自然景观用地及农牧渔业种植、养殖用地的，不征收（收回）、不转用，按现用途管理，由景区管理机构和经营主体与土地权利人依法协调种植、养殖、管护与旅游经营关系。

（四）多方式供应建设用地。旅游相关建设项目用地中，用途单一且符合法定划拨范围的，可以划拨方式供应；用途混合且包括经营性用途的，应当采取招标拍卖挂牌方式供应，其中影视城、仿古城等人造景观用地按《城市用地分类与规划建设用地标准》的"娱乐康体用地"办理规划手续，土地供应方式、价格、使用年限依法按旅游用地确定。景区内建设亭、台、栈道、厕所、步道、索道缆车等设施用地，可按《城市用地分类与规划建设用地标准》"其他建设用地"办理规划手续，参照公园用途办理土地供应手续。风景名胜区的规划、建设和管理，应当遵守有关法律、行政法规和国务院规定。鼓励以长期租赁、先租后让、租让结合方式供应旅游项目建设用地。

（五）加大旅游厕所用地保障力度。要高度重视旅游厕所在旅游业发展中的文明窗口地位和基本公共服务作用。新建、改建旅游厕所及相关粪便无害化处理设施需使用新增建设用地的，可在2018年前由旅游厕所建设单位集中申请，按照法定报批程序集中统一办理用地手续，各地专项安排新增建设用地计划指标。符合《划拨用地目录》的粪便处理设施，可以划拨方式供应。支持在其他项目中配套建设旅游厕所，可在供应其他项目建设用地时，将配建要求纳入土地使用条件，土地供应后，由相关权利人依法明确旅游厕所产权关系。

二、明确旅游新业态用地政策

（六）引导乡村旅游规范发展。在符合土地利用总体规划、县域乡村建设规划、乡和村庄规划、风景名胜区规划等相关规划的前提下，农村集体经济组织可以依法使用建设用地自办或以土地使用权入股、联营等方式与其他单位和个人共同举办住宿、餐饮、停车场等旅游接待服务企业。依据各省、自治区、直辖市制定的管理办法，城镇和乡村居民可以利用自有住宅或者其他条件依法从事旅游经营。农村集体经济组织以外的单位和个人，可依法通过承包经营流转的方式，使用农民集体所有的农用地、未利用地，从事与旅游相关的种植业、林业、畜牧业和渔业生产。支持通过开展城乡建设用地增减挂钩试点，优化农村建设用地布局，建设旅游设施。

（七）促进自驾车、房车营地旅游有序发展。按照"市场导向、科学布局、合理开发、绿色运营"原则，加快制定自驾车房车营地建设规划和建设标准。新建自驾车房车营地项目用地，应当满足符合相关规划、垃圾污水处理设施完备、建筑材料环保、建筑风格色彩与当地自然人文环境协调等条件。自驾车房车营地项目土地用途按旅馆用地管理，按旅游用地确定供应底价、供应方式和使用年限。

（八）支持邮轮、游艇旅游优化发展。新建邮轮、游艇码头用地实行有偿使用。有偿使用的邮轮、游艇码头用地可采取协议方式供应。现有码头增设邮轮、游艇停泊功能的，可保持现有土地权利类型不变；利用现有码头设施用地、房产增设住宿、餐饮、娱乐等商业服务设施的，经批准可以协议方式办理用地手续。

（九）促进文化、研学旅游发展。利用现有文化遗产、大型公共设施、知名院校、科研机构、工矿企业、大型农场开展文化、研学旅游活动，在符合规划、不改变土地用途的前提下，上述机构土地权利人利用现有房产兴办住宿、餐饮等旅游接待设施的，可保持原土地用途、权利类型不变；土地权利人申请办理用地手续的，经批准可以协议方式办理。历史文化街区建设控制地带内的新建建筑物、构筑物，应当符合保护规划确定的建设控制要求。

三、加强旅游业用地服务监管

（十）做好确权登记服务。各地要依据《不动产登记暂行条例》等法律法规规定，按照不动产统一登记制度体系要求，不断增强服务意识，坚持方便企业、方便群众，减少办证环节，提高办事效率，改进服务质量，积极做好旅游业发展用地等不动产登记发证工作，依法明晰产权、保护权益，为旅游业发展提供必要的产权保障和融资条件。

（十一）建立部门共同监管机制。风景名胜区、自然保护区、国家公园等旅游资源开发，建设项目用地供应和使用管理应同时符合土地利用总体规划、城乡规划、风景名胜区规划及其他相关区域保护发展建设等规划，不符合的，不得批准用地和供地。新供旅游项目用地，将环保设施建设、建筑材料使用、建筑风格协调等要求纳入土地供应前置条件的，提出条件的政府部门应与土地使用权取得者签订相关建设活动协议书，并依法履行监管职责。要及时总结旅游产业用地利用实践情况，积极开展旅游产业用地重大问题研究和探索创新。

（十二）严格旅游业用地供应和利用监管。严格旅游相关农用地、未利用地用途管制，未经依法批准，擅自改为建设用地的，依法追究责任。严禁以任何名义和方式出让或变相出让风景名胜区资源及其景区土地。规范土地供应行为，以协议方式供应土地的，出让金不得低于按国家规定所确定的最低价。严格旅游项目配套商品住宅管理，因旅游项目配套安排商品住宅要求修改土地利用总体规划、城乡规划的，不得批准。严格相关旅游设施用地改变用途管理，土地供应合同中应明确约定，整宗或部分改变用途，用于商品住宅等其他经营项目的，应由政府收回，重新依法供应。

本文件自下发之日起执行，有效期五年。

关于促进自驾车旅居车旅游发展的若干意见

旅发〔2016〕148号

各省、自治区、直辖市、新疆建设兵团旅游发展委员会(局)、发展改革委、工业和信息化委(厅、局)、公安厅(局)、财政厅(局)、国土资源厅(局)、环境保护厅(局)、住房城乡建设厅(建委)、交通运输厅(局)、工商局(市场监督管理部门)、体育局：

目前,我国全面进入大众旅游新时代。自驾车旅居车(又称房车,下同)旅游是发展速度快、消费潜力大的领域。为了促进我国自驾车旅居车旅游持续健康发展,增加新供给,释放新需求,发挥其引领旅游消费和投资的积极作用,现提出如下意见。

一、指导思想

贯彻落实中央稳增长、调结构、惠民生的总体部署,满足国内自驾车旅居车旅游快速发展的需要,推进政策创新,加强规划建设,优化空间布局,提升服务功能,强化规范管理,促进产业协同,培育旅游消费新热点,发挥自驾车旅居车旅游的带动作用,使之成为引领旅游供给侧结构性改革,推动我国旅游产业向中高端迈进的重要载体。

二、基本原则

(一)坚持政策协同。把补齐政策短板作为促进自驾车旅居车旅游发展的基础。推进自驾车旅居车旅游发展有机融入现有的法律法规、政策标准体系中,突破发展瓶颈,发挥政策合力,为自驾车旅居车旅游发展创造有利条件和良好环境。

(二)坚持系统推进。系统谋划自驾车旅居车旅游线路和营地网络,促进线路和营地合理布局、选址科学、结构优化。全面推进自驾游公共服务、汽车租赁、自驾车旅居车旅游装备制造等保障体系和关联配套建设,推动全产业链协调发展。

(三)坚持融合发展。促进自驾车旅居车旅游同农业、林业、文化、健康、体育等产业和新型城镇化、美丽乡村建设以及农村精准扶贫的融合式发展,探索新产品、新业态、新模式,放大自驾车旅居车旅游的辐射带动作用。

(四)坚持生态环保。将集约利用土地、严格保护生态放在首位,牢牢把握保护优先、轻量开发、永续利用的理念,坚持走绿色环保、低碳节能的可持续发展之路。

三、发展目标

到2020年,重点建成一批公共服务完善的自驾车旅居车旅游目的地,推出一批精品自驾车旅居车旅游线路,培育一批自驾游和营地连锁品牌企业,增强旅居车产品与使用管理技术保障能力,形成网络化的营地服务体系和完整的自驾车旅居车旅游产业链条,建成各类自驾车旅居车营地 2000 个,相关政策环境明显优化,产业规模快速壮大,发展质量和综合效益大幅提升,初步构建起自驾车旅居车旅游产业体系。

四、主要任务

(一)加强规划指导。编制出台国家旅游风景道、旅游公路自驾车旅居车营地建设规划,加强边境地区、少数民族地区和丝绸之路沿线、长江经济带等重点旅游区(带)自驾车旅居车营地建设,形成国家旅游风景道自驾游营地服务体系,积极推动跨区域、跨境自驾游产品组合和线路合作。鼓励各地因地制宜编制本地区自驾游目的地、线路和营地的发展建设规划,推动构建以高速公路、高等级旅游干道为纽带,以地区风景道、旅游公路、自然风光带为廊道,以景区景点、山水生态区、户外运动区、乡村旅游区、休闲农业区等为依托的自驾游旅居车旅游网络体系。有条件的地方要编制年度营地建设计划。自驾游旅居车旅游线路和营地发展规划要与本地区城乡建设规划、交通发展规划、土地利用总体规划、生态环保规划等相衔接。

(二)完善公共服务体系。加快建设交通主干道、重点景区与营地的连接道路,推进高速公路服务区改造升级。围绕自驾游道路交通网络,完善旅游交通和营地标识。鼓励国内汽车生产商和自驾游服务商利用北斗卫星导航系统进行智能服务平台相关产品和设备的深度开发,提供自驾游线路导航、交通联系、安全救援和汽车维修保养等配套服务。制定出台《自驾游目的地基础设施和公共服务导则》,引导各地完善自驾游设施和服务体系,支持重点自驾车旅居车旅游目的地建设完善自驾游服务中心、加油站、维修站、停车场、旅游厕所、观景平台等服务体系。

(三)加快自驾车旅居车营地建设。积极发挥社会资本在建设自驾车旅居车营地中的主导作用,鼓励社会资本围绕重点旅游线路建设连锁经营的营地系统。大力推广政府和社会资本合作模式(PPP)建设自驾车旅居车营地。积极引导依托交通集散地、景区景点、各类公园、各类体育设施等,在符合相关规划的前提下建设不同类型、不同档次、特色突出的自驾车旅居车营地。对纳入建设规划的营地,要加强基础设施配套,因地制宜引导城镇水、电、气、排污、垃圾处理等基础设施管网向营地建设区延伸。在旅游扶贫重点村、乡村旅游集聚区建设营地,可给予适当补助。大力推行《自驾车旅居车露营地建设与服务规范》《自驾游管理服务规范》,评选一批建设经营和管理服务水平高的示范性营地。鼓励围绕营地建设,发展面向自驾游客的汽车旅馆、主题酒店、主题餐厅、主题酒吧等特色经营业态。大力推动健康休闲项目与营地的融合发展,鼓励在营地周边配套徒步、登山、骑行、垂钓、水上、冰雪、航空、赛车、马术等户外运动设施及服务。实施"乡村旅游后备箱工程",将地方特色的农副产品和旅游商品销售纳入营地服务范围。

(四)提升自驾车旅居车租赁服务。大力发展自驾车旅居车租赁产业,促进落地自驾游发展。支持租赁企业完善服务网络,通过加入连锁租赁、协作网络等方式,开展异地还车业务。鼓励智能出行服务企业开展汽车租赁业务。出台旅居车租赁管理政策,进一步放宽旅居车租赁企业的资质申请条件、经营范围和经营规模,鼓励取得汽车租赁经营许可的企业从事自行式和拖挂式旅居车租赁业务。引导自驾车旅居车租赁企业开展网络预订、支付等业务,规范自驾车旅居车租赁程序和手续。积极发展全地形车、摩托车、自行车等休闲运动用车租赁,为自驾游活动提供多种选择。

（五）提高自驾车旅居车旅游经营服务水平。加强自驾车旅居车旅游人才培养，鼓励旅游院校开设相关专业和课程，培养营地设计、投资建设、经营管理等专业化人才。大力推进校企合作，鼓励旅游职业院校和旅游培训机构加强自驾车旅居车旅游领域服务人才培训。鼓励品牌性营地经营企业、汽车租赁企业、自驾游俱乐部等进行连锁经营、托管经营和线上线下组合式经营，提高网络化、专业化和信息化经营服务水平。鼓励保险机构创新自驾游保险产品。建立健全自驾车旅居车露营行业组织，筹组中国自驾车旅居车旅游联盟。加快制定出台《自驾游领航员服务质量要求》等系列行业标准，提升自驾车旅居车旅游组织和运管水平。

（六）加强对自驾车旅居车旅游的科学管理。参照旅馆业治安管理，严格落实自驾车旅居车营地住宿实名登记。加强自驾游和营地运营的安全管理，强化营地的安全防护和消防设施建设，明确消防安全主体责任。自驾游和营地服务人员上岗前要进行安全风险防范及应急救助技能培训。自驾游组织机构要对参与高风险项目的旅游者进行风险提示，并开展安全培训。加快自驾游呼叫中心和紧急救援基地建设，鼓励有条件的旅游企业建立专、兼职的紧急救援队伍。立足现有自驾游数据采集点和采集系统，健全自驾游信息的统计、监测与预警系统，合理引导自驾游游客流量和流向。加强自驾游沿线生态保护敏感点或区域的生态环境监测与评估，及时掌握自驾车旅居车旅游的生态环境影响状况，避免自驾游对生态敏感点或区域造成不良影响。

（七）大力发展自驾车旅居车及营地设施制造业。把旅居车纳入汽车行业发展规划，建立旅居车和相关零配件制造技术标准体系。在符合法律法规和技术标准前提下，鼓励旅居车生产、装饰、展销，畅通旅居车零配件供应和维修渠道，拓展旅居车产业链。鼓励国内企业开展自驾车旅居车装备、营地设施、户外运动装备等自主研发，并按规定享受国家鼓励科技创新政策。支持国内有条件的企业兼并收购国外先进自驾车旅居车旅游装备制造企业或开展合资合作经营。

（八）推广自驾车旅居车生活新方式。举办自驾车旅居车旅游博览会，大力推广具有自主品牌的休闲、登山、滑雪、潜水、露营、探险等各类户外用品和露营生活方式，培育新消费。传播推广自驾车旅居车旅游文化，开展自驾游精品线路等推介活动，发挥精品品牌的示范带动作用。支持自驾车和旅居车旅游协会、露营协会、自驾游俱乐部等中介组织和企业开展自驾游活动。鼓励开展自驾游主题展览、比赛、节庆等地方性节事活动，引导有条件的地方利用营地网络开展汽车集结赛事活动，推广精品自驾车线路。积极培育青少年露营文化，大力倡导文明旅游。

五、强化保障

（一）依法加强旅居车交通管理。加强对《关于规范旅居挂车通行管理工作的通知》落实情况的监督检查，督促旅居车驾驶人严格遵守道路交通安全法律法规。对于列入《机动车辆生产企业及产品公告》的国产旅居挂车及符合国家相关标准的进口旅居挂车，应当依法予以办理机动车登记。安装符合国家标准牵引装置的小型客车，可以拖挂重量不超过2.5吨的中置轴旅居挂车上路行驶。研究改进旅居车驾驶证管理制度。

（二）优化营地用地政策。自驾车旅居车营地项目建设应该符合城乡规划、土地利用总体规划、自驾车旅居车营地建设规划、自驾车旅居车营地建设与服务规范，依法依规使用土地，不得占用基本农田,不占或者尽量少占耕地。选址在土地利用总体规划确定的城镇规划区外的自驾车旅居车营地,其公共停车场、各功能区之间的连接道路、商业服务区、车辆设备维修及医疗服务保障区、废弃物收纳与处理区等功能区可与农村公益事业合并实施,依法使用集体建设用地,其自驾车营区、旅居车营区、商务俱乐部、木屋住宿区、休闲娱乐区等功能区应优先安排使用存量建设用地,确需新供的,用途按旅馆用地管理,宜以招标方式实行长期租赁或者先租后让;其他功能区使用未利用地的,在不改变土地用途、不固化地面的前提下,可按原地类管理。选址在土地利用总体规划确定的城镇规划区内的自驾车旅居车营地,全部用地均应依法办理转用、征收、供应手续。已供自驾车旅居车营地项目建设用地不得改变规划确定的土地用途,不得分割转让和转租。

(三)完善管理制度。原则上,自驾游俱乐部纳入旅行社序列管理,自驾游领航员纳入导游序列管理,开展旅游经营的各类营地纳入景区序列登记管理。各地要制定出台针对营地运营特点的卫生、环保和住宿登记具体政策措施,进一步简化营地的前置性审批手续。拖挂式旅居挂车上路按照牵引车辆的高一档标准收费。

(四)加强财税金融扶持。中央财政加大对纳入国家规划和年度建设计划的营地项目和中西部贫困地区的营地建设项目的支持力度。各地要加大对自驾游道路、停车场、厕所、电信、环卫处理等基础设施建设的支持力度。自驾车旅居车旅游营地的用水、用电价格实行与工业企业相同的价格政策。鼓励旅游产业投资基金向营地经营龙头企业和重点建设项目提供资金支持。对信用状况好、有资源或品牌优势的自驾游运营企业,鼓励金融企业加大金融支持力度。

各地旅游、发改、工信、公安、财政、国土、环保、住建、交通、工商、体育等部门要加强协调配合,全面落实好相关政策措施,为自驾车旅居车旅游发展创造良好环境。

国家旅游局　国家发展改革委
工业和信息化部　公安部
财政部　国土资源部
环境保护部　住房城乡建设部
交通运输部　国家工商总局
国家体育总局
2016年11月7日

国土资源部　国务院扶贫办　国家能源局
关于支持光伏扶贫和规范光伏发电产业用地的意见

国土资规〔2017〕8号

各省、自治区、直辖市和新疆生产建设兵团国土资源、扶贫、能源主管部门，各派驻地方的国家土地督察局：

国土资源部会同有关部门联合印发《关于支持新产业新业态发展促进大众创业万众创新用地的意见》（国土资规〔2015〕5号）以来，对促进光伏发电产业发展起到了积极作用。随着光伏扶贫工作力度不断加大，光伏发电产业持续发展，对用地管理提出了新的要求。为深化供给侧结构性改革，现就支持光伏扶贫和规范光伏发电产业用地提出以下意见。

一、总体要求

各地应当依据国家光伏产业发展规划和本地区实际，加快编制本地区光伏发电规划，合理布局光伏发电建设项目。光伏发电规划应符合土地利用总体规划等相关规划，可以利用未利用地的，不得占用农用地；可以利用劣地的，不得占用好地。禁止以任何方式占用永久基本农田，严禁在国家相关法律法规和规划明确禁止的区域发展光伏发电项目。

除本文件确定的光伏扶贫项目及利用农用地复合建设的光伏发电站项目（以下简称光伏复合项目）外，其他光伏发电站项目用地应严格执行国土资规〔2015〕5号文件规定，使用未利用地的，光伏方阵用地部分可按原地类认定，不改变土地用途，用地允许以租赁等方式取得，双方签订补偿协议，报当地县级国土资源主管部门备案，其他用地部分应当办理建设用地审批手续；使用农用地的，所有用地均应当办理建设用地审批手续。新建、改建和扩建地面光伏发电站工程项目，按建设用地和未利用地管理的，应严格执行《光伏发电站工程项目用地控制指标》（国土资规〔2015〕11号）要求，合理利用土地。

二、积极保障光伏扶贫项目用地

对深度贫困地区脱贫攻坚中建设的光伏发电项目，以及国家能源局、国务院扶贫办确定下达的全国村级光伏扶贫电站建设规模范围内的光伏发电项目，变电站及运行管理中心、集电线路杆塔基础用地按建设用地管理，各地在编制土地利用总体规划和年度土地利用计划中应予以重点保障，并依法办理建设用地审批手续；场内道路用地可按农村道路用地管理；光伏方阵使用永久基本农田以外的农用地的，在不破坏农业生产条件的前提下，可不改变原用地性质；采用直埋电缆方式敷设的集电线路用地，实行与项目光伏方阵用地同样的管理方式。

三、规范光伏复合项目用地管理

对使用永久基本农田以外的农用地开展光伏复合项目建设的,省级能源、国土资源主管部门商同级有关部门,在保障农用地可持续利用的前提下,研究提出本地区光伏复合项目建设要求(含光伏方阵架设高度)、认定标准,并明确监管措施,避免对农业生产造成影响。其中对于使用永久基本农田以外的耕地布设光伏方阵的情形,应当从严提出要求,除桩基用地外,严禁硬化地面、破坏耕作层,严禁抛荒、撂荒。

对于符合本地区光伏复合项目建设要求和认定标准的项目,变电站及运行管理中心、集电线路杆塔基础用地按建设用地管理,依法办理建设用地审批手续;场内道路用地可按农村道路用地管理;利用农用地布设的光伏方阵可不改变原用地性质;采用直埋电缆方式敷设的集电线路用地,实行与项目光伏方阵用地同样的管理方式。

四、加强光伏发电项目用地利用监管

光伏发电站项目用地中按农用地、未利用地管理的,除桩基用地外,不得硬化地面、破坏耕作层,否则,应当依法办理建设用地审批手续,未办理审批手续的,按违法用地查处。对于布设后未能并网的光伏方阵,应由所在地能源主管部门清理。光伏方阵用地按农用地、未利用地管理的项目退出时,用地单位应恢复原状,未按规定恢复原状的,应由项目所在地能源主管部门责令整改。

五、建立部门联合监管机制

项目所在地市、县国土资源主管部门在监管中发现项目违反本通知规定的,应将相关情况通知同级能源主管部门,并逐级上报国家能源局,将项目投资主体纳入能源领域失信主体名单,组织实施联合惩戒。国土资源部将根据行业管理需要,适时对各类光伏发电站项目用地开展专项监测。

本文件自下发之日起执行,有效期五年。

国土资源部　国务院扶贫办　国家能源局
2017 年 9 月 25 日

国土资源部 国家发展改革委关于深入推进农业供给侧结构性改革做好农村产业融合发展用地保障的通知

国土资规〔2017〕12号

各省、自治区、直辖市和新疆生产建设兵团国土资源主管部门、发展改革委，各派驻地方的国家土地督察局：

党的十九大作出实施乡村振兴战略的决策部署，是新时期做好"三农"工作的重要遵循。各级国土资源、发展改革部门要积极行动起来，主动作为，综合施策，坚持农业农村优先发展的原则，落实最严格的耕地保护制度和节约用地制度，完善农村土地用途管制，加快推进农业农村现代化。为全面贯彻落实党的十九大和中央有关要求，深入推进农业供给侧结构性改革，做好农村一二三产业融合发展的用地保障，现就有关事项通知如下。

一、发挥土地利用总体规划的引领作用。各地区在编制和实施土地利用总体规划中，要适应现代农业和农村产业融合发展需要，优先安排农村基础设施和公共服务用地，乡（镇）土地利用总体规划可以预留少量（不超过5%）规划建设用地指标，用于零星分散的单独选址农业设施、乡村旅游设施等建设。做好农业产业园、科技园、创业园用地安排，在确保农地农用的前提下，引导农村二三产业向县城、重点乡镇及产业园区等集中集聚，合理保障农业产业园区建设用地需求，严防变相搞房地产开发。省级国土资源主管部门制定用地控制标准，加强实施监管。

二、因地制宜编制村土地利用规划。在不占用永久基本农田、不突破建设用地规模、不破坏生态环境和人文风貌的前提下，统筹农业农村各项土地利用活动，优化耕地保护、村庄建设、产业发展、生态保护等用地布局，细化土地用途管制规则，加大土地利用综合整治力度，引导农田集中连片、建设用地集约紧凑，推进农业农村绿色发展。

三、加强建设用地计划指标支持。安排一定比例年度土地利用计划，专项支持农村新产业新业态和产业融合发展。对利用存量建设用地进行农产品加工、农产品冷链、物流仓储、产地批发市场等项目建设或用于小微创业园、休闲农业、乡村旅游、农村电商等农村二三产业的市、县，可给予新增建设用地计划指标奖励。

四、规范设施农用地类型。对于农业生产过程中所需各类生产设施和附属设施用地，以及由于农业规模经营必须兴建的配套设施，包括蔬菜种植、烟草种植和茶园、橡胶园等农作物种植园的看护类管理房用地（单层、占地小于15平方米），临时性烤烟、炒茶、果蔬预冷、葡萄晾干等农产品晾晒、临时存储、分拣包装等初加工设施用地（原则上占地不得超过400平方米），在不占用永久基本农田的前提下，纳入设施农用地管理，实行县级备案。

五、改进设施农用地监督管理。省级国土资源主管部门明确不同类型设施农用地的规划安排、选址要求、使用周期，以及结束使用后恢复原状的保障措施。县级国土资源主管部门设立标示牌,标明设施农用地用途、面积、责任人和备案序号,接受公众监督。设施农用地的管理信息纳入国土资源综合信息监管平台,加强土地执法监察和土地督察,防止擅自将设施农用地"非农化"。

六、**鼓励土地复合利用**。围绕农业增效和农民增收,因地制宜保护耕地,允许在不破坏耕作层的前提下,对农业生产结构进行优化调整,仍按耕地管理。鼓励农业生产和村庄建设等用地复合利用,发展休闲农业、乡村旅游、农业教育、农业科普、农事体验等产业,拓展土地使用功能,提高土地节约集约利用水平。在充分保障农民宅基地用益物权、防止外部资本侵占控制的前提下,探索农村集体经济组织以出租、合作等方式盘活利用空闲农房及宅基地,按照规划要求和用地标准,改造建设民宿民俗、创意办公、休闲农业、乡村旅游等农业农村体验活动场所。

七、**夯实基础工作**。开展耕地质量等别调查评价与监测工作,定期更新耕地等农用地土地等别数据库,稳步推进农用地基准地价制定和发布工作,为农户土地入股或流转提供参考依据。加快"房地一体"的农村宅基地和集体建设用地确权登记颁证工作,为农村新产业新业态发展提供产权保障和融资条件。

八、**强化部门协同配合**。各级国土资源主管部门要加强与发展改革、农业、城乡规划、建设、环境保护、林业、旅游、消防等相关部门的协同联动,共同开展本地区农村产业融合发展用地现状和需求的调查分析,确定各业各类用地标准和用地保障方式,健全政策体系,联合执法监管,做好风险防控,合力推动新时期农业农村发展。

本文件自下发之日起执行,有效期五年。

国土资源部　国家发展改革委

2017 年 12 月 7 日

体育总局　国家发展改革委　工业和信息化部　财政部国土资源部　住房城乡建设部　国家旅游局关于印发《全国冰雪场地设施建设规划（2016—2022 年）》的通知

体经字〔2016〕646 号

各省、自治区、直辖市、计划单列市体育局、发展改革委、工业和信息化厅（委）、财政厅（局）、国土资源厅、住房城乡建设厅、旅游局（委）：

根据国务院关于发展冰雪运动的工作部署，七部门联合研究制定了《全国冰雪场地设施建设规划（2016—2022 年）》。现印发给你们，请各单位结合实际情况，认真组织落实，共同做好冰雪场地设施建设，推动冰雪运动发展。

体育总局　　国家发展改革委　　工业和信息化部
财　政　部　　国　土　资　源　部　　住房城乡建设部
国　家　旅　游　局
2016 年 9 月 14 日

全国冰雪场地设施建设规划（2016—2022 年）

按照党中央、国务院关于发展冰雪运动的总体部署和要求，为加快冰雪场地设施建设，推动冰雪运动的普及和提高，促进冰雪产业发展，实现"3 亿人参与冰雪运动"的目标，根据《国务院关于加快发展体育产业　促进体育消费的若干意见》（国办发〔2014〕46 号）和《冰雪运动发展规划（2016—2025 年）》，制定本规划。

一、规划背景

2022 年北京冬奥会的成功申办，极大地激发了人民群众参与冰雪运动的热情，为我国冰雪运动发展创造了历史机遇。但目前冰雪场地设施数量少、规模小、服务水平不高，与我国冰雪运动发展需要不相适应，与冰雪运动发达国家存在较大差距。据统计，截至 2015 年底，全国共有滑冰场馆 200 余个；滑雪场地 500 余座，雪道面积约 3000 万平方米，雪道长度约 1000 千米，其中约 4/5 的雪场的雪道面积不足 5 万平方米。

加快规划建设冰雪场地设施是办好 2022 年北京冬奥会、提高我国冰雪竞技水平的重要基础，是普及冰雪运动、发展冰雪产业、实现"3 亿人参与冰雪运动"的基本保障，是满足人民群众不断增长的体育需求、推动全民健身和全民健康深度融合、建设健康中国和体育强国的重要内容。

二、总体要求

（一）指导思想

全面贯彻党的十八大和十八届二中、三中、四中、五中全会精神，按照"四个全面"战略布局，牢固树立和贯彻落实创新、协调、绿色、开放、共享的发展理念，加快冰雪场地设施建设，调动全社会力量共同参与，增加供给、提高质量，为冰雪运动在全国蓬勃发展奠定坚实基础。

（二）基本原则

普及推广、服务群众。以普及冰雪运动、发展冰雪健身休闲为重点，积极建设各类冰雪场地设施，满足广大人民日益增长、不断升级的冰雪运动需求。

因地制宜、绿色发展。根据自然条件和经济发展水平，合理布局，错位发展。严格落实耕地保护制度，节约集约利用资源，切实保护生态环境，充分发挥地区优势，科学开展冰雪场地设施建设。

政府引导、多方参与。充分发挥政府在冰雪场地设施发展中的引导作用，注重多部门联动。充分调动社会力量积极参与冰雪场地设施建设运营，合力推进冰雪场地设施发展。

统筹推进、创新发展。立足全局、系统谋划，统筹区域冰雪场地设施建设。创新冰雪场地设施建设运营理念，提高场地设施利用率，形成良性循环。

(三) 建设目标

到2022年,全国滑冰馆数量不少于650座,其中新建不少于500座;滑雪场数量达到800座、雪道面积达到10 000万平方米、雪道长度达到3500千米,其中新建滑雪场不少于240座、雪道面积不少于7000万平方米、雪道长度不少于2500千米。全国冰雪场地设施有效供给极大提升,经济社会效益明显提高,初步形成布局合理、类型多样、基本满足需求的冰雪场地设施网络。

三、主要任务

(一) 统筹规划建设

各地要在自然资源调研和评估基础上,按照"引领带动、三区协同、多点扩充"的冰雪运动发展导向,以京津冀重点建设为引领,以东北地区稳步建设为基础,以西北、华北地区加快建设为支撑,以南方地区合理建设为扩展,全面推进我国冰雪场地设施规划建设。

京津冀地区以冬奥会为契机,建设一批能承办高水平、综合性国际冰雪赛事的场馆。东北地区要在现有基础上扩大规模、提高质量,稳步推进冰雪场地设施建设。华北和西北地区重点建设一批以健身休闲为主的冰雪场地设施。西南和华东地区要因地制宜利用区内冰雪资源修建冰雪场地设施。南方城市地区要根据经济社会发展情况建设一批室内滑冰场地。

冰雪场地设施建设要依据有关规划,注重配套服务设施建设,加强与旅游、休闲、住宅、商业等项目的融合,为参与冰雪竞赛、健身、培训、体验的群体提供配套服务,拉长服务链,把冰雪场地设施打造成为以冰雪为主题、功能丰富、配套齐全、可经营性强、充满市场活力的服务性实体。

(二) 加快滑冰场地建设

积极推动滑冰馆建设。鼓励城区常住人口超过50万的城市根据自身情况建设公共滑冰馆,有条件的城市应至少建设1片61米×30米冰面的滑冰馆。鼓励有条件的学校建设滑冰馆。依托现有滑冰训练基地和大型体育场馆群,结合大型体育场馆功能完善和城市发展规划,建设可承办高水平冰上运动竞赛表演的滑冰馆。

推广室外天然滑冰场和建设可拆装滑冰场。有条件的地区要充分利用江、河、湖等水域资源建设天然滑冰场。支持有条件的地区和学校在冬季浇建冰场。鼓励在公园、校园、广场、社区等地建设可拆装式滑冰场。

维修改造现有滑冰场馆。支持现有的滑冰馆进行改扩建增容,提升设施配置和功能。鼓励对旧厂房、仓库、老旧商业设施等进行改造,改建成滑冰场地。改造修缮各级滑冰训练基地,完善功能,满足各级运动队训练并兼顾群众健身需求。

(三) 推动滑雪场地建设

有条件的地区要依托气候、地貌和生态等自然资源因地制宜建设滑雪场地。鼓励和支持建设雪道面积大于5万平方米的滑雪场。鼓励现有滑雪场完善场地配套服务设施,支持有条件的滑雪场进行改扩建增容,完善设施功能,提升服务水平。

(四) 鼓励冰雪乐园建设

有条件的地区要利用公园、城市广场等公共用地,建设以冰雪游憩活动为主的室内外冰雪乐园,满足公众参与冰雪、体验冰雪需求。鼓励仿真冰雪和模拟设施的市场应用。

四、保障措施

（一）加强组织领导

建立由体育部门、发展改革部门、工业和信息化部门、财政部门、国土资源部门、住房城乡建设部门、旅游部门牵头，相关部门共同参与的冰雪场地设施建设工作机制，及时协调解决规划落实过程中出现的矛盾和问题。以资源节约、环境友好、生态低碳为目标，健全冰雪场地设施建设与管理标准体系，科学制定冰雪场地设施建设、管理和服务标准，合理布局冰雪运动场地设施。加强和完善冰雪场地设施统计工作，建立科学、统一、全面、协调的统计调查制度和信息管理制度。各地应对照本规划，对过去在特定环境和时期制定的与冰雪运动发展不相适应的相关政策文件进行有效梳理，加快制定本地冰雪场地设施建设规划或实施方案，做好冰雪场地设施建设需求的自然资源调查和评估工作，确保责任落实到位、建设任务顺利推进、规划目标如期实现。

（二）健全投入机制

统筹利用现有资金渠道，对公共冰雪场地设施建设给予必要支持。推广和运用政府和社会资本合作等多种模式，吸引社会资本共同参与冰雪运动设施建设运营。进一步健全政府购买公共体育服务的体制机制。鼓励金融机构在风险可控、商业可持续的基础上拓展冰雪领域金融服务新业务，支持冰雪场地设施发展。支持符合条件的冰雪用品和场馆运营企业进入资本市场或发行债券。鼓励支持私募股权投资基金、创业投资基金及各类投资机构加大对冰雪场地设施建设的投资力度。继续扩大对外开放，鼓励境外资本投资冰雪场地设施建设。

（三）完善土地政策

积极保障冰雪产业发展用地空间，引导冰雪产业用地控制规模、科学选址，并纳入地方各级土地利用总体规划中合理安排。规划新增建设用地规模优先保障服务冬奥会的场馆建设和配套基础设施建设用地。对符合土地利用总体规划、城乡规划、环境保护规划等相关规划的重点冰雪场地设施建设项目，各地应本着应保尽保的原则，及时安排新增建设用地计划指标，加快办理用地审批手续，积极组织实施土地供应。在符合生态环境保护要求和相关规划的前提下，对使用荒山、荒地、荒滩及石漠化土地建设的冰雪项目，优先安排新增建设用地计划指标，出让底价可按不低于土地取得成本、土地前期开发成本和按规定应收取相关费用之和的原则确定。对复垦利用垃圾场、废弃矿山等历史遗留损毁土地建设的冰雪项目，各地可按照"谁投资、谁受益"的原则，制定支持政策，吸引社会投资，鼓励土地权利人自行复垦。政府收回和征收的历史遗留损毁土地用于冰雪项目建设的，可合并开展确定复垦投资主体和土地供应工作，但应通过招标拍卖挂牌方式进行。鼓励基层冰雪场地设施共建共享，利用城市公园、郊野公园、城市空置场所等建设冰雪场地设施。利用现有山川水面建设冰雪场地设施，对不占压土地、不改变地表形态的，可按原地类管理，涉及土地征收的依法办理土地征收手续。对选址有特殊要求，在土地利用总体规划确定的城市、集镇和村庄建设用地指标以外的重大冰雪场地设施建设项目，可按单独选址项目安排用地。实行差别化供地，对非营利性的冰雪运动项目专业比赛和专业训练场（馆）及其配套设施，符合划拨用地目录的，可以划拨方式供地；不符合划拨用地目录的，应当有偿使用，可以协议方式供地。修建冰雪运动场地及配套的服务设施用地，按照建设用地管理，办理建设用地审批手续。

（四）落实优惠政策

按照现行体育场馆房产税和城镇土地使用税优惠政策，冰雪场地的房产、土地符合体育场馆减免税条件的，可以享受房产税、城镇土地使用税优惠。确保冰雪运动场所的水、电、气、热价格按不高于一般工业标准执行。

（五）抓好安全监管

加强对冰雪场地设施的安全监管制度，体育部门应定期对冰雪场地救护设施及安全管理制度等进行检查，质检部门要加强冰雪场地客运索道等特种设备安全监察。引导保险公司根据冰雪运动特点开发冰雪场地责任保险、滑雪人身意外伤害保险、冰雪场地设施财产保险等产品，鼓励具备条件的单位和个人购买运动伤害类保险。

文化和旅游部 国家发展改革委 工业和信息化部 财政部 人力资源社会保障部 自然资源部 生态环境部 住房城乡建设部 交通运输部 农业农村部 国家卫生健康委 中国人民银行 国家体育总局 中国银行保险监督管理委员会 国家林业和草原局 国家文物局 国务院扶贫办关于印发《关于促进乡村旅游可持续发展的指导意见》的通知

文旅资源发〔2018〕98号

为深入贯彻落实《中共中央 国务院关于实施乡村振兴战略的意见》（中发〔2018〕1号）和《乡村振兴战略规划（2018—2022年）》文件精神，实施乡村旅游精品工程，培育农村发展新动能，促进乡村旅游可持续发展，文化和旅游部会同有关部门共同研究制定了《关于促进乡村旅游可持续发展的指导意见》，现印发给你们，请认真贯彻实施。

文化和旅游部 国家发展改革委 工业和信息化部
财政部 人力资源社会保障部 自然资源部
生态环境部 住房城乡建设部 交通运输部
农业农村部 国家卫生健康委 中国人民银行
国家体育总局 中国银行保险监督管理委员会 国家林业和草原局
国家文物局 国务院扶贫办
2018年11月15日

关于促进乡村旅游可持续发展的指导意见

乡村旅游是旅游业的重要组成部分,是实施乡村振兴战略的重要力量,在加快推进农业农村现代化、城乡融合发展、贫困地区脱贫攻坚等方面发挥着重要作用。为深入贯彻落实《中共中央国务院关于实施乡村振兴战略的意见》(中发〔2018〕1号)和《乡村振兴战略规划(2018—2022年)》,推动乡村旅游提质增效,促进乡村旅游可持续发展,加快形成农业农村发展新动能,现提出以下意见。

一、总体要求

(一)指导思想

全面贯彻党的十九大和十九届二中、三中全会精神,以习近平新时代中国特色社会主义思想为指导,牢固树立新发展理念,落实高质量发展要求,紧紧围绕统筹推进"五位一体"总体布局和协调推进"四个全面"战略布局,按照产业兴旺、生态宜居、乡风文明、治理有效、生活富裕的总要求,从农村实际和旅游市场需求出发,强化规划引领,完善乡村基础设施建设,优化乡村旅游环境,丰富乡村旅游产品,促进乡村旅游向市场化、产业化方向发展,全面提升乡村旅游的发展质量和综合效益,为实现我国乡村全面振兴作出重要贡献。

(二)基本原则

生态优先,绿色发展。践行绿水青山就是金山银山的理念,注重开发与保护并举,统筹考虑资源环境承载能力和发展潜力,加强对乡村生态环境和乡村特色风貌的保护,强化有序开发、合理布局,避免急功近利、盲目发展。

因地制宜,特色发展。根据区域特点和资源禀赋,以市场为导向,因地制宜,科学规划,积极开发特色化、差异化、多样化的乡村旅游产品,防止大拆大建、千村一面和城市化翻版、简单化复制,避免低水平同质化竞争。

以农为本,多元发展。坚持以农民为受益主体,以农业农村为基本依托,尊重农民意愿,注重农民的全过程参与,调动农民积极性与创造性,加大政府的支持和引导力度,吸引更多的社会资本和经营主体投入乡村旅游的发展,释放乡村旅游发展活力。

丰富内涵,品质发展。挖掘乡村传统文化和乡俗风情,加强乡村文物保护利用和文化遗产保护传承,吸收现代文明优秀成果,在保护传承基础上创造性转化、创新性发展,提升农村农民精神面貌,丰富乡村旅游的人文内涵,推动乡村旅游精品化、品牌化发展。

共建共享,融合发展。整合资源,部门联动,统筹推进,加快乡村旅游与农业、教育、科技、体育、健康、养老、文化创意、文物保护等领域深度融合,培育乡村旅游新产品新业态新模式,推进农村一二三产业融合发展,实现农业增效、农民增收、农村增美。

(三)主要目标

到2022年,旅游基础设施和公共服务设施进一步完善,乡村旅游服务质量和水平全面提升,富农惠农作用更加凸显,基本形成布局合理、类型多样、功能完善、特色突出的乡村旅游发展格局。

二、加强规划引领,优化区域布局

(四)优化乡村旅游区域整体布局

推动旅游产品和市场相对成熟的区域、交通干线和 A 级景区周边的地区深化开展乡村旅游,支持具备条件的地区打造乡村旅游目的地,促进乡村旅游规模化、集群化发展。鼓励东部地区围绕服务中心城市,重点推进环都市乡村旅游度假带建设,提升乡村旅游产品品质,推动乡村旅游目的地建设;鼓励中西部地区围绕脱贫攻坚,重点推动乡村旅游与新型城镇化有机结合,合理利用古村古镇、民族村寨、文化村镇,打造"三区三州"深度贫困地区旅游大环线,培育一批乡村旅游精品线路;鼓励东北地区依托农业、林业、避暑、冰雪等优势,重点推进避暑旅游、冰雪旅游、森林旅游、康养旅游、民俗旅游等,探索开展乡村旅游边境跨境交流,打造乡村旅游新高地。(文化和旅游部、发展改革委、农业农村部、自然资源部、体育总局、林草局按职责分工负责)

(五)促进乡村旅游区域协同发展

加强东、中西部旅游协作,促进旅游者和市场要素流动,形成互为客源、互为市场、互动发展的良好局面。加强乡村旅游产品与城市居民休闲需求的对接,统筹城乡基础设施和公共服务,加大城市人才、智力资源对乡村旅游的支持,促进城乡间人员往来、信息沟通、资本流动,加快城乡一体化发展进程。注重旅游资源开发的整体性,鼓励相邻地区打破行政壁垒,统筹规划,协同发展。依托风景名胜区、历史文化名城名镇名村、特色景观旅游名镇、传统村落,探索名胜名城名镇名村"四名一体"全域旅游发展模式。(文化和旅游部、发展改革委、农业农村部、自然资源部、住房城乡建设部、人力资源社会保障部按职责分工负责)

(六)制定乡村旅游发展规划

各地区要将乡村旅游发展作为重要内容纳入经济社会发展规划、国土空间规划以及基础设施建设、生态环境保护等专项规划,在规划中充分体现乡村旅游的发展要求。支持有条件的地区组织开展乡村旅游资源普查和发展状况调查,编制乡村旅游发展规划,鼓励突破行政区域限制,跨区域整合旅游资源,制定区域性乡村旅游发展规划。乡村旅游发展规划要符合当地实际,强化乡土风情、乡居风貌和文化传承,尊重村民发展意愿,落实国土空间规划有关要求,注重规划衔接与落地实施。严格保护耕地,落实永久基本农田控制线并实行特殊保护。独立编制的乡村旅游发展规划应符合镇规划、乡规划和村庄规划的有关要求。(文化和旅游部、发展改革委、生态环境部、自然资源部、住房城乡建设部、农业农村部、文物局按职责分工负责)

三、完善基础设施,提升公共服务

(七)提升乡村旅游基础设施

结合美丽乡村建设、新型城镇化建设、移民搬迁等工作,实施乡村绿化、美化、亮化工程,提升乡村景观,改善乡村旅游环境。加快交通干道、重点旅游景区到乡村旅游地的道路交通建设,提升乡村旅游的可进入性。鼓励有条件的旅游城市与游客相对聚集乡村旅游区间开通乡村旅游公交专线、乡村旅游直通车,方便城市居民和游客到乡村旅游消费。完善农村公路网络布局,加快乡镇、建制村硬化路"畅返不畅"整治,提高农村公路等级标准,鼓励因地制宜发展旅游步道、登山步道、自行车道等慢行系统。引导自驾车房车营地、交通驿站建设向特色村镇、风景廊道等重要节点延伸布点,定期发布乡村旅游自驾游精品线路产品。加强乡村旅游供水供电、垃圾污水处理以及停车、环卫、通讯等配套设施建设,提升乡村旅游发展保障能力。(文化和旅游部、发展改革委、农业农村部、交通运输部、财政部按职责分工负责)

(八)完善乡村旅游公共服务体系

实施"厕所革命"新三年计划,引进推广厕所先进技术。结合乡村实际因地制宜进行厕所建设、改造和设计,注重与周边和整体环境布局协调,尽量体现地域文化特色,配套设施始终坚持卫生实用,反对搞形式主义、奢华浪费。积极组织开展厕所革命公益宣传活动,深入开展游客、群众文明如厕教育。推动建立乡村旅游咨询服务体系,在有条件、游客数量较大的乡村旅游区建设游客咨询服务中心,进一步完善乡村旅游标识标牌建设,强化解说、信息咨询、安全救援等服务体系建设,完善餐饮住宿、休闲娱乐、户外运动、商品购物、文化展演、民俗体验等配套服务,促进乡村旅游便利化。加快推动乡村旅游信息平台建设,完善网上预订、支付、交流等功能,推动乡村旅游智慧化。(文化和旅游部、发展改革委、农业农村部、住房城乡建设部、自然资源部、财政部、工业和信息化部、卫生健康委按职责分工负责)

四、丰富文化内涵,提升产品品质

(九)突出乡村旅游文化特色

在保护的基础上,有效利用文物古迹、传统村落、民族村寨、传统建筑、农业遗迹、灌溉工程遗产、农业文化遗产、非物质文化遗产等,融入乡村旅游产品开发。促进文物资源与乡村旅游融合发展,支持在文物保护区域因地制宜适度发展服务业和休闲农业,推介文物领域研学旅行、体验旅游、休闲旅游项目和精品旅游线路,发挥文物资源对提高国民素质和社会文明程度、推动经济社会发展的重要作用。支持农村地区地域特色文化、民族民间文化、优秀农耕文化、传统手工艺、优秀戏曲曲艺等传承发展,创新表现形式,开发一批乡村文化旅游产品。依托乡村旅游创客基地,推动传统工艺品的生产、设计等和发展乡村旅游有机结合。鼓励乡村与专业艺术院团合作,打造特色鲜明、体现地方人文的文化旅游精品。大力发展乡村特色文化产业。支持在乡村地区开展红色旅游、研学旅游。(文化和旅游部、发展改革委、住房城乡建设部、生态环境部、农业农村部、文物局按职责分工负责)

(十)丰富乡村旅游产品类型

对接旅游者观光、休闲、度假、康养、科普、文化体验等多样化需求,促进传统乡村旅游产品升级,加快开发新型乡村旅游产品。结合现代农业发展,建设一批休闲农业精品园区、农业公园、农村产业融合发展示范园、田园综合体、农业庄园,探索发展休闲农业和乡村旅游新业态。结合乡村山地资源、森林资源、水域资源、地热冰雪资源等,发展森林观光、山地度假、水域休闲、冰雪娱乐、温泉养生等旅游产品。鼓励有条件地区,推进乡村旅游和中医药相结合,开发康养旅游产品。充分利用农村土地、闲置宅基地、闲置农房等资源,开发建设乡村民宿、养老等项目。依托当地自然和文化资源禀赋发展特色民宿,在文化传承和创意设计上实现提升,完善行业标准、提高服务水平、探索精准营销,避免盲目跟风和低端复制,引进多元投资主体,促进乡村民宿多样化、个性化、专业化发展。鼓励开发具有地方特色的服饰、手工艺品、农副土特产品、旅游纪念品等旅游商品。(文化和旅游部、发展改革委、农业农村部、生态环境部、自然资源部、体育总局、林草局按职责分工负责)

(十一)提高乡村旅游服务管理水平

制定完善乡村旅游各领域、各环节服务规范和标准,加强经营者、管理者、当地居民等技能培训,提升乡村旅游服务品质。提升当地居民旅游观念和服务意识,提升文明习惯、掌握经营管理技巧。鼓励先进文化、科技手段在乡村旅游产品体验和服务、管理中的运用,增加乡村旅游发展的知识含量。大力开展专业志愿者支援乡村行动,鼓励专业人士参与乡村景观设计、乡村旅游策划等活动。探索运用连锁式、托管式、共享式、会员制、分时制、职业经理制等现代经营管理模式,提升乡村旅游的运营能力和管理水平。(文化和旅游部、农业农村部、人力资源社会保障部按职责分工负责)

五、创建旅游品牌,加大市场营销

(十二)培育构建乡村旅游品牌体系

树立乡村旅游品牌意识,提升品牌形象,增强乡村旅游品牌的影响力和竞争力。鼓励各地整合乡村旅游优质资源,推出一批特色鲜明、优势突出的乡村旅游品牌,构建全方位、多层次的乡村旅游品牌体系。建立全国乡村旅游重点村名录,开展乡村旅游精品工程,培育一批全国乡村旅游精品村、精品单位。鼓励具备条件的地区集群发展乡村旅游,积极打造有影响力的乡村旅游目的地。支持资源禀赋好、基础设施完善、公共服务体系健全的乡村旅游点申报创建A级景区、旅游度假区、特色小镇等品牌。(文化和旅游部、发展改革委、农业农村部、生态环境部按职责分工负责)

(十三)创新乡村旅游营销模式

发挥政府积极作用,鼓励社会力量参与乡村旅游宣传推广和中介服务,鼓励各地开展乡村旅游宣传活动,拓宽乡村旅游客源市场。依托电视、电台、报纸等传统媒体资源,利用旅游推介会、博览会、节事活动等平台,扩大乡村旅游宣传。充分利用新媒体自媒体,支持电商平台开设乡村旅游频道,开展在线宣传推广和产品销售等。(文化和旅游部、发展改革委、农业农村部按职责分工负责)

六、注重农民受益,助力脱贫攻坚

(十四)探索推广发展模式

支持旅行社利用客源优势,最大限度宣传推介旅游资源并组织游客前来旅游,并通过联合营销等方式共同开发市场的"旅行社带村"模式。积极推进景区辐射带动周边发展乡村旅游,形成乡村与景区共生共荣、共建共享的"景区带村"模式。大力支持懂经营、善管理的本地及返乡能人投资旅游,以吸纳就业、带动创业的方式带动农民增收致富的"能人带户"模式。不断壮大企业主导乡村旅游经营,吸纳当地村民参与经营或管理的"公司+农户"模式。引导规范专业化服务与规模化经营相结合的"合作社+农户"模式。鼓励各地从实际出发,积极探索推广多方参与、机制完善、互利共赢的新模式新做法,建立定性定量分析的工作台账,总结推广旅游扶贫工作。(文化和旅游部、农业农村部、国务院扶贫办按职责分工负责)

(十五)完善利益联结机制

突出重点,做好深度贫困地区旅游扶贫工作。建立健全多元的利益联结机制,让农民更好分享旅游发展红利,提高农民参与性和获得感。探索资源变资产、资金变股金、农民变股东的途径,引导村集体和村民利用资金、技术、土地、林地、房屋以及农村集体资产等入股乡村旅游合作社、旅游企业等获得收益,鼓励企业实行保底分红。支持在贫困地区实施一批以乡村民宿改造提升为重点的旅游扶贫项目,引导贫困群众对闲置农房升级改造,指导各地在明晰产权的基础上,建立有效的带贫减贫机制,增加贫困群众收益。支持当地村民和回乡人员创业,参与乡村旅游经营和服务。鼓励乡村旅游企业优先吸纳当地村民就业。(文化和旅游部、农业农村部、自然资源部、林草局、国务院扶贫办按职责分工负责)

七、整合资金资源,强化要素保障

(十六)完善财政投入机制

加大对乡村旅游项目的资金支持力度。鼓励有条件、有需求的地方统筹利用现有资金渠道,积极支持提升村容村貌,改善乡村旅游重点村道路、停车场、厕所、垃圾污水处理等基础服务设施。按规定统筹的相关涉农资金可以用于培育发展休闲农业和乡村旅游。(财政部、发展改革委、农业农村部按职责分工负责)

(十七)加强用地保障

各地应将乡村旅游项目建设用地纳入国土空间规划和年度土地利用计划统筹安排。在符合生态环境保护要求和相关规划的前提下,鼓励各地按照相关规定,盘活农村闲置建设用地资源,开展城乡建设用地增减挂钩,优化建设用地结构和布局,促进休闲农业和乡村旅游发展,提高土地节约集约利用水平。鼓励通过流转等方式取得属于文物建筑的农民房屋及宅基地使用权,统一保护开发利用。在充分保障农民宅基地用益物权的前提下,探索农村集体经济组织以出租、入股、合作等方式盘活利用闲置宅基地和农房,按照规划要求和用地标准,改造建设乡村旅游接待和活动场所。支持历史遗留工矿废弃地再利用、荒滩等未利用土地开发乡村旅游。(自然资源部、住房城乡建设部、生态环境部、农业农村部、林草局按职责分工负责)

(十八)加强金融支持

鼓励金融机构为乡村旅游发展提供信贷支持,创新金融产品,降低贷款门槛,简化贷款手续,加大信贷投放力度,扶持乡村旅游龙头企业发展。依法合规推进农村承包土地的经营权、农民住房财产权抵押贷款业务,积极推进集体林权抵押贷款、旅游门票收益权质押贷款业务,扩大乡村旅游融资规模,鼓励乡村旅游经营户通过小额贷款、保证保险实现融资。鼓励保险业向乡村旅游延伸,探索支持乡村旅游的保险产品。(财政部、自然资源部、人民银行、银保监会按职责分工负责)

(十九)加强人才队伍建设

将乡村旅游纳入各级乡村振兴干部培训计划,加强对县、乡镇党政领导发展乡村旅游的专题培训。通过专题培训、送教上门、结对帮扶等方式,开展多层次、多渠道的乡村旅游培训。各级人社、农业农村、文化和旅游、扶贫等部门要将乡村旅游人才培育纳入培训计划,加大对乡村旅游的管理人员、服务人员的技能培训,培养结构合理、素质较高的乡村旅游从业人员队伍。开展乡村旅游创客行动,组织引导大学生、文化艺术人才、专业技术人员、青年创业团队等各类"创客"投身乡村旅游发展,促进人才向乡村流动,改善乡村旅游人才结构。(文化和旅游部、人力资源社会保障部、农业农村部、国务院扶贫办按职责分工负责)

各地各部门要把乡村旅游可持续、高质量发展作为实施乡村振兴战略的重要举措,统筹乡村旅游发展工作,结合实际出台落实意见或实施方案,明确部门工作职责,建立督导机制,形成推动乡村旅游发展的强大合力,推动各项任务贯彻落实。

关于印发《促进乡村旅游发展提质升级行动方案(2018年—2020年)》的通知

发改综合〔2018〕1465号

各省、自治区、直辖市及计划单列市、新疆生产建设兵团发展改革委、财政厅(局)、人力资源社会保障厅(局)、自然资源主管部门、环境保护厅(局)、住房城乡建设厅(规划国土委、规划局、规划国土局)、交通运输厅(局、委)、农业(农牧、农村经济)厅(局、委、办)、旅游局(旅发委)、卫生计生委、人民银行上海总部、各分行营业管理部、各省会(首府)城市中心支行、各副省级城市中心支行、市场监督管理部门、银监局：

  为进一步促进乡村旅游发展提质扩容，发挥乡村旅游对促进消费、改善民生、推动高质量发展的重要带动作用，国家发展改革委会同有关部门共同研究制定了《促进乡村旅游发展提质升级行动方案(2018年—2020年)》。现印发你们，请认真贯彻实施。

  附件：促进乡村旅游发展提质升级行动方案(2018年—2020年)

国家发展改革委
财政部
人力资源社会保障部
自然资源部
生态环境部
住房城乡建设部
交通运输部
农业农村部
文化和旅游部
国家卫生健康委
人民银行
市场监管总局
银保监会
2018年10月10日

促进乡村旅游发展提质升级行动方案
（2018年—2020年）

乡村旅游市场需求旺盛、富民效果突出、发展潜力巨大，是新时代促进居民消费扩大升级、实施乡村振兴战略、推动高质量发展的重要途径。近年来，我国在扩大乡村旅游规模、提升乡村旅游品质等方面取得了显著成效，但持续推动乡村旅游发展仍面临较多制约，突出表现在部分地区乡村旅游外部连接景区道路、停车场等基础设施建设滞后，垃圾和污水等农村人居环境整治历史欠账多，乡村民宿、农家乐等产品和服务标准不完善，社会资本参与乡村旅游建设意愿不强、融资难度较大。为贯彻落实党的十九大和十九届二中、三中全会精神，加快推进乡村旅游提质扩容，进一步发挥乡村旅游对促进消费、改善民生、推动高质量发展的重要带动作用，特制定如下行动方案。

一、补齐乡村旅游道路和停车设施建设短板

（一）推进全国乡村旅游道路建设。结合"四好农村路"建设，统筹考虑全国乡村旅游道路发展，完善农村公路网络布局，加快乡镇、建制村硬化路"畅返不畅"整治，优化通建制村硬化路路线走向，尽可能串联带通更多自然村，推进较大自然村通硬化路建设，加快提升改造低等级农村公路。（地方有关部门，发展改革委、交通运输部、住房城乡建设部、自然资源部按职责分工负责）

加大对乡村旅游公路建设的支持力度。对符合条件的贫困地区乡村公路建设列入中央预算内投资计划予以支持。贫困县可按要求统筹整合使用财政涉农资金，加大对符合条件的乡村旅游道路建设的支持力度。（地方有关部门，发展改革委、交通运输部、财政部按职责分工负责）

（二）支持乡村旅游停车设施改造提升。修订《城市停车场建设专项债券发行指引》，将专项债券适用范围扩大至乡村旅游停车设施。（地方有关部门，发展改革委）

以县域为单元统筹布局县城、乡镇、景区及特色保护类村庄内停车设施。鼓励在有条件的农村公路周边设置交通驿站等服务设施，综合考虑停车等方面需求。以集约复合利用为主要导向，充分利用地下空间建设停车设施，加强乡村旅游高峰期停车管理，加大车位智慧停车引导服务。（地方有关部门，发展改革委、交通运输部、住房城乡建设部、自然资源部、文化和旅游部按职责分工负责）

（三）加大对乡村旅游基础设施建设的用地支持。各地区在编制和实施土地利用总体规划中，乡（镇）土地利用总体规划可以预留少量（不超过5%）规划建设用地指标，用于零星分散的单独选址乡村旅游设施等建设。（地方有关部门，自然资源部、交通运输部、农业农村部按职责分工负责）

农村集体经济组织可以依法使用自有建设用地自办或以土地使用权入股、联营等方式与

其他单位和个人共同参与乡村旅游基础设施建设。(地方有关部门,自然资源部、农业农村部按职责分工负责)

对使用"四荒地"及石漠化、边远海岛建设的乡村旅游项目,优先安排新增建设用地计划指标,出让底价可按不低于土地取得成本、土地前期开发成本和按规定应收取相关费用之和的原则确定。(地方有关部门,自然资源部、农业农村部按职责分工负责)

经市县发展改革、住房城乡建设、农业农村、文化和旅游等主管部门认定为仅在年度内特定旅游季节使用土地的乡村旅游停车设施,自然资源主管部门在相关设施不使用永久基本农田、不破坏生态与景观环境、不影响地质安全、不影响农业种植、不硬化地面、不建设永久设施的前提下,可不征收(收回)、不转用,按现用途管理。超出特定旅游季节未恢复原状的,由市县发展改革、住房城乡建设、农业农村、文化和旅游等主管部门责令恢复原状。(地方有关部门,自然资源部、发展改革委、住房城乡建设部、农业农村部、文化和旅游部按职责分工负责)

(四)加大对贫困地区旅游基础设施建设项目推进力度。实施"三区三州"等深度贫困地区旅游基础设施改造升级行动计划,在"十三五"文化旅游提升工程中增补一批旅游基建投资项目,专项用于支持"三区三州"等深度贫困地区旅游基础设施和公共服务设施建设。(地方有关部门,发展改革委、财政部、交通运输部、文化和旅游部按职责分工负责)

二、推进垃圾和污水治理等农村人居环境整治

(五)建立垃圾和污水处理农户付费制度。在已实行垃圾和污水集中处理的农村地区,探索建立农户付费制度,综合考虑当地经济发展水平、农户承受能力、垃圾和污水处理成本等因素,合理确定收费标准,促进乡村环境改善。(地方有关部门,发展改革委、住房城乡建设部、农业农村部、财政部、生态环境部按职责分工负责)

(六)大力推进乡村旅游垃圾资源化利用与无害化处理。探索乡村旅游垃圾减量化和资源化处理"分类收集、定点投放、分拣清运、回收利用、分类处理"模式。完善垃圾收运体系,全面推行垃圾就地减量化与分类收集,对乡村旅游建设、经营中产生的易腐垃圾、煤渣灰土、建筑垃圾等分类处理并就地消纳,重点建设垃圾收集站、中转站等收转运基础设施。加大农村地区存量垃圾治理力度,开展非正规垃圾堆放点整治,坚决遏止出租、承租土地填埋垃圾牟利等行为,优先开展乡村旅游景区、水源地、城乡结合部等重点区域的治理工作。(地方有关部门,住房城乡建设部、农业农村部、发展改革委、生态环境部按职责分工负责)

(七)梯次推进农村生活污水处理。根据农村不同区位条件、村庄人口聚集程度、污水产生规模,采用污染治理与资源利用相结合、工程措施与生态措施相结合、集中与分散相结合的建设模式和处理工艺。推动有条件的城镇污水管网向周边村庄延伸覆盖。积极推广低成本、低能耗、易维护、高效率的污水处理技术,鼓励采用生态处理工艺。加强生活污水源头减量和尾水回收利用。(地方有关部门,生态环境部、农业农村部、住房城乡建设部、发展改革委按职责分工负责)

(八)持续推进厕所革命。合理选择改厕模式,加快推进户用卫生厕所建设和改造,同步开展厕所粪污治理。引导人口规模较大、乡村旅游发展较快的村庄,配套建设无害化公共厕所。大力推进农村公共厕所建设,提升规范化服务管理能力,积极实施公厕生态化改造。研究修订卫生厕所技术标准和相关规范,鼓励各地区研发推广适合不同地区、不同条件的改厕

技术和无害化处理模式。探索建立运营管护体系,妥善解决改厕后管护维修、粪污处理等问题。鼓励各地结合实际将厕所粪污、畜禽养殖废弃物一并处理和资源化利用。(地方有关部门,文化和旅游部、住房城乡建设部、农业农村部、发展改革委、卫生健康委按职责分工负责)

三、建立健全住宿餐饮等乡村旅游产品和服务标准

(九)规范民宿、农家乐等乡村旅游服务标准。推动落实农家乐(民宿)建筑防火导则,提升消防安全管理水平。鼓励地方针对民宿、农家乐的实际情况制定针对性强、操作性强、保障安全的技术规范标准。(地方有关部门,住房城乡建设部、文化和旅游部、农业农村部按职责分工负责)

(十)完善乡村旅游基础设施的服务配套标准。出台适宜乡村旅游公路和停车设施的建设规范和运营管理标准。完善标识标牌、交通旅游驿站、公厕等基础设施和公共服务配套,提升旅游承载能力。(地方有关部门,文化和旅游部、发展改革委、交通运输部、住房城乡建设部、财政部按职责分工负责)

(十一)健全标准强化乡村旅游市场监管。加快乡村旅游行业信用体系建设,建立乡村旅游主体信用档案,将相关信用信息纳入全国信用信息共享平台,并将涉市场主体行政许可、行政处罚等信息通过"信用中国"网站、国家企业信用信息公示系统予以公示,动态梳理乡村旅游红黑名单,建立联合激励和惩戒机制,并对乡村旅游经营主体进行公共信用综合评价。推进乡村旅游标准化试点工作,推动建设乡村旅游相关服务标准,提升乡村旅游的管理和服务水平。(地方有关部门,发展改革委、文化和旅游部、农业农村部、市场监管总局按职责分工负责)

四、鼓励引导社会资本参与乡村旅游发展建设

(十二)创新社会资本参与方式。鼓励和引导民间投资通过PPP、公建民营等方式参与有一定收益的乡村基础设施建设和运营。引导金融机构依法合规创新金融产品和服务模式,扩展乡村旅游经营主体融资渠道,在防范风险的前提下降低融资条件和门槛,服务乡村旅游发展。(地方有关部门,发展改革委、财政部、文化和旅游部、人民银行、银保监会按职责分工负责)

(十三)规范农户、村集体等参与乡村旅游服务设施建设。扶持有条件的农户修缮、改造自有住房发展民宿。鼓励城镇有意愿的组织和个人通过租赁民房开办民宿。支持农村集体经济组织以出租、合作等方式盘活利用空闲农房及宅基地,改造建设乡村旅游活动场所。(地方有关部门,农业农村部、自然资源部、住房城乡建设部、文化和旅游部按职责分工负责)

五、加大对乡村旅游发展的配套政策支持

(十四)因地制宜推进乡村旅游特色发展。根据区域特点和资源禀赋,以市场为导向,科学规划,积极开发特色化、差异化、多样化的乡村旅游产品,防止大拆大建、千村一面和城市化翻版、简单化复制,避免低水平同质化竞争。加强乡村传统文化的传承、保护与利用。(地方有关部门,文化和旅游部、发展改革委按职责分工负责)

(十五)加大对乡村旅游债券融资支持力度。支持乡村旅游企业依法合规发行旅游产业

专项债券、短期融资券和中期票据等非金融企业债券融资工具,进行直接融资,在坚决遏制隐性债务增量的前提下,支持乡村旅游产业发展,满足乡村旅游多样化资金需求。(地方有关部门,发展改革委、人民银行按职责分工负责)

(十六)探索建立乡村旅游产业投资基金。充分发挥政府资金引导作用,有条件的地方可结合实际情况设立以社会资本为主体、市场化运作的社会领域相关产业投资基金,以市场化运作方式投资乡村旅游精品建设。(地方有关部门,发展改革委)

(十七)加大对乡村旅游贷款支持力度。引导金融机构对乡村旅游企业发放中长期贷款。拓宽抵押担保物范围,依法合规探索开展景区企业经营权和门票收费权质押贷款业务,鼓励开展林业经营主体的林权抵押贷款业务。(地方有关部门,人民银行、银保监会按职责分工负责)

(十八)加强乡村旅游人才培养引进力度。加大本地乡村旅游带头人培养力度,建立健全对口帮扶制度,探索通过政府购买服务等方式对本地乡村旅游从业人员定期开展服务技能、市场营销等培训。重点吸引大学生村官、乡村旅游管理和专业人才、旅游职业经理人等群体回乡创业,以及规划建筑等设计人员下乡,在人才待遇、发展机会等方面给予支持。(地方有关部门,文化和旅游部、人力资源社会保障部、发展改革委、农业农村部、住房城乡建设部按职责分工负责)

各地区、各部门要充分认识发展乡村旅游提质扩容对推动实现高质量发展、更好满足人民日益增长的美好生活需要具有重要作用,形成促进乡村旅游发展提质扩容的合力,2018年底前各项任务取得积极进展。各地有关部门要在地方政府统一领导下,因地制宜,制定乡村旅游提质扩容具体实施方案,明确时间表、路线图和责任主体,推进各项行动任务早落实、早见效,实现本地区乡村旅游发展提质升级。各相关部门要按照职责分工,密切配合、重点突破,加强对地方的工作指导,着力营造乡村旅游良好发展环境。

中央农村工作领导小组办公室 农业农村部关于进一步加强农村宅基地管理的通知

中农发〔2019〕11号

各省、自治区、直辖市和新疆生产建设兵团党委农办,农业农村(农牧)厅(局、委):

宅基地是保障农民安居乐业和农村社会稳定的重要基础。加强宅基地管理,对于保护农民权益、推进美丽乡村建设和实施乡村振兴战略具有十分重要的意义。由于多方面原因,当前农村宅基地管理比较薄弱,一些地方存在超标准占用宅基地、违法违规买卖宅基地、侵占耕地建设住宅等问题,损害农民合法权益的现象时有发生。按照本轮机构改革和新修订的土地管理法规定,农业农村部门负责宅基地改革和管理有关工作,为切实加强农村宅基地管理,现就有关要求通知如下。

一、切实履行部门职责

农村宅基地管理和改革是党和国家赋予农业农村部门的重要职责,具体承担指导宅基地分配、使用、流转、纠纷仲裁管理和宅基地合理布局、用地标准、违法用地查处,指导闲置宅基地和闲置农房利用等工作。各级农业农村部门要充分认识加强宅基地管理工作的重要意义,在党委政府的统一领导下,主动担当,做好工作衔接,健全机构队伍,落实保障条件,系统谋划工作,创新方式方法,全面履职尽责,保持工作的连续性、稳定性,防止出现弱化宅基地管理的情况。要主动加强与自然资源、住房城乡建设等部门的沟通协调,落实宅基地用地指标,建立国土空间规划、村庄规划、宅基地确权登记颁证、农房建设等资源信息共享机制,做好宅基地审批管理与农房建设、不动产登记等工作的有序衔接。

二、依法落实基层政府属地责任

建立部省指导、市县主导、乡镇主责、村级主体的宅基地管理机制。宅基地管理工作的重心在基层,县乡政府承担属地责任,农业农村部门负责行业管理,具体工作由农村经营管理部门承担。随着农村改革发展的不断深入,基层农村经营管理部门的任务越来越重,不仅承担农村土地承包管理、新型农业经营主体培育、集体经济发展和资产财务管理等常规工作,还肩负着农村土地制度、集体产权制度和经营制度的改革创新等重要职责,本轮机构改革后,又增加了宅基地管理、乡村治理等重要任务。但是,当前基层农村经营管理体系不健全、队伍不稳定、力量不匹配、保障不到位等问题十分突出。这支队伍有没有、强不强直接决定着农村改革能否落实落地和农民合法权益能否得到切实维护。县乡政府要强化组织领导,切实加强基层农村经营管理体系的建设,加大支持力度,充实力量,落实经费,改善条件,确保工作有人干、责任有人负。

按照新修订的土地管理法规定,农村村民住宅用地由乡镇政府审核批准。乡镇政府要因地制宜探索建立宅基地统一管理机制,依托基层农村经营管理部门,统筹协调相关部门宅基地用地审查、乡村建设规划许可、农房建设监管等职责,推行一个窗口对外受理、多部门内部联动运行,建立宅基地和农房乡镇联审联办制度,为农民群众提供便捷高效的服务。要加强对宅基地申请、审批、使用的全程监管,落实宅基地申请审查到场、批准后丈量批放到场、住宅建成后核查到场等"三到场"要求。要开展农村宅基地动态巡查,及时发现和处置涉及宅基地的各类违法行为,防止产生新的违法违规占地现象。要指导村级组织完善宅基地民主管理程序,探索设立村级宅基地协管员。

三、严格落实"一户一宅"规定

宅基地是农村村民用于建造住宅及其附属设施的集体建设用地,包括住房、附属用房和庭院等用地。农村村民一户只能拥有一处宅基地,面积不得超过本省、自治区、直辖市规定的标准。农村村民应严格按照批准面积和建房标准建设住宅,禁止未批先建、超面积占用宅基地。经批准易地建造住宅的,应严格按照"建新拆旧"要求,将原宅基地交还村集体。农村村民出卖、出租、赠与住宅后,再申请宅基地的,不予批准。对历史形成的宅基地面积超标和"一户多宅"等问题,要按照有关政策规定分类进行认定和处置。人均土地少、不能保障一户拥有一处宅基地的地区,县级人民政府在充分尊重农民意愿的基础上,可以采取措施,按照省、自治区、直辖市规定的标准保障农村村民实现户有所居。

四、鼓励节约集约利用宅基地

严格落实土地用途管制,农村村民建住宅应当符合乡(镇)土地利用总体规划、村庄规划。合理安排宅基地用地,严格控制新增宅基地占用农用地,不得占用永久基本农田;涉及占用农用地的,应当依法先行办理农用地转用手续。城镇建设用地规模范围外的村庄,要通过优先安排新增建设用地计划指标、村庄整治、废旧宅基地腾退等多种方式,增加宅基地空间,满足符合宅基地分配条件农户的建房需求。城镇建设用地规模范围内,可以通过建设农民公寓、农民住宅小区等方式,满足农民居住需要。

五、鼓励盘活利用闲置宅基地和闲置住宅

鼓励村集体和农民盘活利用闲置宅基地和闲置住宅,通过自主经营、合作经营、委托经营等方式,依法依规发展农家乐、民宿、乡村旅游等。城镇居民、工商资本等租赁农房居住或开展经营的,要严格遵守合同法的规定,租赁合同的期限不得超过二十年。合同到期后,双方可以另行约定。在尊重农民意愿并符合规划的前提下,鼓励村集体积极稳妥开展闲置宅基地整治,整治出的土地优先用于满足农民新增宅基地需求、村庄建设和乡村产业发展。闲置宅基地盘活利用产生的土地增值收益要全部用于农业农村。在征得宅基地所有权人同意的前提下,鼓励农村村民在本集体经济组织内部向符合宅基地申请条件的农户转让宅基地。各地可探索通过制定宅基地转让示范合同等方式,引导规范转让行为。转让合同生效后,应及时办理宅基地使用权变更手续。对进城落户的农村村民,各地可以多渠道筹集资金,探索通过多种方式鼓励其自愿有偿退出宅基地。

六、依法保护农民合法权益

要充分保障宅基地农户资格权和农民房屋财产权。不得以各种名义违背农民意愿强制流转宅基地和强迫农民"上楼",不得违法收回农户合法取得的宅基地,不得以退出宅基地作为农民进城落户的条件。严格控制整村撤并,规范实施程序,加强监督管理。宅基地是农村村民的基本居住保障,严禁城镇居民到农村购买宅基地,严禁下乡利用农村宅基地建设别墅大院和私人会馆。严禁借流转之名违法违规圈占、买卖宅基地。

七、做好宅基地基础工作

各级农业农村部门要结合国土调查、宅基地使用权确权登记颁证等工作,推动建立农村宅基地统计调查制度,组织开展宅基地和农房利用现状调查,全面摸清宅基地规模、布局和利用情况。逐步建立宅基地基础信息数据库和管理信息系统,推进宅基地申请、审批、流转、退出、违法用地查处等的信息化管理。要加强调查研究,及时研究解决宅基地管理和改革过程中出现的新情况新问题,注意总结基层和农民群众创造的好经验好做法,落实新修订的土地管理法规定,及时修订完善各地宅基地管理办法。要加强组织领导,强化自身建设,加大法律政策培训力度,以工作促体系建队伍,切实做好宅基地管理工作。

中央农村工作领导小组办公室　农业农村部
2019 年 9 月 11 日

农业农村部　自然资源部关于规范农村宅基地审批管理的通知

农经发〔2019〕6号

各省、自治区、直辖市农业农村(农牧)厅(局、委)、自然资源主管部门，新疆生产建设兵团农业农村局、自然资源局：

为贯彻党和国家机构改革精神，落实新修订的土地管理法有关要求，深化"放管服"改革，进一步加强部门协作配合，落实属地管理责任，现就规范农村宅基地用地建房申请审批有关事项通知如下。

一、切实履行部门职责

农村宅基地用地建房审批管理事关亿万农民居住权益，涉及农业农村、自然资源等部门。各级农业农村、自然资源部门要增强责任意识和服务意识，按照部门职能和国务院"放管服"改革要求，在党委政府的统一领导下，切实履行各自职责。农业农村部门负责农村宅基地改革和管理工作，建立健全宅基地分配、使用、流转、违法用地查处等管理制度，完善宅基地用地标准，指导宅基地合理布局、闲置宅基地和闲置农房利用；组织开展农村宅基地现状和需求情况统计调查，及时将农民建房新增建设用地需求通报同级自然资源部门；参与编制国土空间规划和村庄规划。自然资源部门负责国土空间规划、土地利用计划和规划许可等工作，在国土空间规划中统筹安排宅基地用地规模和布局，满足合理的宅基地需求，依法办理农用地转用审批和规划许可等相关手续。各级农业农村、自然资源部门要建立部门协调机制，做好信息共享互通，推进管理重心下沉，共同做好农村宅基地审批和建房规划许可管理工作。

二、依法规范农村宅基地审批和建房规划许可管理

农村村民住宅用地，由乡镇政府审核批准；其中，涉及占用农用地的，依照《土地管理法》第四十四条的规定办理农用地转用审批手续。乡镇政府要切实履行属地责任，优化审批流程，提高审批效率，加强事中事后监管，组织做好农村宅基地审批和建房规划许可有关工作，为农民提供便捷高效的服务。

（一）明确申请审查程序

符合宅基地申请条件的农户，以户为单位向所在村民小组提出宅基地和建房（规划许可）书面申请。村民小组收到申请后，应提交村民小组会议讨论，并将申请理由、拟用地位置和面积、拟建房层高和面积等情况在本小组范围内公示。公示无异议或异议不成立的，村民小组将农户申请、村民小组会议记录等材料交村集体经济组织或村民委员会（以下简称村级组织）审查。村级组织重点审查提交的材料是否真实有效、拟用地建房是否符合村庄规划、是否征求了用地建房相邻权利人意见等。审查通过的，由村级组织签署意见，报送乡镇政府。没有

分设村民小组或宅基地和建房申请等事项已统一由村级组织办理的,农户直接向村级组织提出申请,经村民代表会议讨论通过并在本集体经济组织范围内公示后,由村级组织签署意见,报送乡镇政府。

(二)完善审核批准机制

市、县人民政府有关部门要加强对宅基地审批和建房规划许可有关工作的指导,乡镇政府要探索建立一个窗口对外受理、多部门内部联动运行的农村宅基地用地建房联审联办制度,方便农民群众办事。公布办理流程和要件,明确农业农村、自然资源等有关部门在材料审核、现场勘查等各环节的工作职责和办理期限。审批工作中,农业农村部门负责审查申请人是否符合申请条件、拟用地是否符合宅基地合理布局要求和面积标准、宅基地和建房(规划许可)申请是否经过村组审核公示等,并综合各有关部门意见提出审批建议。自然资源部门负责审查用地建房是否符合国土空间规划、用途管制要求,其中涉及占用农用地的,应在办理农用地转用审批手续后,核发乡村建设规划许可证;在乡、村庄规划区内使用原有宅基地进行农村村民住宅建设的,可按照本省(区、市)有关规定办理规划许可。涉及林业、水利、电力等部门的要及时征求意见。

根据各部门联审结果,由乡镇政府对农民宅基地申请进行审批,出具《农村宅基地批准书》,鼓励地方将乡村建设规划许可证由乡镇一并发放,并以适当方式公开。乡镇要建立宅基地用地建房审批管理台账,有关资料归档留存,并及时将审批情况报县级农业农村、自然资源等部门备案。

(三)严格用地建房全过程管理

全面落实"三到场"要求。收到宅基地和建房(规划许可)申请后,乡镇政府要及时组织农业农村、自然资源部门实地审查申请人是否符合条件、拟用地是否符合规划和地类等。经批准用地建房的农户,应当在开工前向乡镇政府或授权的牵头部门申请划定宅基地用地范围,乡镇政府及时组织农业农村、自然资源等部门到现场进行开工查验,实地丈量批放宅基地,确定建房位置。农户建房完工后,乡镇政府组织相关部门进行验收,实地检查农户是否按照批准面积、四至等要求使用宅基地,是否按照批准面积和规划要求建设住房,并出具《农村宅基地和建房(规划许可)验收意见表》。通过验收的农户,可以向不动产登记部门申请办理不动产登记。各地要依法组织开展农村用地建房动态巡查,及时发现和处置涉及宅基地使用和建房规划的各类违法违规行为。指导村级组织完善宅基地民主管理程序,探索设立村级宅基地协管员。

三、工作要求

各级农业农村、自然资源部门和县乡政府要切实履职尽责,有序开展工作,确保农民住宅建设用地供应、宅基地分配、农民建房规划管理等工作的连续性和稳定性。

(一)建立共同责任机制

按照部省指导、市县主导、乡镇主责、村级主体的要求,各地要建立健全农村宅基地管理机制。省级农业农村、自然资源等部门要主动入位,加强制度建设,完善相关政策,指导和督促基层开展工作。市县政府要加强组织领导,统筹组织协调相关部门、乡镇政府、村级组织依法履行职责。乡镇政府要充实力量,健全机构,切实承担起宅基地审批和管理职责。村级组织要健全宅基地申请审核有关制度,确保宅基地分配使用公开、公平、公正。

(二)优化细化工作流程

各地要对现行宅基地审批和建房规划许可办事指南、申请表单、申报材料清单等进行梳理,参照附件表单(附件1～6),结合本地实际进一步简化和规范申报材料,抓紧细化优化审批流程和办事指南。要加快信息化建设,逐步实现宅基地用地和建房规划许可数字化管理。

(三)严肃工作纪律

坚决杜绝推诿扯皮和不作为、乱作为的现象,防止出现工作"断层""断档"。对工作不力、玩忽职守、滥用职权、徇私舞弊的,要依法严肃追责。

农业农村部　自然资源部

2019 年 12 月 12 日

自然资源部办公厅关于加强村庄规划促进乡村振兴的通知

自然资办发〔2019〕35号

各省、自治区、直辖市自然资源主管部门，新疆生产建设兵团自然资源主管部门：

为促进乡村振兴战略深入实施，根据《中共中央 国务院关于建立国土空间规划体系并监督实施的若干意见》和《中共中央 国务院关于坚持农业农村优先发展做好"三农"工作的若干意见》等文件精神，现就做好村庄规划工作通知如下。

一、总体要求

（一）规划定位。村庄规划是法定规划，是国土空间规划体系中乡村地区的详细规划，是开展国土空间开发保护活动、实施国土空间用途管制、核发乡村建设项目规划许可、进行各项建设等的法定依据。要整合村土地利用规划、村庄建设规划等乡村规划，实现土地利用规划、城乡规划等有机融合，编制"多规合一"的实用性村庄规划。村庄规划范围为村域全部国土空间，可以一个或几个行政村为单元编制。

（二）工作原则。坚持先规划后建设，通盘考虑土地利用、产业发展、居民点布局、人居环境整治、生态保护和历史文化传承。坚持农民主体地位，尊重村民意愿，反映村民诉求。坚持节约优先、保护优先，实现绿色发展和高质量发展。坚持因地制宜、突出地域特色，防止乡村建设"千村一面"。坚持有序推进、务实规划，防止一哄而上，片面追求村庄规划快速全覆盖。

（三）工作目标。力争到2020年底，结合国土空间规划编制在县域层面基本完成村庄布局工作，有条件、有需求的村庄应编尽编。暂时没有条件编制村庄规划的，应在县、乡镇国土空间规划中明确村庄国土空间用途管制规则和建设管控要求，作为实施国土空间用途管制、核发乡村建设项目规划许可的依据。对已经编制的原村庄规划、村土地利用规划，经评估符合要求的，可不再另行编制；需补充完善的，完善后再行报批。

二、主要任务

（四）统筹村庄发展目标。落实上位规划要求，充分考虑人口资源环境条件和经济社会发展、人居环境整治等要求，研究制定村庄发展、国土空间开发保护、人居环境整治目标，明确各项约束性指标。

（五）统筹生态保护修复。落实生态保护红线划定成果，明确森林、河湖、草原等生态空间，尽可能多的保留乡村原有的地貌、自然形态等，系统保护好乡村自然风光和田园景观。加强生态环境系统修复和整治，慎砍树、禁挖山、不填湖，优化乡村水系、林网、绿道等生态空间格局。

（六）统筹耕地和永久基本农田保护。落实永久基本农田和永久基本农田储备区划定成果,落实补充耕地任务,守好耕地红线。统筹安排农、林、牧、副、渔等农业发展空间,推动循环农业、生态农业发展。完善农田水利配套设施布局,保障设施农业和农业产业园发展合理空间,促进农业转型升级。

(七)统筹历史文化传承与保护。深入挖掘乡村历史文化资源,划定乡村历史文化保护线,提出历史文化景观整体保护措施,保护好历史遗存的真实性。防止大拆大建,做到应保尽保。加强各类建设的风貌规划和引导,保护好村庄的特色风貌。

(八)统筹基础设施和基本公共服务设施布局。在县域、乡镇域范围内统筹考虑村庄发展布局以及基础设施和公共服务设施用地布局,规划建立全域覆盖、普惠共享、城乡一体的基础设施和公共服务设施网络。以安全、经济、方便群众使用为原则,因地制宜提出村域基础设施和公共服务设施的选址、规模、标准等要求。

(九)统筹产业发展空间。统筹城乡产业发展,优化城乡产业用地布局,引导工业向城镇产业空间集聚,合理保障农村新产业新业态发展用地,明确产业用地用途、强度等要求。除少量必需的农产品生产加工外,一般不在农村地区安排新增工业用地。

(十)统筹农村住房布局。按照上位规划确定的农村居民点布局和建设用地管控要求,合理确定宅基地规模,划定宅基地建设范围,严格落实"一户一宅"。充分考虑当地建筑文化特色和居民生活习惯,因地制宜提出住宅的规划设计要求。

(十一)统筹村庄安全和防灾减灾。分析村域内地质灾害、洪涝等隐患,划定灾害影响范围和安全防护范围,提出综合防灾减灾的目标以及预防和应对各类灾害危害的措施。

(十二)明确规划近期实施项目。研究提出近期急需推进的生态修复整治、农田整理、补充耕地、产业发展、基础设施和公共服务设施建设、人居环境整治、历史文化保护等项目,明确资金规模及筹措方式、建设主体和方式等。

三、政策支持

(十三)优化调整用地布局。允许在不改变县级国土空间规划主要控制指标情况下,优化调整村庄各类用地布局。涉及永久基本农田和生态保护红线调整的,严格按国家有关规定执行,调整结果依法落实到村庄规划中。

(十四)探索规划"留白"机制。各地可在乡镇国土空间规划和村庄规划中预留不超过5%的建设用地机动指标,村民居住、农村公共公益设施、零星分散的乡村文旅设施及农村新产业新业态等用地可申请使用。对一时难以明确具体用途的建设用地,可暂不明确规划用地性质。建设项目规划审批时落地机动指标、明确规划用地性质,项目批准后更新数据库。机动指标使用不得占用永久基本农田和生态保护红线。

四、编制要求

(十五)强化村民主体和村党组织、村民委员会主导。乡镇政府应引导村党组织和村民委员会认真研究审议村庄规划并动员、组织村民以主人翁的态度,在调研访谈、方案比选、公告公示等各个环节积极参与村庄规划编制,协商确定规划内容。村庄规划在报送审批前应在村内公示30日,报送审批时应附村民委员会审议意见和村民会议或村民代表会议讨论通过的决议。村民委员会要将规划主要内容纳入村规民约。

（十六）开门编规划。综合应用各有关单位、行业已有工作基础，鼓励引导大专院校和规划设计机构下乡提供志愿服务、规划师下乡蹲点，建立驻村、驻镇规划师制度。激励引导熟悉当地情况的乡贤、能人积极参与村庄规划编制。支持投资乡村建设的企业积极参与村庄规划工作，探索规划、建设、运营一体化。

（十七）因地制宜，分类编制。根据村庄定位和国土空间开发保护的实际需要，编制能用、管用、好用的实用性村庄规划。要抓住主要问题，聚焦重点，内容深度详略得当，不贪大求全。对于重点发展或需要进行较多开发建设、修复整治的村庄，编制实用的综合性规划。对于不进行开发建设或只进行简单的人居环境整治的村庄，可只规定国土空间用途管制规则、建设管控和人居环境整治要求作为村庄规划。对于综合性的村庄规划，可以分步编制，分步报批，先编制近期急需的人居环境整治等内容，后期逐步补充完善。对于紧邻城镇开发边界的村庄，可与城镇开发边界内的城镇建设用地统一编制详细规划。各地可结合实际，合理划分村庄类型，探索符合地方实际的规划方法。

（十八）简明成果表达。规划成果要吸引人、看得懂、记得住，能落地、好监督，鼓励采用"前图后则"（即规划图表＋管制规则）的成果表达形式。规划批准之日起20个工作日内，规划成果应通过"上墙、上网"等多种方式公开，30个工作日内，规划成果逐级汇交至省级自然资源主管部门，叠加到国土空间规划"一张图"上。

五、组织实施

（十九）加强组织领导。村庄规划由乡镇政府组织编制，报上一级政府审批。地方各级党委政府要强化对村庄规划工作的领导，建立政府领导、自然资源主管部门牵头、多部门协同、村民参与、专业力量支撑的工作机制，充分保障规划工作经费。自然资源部门要做好技术指导、业务培训、基础数据和资料提供等工作，推动测绘"一村一图""一乡一图"，构建"多规合一"的村庄规划数字化管理系统。

（二十）严格用途管制。村庄规划一经批准，必须严格执行。乡村建设等各类空间开发建设活动，必须按照法定村庄规划实施乡村建设规划许可管理。确需占用农用地的，应统筹农用地转用审批和规划许可，减少申请环节，优化办理流程。确需修改规划的，严格按程序报原规划审批机关批准。

（二十一）加强监督检查。市、县自然资源主管部门要加强评估和监督检查，及时研究规划实施中的新情况，做好规划的动态完善。国家自然资源督察机构要加强对村庄规划编制和实施的督察，及时制止和纠正违反本意见的行为。鼓励各地探索研究村民自治监督机制，实施村民对规划编制、审批、实施全过程监督。

各省（区、市）可按照本意见要求，制定符合地方实际的技术标准、规范和管理要求，及时总结经验，适时开展典型案例宣传和经验交流，共同做好新时代的村庄规划编制和实施管理工作。

自然资源部办公厅
2019年5月29日

自然资源部关于探索利用市场化方式推进矿山生态修复的意见

自然资规〔2019〕6号

各省、自治区、直辖市及计划单列市自然资源主管部门，新疆生产建设兵团自然资源主管部门，国家林业和草原局，中国地质调查局及部其他直属单位，各派出机构，部机关各司局：

为解决矿山生态修复历史欠账多、现实矛盾多、投入不足等突出问题，按照党的十九大"构建政府为主导、企业为主体、社会组织和公众共同参与的环境治理体系"的要求，坚持"谁破坏、谁治理""谁修复、谁受益"原则，通过政策激励，吸引各方投入，推行市场化运作、科学化治理的模式，加快推进矿山生态修复，制定本意见。

一、据实核定矿区土地利用现状地类

地方各级自然资源主管部门要据实调查矿区土地利用现状、权属、合法性。对已有因采矿塌陷确实无法恢复原用途的农用地，经省级自然资源主管部门会同相关部门组织核实并征得土地权利人同意，报自然资源部核定后，可以变更为其他类型农用地或未利用地，涉及耕地的据实统筹进行核减，其中涉及永久基本农田的按规定进行调整补划，并纳入国土空间规划。耕地核减不免除造成塌陷责任人的法定应尽义务。

二、强化国土空间规划管控和引领

市、县级人民政府编制国土空间规划时，应充分考虑历史遗留矿山和正在开采矿山的废弃矿区土地利用现状和开发潜力、土壤环境质量状况、水资源平衡状况、地质环境安全和生态保护修复适宜性等，尊重土地权利人意见，结合生态功能修复和后续资源开发利用、产业发展等需求，按照宜农则农、宜建则建、宜水则水、宜留则留原则，合理确定矿区内各类空间用地的规模、结构、布局和时序，优化国土利用格局，为合理开发和科学利用创造条件。

三、鼓励矿山土地综合修复利用

历史遗留矿山废弃国有建设用地修复后拟改为经营性建设用地的，在符合国土空间规划前提下，可由地方政府整体修复后，进行土地前期开发，以公开竞争方式分宗确定土地使用权人；也可将矿山生态修复方案、土地出让方案一并通过公开竞争方式确定同一修复主体和土地使用权人，并分别签订生态修复协议与土地出让合同。历史遗留矿山废弃国有建设用地修复后拟作为国有农用地的，可由市、县级人民政府或其授权部门以协议形式确定修复主体，双方签订国有农用地承包经营合同，从事种植业、林业、畜牧业或者渔业生产。

对历史遗留矿山废弃土地中的集体建设用地，集体经济组织可自行投入修复，也可吸引社会资本参与。修复后国土空间规划确定为工业、商业等经营性用途，并经依法登记的集体经营性建设用地，土地所有权人可出让、出租用于发展相关产业。

各地依据国土空间规划在矿山修复后的土地上发展旅游产业，建设观光台、栈道等非永久性附属设施，在不占用永久基本农田以及不破坏生态环境、自然景观和不影响地质安全的前提下，其用地可不征收（收回）、不转用，按现用途管理。

四、实行差别化土地供应

各地可依据国土空间规划，利用矿山修复后的国有建设用地发展教育、科研、体育、公共文化、医疗卫生、社会福利等产业，符合《划拨用地目录》的，可按有关规定以划拨方式提供土地使用权，鼓励土地使用人在自愿的前提下，以出让、租赁等有偿方式取得土地使用权。矿山修复后的国有建设用地可采取弹性年期出让、长期租赁、先租后让、租让结合的方式供应。

五、盘活矿山存量建设用地

各地将正在开采矿山依法取得的存量建设用地和历史遗留矿山废弃建设用地修复为耕地的，经验收合格后，可参照城乡建设用地增减挂钩政策，腾退的建设用地指标可在省域范围内流转使用。其中，正在开采的矿山将依法取得的存量建设用地修复为耕地及园地、林地、草地和其他农用地的，经验收合格后，腾退的建设用地指标可用于同一法人企业在省域范围内新采矿活动占用同地类的农用地。

在符合国土空间规划和土壤环境质量要求、不改变土地使用权人的前提下，经依法批准并按市场价补缴土地出让价款后，矿山企业可将依法取得的国有建设用地修复后用于工业、商业、服务业等经营性用途。

六、合理利用废弃矿山土石料

对地方政府组织实施的历史遗留露天开采类矿山的修复，因削坡减荷、消除地质灾害隐患等修复工程新产生的土石料及原地遗留的土石料，可以无偿用于本修复工程；确有剩余的，可对外进行销售，由县级人民政府纳入公共资源交易平台，销售收益全部用于本地区生态修复，涉及社会投资主体承担修复工程的，应保障其合理收益。土石料利用方案和矿山生态修复方案要在科学评估论证基础上，按"一矿一策"原则同步编制，经县级自然资源主管部门报市级自然资源主管部门审查同意后实施。

七、加强监督管理

地方各级自然资源主管部门要加强工作指导，做好日常监督管理，建立健全政府、矿山企业、社会投资方、公众共同参与的监督机制，探索建立修复企业诚信档案和信用积累制度。特别要确保矿山修复形成的耕地及其他农用地质量达到土壤环境质量要求；确保对列入土壤污染风险管控和修复名录的地块，在达到风险管控、修复目标之前，不得调整为住宅、公共管理与公共服务用地。加强对涉及废弃土石料处置项目的监管,防止各类违规违法问题的发生。

各省(区、市)自然资源主管部门可结合当地实际,制定具体实施办法。在实施过程中遇有重大政策问题,及时向部报告。

本文件有效期5年。

自然资源部
2019年12月17日

自然资源部关于加强规划和用地保障支持养老服务发展的指导意见

自然资规〔2019〕3号

各省、自治区、直辖市及计划单列市自然资源主管部门,新疆生产建设兵团自然资源主管部门,部有关直属单位,各派出机构,部机关各司局:

为深入贯彻习近平总书记对加快养老产业发展的重要指示批示精神,认真落实《国务院办公厅关于推进养老服务发展的意见》(国办发〔2019〕5号)的工作部署,围绕居家为基础、社区为依托、机构为补充、医养相结合的养老服务体系建设,合理规划养老服务设施空间布局,切实保障养老服务设施用地,促进养老服务发展,现提出以下指导意见。

一、合理界定养老服务设施用地

(一)明确养老服务设施用地范围。养老服务设施用地是指专门为老年人提供生活照料、康复护理、托管照护、医疗卫生等服务的房屋和场地设施所使用的土地,包括敬老院、老年养护院、养老院等机构养老服务设施的用地,养老服务中心、日间照料中心等社区养老服务设施的用地等。

(二)依法依规确定土地用途和年期。供应养老服务设施用地,应当依据详细规划,对照《土地利用现状分类》国家标准确定土地用途,根据法律法规和相关文件的规定确定土地使用权出让年期等。养老服务设施与其他功能建筑兼容使用同一宗土地的,根据主用途确定该宗地土地用途和土地使用权出让年期。对土地用途确定为社会福利用地,以出让方式供应的,出让年限不得超过50年;以租赁方式供应的,租赁年限不得超过20年。

二、统筹规划养老服务设施用地空间布局

(三)保障养老服务设施规划用地规模。各地要强化国土空间规划统筹协调作用,落实"多规合一",在编制市、县国土空间总体规划时,应当根据本地区人口结构、老龄化发展趋势,因地制宜提出养老服务设施用地的规模、标准和布局原则。对现状老龄人口占比较高和老龄化趋势较快的地区,应适当提高养老服务设施用地比例。各级自然资源主管部门在组织对国土空间总体规划进行审查时要严格把关,确保养老服务设施用地规模达标、布局合理。

(四)统筹落实养老服务设施规划用地。编制详细规划时,应落实国土空间总体规划相关要求,充分考虑养老服务设施数量、结构和布局需求,对独立占地的养老服务设施要明确位置、指标等,对非独立占地的养老服务设施要明确内容、规模等要求,为项目建设提供审核依据。新建城区和新建居住(小)区要按照相应国家标准规范,配套建设养老服务设施,并与住宅同步规划、同步建设、同步验收。已建成城区养老服务设施不足的,应结合城市功能优化和

有机更新等统筹规划,支持盘活利用存量资源改造为养老服务设施,保证老年人就近养老需求。

(五)严格养老服务设施规划许可和核实。市、县自然资源主管部门要严格审查新建住宅项目的建设工程设计方案等,对不符合规划条件、养老服务设施规划设计标准和规范要求的,不予核发建设工程规划许可证,不予通过规划核实。

三、保障和规范养老服务设施用地供应

(六)规范编制养老服务设施供地计划。市、县自然资源主管部门应当根据本地区养老服务需求,分阶段供应国土空间总体规划和详细规划确定的养老服务设施用地,并落实到年度建设用地供应计划,做到应保尽保。具备条件的地区,可在建设用地供应计划中明确拟供应养老服务设施用地的宗地位置、面积、用途等。涉及新增建设用地的,在土地利用年度计划中优先予以安排。

(七)明确用地规划和开发利用条件。敬老院、老年养护院、养老院等机构养老服务设施用地一般应单独成宗供应,用地规模原则上控制在3公顷以内。出让住宅用地涉及配建养老服务设施的,在土地出让公告和合同中应当明确配建、移交的养老服务设施的条件和要求。鼓励养老服务设施用地兼容建设医卫设施,用地规模原则上控制在5公顷以内,在土地出让时,可将项目配套建设医疗服务设施要求作为土地供应条件并明确不得分割转让。

(八)依法保障非营利性养老服务机构用地。市、县自然资源主管部门应结合养老服务设施用地规划布局和建设用地供应计划统筹安排,充分保障非营利性养老服务机构划拨用地需求。以划拨方式取得国有建设用地使用权的,非营利性养老服务机构可凭登记机关发给的社会服务机构登记证书和其他法定材料,向所在地的市、县自然资源主管部门提出建设用地规划许可申请,经有建设用地批准权的人民政府批准后,市、县自然资源主管部门同步核发建设用地规划许可证、国有土地划拨决定书。鼓励非营利性养老服务机构以租赁、出让等有偿使用方式取得国有建设用地使用权,支持政府以作价出资或者入股方式提供土地,与社会资本共同投资建设养老服务项目。

(九)以多种有偿使用方式供应养老服务设施用地。对单独成宗供应的营利性养老服务设施用地,应当以租赁、先租后让、出让方式供应,鼓励优先以租赁、先租后让方式供应。国有建设用地使用权出让(租赁)计划公布后,同一宗养老服务设施用地只有一个意向用地者的,市、县自然资源主管部门可按照协议方式出让(租赁);有两个以上意向用地者的,应当采取招标、拍卖、挂牌方式出让(租赁)。

(十)合理确定养老服务设施用地供应价格。以出让方式供应的社会福利用地,出让底价可按不低于所在级别公共服务用地基准地价的70%确定;基准地价尚未覆盖的地区,出让底价不得低于当地土地取得、土地开发客观费用与相关税费之和。以租赁方式供应的社会福利用地,由当地人民政府制定最低租金标准,并在土地租赁合同中明确租金调整的时间间隔和调整方式。

(十一)规范存量土地改变用途和收益管理。土地使用权人申请改变存量土地用途用于建设养老服务设施,经审查符合详细规划的,市、县自然资源主管部门应依法依规办理土地用途改变手续。建成的养老服务设施由非营利性养老机构使用的,原划拨土地可继续划拨使用,原有偿使用的土地可不增收改变规划条件的地价款等;不符合划拨条件的,原划拨使用的

土地,经市、县人民政府批准,依法办理有偿使用手续,补缴土地出让价款;原有偿使用的土地,土地使用权人可以与市、县自然资源主管部门签订国有建设用地有偿使用合同变更协议或重新签订合同,调整有偿使用价款。

(十二)利用存量资源建设养老服务设施实行过渡期政策。鼓励利用商业、办公、工业、仓储存量房屋以及社区用房等举办养老机构,所使用存量房屋在符合详细规划且不改变用地主体的条件下,可在五年内实行继续按土地原用途和权利类型适用过渡期政策;过渡期满及涉及转让需办理改变用地主体手续的,新用地主体为非营利性的,原划拨土地可继续以划拨方式使用,新用地主体为营利性的,可以按新用途、新权利类型、市场价格,以协议方式办理,但有偿使用合同和划拨决定书以及法律法规等明确应当收回土地使用权的情形除外。

(十三)支持利用集体建设用地发展养老服务设施。农村集体经济组织可依法使用本集体经济组织所有的建设用地自办或以建设用地使用权入股、联营等方式与其他单位和个人共同举办养老服务设施。符合国土空间规划和用途管制要求、依法取得的集体经营性建设用地,土地所有权人可以按照集体经营性建设用地的有关规定,依法通过出让、出租等方式交由养老服务机构用于养老服务设施建设,双方签订书面合同,约定土地使用的权利义务关系。鼓励盘活利用乡村闲置校舍、厂房等建设敬老院、老年活动中心等乡村养老服务设施。

四、加强养老服务设施用地服务和监管

(十四)规范养老服务设施登记。单独成宗的养老服务设施用地应当整宗登记,不得分割登记。新建住宅小区配套养老服务设施竣工后办理首次登记的,配套养老服务设施依据有关规定或者约定正式移交后办理转移登记的,营利性养老机构以有偿取得的土地、设施等资产进行抵押、商业银行向产权明晰的民办养老机构发放资产(设施)抵押贷款办理不动产抵押登记的,整合闲置设施改造为养老服务设施需要办理不动产登记的,不动产登记机构应积极予以办理。

(十五)严格限制养老服务设施用地改变用途。详细规划确定的养老服务设施用地,未经履行法定修改程序不得随意改变土地用途。养老服务机构因自身原因不再使用养老服务设施用地,属于划拨用地的,由市、县政府收回国有建设用地使用权,根据其取得成本、地上建筑物价格评估结果对原土地使用权人给予补偿;属于有偿方式用地的,可以整体转让继续用于养老服务,原土地有偿使用合同中约定的义务由受让人承担,或者由政府收回国有建设用地使用权并给予合理补偿。本文件发布前,土地使用者依法取得的养老服务设施用地,继续按划拨决定书规定或者合同约定管理。

(十六)加强养老服务设施规划和用地监管。市、县自然资源主管部门应当在国有建设用地使用权出让合同或划拨决定书中明确配建养老服务设施的面积、开发投资条件和开发建设周期,以及建成后交付、运营、管理、监管方式等。各级自然资源部门要积极参与跨部门养老服务综合监管制度建设,与相关部门建立养老服务设施规划和用地协同监管机制。养老服务机构用地情况应当纳入土地市场信用体系,实施守信激励、失信惩戒。

本指导意见自下发之日起执行,有效期五年。

自然资源部
2019年11月27日

自然资源部　农业农村部关于设施农业用地管理有关问题的通知

自然资规〔2019〕4号

各省、自治区、直辖市自然资源主管部门、农业农村（农牧、农垦）主管部门，新疆生产建设兵团自然资源主管部门、农业农村主管部门：

随着农业现代化水平不断提升，设施农业生产日益增多，用地面临新的情况和需求。为改进用地管理，建立长效机制，促进现代农业健康发展，现通知如下。

一、设施农业用地包括农业生产中直接用于作物种植和畜禽水产养殖的设施用地。其中，作物种植设施用地包括作物生产和为生产服务的看护房、农资农机具存放场所等，以及与生产直接关联的烘干晾晒、分拣包装、保鲜存储等设施用地；畜禽水产养殖设施用地包括养殖生产及直接关联的粪污处置、检验检疫等设施用地，不包括屠宰和肉类加工场所用地等。

二、设施农业属于农业内部结构调整，可以使用一般耕地，不需落实占补平衡。种植设施不破坏耕地耕作层的，可以使用永久基本农田，不需补划；破坏耕地耕作层，但由于位置关系难以避让永久基本农田的，允许使用永久基本农田但必须补划。养殖设施原则上不得使用永久基本农田，涉及少量永久基本农田确实难以避让的，允许使用但必须补划。

设施农业用地不再使用的，必须恢复原用途。设施农业用地被非农建设占用的，应依法办理建设用地审批手续，原地类为耕地的，应落实占补平衡。

三、各类设施农业用地规模由各省（区、市）自然资源主管部门会同农业农村主管部门根据生产规模和建设标准合理确定。其中，看护房执行"大棚房"问题专项清理整治整改标准，养殖设施允许建设多层建筑。

四、市、县自然资源主管部门会同农业农村主管部门负责设施农业用地日常管理。国家、省级自然资源主管部门和农业农村主管部门负责通过各种技术手段进行设施农业用地监管。设施农业用地由农村集体经济组织或经营者向乡镇政府备案，乡镇政府定期汇总情况后汇交至县级自然资源主管部门。涉及补划永久基本农田的，须经县级自然资源主管部门同意后方可动工建设。

各省（区、市）自然资源主管部门会同农业农村主管部门制定具体实施办法，并报自然资源部备案。《国土资源部　农业部关于进一步支持设施农业健康发展的通知》（国土资发〔2014〕127号）已到期，自动废止。

本通知有效期为5年。

自然资源部　农业农村部
2019年12月17日

农业农村部关于积极稳妥开展农村闲置宅基地和闲置住宅盘活利用工作的通知

农经发〔2019〕4号

各省、自治区、直辖市、计划单列市农业农村(农牧)厅(局、委),新疆生产建设兵团农业农村局:

农村宅基地和住宅是农民的基本生活资料和重要财产,也是农村发展的重要资源。近年来,随着城镇化快速推进,农业转移人口数量不断增加,农村宅基地和住宅闲置浪费问题日益突出。积极稳妥开展农村闲置宅基地和闲置住宅盘活利用工作,对于增加农民收入、促进城乡融合发展和推动乡村振兴具有重要意义。为确保此项工作有序实施、落到实处、惠及农民,现就有关要求通知如下。

一、总体要求

积极稳妥开展农村闲置宅基地和闲置住宅盘活利用工作,要以习近平新时代中国特色社会主义思想为指导,全面贯彻党的十九大和十九届二中、三中全会精神,以提高农村土地资源利用效率、增加农民收入为目标,在依法维护农民宅基地合法权益和严格规范宅基地管理的基础上,探索盘活利用农村闲置宅基地和闲置住宅的有效途径和政策措施,为激发乡村发展活力、促进乡村振兴提供有力支撑。

积极稳妥开展农村闲置宅基地和闲置住宅盘活利用工作,要突出服务乡村振兴。紧紧围绕实施乡村振兴战略,着眼乡村产业发展需求,推动美丽乡村建设。要守住盘活利用底线。严守土地公有制性质不改变、耕地红线不突破、农民利益不受损的底线,符合国家和地方关于宅基地管理、国土空间规划、用途管制、市场监管和传统村落保护等法律法规和政策。要坚持农民主体地位。充分尊重农民意愿,调动农民参与的积极性和主动性,切实保护农民合法权益,千方百计增加农民收入。要注重规划先行要求。与村庄规划相衔接,与乡村产业发展规划相匹配,遵守安全消防规定,符合环保卫生要求,注重绿色发展。要发挥基层首创精神。支持地方大胆创新、积极探索,不搞"一刀切",不得强迫命令。

二、重点工作

(一)因地制宜选择盘活利用模式。各地要统筹考虑区位条件、资源禀赋、环境容量、产业基础和历史文化传承,选择适合本地实际的农村闲置宅基地和闲置住宅盘活利用模式。鼓励利用闲置住宅发展符合乡村特点的休闲农业、乡村旅游、餐饮民宿、文化体验、创意办公、电子商务等新产业新业态,以及农产品冷链、初加工、仓储等一二三产业融合发展项目。支持采取整理、复垦、复绿等方式,开展农村闲置宅基地整治,依法依规利用城乡建设用地增减挂钩、集体经营性建设用地入市等政策,为农民建房、乡村建设和产业发展等提供土地等要素保障。

(二)支持培育盘活利用主体。在充分保障农民宅基地合法权益的前提下,支持农村集体经济组织及其成员采取自营、出租、入股、合作等多种方式盘活利用农村闲置宅基地和闲置住宅。鼓励有一定经济实力的农村集体经济组织对闲置宅基地和闲置住宅进行统一盘活利用。支持返乡人员依托自有和闲置住宅发展适合的乡村产业项目。引导有实力、有意愿、有责任的企业有序参与盘活利用工作。依法保护各类主体的合法权益,推动形成多方参与、合作共赢的良好局面。

(三)鼓励创新盘活利用机制。支持各地统筹安排相关资金,用于农村闲置宅基地和闲置住宅盘活利用奖励、补助等。条件成熟时,研究发行地方政府专项债券支持农村闲置宅基地和闲置住宅盘活利用项目。推动金融信贷产品和服务创新,为农村闲置宅基地和闲置住宅盘活利用提供支持。结合乡村旅游大会、农业嘉年华、农博会等活动,向社会推介农村闲置宅基地和闲置住宅资源。

(四)稳妥推进盘活利用示范。各地要结合实际,选择一批地方党委政府重视、农村集体经济组织健全、农村宅基地管理规范、乡村产业发展有基础、农民群众积极性高的地区,有序开展农村闲置宅基地和闲置住宅盘活利用试点示范。突出乡村产业特色,整合资源创建一批民宿(农家乐)集中村、乡村旅游目的地、家庭工场、手工作坊等盘活利用样板。总结一批可复制、可推广的经验模式,探索一套规范、高效的运行机制和管理制度,以点带面、逐步推开。

(五)依法规范盘活利用行为。各地要进一步加强宅基地管理,对利用方式、经营产业、租赁期限、流转对象等进行规范,防止侵占耕地、大拆大建、违规开发,确保盘活利用的农村闲置宅基地和闲置住宅依法取得、权属清晰。要坚决守住法律和政策底线,不得违法违规买卖或变相买卖宅基地,严格禁止下乡利用农村宅基地建设别墅大院和私人会馆。要切实维护农民权益,不得以各种名义违背农民意愿强制流转宅基地和强迫农民"上楼",不得违法收回农户合法取得的宅基地,不得以退出宅基地作为农民进城落户的条件。对利用闲置住宅发展民宿等项目,要按照2018年中央一号文件要求,尽快研究和推动出台消防、特种行业经营等领域便利市场准入、加强事中事后监管的措施。

三、保障措施

(一)强化组织领导。各地要高度重视农村闲置宅基地和闲置住宅盘活利用工作,加强统筹领导,搞好指导服务,强化部门协调,形成工作合力。要根据本地实际制定具体实施方案、操作细则和配套政策,进一步明确目标任务、主要内容和重点措施,确保盘活利用工作取得实效。

(二)强化政策扶持。各地要认真落实党中央、国务院关于乡村振兴、城乡融合发展、返乡下乡人员创业创新等文件要求,完善适合本地实际的农村闲置宅基地和闲置住宅盘活利用政策,出台扶持措施,简化市场准入,优化登记、备案等手续。要推动做好村庄规划编制、房地一体的宅基地使用权确权登记颁证、农村宅基地和农房调查、农村人居环境整治等基础工作,为盘活利用工作创造有利条件。

（三）强化宣传引导。各地要依托报刊、电视、网络、微博、微信、新闻客户端等媒体，深入宣传和解读农村闲置宅基地和闲置住宅利用法律法规和政策。要组织开展农村闲置宅基地和闲置住宅盘活利用典型案例征集推介活动，宣传盘活利用工作中涌现出的典型，营造良好的社会舆论氛围。

农业农村部

2019 年 9 月 30 日

自然资源部办公厅关于进一步做好村庄规划工作的意见

自然资办发〔2020〕57号

各省、自治区、直辖市自然资源主管部门，新疆生产建设兵团自然资源局：

为深入贯彻十九届五中全会精神，扎实推进乡村振兴战略实施，针对当前村庄规划工作中反映的一些问题，在《关于加强村庄规划促进乡村振兴的通知》（自然资办发〔2019〕35号）基础上，进一步提出以下意见。

一、**统筹城乡发展，有序推进村庄规划编制**。在县、乡镇级国土空间规划中，统筹城镇和乡村发展，合理优化村庄布局。结合考虑县、乡镇级国土空间规划工作节奏，根据不同类型村庄发展需要，有序推进村庄规划编制。集聚提升类等建设需求量大的村庄加快编制，城郊融合类的村庄可纳入城镇控制性详细规划统筹编制，搬迁撤并类的村庄原则上不单独编制。避免脱离实际追求村庄规划全覆盖。

二、**全域全要素编制村庄规划**。以第三次国土调查（下文简称"三调"）的行政村界线为规划范围，对村域内全部国土空间要素作出规划安排。按照《国土空间调查、规划、用途管制用地用海分类指南（试行）》（自然资办发〔2020〕51号），细化现状调查和评估，统一底图底数，并根据差异化管理需要，合理确定村庄规划内容和深度。

三、**尊重自然地理格局，彰显乡村特色优势**。在落实县、乡镇级国土空间总体规划确定的生态保护红线、永久基本农田基础上，不挖山、不填湖、不毁林，因地制宜划定历史文化保护线、地质灾害和洪涝灾害风险控制线等管控边界。以"三调"为基础划好村庄建设边界，明确建筑高度等空间形态管控要求，保护历史文化和乡村风貌。

四、**精准落实最严格的耕地保护制度**。将上位规划确定的耕地保有量、永久基本农田指标细化落实到图斑地块，确保图、数、实地相一致。

五、**统筹县域城镇和村庄规划建设，优化功能布局**。工业布局要围绕县域经济发展，原则上安排在县、乡镇的产业园区；对利用本地资源、不侵占永久基本农田、不破坏自然环境和历史风貌的乡村旅游、农村电商、农产品分拣、冷链、初加工等农村产业业态可根据实际条件就近布局；严格落实"一户一宅"，引导农村宅基地集中布局；强化县城综合服务能力，把乡镇建成服务农民的区域中心，统筹布局村基础设施、公益事业设施和公共设施，促进设施共建共享，提高资源利用节约集约水平。

六、**充分尊重农民意愿**。规划编制和实施要充分听取村民意见，反映村民诉求；规划批准后，组织编制机关应通过"上墙、上网"等多种方式及时公布并长期公开，方便村民了解和查询规划及管控要求。拟搬迁撤并的村庄，要合理把握规划实施节奏，充分尊重农民的意愿，不得强迫农民"上楼"。

七、**加强村庄规划实施监督和评估**。村庄规划批准后，应及时纳入国土空间规划"一张图"实施监督信息系统,作为用地审批和核发乡村建设规划许可证的依据。不单独编制村庄规划的,可依据县、乡镇级国土空间规划的相关要求,进行用地审批和核发乡村建设规划许可证。村庄规划原则上以五年为周期开展实施评估,评估后确需调整的,按法定程序进行调整。上位规划调整的,村庄规划可按法定程序同步更新。在不突破约束性指标和管控底线的前提下,鼓励各地探索村庄规划动态维护机制。

省(自治区、直辖市)自然资源主管部门可根据各地实际,细化具体要求;市县自然资源主管部门要加强对村庄规划工作的指导。本意见执行中遇到的问题,应及时向部报告。

自然资源部办公厅

2020 年 12 月 15 日

关于村庄建设项目施行简易审批的指导意见

发改农经〔2020〕1337号

各省、自治区、直辖市及计划单列市、新疆生产建设兵团发展改革委、自然资源主管部门、农业农村（农牧）厅（局、委）：

人居环境、农村供水、村内道路、文化体育等村庄建设项目量大面广，投资规模较小，技术方案相对简单，建设内容较为单一。对于按照固定资产投资管理的小型村庄建设项目施行简易审批，优化审批程序，简化报批内容，改进审批方式，有利于提高审批实效，节省报批成本，加快项目推进实施，有利于推动生态宜居美丽乡村建设，尽快补上全面小康"三农"领域突出短板。现就村庄建设项目施行简易审批提出以下意见。

一、把握村庄建设项目施行简易审批的基本原则

村庄建设项目施行简易审批，要坚持规划引领、统筹谋划，守好耕地和生态保护红线，合理确定村庄建设项目布局，有序推进美丽乡村建设；坚持务实管用、便捷高效，结合不同地区和领域实际，出台行之有效的操作办法，解决各方面反映突出的难点堵点；坚持依法依规、循序渐进，在法治框架下探索完善优化审批流程和审批内容，并为推进相关政策法规修订积累经验；坚持各方协同、创新模式，通过部门间信息联通和业务协作，构建适应新时代特点的新型审批服务体系。

二、明确简易审批适用范围

根据《政府投资条例》，具有审批权限的地方投资主管部门要会同有关部门，重点围绕生活垃圾污水、厕所粪污处理、村容村貌提升等农村人居环境建设，以及农村供排水、村内道路、文化体育等村庄建设领域，结合本地区实际制定并发布施行简易审批的村庄建设项目范围。鼓励对村域内实施的村庄建设项目施行简易审批。投资规模较大、技术方案相对复杂的工程，以及关系人民群众生命财产安全的房屋修造类、能源类等项目，不得适用简易审批。已经纳入城市一体管理的村庄，按照有关规定执行。

三、简化审批程序和审批环节

对于适用简易审批的政府直接投资项目，地方投资主管部门要简化审批程序，可以采取审批可行性研究报告的方式，合并办理项目建议书、可行性研究报告、初步设计等审批环节。经批准的可行性研究报告，作为项目招标采购、建设实施和竣工验收的依据。对于企业投资项目，项目单位应当按照有关规定办理核准、备案手续。审批、核准、备案等投资决策程序完成后，方可履行资金申请和审批程序，并在资金申请报告中列明项目基本情况、前期工作完成

情况、申请资金的政策依据等内容。各地要依法研究简化项目开工前涉及的用地、规划等审批事项办理程序。使用集体建设用地开展建设的,项目单位无须办理建设项目用地预审与选址意见书。鼓励地方各级政府采取区域综合评估方式,取代对单个项目进行评价,支持采取容缺后补、告知承诺等便利化措施,依法取消和减少村庄建设项目需要办理的审批事项。

四、创新审批服务方式

鉴于适用简易审批村庄建设项目单体规模偏小、技术相对简单,允许地方结合实际,将小型村庄建设项目涉及的审批事项依法委托乡镇政府实施。提倡简化申报材料,实行一窗受理、综合办理,通过并联审批压缩办理时限,探索开展部门联办、全程帮办,切实加快村庄建设项目推动进度。地方投资主管部门应当会同有关部门制定并通过投资项目在线审批监管平台发布和实施村庄建设项目简易审批流程,并探索以互联网、手机 App 等方式,为项目单位提供在线办理、进度查询等服务,不断提升审批服务水平。

五、合理确定前期工作深度要求

对于适用简易审批的村庄建设项目,要在加强论证、确保质量的前提下,根据行业规程规范,区分项目类型明确前期工作深度要求。可行性研究报告一般包括建设内容及规模、建设性质、建设地址、建设工期,布置图,投资规模、资金来源与落实情况,覆盖村组范围及服务人口、管护方式,村民会议或者村民代表会议、村民小组会议决议意见,以及法律法规明确的其他内容。各地不得在法律法规之外,自行设立其他证明材料或审查意见。地方行业主管部门要结合本地区实际和本领域特点,商同级投资主管部门制定可行性研究报告申报范本,允许项目单位自行编制可行性研究报告,鼓励采用表单方式明确文本内容,着力消除模糊和兜底条款,避免机械套用、简单比照城市建设项目。

六、落实国家招标投标等政策规定

严格执行招标投标法及其实施条例、政府采购法及其实施条例以及《必须招标的工程项目规定》(国家发展改革委令 2018 年第 16 号),使用国有资金投资的各类村庄建设项目,施工单项合同估算价不超过 400 万元,重要设备、材料等货物采购单项合同估算价不超过 200 万元,勘察、设计、监理等服务采购单项合同估算价不超过 100 万元的,可依法不进行招标。整县整乡推进的村庄建设项目,其子项目由不同项目法人组织建设实施,且该子项目达不到必须招标的规模标准的,可以不进行招标。对利用扶贫资金实行以工代赈、需要使用农民工等特殊情况,按照国家有关规定可以不进行招标。对于采取招标方式的项目,不得在法律法规外,针对投资规模、工程造价、招标文件编制等设立其他审批审核程序。对于依法不进行招标的项目,要建立完善项目村民决策监督和建设主体责任追究机制,确保项目实施公平公正、公开透明,防止暗箱操作、利益输送等情况发生。要加强项目质量管理,严格按照合同开展验收。

七、发挥村民决策和建设主体作用

谋划实施项目,应当采取座谈调研、入户调查等方式听取村民诉求,充分尊重村民意愿,保障村民参与集体决策。对于安排政府投资资金的村庄建设项目,要综合考虑村庄实际和工作基础,确定项目法人单位。具备条件的,可以由村民委员会、村集体经济组织等作为项目法人。以行政村为基本单元实施的村庄建设项目,鼓励项目法人组织村民投工投劳、就地取材等开展建设。支持将政府投资村庄建设项目产权划归村集体经济组织,由其承担管护责任,鼓励地方对管护费用给予适当补助,并采取"门前三包"、使用者协会等形式,引导受益农民通过认领等方式参与管护,确保村庄建设项目长期有效运行。

八、强化保障措施确保政策落地落实

地方各级投资主管部门会同有关部门要把村庄建设项目施行简易审批摆上议事日程,加强组织领导,深入研究谋划,细化配套措施,以流程优化、内容简化、时限缩减为目标,推动村庄建设项目审批流程再造。地方各级尤其是县级行业主管部门要发挥贴近基层的优势,加强技术服务、工作指导和监督管理,确保村庄建设项目质量。各地要创新监管机制,加强权力运行公开,有效防控项目管理、实施等环节的廉政风险。要及时梳理总结村庄建设项目简易审批方面取得的新进展、新成效,宣传典型案例,推广经验做法,增进村级组织、农民群众等对相关工作的理解支持,为加快村庄建设项目实施,提高农村基础设施水平营造良好氛围。

国家发展改革委
自然资源部
农业农村部
2020 年 8 月 27 日

自然资源部　农业农村部关于保障农村村民住宅建设合理用地的通知

自然资发〔2020〕128号

各省、自治区、直辖市自然资源主管部门、农业农村（农牧）厅（局、委），新疆生产建设兵团自然资源局、农业农村局：

为贯彻落实党中央、国务院决策部署，保障农村村民住宅建设合理用地，针对当前存在的计划指标需求不平衡、指标使用要求不够明确、指标有挪用等问题，现通知如下。

一、**计划指标单列**。各省级自然资源主管部门会同农业农村主管部门，每年要以县域为单位，提出需要保障的农村村民住宅建设用地计划指标需求，经省级政府审核后报自然资源部。自然资源部征求农业农村部意见后，在年度全国土地利用计划中单列安排，原则上不低于新增建设用地计划指标的5％，专项保障农村村民住宅建设用地，年底实报实销。当年保障不足的，下一年度优先保障。

二、**改进农村村民住宅用地的农转用审批**。对农村村民住宅建设占用农用地的，在下达指标范围内，各省级政府可将《土地管理法》规定权限内的农用地转用审批事项，委托县级政府批准。

三、**加强规划管控**。在县、乡级国土空间规划和村庄规划中，要为农村村民住宅建设用地预留空间。已有村庄规划的，要严格落实。没有村庄规划的，要统筹考虑宅基地规模和布局，与未来规划做好衔接。要优先利用村内空闲地，尽量少占耕地。

四、**统一落实耕地占补平衡**。对农村村民住宅建设占用耕地的，县级自然资源主管部门要通过储备补充耕地指标、实施土地整治补充耕地等多种途径统一落实占补平衡，不得收取耕地开垦费。县域范围确实无法落实占补平衡的，可按规定在市域或省域范围内落实。

五、**严格遵守相关规定**。农村村民住宅建设要依法落实"一户一宅"要求，严格执行各省（自治区、直辖市）规定的宅基地标准，不得随意改变。注意分户的合理性，做好与户籍管理的衔接，不得设立互为前置的申请条件。人均土地少、不能保障一户拥有一处宅基地的地区，可以按照《土地管理法》采取措施，保障户有所居。充分尊重农民意愿，不提倡、不鼓励在城市和集镇规划区外拆并村庄、建设大规模农民集中居住区，不得强制农民搬迁和上楼居住。宅基地审批要严格落实《农业农村部　自然资源部关于规范农村宅基地审批管理的通知》（农经发〔2019〕6号）。

各省级自然资源、农业农村主管部门要结合实际制定实施细则。

自然资源部
农业农村部
2020年7月29日

自然资源部　农业农村部关于农村乱占耕地建房"八不准"的通知

自然资发〔2020〕127号

各省、自治区、直辖市自然资源主管部门、农业农村（农牧）厅（局、委），新疆生产建设兵团自然资源局、农业农村局：

近年来，一些地方农村未经批准违法乱占耕地建房问题突出且呈蔓延势头，尤其是强占多占、非法出售等恶意占地建房（包括住宅类、管理类、工商业类等各种房屋）行为，触碰了耕地保护红线，威胁国家粮食安全。习近平总书记等中央领导同志高度重视，多次作出重要指示批示。为贯彻落实党中央、国务院决策部署，坚决遏制农村乱占耕地建房行为，根据法律法规和有关政策，现就农村建房行为进一步明确"八不准"。通知如下。

一、不准占用永久基本农田建房。

二、不准强占多占耕地建房。

三、不准买卖、流转耕地违法建房。

四、不准在承包耕地上违法建房。

五、不准巧立名目违法占用耕地建房。

六、不准违反"一户一宅"规定占用耕地建房。

七、不准非法出售占用耕地建的房屋。

八、不准违法审批占用耕地建房。

各地要深刻认识耕地保护的极端重要性，向社会广泛公告、宣传"八不准"相关规定。地方各级自然资源、农业农村主管部门要在党委和政府的领导下，完善土地执法监管体制机制，加强与纪检监察、法院、检察院和公安机关的协作配合，采取多种措施合力强化日常监管，务必坚决遏制新增农村乱占耕地建房行为。对通知下发后出现的新增违法违规行为，各地要以"零容忍"的态度依法严肃处理，该拆除的要拆除，该没收的要没收，该复耕的要限期恢复耕种条件，该追究责任的要追究责任，做到"早发现、早制止、严查处"，严肃追究监管不力、失职渎职、不作为、乱作为问题，坚决守住耕地保护红线。

自然资源部　农业农村部
2020年7月29日

自然资源部　国家发展改革委　农业农村部关于保障和规范农村一二三产业融合发展用地的通知

自然资发〔2021〕16号

各省、自治区、直辖市自然资源主管部门、发展改革委、农业农村（农牧）厅（局、委），新疆生产建设兵团自然资源局、发展改革委、农业农村局：

为贯彻落实党中央、国务院优先发展农业农村、全面推进乡村振兴的决策部署，发展县域经济，顺应农村产业发展规律，保障农村一二三产业融合发展合理用地需求，为农村产业发展壮大留出用地空间，现通知如下。

一、明确农村一二三产业融合发展用地范围。农村一二三产业融合发展用地是以农业农村资源为依托，拓展农业农村功能，延伸产业链条，涵盖农产品生产、加工、流通、就地消费等环节，用于农产品加工流通、农村休闲观光旅游、电子商务等混合融合的产业用地，土地用途可确定为工业用地、商业用地、物流仓储用地等。

二、引导农村产业在县域范围内统筹布局。把县域作为城乡融合发展的重要切入点，科学编制国土空间规划，因地制宜合理安排建设用地规模、结构和布局及配套公共服务设施、基础设施，有效保障农村产业融合发展用地需要。规模较大、工业化程度高、分散布局配套设施成本高的产业项目要进产业园区；具有一定规模的农产品加工要向县城或有条件的乡镇城镇开发边界内集聚；直接服务种植养殖业的农产品加工、电子商务、仓储保鲜冷链、产地低温直销配送等产业，原则上应集中在行政村村庄建设边界内；利用农村本地资源开展农产品初加工、发展休闲观光旅游而必须的配套设施建设，可在不占用永久基本农田和生态保护红线、不突破国土空间规划建设用地指标等约束条件、不破坏生态环境和乡村风貌的前提下，在村庄建设边界外安排少量建设用地，实行比例和面积控制，并依法办理农用地转用审批和供地手续。具体用地准入条件、退出条件等由各省（区、市）制定，并可根据休闲观光等产业的业态特点和地方实际探索供地新方式。

三、拓展集体建设用地使用途径。农村集体经济组织兴办企业或者与其他单位、个人以土地使用权入股、联营等形式共同举办企业的，可以依据《土地管理法》第六十条规定使用规划确定的建设用地。单位或者个人也可以按照国家统一部署，通过集体经营性建设用地入市的渠道，以出让、出租等方式使用集体建设用地。

四、大力盘活农村存量建设用地。在充分尊重农民意愿的前提下，可依据国土空间规划，以乡镇或村为单位开展全域土地综合整治，盘活农村存量建设用地，腾挪空间用于支持农村产业融合发展和乡村振兴。探索在农民集体依法妥善处理原有用地相关权利人的利益关系后，将符合规划的存量集体建设用地，按照农村集体经营性建设用地入市。在符合国土空间规划前提下，鼓励对依法登记的宅基地等农村建设用地进行复合利用，发展乡村民宿、农产品初加工、电子商务等农村产业。

五、保障设施农业发展用地。支持现代农业发展,农业生产中直接用于作物种植和畜禽水产养殖的设施用地,可按照《关于设施农业用地管理有关问题的通知》(自然资规〔2019〕4号)要求使用。对于作物种植和畜禽水产养殖设施建设对耕地耕作层造成破坏的,应认定为农业设施建设用地并加强管理。农村产业融合发展所需建设用地不符合设施农业用地要求的,应依法办理农用地转用审批手续。

六、优化用地审批和规划许可流程。在村庄建设边界外,具备必要的基础设施条件、使用规划预留建设用地指标的农村产业融合发展项目,在不占用永久基本农田、严守生态保护红线、不破坏历史风貌和影响自然环境安全的前提下,可暂不做规划调整;市县要优先安排农村产业融合发展新增建设用地计划,不足的由省(区、市)统筹解决;办理用地审批手续时,可不办理用地预审与选址意见书;除依法应当以招标拍卖挂牌等方式公开出让的土地外,可将建设用地批准和规划许可手续合并办理,核发规划许可证书,并申请办理不动产登记。

七、强化用地监管。落实最严格的耕地保护制度,坚决制止耕地"非农化"行为,严禁违规占用耕地进行农村产业建设,防止耕地"非粮化",不得造成耕地污染。农村产业融合发展用地不得用于商品住宅、别墅、酒店、公寓等房地产开发,不得擅自改变用途或分割转让转租。各级自然资源主管部门要将农村产业融合发展用地情况纳入国土空间基础信息平台和国土空间规划"一张图"进行动态监管,并结合国土变更调查进行年度评估。各地对村庄建设边界外分散布局的用地管理,要与本通知一致。各省(区、市)要结合实际制定实施细则。

自然资源部
国家发展改革委
农业农村部
2021 年 1 月 28 日

自然资源部 农业农村部 国家林业和草原局
关于严格耕地用途管制有关问题的通知

自然资发〔2021〕166号

各省、自治区、直辖市及新疆生产建设兵团自然资源主管部门、农业农村主管部门、林业和草原主管部门：

去年以来，党中央、国务院连续作出了坚决制止耕地"非农化"、防止耕地"非粮化"的决策部署，但从第三次全国国土调查（以下简称"三调"）、2020年度国土变更调查和督察执法情况看，一些地方违规占用耕地植树造绿、挖湖造景，占用永久基本农田发展林果业和挖塘养鱼，一些工商资本大规模流转耕地改变用途造成耕作层破坏，违法违规建设占用耕地等问题依然十分突出，严重冲击耕地保护红线。为贯彻落实党中央、国务院决策部署，切实落实《中华人民共和国土地管理法》及其实施条例有关规定，严格耕地用途管制，现就有关问题通知如下。

一、**严格落实永久基本农田特殊保护制度**。各地要结合遥感监测和国土变更调查，全面掌握本区域内永久基本农田利用状况。

1. 永久基本农田现状种植粮食作物的，继续保持不变；按照《中华人民共和国土地管理法》第三十三条明确的永久基本农田划定范围，现状种植棉、油、糖、蔬菜等非粮食作物的，可以维持不变，也可以结合国家和地方种粮补贴有关政策引导向种植粮食作物调整。种植粮食作物的情形包括在耕地上每年至少种植一季粮食作物和符合国土调查的耕地认定标准，采取粮食与非粮食作物间作、轮作、套种的土地利用方式。

2. 永久基本农田不得转为林地、草地、园地等其他农用地及农业设施建设用地。严禁占用永久基本农田发展林果业和挖塘养鱼；严禁占用永久基本农田种植苗木、草皮等用于绿化装饰以及其他破坏耕作层的植物；严禁占用永久基本农田挖湖造景、建设绿化带；严禁新增占用永久基本农田建设畜禽养殖设施、水产养殖设施和破坏耕作层的种植业设施。

二、**严格管控一般耕地转为其他农用地**。永久基本农田以外的耕地为一般耕地。各地要认真执行新修订的《中华人民共和国土地管理法实施条例》第十二条关于"严格控制耕地转为林地、草地、园地等其他农用地"的规定。一般耕地主要用于粮食和棉、油、糖、蔬菜等农产品及饲草饲料生产；在不破坏耕地耕作层且不造成耕地地类改变的前提下，可以适度种植其他农作物。

1. 不得在一般耕地上挖湖造景、种植草皮。

2. 不得在国家批准的生态退耕规划和计划外擅自扩大退耕还林还草还湿还湖规模。经批准实施的，应当在"三调"底图和年度国土变更调查结果上，明确实施位置，带位置下达退耕任务。

3. 不得违规超标准在铁路、公路等用地红线外，以及河渠两侧、水库周边占用一般耕地种树建设绿化带。

4.未经批准不得占用一般耕地实施国土绿化。经批准实施的,应当在"三调"底图和年度国土变更调查结果上明确实施位置。

5.未经批准工商企业等社会资本不得将通过流转获得土地经营权的一般耕地转为林地、园地等其他农用地。

6.确需在耕地上建设农田防护林的,应当符合农田防护林建设相关标准。建成后,达到国土调查分类标准并变更为林地的,应当从耕地面积中扣除。

7.严格控制新增农村道路、畜禽养殖设施、水产养殖设施和破坏耕作层的种植业设施等农业设施建设用地使用一般耕地。确需使用的,应经批准并符合相关标准。

考虑到今后生态退耕还要占用一部分耕地,自然灾害损毁还会导致部分耕地不能恢复,河湖水面自然扩大造成耕地永久淹没等因素,不可避免会造成现有耕地减少。为守住18亿亩耕地红线,确保可以长期稳定利用的耕地不再减少,有必要根据本级政府承担的耕地保有量目标,对耕地转为其他农用地及农业设施建设用地实行年度"进出平衡",即除国家安排的生态退耕、自然灾害损毁难以复耕、河湖水面自然扩大造成耕地永久淹没外,耕地转为林地、草地、园地等其他农用地及农业设施建设用地的,应当通过统筹林地、草地、园地等其他农用地及农业设施建设用地整治为耕地等方式,补足同等数量、质量的可以长期稳定利用的耕地。"进出平衡"首先在县域范围内落实,县域范围内无法落实的,在市域范围内落实;市域范围内仍无法落实的,在省域范围内统筹落实。

省级自然资源主管部门要会同有关部门加强指导,严格耕地用途转用监督。县级人民政府要强化县域范围内一般耕地转为其他农用地和农业设施建设用地的统筹安排和日常监管,确保完成本行政区域内规划确定的耕地保有量和永久基本农田保护面积目标。县级人民政府应组织编制年度耕地"进出平衡"总体方案,明确耕地转为林地、草地、园地等其他农用地及农业设施建设用地的规模、布局、时序和年度内落实"进出平衡"的安排,并组织实施。方案编制实施中,要充分考虑养殖用地合理需求;涉及林地、草地整治为耕地的,需经依法依规核定后纳入方案;涉及承包耕地转为林地等其他地类的,经批准后,乡镇人民政府应当指导发包方依法与承包农户重新签订或变更土地承包合同,以及变更权属证书等。自然资源部将通过卫片执法监督等方式定期开展耕地的动态监测监管,及时发现和处理问题;每年末利用年度国土变更调查结果,对各省(区、市)耕地"进出平衡"落实情况进行检查,检查结果纳入省级政府耕地保护责任目标检查考核内容。未按规定落实的,自然资源部将会同有关部门督促整改;整改不力的,将公开通报,并按规定移交相关部门追究相关责任人责任。

三、严格永久基本农田占用与补划。已划定的永久基本农田,任何单位和个人不得擅自占用或者改变用途。非农业建设不得"未批先建"。能源、交通、水利、军事设施等重大建设项目选址确实难以避让永久基本农田的,经依法批准,应在落实耕地占补平衡基础上,按照数量不减、质量不降原则,在可以长期稳定利用的耕地上落实永久基本农田补划任务。

1.建立健全永久基本农田储备区制度。各地要在永久基本农田之外的优质耕地中,划定永久基本农田储备区并上图入库。土地整理复垦开发和新建高标准农田增加的优质耕地应当优先划入永久基本农田储备区。

2.建设项目经依法批准占用永久基本农田的,应当从永久基本农田储备区耕地中补划,储备区中难以补足的,在县域范围内其他优质耕地中补划;县域范围内无法补足的,可在市域范围内补划;个别市域范围内仍无法补足的,可在省域范围内补划。

3. 在土地整理复垦开发和高标准农田建设中,开展必要的灌溉及排水设施、田间道路、农田防护林等配套建设涉及少量占用或优化永久基本农田布局的,要在项目区内予以补划;难以补足的,县级自然资源主管部门要在县域范围内同步落实补划任务。

四、改进和规范建设占用耕地占补平衡。非农业建设占用耕地,必须严格落实先补后占和占一补一、占优补优、占水田补水田,积极拓宽补充耕地途径,补充可以长期稳定利用的耕地。

1. 在符合生态保护要求的前提下,通过组织实施土地整理复垦开发及高标准农田建设等,经验收能长期稳定利用的新增耕地可用于占补平衡。

2. 积极支持在可以垦造耕地的荒山荒坡上种植果树、林木,发展林果业,同时,将在平原地区原地类为耕地上种植果树、植树造林的地块,逐步退出,恢复耕地属性。其中,第二次全国土地调查不是耕地的,新增耕地可用于占补平衡。

3. 除少数特殊紧急的国家重点项目并经自然资源部同意外,一律不得以先占后补承诺方式落实耕地占补平衡责任。经同意以承诺方式落实耕地占补平衡的,必须按期兑现承诺。到期未兑现承诺的,直接从补充耕地储备库中扣减。

4. 垦造的林地、园地等非耕地不得作为补充耕地用于占补平衡。城乡建设用地增减挂钩实施中,必须做到复垦补充耕地与建新占用耕地数量相等、质量相当。

5. 对违法违规占用耕地从事非农业建设,先冻结储备库中违法用地所在地的补充耕地指标,拆除复耕后解除冻结;经查处后,符合条件可以补办用地手续的,直接扣减储备库内同等数量、质量的补充耕地指标,用于占补平衡。

6. 县域范围内难以落实耕地占补平衡的,省级自然资源主管部门要加大补充耕地指标省域内统筹力度,保障重点建设项目及时落地。

国家建立统一的补充耕地监管平台,严格补充耕地监管。所有补充耕地项目和跨区域指标交易全部纳入监管平台,实行所有补充耕地项目报部备案并逐项目复核,实施补充耕地立项、验收、管护等全程监管,并主动公开补充耕地信息,接受社会监督。

五、严肃处置违法违规占用耕地问题。各地要按照坚决止住新增、稳妥处置存量的原则,对于2020年9月10日《国务院办公厅关于坚决制止耕地"非农化"行为的通知》(国办发明电〔2020〕24号)和2020年11月4日《国务院办公厅关于防止耕地"非粮化"稳定粮食生产的意见》(国办发〔2020〕44号)印发之前,将耕地转为林地、草地、园地等其他农用地的,应根据实际情况,稳妥审慎处理,不允许"简单化""一刀切",统一强行简单恢复为耕地。两"通知"印发后,违反"通知"精神,未经批准改变永久基本农田耕地地类的,应稳妥处置并整改恢复为耕地;未经批准改变一般耕地地类的,原则上整改恢复为耕地,确实难以恢复的,由县级人民政府统一组织落实耕地"进出平衡",省级自然资源主管部门会同有关部门督促检查。对于违法违规占用耕地行为,要依法依规严肃查处,涉嫌犯罪的,及时移送司法机关追究刑事责任。对于实质性违法建设行为,要从重严处。

本通知印发后,各地应进一步细化耕地转为林地、草地、园地等其他农用地及农业设施建设用地的管制措施,全面实施耕地用途管制。占用耕地实施国土绿化(含绿化带),将耕地转为农业设施建设用地,将流转给工商企业等社会资本的耕地转为林地、园地等其他农用地的,涉及农村集体土地的,经承包农户书面同意,由发包方向乡镇人民政府申报,其他土地由实施单位或经营者向乡镇人民政府申报,乡镇人民政府提出落实耕地"进出平衡"的意见,并报县级人民政府纳入年度耕地"进出平衡"总体方案后实施。具体办法由省、自治区、直辖市规定。

部(局)以往文件规定与本通知不一致的,以本通知为准。

自然资源部
农业农村部
国家林业和草原局
2021年11月27日

文化和旅游部　教育部　自然资源部　农业农村部　国家乡村振兴局　国家开发银行关于推动文化产业赋能乡村振兴的意见

文旅产业发〔2022〕33号

为全面贯彻乡村振兴战略，落实《中共中央　国务院关于做好2022年全面推进乡村振兴重点工作的意见》提出的"启动实施文化产业赋能乡村振兴计划"，以文化产业赋能乡村经济社会发展，制定本意见。

一、总体要求

（一）指导思想。以习近平新时代中国特色社会主义思想为指导，全面系统学习贯彻习近平总书记关于"三农"工作的重要论述，全面贯彻党的十九大和十九届历次全会精神，准确把握乡村振兴战略的科学内涵，围绕立足新发展阶段、贯彻新发展理念、构建新发展格局、推动高质量发展，实现巩固拓展脱贫攻坚成果同乡村振兴有效衔接，促进共同富裕，牢牢守住保障国家粮食安全和不发生规模性返贫两条底线，强化以城带乡、城乡互促，以文化产业赋能乡村人文资源和自然资源保护利用，促进一二三产业融合发展，贯通产加销、融合农文旅，传承发展农耕文明，激发优秀传统乡土文化活力，助力实现乡村产业兴旺、生态宜居、乡风文明、治理有效、生活富裕，为全面推进乡村振兴、加快农业农村现代化作出积极贡献。

（二）基本原则。

文化引领、产业带动。以社会主义核心价值观为引领，统筹优秀传统乡土文化保护传承和创新发展，充分发挥文化赋能作用，推动文化产业人才、资金、项目、消费下乡，促进创意、设计、音乐、美术、动漫、科技等融入乡村经济社会发展，挖掘提升乡村人文价值，增强乡村审美韵味，丰富农民精神文化生活，推动人的全面发展，焕发乡村文明新气象，培育乡村发展新动能。

农民主体、多方参与。充分尊重农民意愿，切实调动农民的积极性主动性创造性，把维护农民根本利益、促进农民共同富裕作为出发点和落脚点，鼓励各方力量广泛参与，加强对乡村本土文化人才的培育和支持，建立有效利益联结机制，不断提升农民的获得感和幸福感。

政府引导、市场运作。强化政府引导、扶持和服务职能，制定有效政策措施，充分发挥市场机制作用，调动市场主体积极性，以重点产业项目为载体，促进资源要素更多向乡村流动，增强农业农村发展活力。

科学规划、特色发展。立足各地资源禀赋和区域功能定位，因地制宜、有序推进，提升规划水平、设计品质、建设标准，防止盲目投入和低水平、同质化建设，避免大拆大建、拆真建假，保护好村落传统风貌，推动乡村经济社会更高质量、更可持续发展。

（三）发展目标。到2025年，文化产业赋能乡村振兴的有效机制基本建立，汇聚和培育一批积极参与文化产业赋能乡村振兴的企业、机构和人才,推动实施一批具有较强带动作用的文化产业赋能乡村振兴重点项目,形成一批具有市场竞争力的特色文化产业品牌,建成一批特色鲜明、优势突出的文化产业特色乡镇、特色村落,推出若干具有国际影响力的文化产业赋能乡村振兴典型范例。优秀传统乡土文化得到有效激活,乡村文化业态丰富发展,乡村人文资源和自然资源得到有效保护和利用,乡村一二三产业有机融合,文化产业对乡村经济社会发展的综合带动作用更加显著,对乡村文化振兴的支撑作用更加突出。

二、重点领域

(一)创意设计赋能。引导创意设计企业、平台、工作室及设计师向乡村拓展业务、落地经营,为乡村集体经济组织和各类企业、农民合作社、农户等提供创意设计服务。鼓励创意设计、规划建筑、园林景观等单位积极参与乡村建设,建设各具特色的美丽乡村、美丽庭院,创造宜业宜居宜乐宜游的良好环境。鼓励高校艺术、设计类专业结合教学、科研和社会实践,为乡村建设提供创意设计支持。大力发展创意农业,加强农产品包装、设计和营销,提升农业品牌知名度和农产品文化附加值。鼓励发展特色农业,挖掘特色种植业、林业、畜牧业等文化内涵。

(二)演出产业赋能。依托演出企业、演出团体、艺术院校等机构,充分挖掘地方特色资源,帮助和指导乡村开发演出项目,培养乡村文艺演出队伍,发展提升乡村舞蹈、戏剧、曲艺、游艺、杂技等业态。鼓励依托乡村传统演出团体及其骨干人员,积极开发武术、舞龙、舞狮、锣鼓等特色民俗表演项目。因地制宜发展中小型、主题性、特色类旅游演出项目。

(三)音乐产业赋能。鼓励音乐工作者、音乐企业、音乐院校、音乐类行业组织等深入乡村采风、展演和对接帮扶,加强对乡村传统音乐的创编、提升,创作一批形式多样、内容健康的音乐作品。加强民族民间传统音乐的收集整理和活化利用。提升乐器制造业专业化、品牌化水平,推动乐器生产向乐器文化拓展,鼓励发展音乐培训、互动体验等复合型业态。鼓励有条件的地方发展音乐节、音乐会、音乐园区(基地)等特色项目,打造音乐主题特色文化乡村。

(四)美术产业赋能。发挥美术工作者引领带动作用,支持有条件的地方依托乡土文化传统,突出地方特色,发展壮大、巩固提升美术产业。鼓励各级美术院校、画院、美术馆在具备条件的乡村设立写生创作和展示基地,支持打造乡村摄影基地,提升乡村地区美术产业专业化水平。加大人才培训和扶持力度,把引进外来人才和培养本地人才结合起来,提升农民画师、雕塑师等人才的创作水平。加强乡村美学普及和教育,提升审美水平和人文素养,让欣赏美、追求美、塑造美成为乡村文明新风尚。推动更多美术元素、艺术元素应用到乡村规划建设,鼓励兴办特色书店、剧场、博物馆、美术馆、图书馆、文创馆。

(五)手工艺赋能。实施中国传统工艺振兴计划,推动传统工艺在现代生活中广泛应用。鼓励非物质文化遗产传承人、设计师、艺术家等参与乡村手工艺创作生产,加强各民族优秀传统手工艺保护和传承,促进合理利用,带动农民结合实际开展手工艺创作生产,推动纺染织绣、金属锻造、传统建筑营造等传统工艺实现创造性转化和创新性发展。推动手工艺特色化、品牌化发展,培育形成具有民族、地域特色的传统工艺产品和品牌,鼓励多渠道、多形式进行品牌合作,提升经济附加值。充分运用现代创意设计、科技手段和时尚元素提升手工艺发展水平,推动手工艺创意产品开发。

（六）数字文化赋能。鼓励数字文化企业发挥平台和技术优势，创作传播展现乡村特色文化、民间技艺、乡土风貌、田园风光、生产生活等方面的数字文化产品，规划开发线下沉浸式体验项目，带动乡村文化传播、展示和消费。充分运用动漫、游戏、数字艺术、知识服务、网络文学、网络表演、网络视频等产业形态，挖掘活化乡村优秀传统文化资源，打造独具当地特色的主题形象，带动地域宣传推广、文创产品开发、农产品品牌形象塑造。推广社交电商、直播卖货等销售模式，促进特色农产品销售。

（七）其他文化产业赋能。鼓励各地结合文化资源禀赋和文化产业发展特点，培育打造地方特色鲜明、文化内涵突出、一二三产业有机融合的文化业态。支持特色产业发展，传承弘扬茶、中医药、美食等特色文化，开发适合大众康养、休闲、体验的文化和旅游产品。推进特色文化制造业发展，积极开发传统文化节日用品、特色文化产品。鼓励各地发掘乡村传统节庆、赛事和农事节气，结合中国农民丰收节、"村晚"、"乡村文化周"、"非遗购物节"等活动，因地制宜培育地方特色节庆会展活动。研究推动优秀农业文化展示区建设，鼓励和支持文化工作者深入中国重要农业文化遗产地，挖掘农耕文化中蕴含的优秀思想观念、人文精神、道德规范，不断深化优秀农耕文化的传承、保护和利用。鼓励有条件的地方引入艺术机构，以市场化方式运营具有乡土文化特色的艺术节展。

（八）文旅融合赋能。坚持以文塑旅、以旅彰文，推动创意设计、演出、节庆会展等业态与乡村旅游深度融合，促进文化消费与旅游消费有机结合，培育文旅融合新业态新模式。实施乡村旅游艺术提升计划行动，设计开发具有文化特色的乡村旅游产品，提升乡村旅游体验性和互动性。推动非物质文化遗产融入乡村旅游各环节，支持利用非遗工坊、传承体验中心等场所，培育一批乡村非物质文化遗产旅游体验基地。支持有条件的中国重要农业文化遗产地建设农耕文化体验场所，弘扬优秀农耕文化。鼓励各地加强"中国民间文化艺术之乡"建设，塑造"一乡一品""一乡一艺""一乡一景"特色品牌，形成具有区域影响力的乡村文化名片，提升乡村文化建设品质，充分开发民间文化艺术研学游、体验游等产品和线路。全面推进"创意下乡"，有效提升旅游商品开发水平和市场价值。

三、政策举措

（一）培育壮大市场主体。支持各地培育和引进骨干文化企业，扶持乡村小微文化企业和工作室、个体创作者等发展，鼓励其他行业企业和民间资本通过多种形式投资乡村文化产业。推广"公司＋农户"经营模式，鼓励各类农民合作社、协作体和产业联盟在整合资源、搭建平台等方面发挥积极作用。推动建立完善农民入股、保底收益、按股分红等多种利益联结机制，通过"资源变资产、资金变股金、农民变股东"，让农民更多分享产业增值收益。建立文化产业赋能乡村振兴企业库。支持积极参与文化产业赋能乡村振兴的企业申报国家文化产业示范基地。

（二）建立汇聚各方人才的有效机制。各级文化和旅游行政部门要制定政策举措，建立有效机制，引导文化产业从业人员、企业家、文化工作者、文化志愿者、开办艺术类专业的院校师生等深入乡村对接帮扶和投资兴业，带动文化下乡、资本下乡、产业下乡。鼓励各地结合实际，探索实施文化产业特派员制度，建设文化产业赋能乡村振兴人才库。实施文化和旅游创客行动，营造良好创新创业环境，支持文化和旅游从业者、相关院校毕业生、返乡创业人员、乡土人才等创新创业。注重发挥乡村文化和旅游能人、产业带头人、非物质文化遗产代表性传承人、工艺美术师、民间艺人等领头作用,挖掘培养乡土文化人才,培育新型职业农民队伍。鼓励普通高等学校、职业学校、研究机构在乡村设立文化和旅游类实习实践实训基地。

(三)加强项目建设和金融支持。按照自愿申报、动态管理、重点扶持的原则,遴选一批文化产业赋能乡村振兴重点项目,加大支持和服务力度,促进项目落地实施。国家开发银行在符合国家政策法规、信贷政策并遵循市场化运作的前提下,按照"保本微利"的原则,对乡村文化和旅游项目提供包括长周期、低成本资金在内的综合性优质金融服务支持。鼓励金融机构因地制宜、创新产品,通过上门签约、灵活担保、主动让利等多种方式,为乡村文化和旅游经营主体提供信贷支持。引导各类投资机构投资乡村文化和旅游项目。鼓励保险机构开展针对乡村文化和旅游项目的保险业务。

(四)统筹规划发展和资源保护利用。统筹县域城镇和村庄规划建设,通盘考虑土地利用、历史文化传承、产业发展、人居环境整治和生态保护,严禁违规占用耕地和违背自然规律绿化造林、挖湖造景,严格限制林区耕地湿地等占用和过度开发,加强自然环境、传统格局、建筑风貌等方面管控,注重生态优先、有序开发,合理规划布局乡村文化和旅游发展空间。在有效保护的基础上,探索乡村文化遗产资源合理利用的有效机制。将非物质文化遗产保护与美丽乡村建设、农耕文化保护相结合,充分发挥非物质文化遗产代表性项目和代表性传承人作用,合理利用非物质文化遗产资源。鼓励有条件的地方将文化和旅游用地纳入国土空间规划和年度用地计划,在完善审批程序、严格用途管理的前提下,加大对文化产业赋能乡村振兴相关重点设施、项目的用地支持。鼓励通过开展城乡建设用地增减挂钩和工矿废弃地再利用的方式建设文化产业赋能乡村振兴项目。文化和旅游项目中,属于永久性设施建设用地的,依法按建设用地管理;属于自然景观用地及农牧渔业种植、养殖用地的,不改变原用地用途的,不征收(收回)、不转用。结合文化产业赋能乡村振兴项目的业态特点,探索农村一二三产业融合发展用地新方式,依法办理农用地转用和土地征收手续。在村庄建设边界外,办理用地审批手续时,除依法应当以招标拍卖挂牌等方式公开出让的土地外,可将建设用地批准和规划许可手续合并办理,核发规划许可证书,并申请办理不动产登记。按照国家统一部署,探索支持企业和个人通过农村集体经营性建设用地入市的渠道,以出让、出租等方式使用集体建设用地从事文化和旅游经营活动。鼓励乡村文化和旅游项目经营实行长期租赁或先租后让。在符合国土空间规划前提下,鼓励对依法登记的宅基地等农村建设用地进行复合利用,发展乡村民宿、民俗体验、文化创意等业态。

四、组织实施

地方各级文化和旅游、教育、自然资源、农业农村、乡村振兴部门和国家开发银行各级机构要按照本意见要求,根据本地区实际情况,在当地党委政府统一领导下,加强部门协同,协调各方力量,统筹各类资源,加大支持力度,扎实推进文化产业赋能乡村振兴工作。东部地区文化和旅游行政部门要在东西部协作工作框架下,引导文化和旅游企业到西部地区开展投资合作,助力西部地区乡村振兴。文化和旅游部会同相关部门遴选一批文化产业赋能乡村振兴试点县(市、区),充分发挥县域统筹规划、资源配置作用,探索体制机制创新,总结经验做法,形成可复制、可推广的典型示范。加大在国际舞台宣传力度,对外讲好中国文化产业赋能乡村振兴故事。鼓励各地因地制宜开展文化产业特色乡镇、特色村落建设。鼓励文化和旅游领域智库、研究机构、行业协会及各类公益组织、公益基金等积极参与文化产业赋能乡村振兴工作。各地文化和旅游行政部门要与相关部门紧密配合,做好协调、推进、总结、评估等工作。

文化和旅游部

教育部

自然资源部

农业农村部

国家乡村振兴局

国家开发银行

2022 年 3 月 21 日

自然资源部办公厅关于过渡期内支持巩固拓展脱贫攻坚成果同乡村振兴有效衔接的通知

自然资办发〔2022〕45号

各省、自治区、直辖市自然资源主管部门，新疆生产建设兵团自然资源局，各派驻地方的国家自然资源督察局，部乡村振兴工作领导小组成员单位：

脱贫攻坚期内，自然资源部和各级自然资源主管部门坚持以习近平新时代中国特色社会主义思想为指导，认真学习贯彻习近平总书记关于扶贫工作的重要论述，坚决落实党中央、国务院决策部署，立足部门职责，加强政策供给，有力地支持打赢脱贫攻坚战。为更好地推动巩固拓展脱贫攻坚成果同乡村振兴有效衔接，部坚持和落实最严格的耕地保护制度、最严格的生态环境保护制度和最严格的节约用地制度，统筹发展和安全，对以往印发的政策文件进行了梳理，明确了过渡期内有关支持事项，现通知如下。

一、科学推进村庄规划编制管理

顺应乡村发展规律，根据乡村人口变化、区位条件和发展优势，通盘考虑土地利用、产业发展、居民点布局、人居环境整治、生态保护和历史文化传承，在县级国土空间总体规划中统筹城镇和村庄布局，科学确定村庄分类，加快推进有条件有需求的村庄编制"多规合一"实用性村庄规划。依据村庄类型，分类引导村庄规划编制的内容和深度，可以多个行政村为单元联合编制，实现资源高效配置、空间高效融合。编制村庄规划要落实上位规划确定的各类管控边界、约束性指标等管控要求，坚持村民主体地位，尊重村民意愿，反映村民诉求，合理安排村庄用地布局。

二、加强建设用地计划指标保障

每个脱贫县每年安排新增建设用地计划指标600亩，专项用于巩固拓展脱贫攻坚成果和乡村振兴用地需要，不得挪用；原深度贫困地区新增建设用地计划指标不足的，由所在省份协调解决。

三、完善耕地保护措施

按照《自然资源部 农业农村部 国家林业和草原局关于严格耕地用途管制有关问题的通知》（自然资发〔2021〕166号）要求，改进和规范建设占用耕地占补平衡制度，耕地转为其他农用地及农业设施建设用地实行年度"进出平衡"。严格控制新增农村道路、畜禽养殖设施、水产养殖设施和破坏耕作层的种植业设施等农业设施建设用地使用一般耕地。过渡期内，继续执行跨省域补充耕地国家统筹政策，补充耕地指标优先考虑耕地保护成效突出的革命老区、民族地区、边疆地区和脱贫地区。鼓励支持脱贫地区光伏项目在戈壁、荒漠等地区建设，不得新增占用耕地建设光伏项目。

四、延续建设占用永久基本农田预审政策

2024年1月2日前，原深度贫困地区、集中连片特困地区、国家扶贫开发工作重点县省级以下基础设施、易地扶贫搬迁、民生发展等建设项目，确实难以避让永久基本农田的，可纳入重大建设项目范围，由省级自然资源主管部门办理用地预审，并按照规定办理农用地转用和土地征收。

五、优化完善增减挂钩节余指标跨省域调剂政策

按照《自然资源部 财政部 国家乡村振兴局关于印发〈巩固拓展脱贫攻坚成果同乡村振兴有效衔接过渡期内城乡建设用地增减挂钩节余指标跨省域调剂管理办法〉的通知》（自然资发〔2021〕178号），支持原"三区三州"及其他深度贫困县、国家乡村振兴重点帮扶县所在省份，优先按照东西部协作和对口支援关系开展增减挂钩节余指标跨省域调剂。对其他脱贫地区继续实施城乡建设用地增减挂钩节余指标省域内交易政策。同时，工矿废弃地复垦利用政策已到期，政策到期后不再新增项目，但符合条件的工矿废弃地可纳入增减挂钩实施。

六、优化工业项目用地指标控制

国家乡村振兴重点帮扶县、原深度贫困地区按规划新批准的工业项目，过渡期内，其建设用地控制指标可不受相应地区行业投资强度控制指标约束。

七、推动城镇低效用地再开发

继续支持脱贫地区依据国土空间规划开展城镇低效用地再开发。在城镇开发边界内编制或修编详细规划，优化存量空间结构；在保障安全和节约集约的原则基础上，因地制宜制定地方规划用地标准，引导土地混合开发和空间集约复合利用，推动城镇有机更新。不再开展历史遗留工矿废弃地复垦利用、低丘缓坡开发利用试点。

八、盘活利用集体建设用地

按照《自然资源部 国家发展改革委 农业农村部关于保障和规范农村一二三产业融合发展用地的通知》（自然资发〔2021〕16号）要求，农村集体经济组织兴办企业或者与其他单位、个人以土地使用权入股、联营等形式共同举办企业的，可以依据《土地管理法》第六十条规定使用规划确定的建设用地；单位或者个人也可按照国家统一部署，通过集体经营性建设用地入市的渠道，以出让、出租等方式使用集体建设用地；在充分尊重农民意愿的前提下，可依据国土空间规划，以乡镇或村为单位开展全域土地综合整治，盘活农村存量建设用地，腾挪空间用于支持农村产业融合发展和乡村振兴；在符合国土空间规划和用途管制要求、确保安全的前提下，鼓励对依法登记的宅基地等农村建设用地进行复合利用，发展乡村民宿、农产品初加工、电子商务等农村产业。

九、加强矿产资源开发利用

在生态保护红线之外,加大地质找矿力度,选择有市场前景、有资源潜力的资源富集区开展前期调查勘查,统筹安排矿产资源开发利用的指标、项目、技术、资金等,在同等条件下,向国家乡村振兴重点帮扶县、原深度贫困地区倾斜支持。

十、加大地质灾害防治力度

加大地质灾害防治投入,对脱贫地区上报的符合条件的特大型地质灾害治理项目予以重点支持。加强山体崩塌、滑坡、泥石流等地质灾害防治,抓好灾害易发区的监测预警、搬迁避让和工程治理等措施的落实,建立健全脱贫地区地质灾害防治体系。

十一、搞好地质信息服务

引导和鼓励各类市场主体、地勘单位等积极开展原深度贫困地区现有地质资料的二次开发,深入挖掘地质资料潜力,继续开展地质资料专题服务和定制服务。积极实施原深度贫困地区地质调查,进一步摸清地质资源优势;继续加强原深度贫困地区土地质量地球化学调查,助力特色农业发展;继续加强原深度贫困地区地下水综合调查,助力解决饮水用水难题。

本文件自下发之日起执行,有效期至 2025 年 12 月 31 日。此前部印发的支持脱贫攻坚的政策文件,有关规定与本文件明确支持事项规定不一致的,以本文件为准。

自然资源部办公厅
2022 年 10 月 13 日

自然资源部关于进一步做好用地用海要素保障的通知

自然资发〔2023〕89 号

各省、自治区、直辖市及计划单列市自然资源（海洋）主管部门，新疆生产建设兵团自然资源局：

为全面贯彻党的二十大和中央经济工作会议、全国"两会"精神，切实落实党中央、国务院关于贯彻新发展理念推动高质量发展的决策部署，在严守资源资产安全底线，保持行之有效政策举措连续性稳定性的基础上，现就进一步完善有关用地用海要素保障政策举措通知如下。

一、加快国土空间规划审查报批

（一）严格落实《全国国土空间规划纲要（2021—2035年）》和"三区三线"划定成果，加快地方各级国土空间规划编制报批。在各级国土空间规划正式批准之前的过渡期，对省级国土空间规划已呈报国务院的省份，有批准权的人民政府自然资源主管部门已经组织审查通过的国土空间总体规划，可作为项目用地用海用岛组卷报批依据。国土空间规划明确了无居民海岛开发利用建设范围和具体保护措施等要求的，可不再编制可利用无居民海岛保护和利用规划。

二、优化建设项目用地审查报批要求

（二）缩小用地预审范围。以下情形不需申请办理用地预审，直接申请办理农用地转用和土地征收：①国土空间规划确定的城市和村庄、集镇建设用地范围内的建设项目用地；②油气类"探采合一"和"探转采"钻井及其配套设施建设用地；③具备直接出让采矿权条件、能够明确具体用地范围的采矿用地；④露天煤矿接续用地；⑤水利水电项目涉及的淹没区用地。

（三）简化建设项目用地预审审查。涉及规划土地用途调整的，重点审查是否符合允许调整的情形，规划土地用途调整方案在办理农用地转用和土地征收阶段提交；涉及占用永久基本农田的，重点审查是否符合允许占用的情形以及避让的可能性，补划方案在办理农用地转用和土地征收阶段提交；涉及占用生态保护红线的，重点审查是否属于允许有限人为活动之外的国家重大项目范围，在办理农用地转用和土地征收阶段提交省级人民政府出具的不可避让论证意见。

（四）重大项目可申请先行用地。需报国务院批准用地的国家重大项目和省级高速公路项目中，控制工期的单体工程和因工期紧或受季节影响确需动工建设的其他工程可申请办理先行用地，申请规模原则上不得超过用地预审控制规模的30%。先行用地批准后，应于1年内提出农用地转用和土地征收申请。

（五）分期分段办理农用地转用和土地征收。确需分期建设的项目，可根据可行性研究报告确定的方案或可行性研究批复中明确的分期建设内容，分期申请建设用地。线性基础设施建设项目正式报批用地时，可根据用地报批组卷进度，以市（地、州、盟）分段报批用地。农用地转用和土地征收审批均在省级人民政府权限内的，可以县（市、区）为单位分段报批用地。

（六）重大建设项目直接相关的改路改沟改渠和安置用地与主体工程同步报批。能源、交通、水利、军事等重大建设项目直接相关的改路、改沟、改渠和安置等用地可以和项目用地一并办理农用地转用和土地征收，原则上不得超过原有用地规模。土地使用标准规定的功能分区之外，因特殊地质条件确需建设边坡防护等工程，其用地未超项目用地定额总规模3％的，以及线性工程经优化设计后无法避免形成的面积较小零星夹角地且明确后期利用方式的，可一并报批。其中，主体工程允许占用永久基本农田的，改路、改沟、改渠等如确实难以避让永久基本农田，在严格论证前提下可以申请占用，按要求落实补划任务。

（七）明确铁路"四电"工程用地报批要求。铁路项目已批准的初步设计明确的"四电"工程（通信工程、信号工程、电力工程和电气化工程），可以按照铁路主体工程用地的审批层级和权限单独办理用地报批。主体工程允许占用永久基本农田或生态保护红线的，"四电"工程在无法避让时可以申请占用。

（八）优化临时用地政策。直接服务于铁路、公路、水利工程施工的制梁场、拌合站，需临时使用土地的，其土地复垦方案通过论证，业主单位签订承诺书，明确了复垦完成时限和恢复责任，确保能够恢复种植条件的，可以占用耕地，不得占用永久基本农田。

（九）明确占用永久基本农田重大建设项目范围。①党中央、国务院明确支持的重大建设项目（包括党中央、国务院发布文件或批准规划中明确具体名称的项目和国务院批准的项目）；②中央军委及其有关部门批准的军事国防类项目；③纳入国家级规划（指国务院及其有关部门颁布）的机场、铁路、公路、水运、能源、水利项目；④省级公路网规划的省级高速公路项目；⑤按《关于梳理国家重大项目清单加大建设用地保障力度的通知》（发改投资〔2020〕688号）要求，列入需中央加大用地保障力度清单的项目；⑥原深度贫困地区、集中连片特困地区、国家扶贫开发工作重点县省级以下基础设施、民生发展等项目。

（十）重大建设项目在一定期限内可以承诺方式落实耕地占补平衡。对符合可以占用永久基本农田情形规定的重大建设项目，允许以承诺方式落实耕地占补平衡。省级自然资源主管部门应当明确兑现承诺的期限和落实补充耕地方式。兑现承诺期限原则上不超过2年，到期未兑现承诺的，部直接从补充耕地县级储备库中扣减指标，不足部分扣减市级或省级储备库指标。上述承诺政策有效期至2024年3月31日。

（十一）规范调整用地审批。线性工程建设过程中因地质灾害、文物保护等不可抗力因素确需调整用地范围的，经批准项目的行业主管部门同意后，建设单位可申请调整用地。项目建设方案调整，调整后的项目用地总面积、耕地和永久基本农田规模均不超原批准规模，或者项目用地总面积和耕地超原规模、但调整部分未超出省级人民政府土地征收批准权限的，报省级人民政府批准；调整后的项目用地涉及调增永久基本农田，或征收耕地超过35公顷、其他土地超过70公顷，应当报国务院批准。调整用地涉及新征收土地的，应当依法履行征地程序，不再使用的土地，可以交由原集体经济组织使用。省级人民政府批准调整用地后，应纳入国土空间规划"一张图"实施监管，并及时报自然资源部备案。

（十二）因初步设计变更引起新增用地可补充报批。单独选址建设项目在农转用和土地征收批准后，由于初步设计变更，原有用地未发生变化但需新增少量必要用地的，可以将新增用地按照原有用地的审批权限报批。建设项目原有用地可占用永久基本农田和生态保护红线的，新增用地也可申请占用。其中原有用地由省级人民政府批准的，确需新增用地涉及占用永久基本农田、占用生态保护红线的，要符合占用情形，建设项目整体用地（包括原有用地和新增用地）中征收其他耕地超过35公顷、其他土地超过70公顷的，应当报国务院批准。

三、落实节约集约用地要求，完善自然资源资产供应制度

（十三）支持节约集约用地新模式。公路、铁路、轨道交通等线性基础设施工程采用立体复合、多线共廊等新模式建设的，经行业或投资主管部门审核同意采用此方式同步建设部分，且工程用地不超过相应用地指标的，用地可一并组卷报批。

（十四）做好项目用地节地评价。超标准、无标准项目用地要严格执行《关于规范开展建设项目节地评价工作的通知》（自然资办发〔2021〕14号）。重大项目中公路项目设置的互通立体交叉工程用地，超过《公路工程项目建设用地指标》有关间距规定，经省级以上交通主管部门审核认定必须设置的，省级自然资源主管部门应开展节地评价论证。

（十五）优化产业用地供应方式。按照供地即可开工的原则，支持产业用地"标准地"出让，鼓励各地根据本地产业发展特点，制定"标准地"控制指标体系。在土地供应前，由地方政府或依法设立的开发区（园区）和新区的管理机构统一开展地质灾害、压覆矿产、环境影响、水土保持、洪水影响、文物考古等区域评估和普查。依据国土空间详细规划和区域评估、普查成果，确定规划条件和控制指标并纳入供地方案，通过出让公告公开发布。鼓励地方探索制定混合土地用途设定规则，依据国土空间详细规划确定主导土地用途、空间布局及比例，完善混合产业用地供给方式。单宗土地涉及多种用途混合的，应依法依规合理确定土地使用年限，按不同用途分项评估后确定出让底价。

（十六）优化重大基础设施项目划拨供地程序。在国土空间规划确定的城市和村庄、集镇建设用地范围外的能源、交通、水利等重大基础设施项目，土地征收和农用地转用经批准实施后，直接核发国有土地使用权划拨决定书。

（十七）探索各门类自然资源资产组合供应。在特定国土空间范围内，涉及同一使用权人需整体使用多门类全民所有自然资源资产的，可实行组合供应。将各门类自然资源资产的使用条件、开发要求、底价、溢价比例等纳入供应方案，利用自然资源资产交易平台等，一并对社会公告、签订资产配置合同，相关部门按职责进行监管。进一步完善海砂采矿权和海域使用权"两权合一"招标拍卖挂牌出让制度，鼓励探索采矿权和建设用地使用权组合供应方式。

（十八）优化地下空间使用权配置政策。实施"地下"换"地上"，推进土地使用权分层设立，促进城市地上与地下空间功能的协调。依据国土空间总体规划划定的重点地下空间管控区域，综合考虑安全、生态、城市运行等因素，统筹城市地下基础设施管网和地下空间使用。细化供应方式和流程，探索完善地价支持政策，按照向下递减的原则收缴土地价款。城市建成区建设项目增加公共利益地下空间的，或向下开发利用难度加大的，各地可结合实际制定空间激励规则。探索在不改变地表原有地类和使用现状的前提下，设立地下空间建设用地使用权进行开发建设。

(十九)推动存量土地盘活利用。遵循"以用为先"的原则,对于道路绿化带、安全间距等代征地以及不能单独利用的边角地、零星用地等,确实无法按宗地单独供地的,报经城市人民政府批准后,可按划拨或协议有偿使用土地的有关规定合理确定土地使用者,核发《国有建设用地划拨决定书》或签订国有建设用地有偿使用合同。建设项目使用城镇低效用地的,可以继续按照《关于深入推进城镇低效用地再开发的指导意见(试行)》(国土资发〔2016〕147号)有关规定执行。

四、加快"未批已填"围填海历史遗留问题处理,优化项目用海用岛审批程序

(二十)符合要求的"未批已填"围填海历史遗留问题可先行开展前期工作。在依法依规严肃查处到位、相关处理方案已经自然资源部备案的前提下,地方人民政府可根据需要先行组织开展沉降处理、地面平整等前期工作,并同步强化生态保护修复。

(二十一)进一步简化落地项目海域使用论证要求。已按规定完成生态评估和生态保护修复方案编制的"未批已填"围填海历史遗留问题区域,对选址位于其中的落地项目,一般仅需论证用海合理性、国土空间规划符合性、开发利用协调性等内容,并结合生态保护修复方案明确单个项目的生态保护修复措施。如多个项目选址位于集中连片的"未批已填"历史遗留围填海区域且均属于省级人民政府审批权限,地方可结合实际,实行打捆整体论证。

(二十二)项目用海与填海项目竣工海域使用验收一并审查。对利用"未批已填"历史遗留围填海、无新增围填海的项目,可在提交海域使用申请材料时一并提交竣工验收测量报告,海域使用论证报告与竣工验收测量报告合并审查。在项目用海批准并全额缴纳海域使用金后,对填海竣工验收申请直接下达批复。

(二十三)先行开展项目用海用岛论证材料技术审查。为加快审查,对暂不具备受理条件的项目,可以先行开展用海用岛论证和专家预评审等技术审查工作。

(二十四)开展集中连片开发区域整体海域使用论证。对集中连片开发的开放式旅游娱乐、已有围海养殖等用海区域,地方人民政府可根据需要组织开展区域整体海域使用论证,单位和个人申请用海时,可不再进行海域使用论证。省级人民政府自然资源(海洋)主管部门要根据实际情况明确区域整体海域使用论证评审工作要求,集中连片区域超过700公顷且不改变海域自然属性的用海、集中连片已有围海养殖区域超过100公顷的用海,原则上应由省级人民政府自然资源(海洋)主管部门组织论证评审。

(二十五)优化海底电缆管道路由调查勘测、铺设施工和项目用海审查程序。报国务院审批的海底电缆管道项目,海底电缆管道铺设施工申请可与项目用海申请一并提交审查;路由调查勘测报告与海域使用论证报告可合并编制,路由调查勘测申请审批程序仍按原规定执行。国际通信海缆项目取得路由调查勘测批复文件,即视同取得用海预审意见。

(二十六)优化临时海域使用审批程序。对海上油气勘探用海活动,继续按照临时海域使用进行管理,临时海域使用时间自钻井平台施工就位时起算。施工难度大、存在试采需求等特殊情形的海上油气勘探用海活动,建设周期较长的能源、交通、水利等基础设施建设项目涉及的临时海域使用活动期限届满,确有必要的,经批准可予以继续临时使用,累计临时使用相关海域最长不超过一年。临时海域使用期限届满后,应及时按规定拆除临时用海设施和构筑物。

（二十七）优化报国务院审批用海用岛项目申请审批程序。对同一项目涉及用海用岛均需报国务院批准的，实行"统一受理、统一审查、统一批复"，项目建设单位可一次性提交用海用岛申请材料。其中涉及新增围填海的项目，按现有规定办理。对助航导航、测量、气象观测、海洋监测和地震监测等公益设施用岛，可简化无居民海岛开发利用具体方案和项目论证报告。

五、严格承诺事项落实情况的监管

省级自然资源主管部门对用地报批中涉及的耕地占补平衡、先行用地、临时用地复垦等方面作出的承诺事项，应督促有关责任主体按期兑现承诺。部有关业务主管司局要对承诺执行情况加强督导检查。未按期履行的，一经查实，终止所在省份继续执行相关承诺政策，并依法依规严肃处理。

本通知自印发之日起施行，有效期至 2025 年 12 月 31 日。具体政策措施已明确执行期限的，从其规定。《关于积极做好用地用海要素保障的通知》（自然资发〔2022〕129 号）自本文印发之日起不再执行。

自然资源部

2023 年 6 月 13 日

自然资源部关于深化规划用地"多审合一、多证合一"改革的通知

自然资发〔2023〕69号

各省、自治区、直辖市自然资源主管部门，新疆生产建设兵团自然资源局：

为贯彻落实党中央、国务院关于推进政府职能转变、深化"放管服"改革和优化营商环境的决策部署，进一步落实《中共中央国务院关于建立国土空间规划体系并监督实施的若干意见》以"多规合一"为基础，统筹规划、建设、管理三大环节，推动"多审合一""多证合一"，提高审批效能和监管服务水平的要求，现就有关事项通知如下。

一、**加快推进总体规划审批**。各地要贯彻落实深化"多规合一"改革和《全国国土空间规划纲要（2021—2035年）》要求，加快推进地方各级国土空间总体规划编制审批。下级规划要服从上级规划，总体规划要统筹和综合平衡各相关专项规划的空间需求。

二、**及时开展详细规划编制或修编**。各地自然资源主管部门应根据总体规划，在"三区三线"划定基础上，结合实际加快推进城镇国土空间详细规划和村庄规划的编制（修编）和审批，为开发建设、开展城市更新行动、乡村建设行动，以及实施建设用地规划许可、建设工程规划许可、乡村建设规划许可等提供法定依据。对有成片开发要求及全域土地综合整治试点、集体经营性建设用地入市试点需求的地区，应优先完成详细规划编制工作。

三、**依据规划实施农用地转用和土地征收**。报批城镇用地农用地转用和土地征收应符合国土空间总体规划、详细规划和土地使用标准等要求，并按照《国土空间调查、规划、用途管制用地用海分类指南》明确土地规划用途和建设项目用地类型。

四、**实施规划选址综合论证**。位于城镇开发边界外并涉及耕地、永久基本农田、生态保护红线的交通、能源、水利等建设项目，地方自然资源主管部门应整合现行的规划选址论证、耕地踏勘论证、永久基本农田占用补划论证、生态保护红线不可避让论证、节地评价等事项为规划选址综合论证，防止重复论证和审查，论证报告作为建设项目用地预审与选址意见书的申报材料。

五、**鼓励同步核发规划许可**。对市政基础设施和标准厂房建设项目，在不违反市场公平竞争原则的前提下，可在土地供应前，由自然资源主管部门依据国土空间详细规划及土地使用标准核提规划条件，审查建设工程设计方案，按程序纳入供地方案，实施"带方案供应"。其中，以出让方式配置国有建设用地使用权的，国有建设用地使用权出让合同签订后，一并核发建设用地规划许可证、建设工程规划许可证；以划拨方式配置国有建设用地使用权的，一并核发国有建设用地划拨决定书、建设用地规划许可证与建设工程规划许可证。鼓励地方探索同步发放不动产权证书，依法依规实行"交地即交证"。

六、**聚焦规划条件落实情况分类审查建设工程设计方案、核发建设工程规划许可证**。市、

县自然资源主管部门或省级人民政府确定的镇人民政府审查建设工程设计方案是否符合国土空间详细规划和规划条件，重点审查涉及安全、主要控制线、景观风貌等管理要求。其中，建筑工程类项目应重点审查土地用途、控制指标、场地布局、公共空间、相邻关系、建筑高度、风貌形态、设施配建等；交通工程类项目应重点审查道路等级（轨道交通类型）、相邻关系、竖向标高、横断面等；管线工程类项目应重点审查管线类型、安全间距、敷设埋深、相邻关系等。

七、探索建立建设工程规划许可豁免清单和告知承诺制。各地可在不影响周边利害关系人合法权益、不改变建筑主体结构、不破坏景观环境、保证公共安全和公共利益的前提下，对老旧小区微改造、城市公共空间服务功能提升等微更新项目，探索制定建设工程规划许可豁免清单并完善监管机制。各地还可区分项目类型、风险程度，按照最大限度利企便民的原则探索建设工程规划许可告知承诺制，明确提交材料的要求、承诺的具体内容以及违反承诺应承担的法律责任；申请人以书面形式作出承诺的，可由自然资源主管部门直接作出许可决定，并做好后续监管。

八、优化乡村建设规划许可管理。依据依法批准的村庄规划核发乡村建设规划许可证；未编制村庄规划的，可依据县或乡镇"通则式"的国土空间规划管理规定，核发乡村建设规划许可证。在城镇开发边界内使用集体土地进行建设的，可依据国土空间详细规划核发建设工程规划许可证；地方性法规另有规定的，从其规定。核发农村村民住宅类乡村建设规划许可应重点审查用地面积、四至范围、建设占用现状地类、建筑面积、建筑高度、建筑层数、相邻关系等事项。在尊重乡村地域风貌特色的前提下，鼓励各地提供农村村民住宅、污水处理设施、垃圾储运、公厕等简易项目的通用设计方案，并简化乡村建设规划许可的审批流程。

九、推进用途管制全周期数字化管理。各地要加快实景三维中国建设，丰富时空信息数据供给，依托国土空间规划"一张图"、国土空间基础信息平台、用途管制监管系统，按照自然资源部印发的行政许可实施规范和国土空间规划、用途管制等有关标准，积极推动建设项目用地预审与选址、建设用地规划许可、建设工程规划许可、乡村建设规划许可、规划用地核实等规范化、标准化、数字化，实施国土空间用途管制业务全周期数字化监管。严格执行自然资源部监制（制定）的规划用地审批许可文书规范样式，有序推进规划许可电子证照应用。积极推动政府部门内部规划用地信息共享和办理结果自动推送，避免行政相对人在不同环节重复提交有关文件、证书等材料。积极通过互联网、手机App等，为行政相对人提供在线办理等服务。

自然资源部

2023年5月4日

自然资源部关于在经济发展用地要素保障工作中严守底线的通知

自然资发〔2023〕90 号

各省、自治区、直辖市及计划单列市自然资源主管部门，新疆生产建设兵团自然资源局：

为贯彻落实党中央、国务院关于贯彻新发展理念，推动高质量发展的决策部署，更好地统筹发展与安全，落实最严格的耕地保护制度、生态环境保护制度和节约集约用地制度，坚决防止资源要素保障工作中发生违法违规占用耕地、用地粗放浪费、破坏生态和人居环境、侵害群众合法权益等问题，现就有关事项通知如下。

一、**坚持以国土空间规划作为用地依据**。国土空间规划是各类开发保护建设活动的基本依据。各级自然资源主管部门应当加快国土空间规划的编制、报批，并按照国土空间规划和"三区三线"等空间管控要求，提前介入、积极配合和参与建设项目选址选线，在国土空间规划"一张图"上统筹建设项目空间布局。不得违反国土空间规划和"三区三线"管控规则批准用地。

二、**强化土地利用计划管控约束**。建设项目需要使用土地的，必须符合土地利用年度计划管理规定，严禁无计划、超计划批准用地。各地要结合项目建设需要，统筹做好土地利用年度计划安排，严格实施计划指标配置与处置存量土地挂钩机制，以当年存量土地处置规模为基础核算地方计划控制额度。

三、**落实永久基本农田特殊保护要求**。永久基本农田一经划定，任何组织和个人不得擅自占用或者改变用途。确需占用的，应符合《土地管理法》关于重大建设项目范围的规定，并按要求做好占用补划审查论证，补划的永久基本农田必须是可以长期稳定利用的耕地。严禁超出法律规定批准占用永久基本农田；严禁通过擅自调整国土空间规划等方式规避永久基本农田农用地转用或者土地征收审批。

四、**规范耕地占补平衡**。实施补充耕地项目，应当依据国土空间规划和生态环境保护要求，禁止在生态保护红线、林地管理、湿地、河道湖区等范围开垦耕地；禁止在严重沙化、水土流失严重、生态脆弱、污染严重难以恢复等区域开垦耕地；禁止在25°以上陡坡地、重要水源地15°以上坡地开垦耕地。对于坡度大于15°的区域，原则上不得新立项实施补充耕地项目，根据农业生产需要和农民群众意愿确需开垦的，应经县级论证评估、省级复核认定具备稳定耕种条件后方可实施。对于主要以抽取地下水方式灌溉的区域，不得实施垦造水田项目。未利用地开垦应限定在基于第三次全国国土调查成果开展的新一轮全国耕地后备资源调查评价确定的宜耕后备资源范围内实施；如实施大型水利工程后宜耕后备资源范围扩大的，可一事一议，由省级报部申请调整。因数字高程模型（DEM）现势性不够等技术原因或因实施土地整治、生态修复，项目地块实际坡度与坡度图结果不一致的，按《第三次全国国土调查技术问答(第三批)》(国土调查办发〔2020〕9号)有关要求处理。

各地要坚持以补定占,根据补充耕地能力,统筹安排占用耕地项目建设时序。落实补充耕地任务,要坚持"以县域自行平衡为主、省域内调剂为辅、国家适度统筹为补充"的原则,立足县域内自行挖潜补充,坚决纠正平原占用、山区补充的行为;确因后备资源匮乏需要在省域内进行调剂补充的,原则上应为省级以上重大建设项目。省级自然资源主管部门要加强补充耕地资源集中开发和指标统筹使用,坚决纠正和防范地方与社会资本在利益驱动下单纯追求补充耕地指标、不顾立地条件强行开发的行为;要严格规范省域内补充耕地指标调剂管理,实行公开透明规范调剂,将补充耕地指标统一纳入省级管理平台,进一步规范调剂程序,合理确定调剂经济补偿水平,严格管控调剂规模。

五、**稳妥有序落实耕地进出平衡**。严格控制耕地转为林地、园地、草地等其他农用地,农业结构调整等确需转变耕地用途的,严格落实年度耕地进出平衡。水库淹没区占用耕地的,用地报批前应当先行落实耕地进出平衡。各地要综合考虑坡度、光热水土条件、农业生产配套设施情况、现状种植作物生长周期和市场经济状况、农民意愿、经济成本等因素,系统谋划农业结构调整、进出平衡的空间布局和时序安排,有计划、有节奏、分类别、分区域逐步推动耕地调入。耕地调入后,应通过农民个人或集体经济组织耕种、依法依规流转进行规模化经营等方式,提高耕地长期稳定利用的能力。要巩固退耕还林成果,严禁脱离实际、不顾农业生产条件和生态环境强行将陡坡耕地调入;严禁不顾果树处于盛果期、林木处于生长期、鱼塘处于收获季等客观实际,强行拔苗砍树、填坑平塘;严禁只强调账面上落实耕地进出平衡,不顾后期耕作利用情况,造成耕地再次流失。

六、**严守生态保护红线**。各地要强化生态保护意识,将生态保护红线作为项目选址的刚性约束,合理避让生态保护红线。坚决杜绝各类破坏生态环境、违反生态保护红线管控要求的违法建设行为。对在生态保护红线内的未批先建等违法违规用地行为,按照《土地管理法》《土地管理法实施条例》等法律法规规定从重处罚。

七、**严控新增城镇建设用地**。各地要充分发挥城镇开发边界对各类城镇集中建设活动的空间引导和统筹调控作用。省市县各级国土空间规划实施中,要避免"寅吃卯粮",在城镇开发边界内的增量空间使用上,为"十五五""十六五"期间至少留下35%、25%的增量空间。在年度增量空间使用规模上,至少为每年保留五年平均规模的80%,其余可以用于年度间调剂,但不得突破分阶段控制总量,以便为未来发展预留合理空间。坚决杜绝擅自突破年度计划指标、破坏自然和历史文化遗产资源等各类建设行为。

八、**严格执行土地使用标准**。各类建设项目要严格执行土地使用标准,超标准、无标准的项目用地要按规定做好项目用地节地评价,对于不符合标准的用地,在预审环节要坚决予以核减。推动新上项目节约集约用地达到国内同行业先进水平。

九、**加大存量土地盘活处置力度**。坚持以"存量"换"增量",多措并举消化批而未供土地,盘活闲置土地和低效用地,充分挖掘存量土地潜力。对上一年度闲置土地新增量超过处置量的,以及未完成批而未供和闲置土地处置任务的,要采取相应的规范约束措施。各地要加大对园区批而未供、闲置土地清查摸底和处置力度,加快推进供而未用、用而未尽等低效用地再开发,通过用途合理转换、用地置换腾退等盘活利用,对长期占而不用的要复垦,提高园区土地节约集约利用水平。对于建成率明显偏低的园区,严格控制新增的产业类土地征收成片开发规模,要优先盘活利用自身存量用地。

十、切实维护群众合法权益。实施土地征收、先行用地、城乡建设用地增减挂钩、收回国有农用地等直接关系群众利益的用地行为,要严格落实法律法规有关规定,确保程序规范、补偿到位。坚决杜绝违法强拆、毁麦割青、强迫农民上楼等侵害群众合法权益的违法行为。实施复垦复耕,要做到既依法依规,又合情合理,要充分尊重农民意愿,根据实际情况适当给予经济补偿,要留出一定过渡期,给农户和经营者合理准备时间。严禁不顾农民意愿,在未与农户或经营者达成一致的情况下强制复垦复耕;严禁采取硬性摊派任务、规定时限的方式,强行统一复垦复耕;严禁简单粗暴、不讲究方法等各类侵害群众合法权益的复垦复耕行为,坚决防止"简单化""一刀切"。

自然资源部

2023 年 6 月 13 日

自然资源部关于持续推进农村房地一体宅基地确权登记颁证工作的通知

自然资发〔2023〕109号

各省、自治区、直辖市自然资源主管部门,新疆生产建设兵团自然资源局:

党的二十大报告强调,要全面推进乡村振兴,深化农村土地制度改革,赋予农民更加充分的财产权益。规范开展房地一体宅基地确权登记颁证,对于依法保护农民财产权益、夯实农村土地制度改革基础、推进美丽乡村建设具有十分重要的意义。近年来,各地攻坚克难、稳步推进,取得了积极进展,但一些地方仍存在工作底数不清、数据汇交不到位、颁证不到户、成果更新不及时等问题。为持续推进全国农村房地一体宅基地确权登记颁证工作,现就有关事项通知如下。

一、加快推进房地一体宅基地地籍调查

(一)各地要在已有工作基础上,以行政村为基本单位,统一组织开展地籍调查,查清宅基地及房屋的坐落、界址、面积、权属等,满足房地一体确权登记工作需要。仅完成宅基地调查的,补充开展房屋调查;宅基地和房屋均未调查的,开展房地一体地籍调查;已完成房地一体地籍调查未登记的,核实已有成果,做好完善更新。

(二)要按照《地籍调查规程》《农村地籍和房屋调查技术方案(试行)》《农村不动产权籍调查工作指南》等技术标准,规范开展权属调查和不动产测绘。对于权属来源不明确或实地界址不清晰的,要认真履行四邻指界程序并由权利人或委托代理人签字盖章确认。因地制宜,选取合适的不动产测绘技术方法。有条件的或靠近城镇的,可采用解析法;不具备采用解析法条件的,可利用现势性较强的航空或高分辨率卫星影像数据编制工作底图,灵活采用图解法或部分解析法;暂不具备解析法和图解法条件的,可利用"国土调查云"等软件结合勘丈法进行不动产测绘。

(三)各地要充分利用地籍调查和确权登记等已有工作成果,全面掌握已调查登记、已调查未登记、已登记发证、已登记未发证宅基地的宗数和面积等情况,以县(市、区)为单位建立健全工作台账,夯实确权登记工作基础。

二、抓紧完成已有成果清理整合和入库汇交

(四)各地要按照《自然资源部关于加快宅基地和集体建设用地使用权确权登记工作的通知》(自然资发〔2020〕84号)以及《不动产登记数据库标准》《不动产登记数据整合建库技术规范》《不动产登记存量数据成果汇交规范》等要求,抓紧完成已有数字化登记成果整合入库,以县(市、区)为单位,2023年底前汇交至国家级不动产登记信息管理基础平台(以下简称"国家

级信息平台")。已调查未登记的,先将不动产单元空间数据等地籍调查成果以单独图层形式汇交至国家级信息平台,登记完成后再更新汇交。

(五)对尚未数字化的纸质登记资料,要抓紧数字化建库,编制不动产单元代码,录入权利人、权利类型、面积、登记时间、证书号等登记簿信息,做到应填必填;对缺少空间信息的,可利用航空或高分辨率卫星影像图完成图形矢量化,也可利用"国土调查云"等软件补充空间位置信息,先汇交入库,再逐步更新提升。

三、规范有序推进房地一体宅基地确权登记颁证

(六)对权属合法、登记要件齐全的宅基地及房屋均未登记的,要尽快办理房地一体确权登记颁证;宅基地已登记、房屋未登记的,根据群众需求及时办理房地一体登记,换发房地一体不动产权证书;已登记的宅基地及房屋自然状况和权利状况发生变化的,依法办理相关登记。

(七)对"一户多宅"、宅基地面积超标、非本集体成员占用宅基地、没有权属来源材料的宅基地,以及合法宅基地上的房屋没有符合规划或建设相关材料等情形,各地可依据《国土资源部 中央农村工作领导小组办公室 财政部 农业部关于农村集体土地确权登记发证的若干意见》(国土资发〔2011〕178号)、《国土资源部 财政部 住房和城乡建设部 农业部 国家林业局关于进一步加快推进宅基地和集体建设用地使用权确权登记发证工作的通知》(国土资发〔2014〕101号)、《国土资源部关于进一步加快宅基地和集体建设用地确权登记发证有关问题的通知》(国土资发〔2016〕191号)、《自然资源部关于加快宅基地和集体建设用地使用权确权登记工作的通知》(自然资发〔2020〕84号)等政策文件以及地方细化完善的政策要求办理登记。

(八)对纳入农村乱占耕地建房住宅类房屋专项整治问题台账的房屋及用地,做好问题处置与登记工作衔接,根据处置结果依法办理登记。对违反国土空间规划管控要求建房、城镇居民非法购买宅基地、小产权房等,不得办理登记,严禁通过不动产登记将违法用地或违法建设合法化。

(九)各地要采取向乡镇、村延伸登记服务,以及网络视频确认、特殊困难群体上门服务等方式,方便群众办事。充分发挥农村基层组织主体作用,统一组织群众申请,做到登记业务批量办理。落实相关费用减免政策,除收取不动产权属证书工本费外,不得违规向群众收取登记费等,确保不增加群众负担。要及时将证书发放到群众手中,建立领证台账,留存领证签字表、邮寄凭单等。

四、做好登记成果日常更新和工作衔接

(十)各地要将农村房地一体宅基地确权登记纳入统一的不动产登记系统办理,建立城乡一体的不动产登记数据库,做好日常登记与成果更新,健全登记成果共享应用机制,服务于深化农村土地制度改革。

(十一)要做好与宅基地管理、农房建设等工作衔接,加强与宅基地审批及其他部门协同联动和信息共享,对经批准新建农村村民住宅或者宅基地征收、流转、退出,以及其他导致宅基地及房屋自然状况、权利状况发生变化的,及时办理登记,登记结果实时上传国家级信息平台。

各级自然资源主管部门要以"登记成果汇交国家级信息平台、颁证到户、规范登记、日常更新"为标准,强化登记、颁证、汇交、更新的全流程统筹与协同,坚持因地制宜、需求导向、先易后难,分类推进工作,不搞"一刀切"。省级自然资源主管部门要结合实际,制订工作计划,加强组织调度、定期检查,完成一个县(市、区)、销号一个。市、县自然资源主管部门要积极主动向党委政府汇报,加强部门沟通协作,落实人员,争取经费。宅基地制度改革试点地区要与试点工作做好衔接,加快推进,按时完成任务。部将实行"分片包干",指导各地规范开展工作。

自然资源部

2023 年 6 月 28 日

自治区人民政府文件

自治区人民政府办公厅关于规范新能源产业用地的通知

宁政办发〔2015〕108 号

各市、县(区)人民政府,自治区发展改革委、经济和信息化委、国土资源厅、农牧厅,宁东管委会,宁夏农垦集团公司:

近年来,我区光伏发电等新能源产业发展迅猛,装机规模不断扩大,在推动能源结构调整、促进生态建设等方面发挥了积极作用。但随着新能源产业的发展,部分地方将新能源项目布局在引黄灌区的城镇周边和工业园区规划范围内,出现了用地面积过大、挤占耕地后备资源等问题,给全区经济社会持续健康发展带来不利影响。为贯彻落实最严格的耕地保护制度和节约集约用地制度,规范新能源产业用地,经自治区人民政府同意,现将有关事项通知如下。

一、严格限制新能源产业选址范围

光伏发电等新能源产业的选址要在符合土地利用总体规划的前提下布局建设,鼓励使用荒滩、荒漠等不适宜农业、生态及工业开发的土地,新能源产业的规划建设不得占用耕地和补充耕地后备资源区。宁东能源化工基地核心区、银川市滨河新区核心区及核心区边界之外2千米范围之内不得规划建设新能源项目,引黄灌区农业发展用地区、扬黄灌溉受水区农业发展用地区、土地开发整理项目区和自治区确定的耕地资源后备区不得规划建设新能源项目,自治区和各市、县(区)规划的工业园区及工业后备发展区内不得安排建设光伏发电、风力发电等新能源项目。

二、禁止耕地流转用于新能源产业建设

自治区各相关部门、各地人民政府要结合深化农村综合改革,规范农村土地流转,加快农村土地承包经营权确权登记发证工作,建立健全土地流转服务平台,重点做好土地流转中的服务引导、风险防控、用途管制,既要落实好中央政策要求,也要尊重农民意愿,不搞强制流转,坚决防止耕地"非粮化",禁止"非农化"问题,禁止将耕地流转用于新能源产业建设。要严格限制企业通过流转、租用、承包等方式,在耕地上建设养殖圈棚、温棚、开挖鱼塘建设光伏电站项目。对利用设施农业用地发展渔光互补、农业科技大棚、畜牧业大棚光伏电站的,必须在列入自治区发展改革委年度指导规模或纳入《宁夏创建国家新能源综合示范区实施方案》的前提下,由光伏电站项目单位与农村土地承包经营者或土地使用权人签订设施农业大棚、其他农业设施或鱼塘租赁使用合同建设光伏电站,但原设施农业土地用途和土地权属不变。鼓励在沙漠、荒滩等未利用地上建设设施农业发展光伏电站。

三、加强光伏电站规划管理

各地在编制光伏电站开发规划时,要与土地利用总体规划、城乡总体规划等相衔接,按照集约化发展思路,统筹考虑太阳能资源、土地资源等条件,确保光伏电站布局科学合理。银川市、石嘴山市、吴忠市利通区和青铜峡市是自治区沿黄经济区重点发展区域,也是引黄灌区和扬黄灌区耕地保护核心区,自治区各相关部门和相关市、县(区)要采取切实措施保护这一区域的耕地资源,在编制光伏电站发展规划时,统筹考虑农业、工业、新能源的发展需求,除符合自治区光伏电站项目投资管理的光伏电站外,严格控制光伏电站发展规模。固原市大部分地区属限制开发的生态功能区,生态系统脆弱,自治区各相关部门和相关市、县(区)在编制光伏电站发展规划时,统筹考虑生态保护与新能源发展,除符合自治区光伏电站项目投资管理的光伏电站外,严格控制光伏电站发展规模。中卫市、吴忠市红寺堡区、同心县、盐池县要结合发展需要,编制光伏电站发展规划,鼓励在沙漠、荒滩等未利用地规划布局光伏发电站。

四、提高新能源产业用地效率

对符合光伏电站发展规划且纳入自治区年度指导规模的光伏电站项目,各地要及时办理用地手续。对利用荒山、荒滩、沙漠等未利用地建设光伏发电项目的,各地要在编制土地利用总体规划和安排年度用地计划指标时予以倾斜。自治区国土资源厅要根据国家和自治区相关规定,严格控制光伏发电等新能源产业用地规模,缩小建设用地征收转用范围,在项目用地预审报批时,只将办公用房、升压站、厂区硬化道路等永久用地征收转用为国有建设用地,电池组件列阵占地不再转用为建设用地。对电池组件和阵列之间不改变原土地类型、不转用为建设用地的土地,项目单位可与农村集体经济组织或原土地使用者协商补偿后,以租赁或承包方式取得土地使用权。光伏电站占用农用地的,要优化电池组件布设方式,电池组件离地高度不得低于1.5米。光伏发电等新能源项目建设用地的使用年限确定为25年,电池组件和列阵用地由项目单位与农村集体经济组织或原土地使用者可签订合同期限为25年的租赁或土地承包协议。在批准的使用年限届满,土地使用者需要继续使用土地的,应当于届满前1年申请续期。土地批准机关根据土地利用总体规划、城乡规划、产业规划等具体情况,批复是否同意续期。新能源产业用地使用年限届满,土地使用者未申请续期或者虽申请续期未获得批准的,土地使用权无偿收回。

宁夏回族自治区人民政府办公厅
2015年8月13日

自治区人民政府关于推进农业高质量发展促进乡村产业振兴的实施意见

宁政发〔2020〕1号

各市、县(区)人民政府,自治区政府各部门、各直属机构:

产业兴旺是乡村振兴的重要基础,是解决农村一切问题的前提。为认真贯彻落实《国务院关于促进乡村产业振兴的指导意见》(国发〔2019〕12号)和《自治区党委人民政府关于推动高质量发展的实施意见》(宁党发〔2019〕20号)精神,立足我区资源禀赋和发展现状,加大对乡村产业的引导和扶持力度,全面推进乡村产业振兴,现提出如下实施意见。

一、总体要求

(一)指导思想。以习近平新时代中国特色社会主义思想为指导,深入学习和贯彻落实党的十九大和十九届二中、三中、四中全会精神,牢固树立新发展理念,落实高质量发展要求,坚持农业农村优先发展总方针,以实施乡村振兴战略为总抓手,以农业供给侧结构性改革为主线,坚持"一特三高"现代农业发展方向,以提高发展质量和效益为中心,以优质粮食、枸杞、草畜、瓜菜、酿酒葡萄"五大特色优势产业"为重点,调优种养结构、调强加工能力、调大经营规模、调长产业链条,统筹推进布局区域化、经营规模化、生产标准化、发展产业化,着力促进产业化和品牌化深度融合,做大做强农业品牌,扩大市场占有份额,努力实现"卖原料"向"卖产品"、小产业向全链条、创品牌向创标准转变,加快推进农业高质量发展。

(二)目标任务。到2022年,我区乡村产业发展特色鲜明,优势突出,布局合理,结构优化,特色优势产业产值占农业总产值的比重达到88%以上。力争再用5~8年时间,通过实施"百千亿"行动,打造3~5个产值达到100亿元规模的特色产业,全区乡村产业总产值突破1000亿元,农村一二三产业融合发展增加值占县域生产总值的比重实现较大幅度提高。

二、科学布局,构建乡村产业发展新格局

(三)优化特色产业区域布局。聚焦资源禀赋,坚持以水定地、以水定产,北部引黄灌区重点发展以优质粮食、枸杞、奶牛、瓜菜、酿酒葡萄为主的高效集约种养;中部干旱带重点发展以草畜、滩羊、特色种植为主的旱作节水农业;南部山区重点发展以冷凉蔬菜、肉牛、小杂粮等为主的生态农业,创建一批国家级特色农产品优势区,引导特色产业向优势区域集中,充分发挥规模优势,推动形成聚集效应。(自治区农业农村厅、林草局分工负责,市、县〔区〕人民政府负责落实。以下均需市、县〔区〕人民政府落实,不再列出)

(四)统筹乡村产业空间结构。统筹城乡产业发展,合理规划乡村产业布局。推进城镇基础设施和基本公共服务向乡村延伸,完善乡村产业发展"最后一公里"的水、路、电、网等基础

配套设施。支持农产品加工流通企业向产业基础好、发展意愿强、辐射带动作用明显的乡镇和物流节点集中。结合实施"一村一年一事"行动,引导农业企业与农民合作社、农户联合建设生产基地、加工车间等,实现加工在镇、基地在村、增收在户。(自治区农业农村厅、自然资源厅、交通运输厅、住房城乡建设厅、工业和信息化厅负责)

(五)延长农业二三产业链条。大力发展农产品加工流通服务业,推动农业产加销一体化发展,构建农业全产业链。支持建设一批农产品精深加工基地和加工强县,鼓励农民合作社和家庭农场发展农产品初加工。统筹农产品产地、集散地和销地批发市场建设,建设一批田头市场和外销窗口,完善农产品物流骨干网络和冷链物流体系。培育壮大农业社会化综合服务站,开展一站式全程服务。发展"互联网+"现代农业,发展完善宁夏农村电商综合服务平台,推广农业物联网技术应用,提升大数据服务"三农"的水平。(自治区农业农村厅、发展改革委、工业和信息化厅、商务厅负责)

三、突出特色,厚植乡村产业发展新优势

(六)做强优质粮食产业。深入实施"藏粮于地、藏粮于技"战略,大力推进绿色优质高效基地建设,提升优质稻品质、恢复强筋春小麦种植、优化玉米种植结构、推进马铃薯种薯繁育和主食开发。深入推进高标准农田建设,重点提升640万亩粮食生产功能区耕地质量,实施耕地质量提升和盐碱地改良工程,持续提高农业装备水平,稳步提高粮食综合产能和质量。(自治区农业农村厅、发展改革委、水利厅、自然资源厅负责)

(七)做精枸杞产业。坚持绿色立杞、质量兴杞、品牌强杞。加强小产区精细化管理,实施标准化示范基地建设、低产低效园改造工程,推广病虫害绿色防控技术,推行枸杞种苗育繁推一体化发展模式。建立国家级枸杞及其加工产品检验检测中心,推进宁夏枸杞安全标准上升为国家标准。保护宁杞1号等原产地种质资源,积极培育药用、鲜食、茶用、榨汁等专用枸杞新品种,大力发展枸杞精深加工,推进枸杞产业高质量发展。(自治区林草局、农业农村厅、市场监管厅、工业和信息化厅负责)

(八)做大现代畜牧业。坚持粮经饲统筹、精深加工、循环发展,推进畜禽人畜分离出村(出户)入场,加强标准化规模养殖基地建设,加大基础母畜扩群增量力度。加快高产奶牛培育、优质肉牛繁育和滩羊保种选育。大力推进"粮改饲",扩大青贮玉米、优质苜蓿等优质牧草种植,打造优质牛奶生产加工集聚区和全国优质牛羊肉生产加工基地。(自治区农业农村厅负责)

(九)做优瓜菜产业。突出主导品种,培育产业大县,加强产销衔接。设施蔬菜配套完善物质装备条件,打造环境、管理、品质、效益"四好"设施农业园区。露地瓜菜开展品种优、技术优、管理优、品质优、价格优"五优"基地建设。大力发展蔬菜分级包装、保鲜储藏,完善冷链物流体系,打造京津冀、长三角和粤港澳大湾区的"菜园子"。(自治区农业农村厅、商务厅负责)

(十)做靓葡萄产业。坚持创新发展、融合发展、品牌发展,以酒庄基地一体化为基础,走精品酒庄与大单品联合体之路。加大优良品种繁育和标准化基地改造升级,支持建设贺兰山东麓葡萄酒产业对外开放试验区,打造葡萄酒文化长廊和风情小镇,形成"一廊五区三镇多点"发展。(自治区农业农村厅、工业和信息化厅、商务厅负责)

(十一)做特地方板块产业。加强地方品种种质资源保护和开发,推进小产区保护和管

理。统筹小板块经济专项发展资金,重点支持淡水鱼绿色生态养殖、农作物制种基地建设、小杂粮新品种选育、硒砂瓜品质提升、生猪良种繁育、黄花菜绿色标准化种植、中蜂蜂机具配套、中药材规范化种植等,打造地方小板块经济优势区。支持发展苹果、红枣、花卉、红梅杏等特色林果业。(自治区农业农村厅、科技厅、林草局负责)

(十二)做活乡村休闲旅游业。实施休闲农业和乡村旅游改造提升工程,培育一批美丽休闲乡村、特色小镇、精品农庄、旅游酒庄、乡村民宿和康养基地,打造一批休闲观光农业精品路线。支持发展具有地方特色的食品、制造、手工业等乡土产业,推动剪纸、砖雕、刺绣等非遗产品转化利用,打造一批旅游必购、易购、便携、特色的"宁夏礼物"。(自治区农业农村厅、文化和旅游厅、商务厅、卫生健康委、林草局负责)

四、质量兴农,增强乡村产业发展新动能

(十三)实施优质农产品品牌提升工程。整合各类农产品品牌宣传资金,建立"宁字号"农产品打包推介机制,集中打造一批区域公用品牌。鼓励龙头企业培育企业知名品牌和名特优新产品品牌,对优秀企业品牌、产品品牌进行奖励扶持。对围绕区域公用品牌打造的绿色食品、有机农产品和农产品地理标志检测、认证费用予以适当补贴。(自治区农业农村厅、商务厅、市场监管厅负责)

(十四)推进农产品标准化建设。加快制定适应宁夏自然条件的特色产业地方标准,培育支撑特色农产品品牌建设的团体标准,构建覆盖产前、产中、产后全过程的农业标准体系。积极推进特色农业主产区建立一批标准创新平台,加强农业标准化平台建设推广和试点示范。支持新型经营主体建设标准化生产基地,开展标准化生产。加快建立农产品质量分级及产地准出、市场准入制度,加大农业投入品管理和产地检测,建立质量安全信用档案和"黑名单"制度。(自治区农业农村厅、市场监管厅、商务厅、卫生健康委负责)

(十五)推进农业可持续发展。认真落实"一控两减三基本"。加快推进引黄现代化生态灌区建设,大力发展高效节水农业,推广旱作农业节水技术。实施农药化肥减量增效行动,大力推广测土配方施肥和绿色防控及水肥一体化技术。实施秸秆粉碎深翻还田和打捆收储加工项目,推广秸秆综合利用技术。建立农用残膜回收再利用机制,积极开展地膜替代、减量使用和降解地膜试验示范。大力开展畜禽养殖废弃物资源化利用。(自治区农业农村厅、发展改革委、工业和信息化厅、生态环境厅、水利厅负责)

(十六)提升农业科技创新水平。发挥产业指导组和技术服务组的作用,深化农科教、产学研协同创新。每年遴选一批关键核心技术组织攻关,对取得技术成果的研发团队、高新技术企业给予支持奖励。实施水稻、小麦、滩羊、奶牛、枸杞、葡萄、硒砂瓜等育种专项,加快选育具有自主知识产权的农作物和畜禽新品种。加快关键技术研发,推进农机农艺融合,加大新机具、新技术引进示范推广,提高农作物全程机械化作业水平。推进现代农业科技创新示范区建设,提升农业科技园区体系建设水平,发挥创新资源集聚优势,提升辐射带动功能。(自治区农业农村厅、科技厅、农科院、林草局负责)

五、融合发展,激发乡村产业发展新活力

(十七)培育壮大融合主体。培育壮大农业产业化龙头企业,支持龙头企业技术改造升

级。深化农投、农垦等国有企业改革,鼓励农业龙头企业兼并重组、上市融资,打造大型农业企业集团。启动家庭农场培育计划,开展农民合作社规范提升行动,支持发展农业产业化联合体。开展土地经营权入股从事农业产业化经营试点,引导企业与小农户建立契约型、分红型、股权型等合作方式,构建企农利益联结机制。(自治区农业农村厅、工业和信息化厅、发展改革委、国资委、财政厅负责)

(十八)建设融合发展园区。立足县域资源禀赋发展主导产业,建设一批现代农业产业园区和农业产业强镇,不断提升辐射带动功能。积极开展农业产业融合示范园区创建,鼓励有条件的县(市、区)围绕主导产业建设融合发展示范园,拓展产业融合发展模式,带动农民就地就近就业,推动形成多主体参与、多要素聚集、多业态发展格局。(自治区农业农村厅、发展改革委、财政厅、商务厅、工业和信息化厅、自然资源厅、科技厅负责)

六、优化环境,健全乡村产业发展新机制

(十九)健全财政投入机制。加强一般公共预算投入保障,提高土地出让收入用于农业农村的比例,支持乡村产业振兴。新增耕地指标和城乡建设用地增减挂钩节余指标跨省域调剂收益,全部用于巩固脱贫攻坚成果和支持乡村振兴。积极探索按市场化方式设立乡村产业发展基金,重点用于乡村产业发展和技术创新。落实相关税收优惠政策,按规定对吸纳贫困家庭劳动力、农村残疾人就业的农业企业给予相关补贴。(自治区财政厅、发展改革委、农业农村厅、扶贫办、宁夏税务局负责)

(二十)推动金融支农创新。充分发挥宁夏农业信贷担保体系作用,通过实施担保费用补助、业务奖补等方式支持乡村产业贷款担保,不断拓宽担保物范围。允许权属清晰的农村承包土地经营权、农业设施、农机具等依法抵押贷款。完善政策性农业保险制度,建立蔬菜销售联动调节机制,扩大蔬菜等农产品价格保险覆盖面。规范举债融资行为,探索发行一般债券用于支持乡村振兴领域的纯公益性项目建设。支持符合条件的农业企业上市融资。(自治区财政厅、农业农村厅、地方金融监管局、商务厅、发展改革委、人民银行银川中心支行负责)

(二十一)鼓励工商资本参与乡村振兴。优化营商环境,引导工商资本到乡村投资兴办农民参与度高、受益面广的乡村产业。落实减税降费政策,农产品加工企业按规定享受增值税进项税额抵扣政策,适时扩大农产品加工企业进项税额核定扣除试点行业范围。扩大与"一带一路"沿线国家农业交流合作,支持引进国外先进技术和好项目。(自治区农业农村厅、发展改革委、扶贫办、宁夏税务局负责)

(二十二)完善用地保障政策。推动乡村振兴与国土空间规划有效衔接,在安排土地利用年度计划时,加大对农村新产业、新业态等产业发展用地的倾斜支持力度。通过"增减挂钩"等政策有序开展县域乡村闲置集体建设用地、闲置宅基地等土地综合整治,充分利用建设用地指标。完善设施农用地管理办法,为规模化种养基地建设预冷保鲜、烘干仓储、包装配送等设施配套用地。(自治区自然资源厅、农业农村厅、司法厅负责)

(二十三)健全人才保障机制。深入实施"引凤还巢"工程,设立返乡下乡人员创业扶持基金,鼓励返乡人员到农村创新创业,培育一批创业示范乡镇、示范园区、示范项目。建立健全科研人员校企、院企共建双聘机制,支持科技人员以科技成果入股农业企业。建立完善科技特派员制度,培育壮大科技特派员队伍,构建农业社会化科技服务体系。认真做好农民教育

培育工作,加强乡村专业技术人员和实用人才知识更新,支持新型经营主体结合生产实际开展实用技能培训,提高企业用工效率和农民培训的针对性、实效性。深化产教融合,大力发展县域职业教育,为乡村产业振兴提供人才支撑。(自治区人力资源社会保障厅、农业农村厅、教育厅、科技厅、退役军人厅负责)

七、统筹推进,汇聚乡村产业发展新合力

(二十四)强化组织领导。自治区各级人民政府要把推进乡村产业振兴作为实施乡村振兴战略的首要任务,摆在突出位置,强化措施,压实责任,真抓实干。加强部门协同配合,建立联席会议工作机制,一个产业配备一个团队、一个规划、一套政策、一批企业、一个品牌,全力推进乡村产业发展。(自治区农业农村厅等有关部门负责)

(二十五)强化指导服务。深化"放管服"改革,抓紧清理规范不合理的政策限制,发挥各类服务机构的作用,为各类经营主体提供高效便捷服务。优先配备"三农"干部,健全乡村产业发展工作体系,成立乡村产业发展服务中心。加强对乡村全产业链产值的统计监测,为指导一二三产融合发展提供依据。(自治区农业农村厅、发展改革委、人力资源社会保障厅、统计局等部门负责)

(二十六)强化典型引领。学习借鉴发达地区乡村产业振兴的好经验、好做法,注重挖掘和宣传推广涌现出的乡村产业发展鲜活经验,总结一批农民合作社、家庭农场和农村创新创业典型案例,发挥示范带动作用。大力弘扬企业家精神和工匠精神,表彰争创一批农民致富带头人,倡导诚信守法,营造崇尚创新、鼓励创业的良好环境。(自治区农业农村厅负责)

宁夏回族自治区人民政府
2020年1月2日

(此件公开发布)

自治区人民政府关于新时代支持革命老区振兴发展的实施意见

宁政发〔2021〕30号

各市、县(区)人民政府,自治区政府各部门、各直属机构:

革命老区是党和人民军队的根,是中国人民选择中国共产党的历史见证。为认真落实《国务院关于新时代支持革命老区振兴发展的意见》(国发〔2021〕3号),支持包括吴忠、固原、中卫市和灵武市在内的我区革命老区振兴发展,开启社会主义现代化建设新征程,结合我区实际,制定如下实施意见。

一、总体要求

(一)指导思想。以习近平新时代中国特色社会主义思想为指导,全面贯彻落实党的十九大和十九届二中、三中、四中、五中、六中全会精神,认真贯彻落实习近平总书记视察宁夏重要讲话精神,坚持以人民为中心,坚持以黄河流域生态保护和高质量发展先行区建设为统领,立足新发展阶段、贯彻新发展理念、构建新发展格局、推动高质量发展,激发内生动力,发挥比较优势,努力走出一条新时代振兴发展的新路,把革命老区建设得更好,让革命老区人民过上更好生活,逐步实现共同富裕。

(二)主要目标。到2025年,脱贫攻坚成果巩固拓展,乡村振兴全面推进,新型城镇化建设取得明显进展,基础设施和基本公共服务进一步改善,地区生产总值和居民收入增长幅度高于全区平均水平,红色文化影响力持续增强,生态环境质量持续改善,人民生活品质普遍改善。到2035年,与全国同步基本实现社会主义现代化,经济总量与居民收入迈上更高台阶,基本公共服务实现均等化,城乡区域发展更加协调,人民生活更加美好,形成红色文化繁荣、生态环境优美、基础设施完善、产业发展兴旺、居民生活幸福、社会和谐稳定的发展新局面。

二、重点任务

(一)实现巩固拓展脱贫攻坚成果同乡村振兴有效衔接。

1.建立健全长效帮扶机制。过渡期内保持主要帮扶政策总体稳定,在新政策出台实施前原有政策一律不退、力度不减。建立易致贫人口快速发现和响应机制,完善防止返贫大数据监测平台,适时优化调整监测标准和预警、评估、帮扶机制。大力支持革命老区乡村振兴重点帮扶县(区)脱贫不稳定户、边缘易致贫户巩固脱贫攻坚成果,实现动态清零。落实符合条件的"三红"人员(在乡退伍红军老战士、在乡西路军红军老战士、红军失散人员)、烈士老年子女、年满60周岁农村籍退役士兵等人群的优抚待遇,优先纳入城乡低保和临时救助范围。(牵头部门:自治区乡村振兴局、民政厅、退役军人厅;参加部门:发展改革委、财政厅、人力资

源社会保障厅、住房城乡建设厅、农业农村厅)

2.大力支持实施移民致富提升工程。扎实推进易地搬迁异地帮扶工作,聚焦"十一五""十二五""十三五"政策性移民和自主迁徙居民,以革命老区人口规模800人以上的大型移民安置区为重点,扎实实施"9个专项提升",推进产业就业、基础设施、公共服务、人居环境、保障体系和文明新风建设,不断增强内生发展动力和整体发展水平。支持红寺堡区实施"10项示范工程",着力创建全国易地搬迁移民致富提升示范区。开展以工代赈项目帮扶,提高以工代赈劳务报酬比例,优先支持有劳动能力的移民就业增收,推动以工代赈转变为集就业促进、基本建设、应急救灾、收入分配、区域发展等功能为一体的综合性帮扶政策。(牵头部门:自治区乡村振兴局、发展改革委;参加部门:教育厅、民政厅、财政厅、人力资源社会保障厅、自然资源厅、交通运输厅、水利厅、农业农村厅)

3.大力推进乡村基础设施改善。坚持规划引领、示范带动,谋划和实施一批宜居乡村、现代水网、综合交通、能源保障、信息网络、公共消防设施等重大基础设施建设工程。提高农房设计和建造水平,大力开展农村人居环境整治,支持实施抗震宜居农房改造。以一体化供水为方向,加强重点骨干供水工程和农村中小型水利设施建设,提高集中供水率和供水保证率。推进水系连通及水美乡村建设试点,开展美丽河湖和示范河湖创建。推进"四好农村路"高质量发展,提高农村公路管理服务水平。继续加大农村电网投资力度,实施乡村电气化提升工程。开展数字乡村试点,补齐农村信息网络基础设施短板。(牵头部门:自治区农业农村厅、发展改革委、乡村振兴局;参加部门:住房城乡建设厅、交通运输厅、水利厅、宁夏通信管理局、宁夏消防救援总队、国网宁夏电力公司)

(二)推进以人为核心的新型城镇化建设。

4.促进县域经济协调发展。把革命老区县域作为城乡融合发展的重要切入点,因地制宜建设特色产业园区、农民工返乡创业园等产业平台和保鲜冷链设施、智能化标准厂房,促进人才与带头人、农业转移人口有序有效融入城市和城镇基本公共服务常住人口全覆盖。加快补齐环境卫生设施、市政公用设施、公共服务设施、产业配套设施等县域发展短板,增强县域服务能力。围绕自治区九大重点产业,大力培育商贸物流型、文化旅游型、资源加工型等特色小镇。支持开展智慧城市、绿色城市、海绵城市建设,实施城市有机更新,加快推进城镇老旧小区改造,提升城市人居环境品质。健全城乡融合发展体制机制,支持率先开展"四权"改革,促进城乡要素自由流动、平等交换和公共资源合理配置。(牵头部门:自治区发展改革委;参加部门:住房城乡建设厅、自然资源厅、生态环境厅、水利厅、农业农村厅、林草局)

5.推动中心城市特色发展。统筹城乡空间资源和各类要素配置,明确差异化发展定位,支持吴忠市打造黄河金岸亮丽生态城市,建设先进制造业、特色食品和健康休闲城市;固原市立足生态旅游和红色文化资源优势,建设生态园林和文化旅游城市,创建革命老区绿色生态高质量发展示范市;中卫市依托区位优势和特色旅游资源优势,建设区域物流中心和全域旅游示范城市。支持吴忠、固原、中卫市推动信息网络等新型基础设施建设,加快打造智慧城市。支持城市应急能力建设,在救援队伍建设、冬春救助资金、应急管理信息化应用等方面予以倾斜支持。(牵头部门:自治区发展改革委;参加部门:工业和信息化厅、住房城乡建设厅、自然资源厅、交通运输厅、水利厅、应急厅、宁夏通信管理局、宁夏消防救援总队)

（三）融入国家区域发展战略。

6.深度对接国家黄河流域生态保护和高质量发展重大战略，协同推进黄河流域生态保护和高质量发展先行区。深化闽宁对口协作，共同探索产业、园区、教育、医疗等多领域合作机制，支持建设"飞地产业园"。深化区域合作交流，加强与沿黄城市群、呼包鄂榆城市群、山西中部城市群、兰西城市群、关中平原城市群等合作联动，协同推进生产要素自由流动和跨区域交通、水利、能源、环保等基础设施建设。充分利用固原市生态建设和气候条件，支持固原市建设区域性康养基地。积极推动革命老区参与共建"一带一路"。（牵头部门：自治区发展改革委、商务厅、乡村振兴局；参加部门：教育厅、工业和信息化厅、自然资源厅、生态环境厅、住房城乡建设厅、交通运输厅、卫生健康委）

（四）完善基础设施网络。

7.构建高效交通体系。加快建设中卫至兰州高铁、中卫经固原至平凉、太中银铁路中卫至定边、定西经固原至庆阳铁路项目，实施固原、中卫火车站改扩建项目，加快推进银昆、海原至平川、吴灵青北环、寨科至海兴等高速公路和银川河东国际机场四期改扩建、沙坡头机场二期改扩建、六盘山机场二期改扩建项目，完善革命老区以高速铁路、高速公路和空中通道为主体的骨架交通网络，实现与国家快速骨架交通网的全面连接。优化高速公路出入口布局，便捷连接重点城镇和重点红色文化纪念地。实施国道109线、312线、344线和省道103线、205线等国省干线公路提升改造工程，支持建设一批连接现代农业示范基地、产业园区、旅游景区的道路，提高运输能力和服务水平。（牵头部门：自治区发展改革委、交通运输厅；参加部门：文化和旅游厅）

8.加快水利设施建设。积极协调国家部委支持加快推进黄河黑山峡河段开发前期工作，推动陕甘宁革命老区供水工程融入国家骨干水网；加快建成银川都市圈东线城乡供水、清水河流域城乡供水、固海扩灌扬水更新改造等供水工程，推进"互联网＋城乡供水"示范省（区）建设；加快推进黄河宁夏段堤防达标和河道治理工程，实现黄河宁夏段标准化堤防全闭合。支持固原市水库联调联蓄等纳入相关规划的水利工程建设项目加快推进，提高水资源节约集约利用水平。（牵头部门：自治区水利厅；参加部门：发展改革委、自然资源厅）

9.推进能源安全保障体系建设。深度融入国家能源发展战略，高水平建设新能源综合示范区，推进黄河"几"字弯清洁能源基地建设。有序规划建设满足民生需求清洁热电项目，加快惠安、新乔、双马二矿、月儿湾等煤矿项目和煤炭储备基地建设，推动青铜峡煤炭储配交易中心铁路专用线、太阳山开发区宁东铁路专用线、灵武临港产业园铁路专用线和固原新材料工业园区、宁夏钢铁集团中卫热电铁路专用线建设。大力发展可再生能源及储能产业，加快推进青铜峡抽水蓄能电站项目、宁夏至湖南±800千伏特高压直流输电及配套新能源工程，支持红寺堡"一园一基地"建设。支持革命老区推进整县（市、区）屋顶分布式光伏开发试点工作。持续完善电力骨干网架，加强城乡配电网建设，实施农村电网巩固提升工程。推动石油、天然气管道和配套项目建设，保障革命老区能源稳定供应。（牵头部门：自治区发展改革委；参加部门：自然资源厅、国网宁夏电力公司）

10.推进新型基础设施建设。支持革命老区完善第五代移动通信（5G）网络、工业互联网、物联网等新一代信息基础设施，开展新一代信息技术的攻关与应用，支持中卫市建设全国一体化算力网络国家枢纽节点、"双千兆宽带城市"，实施国家（中卫）新型互联网交换中心、扩容升级中卫西部云基地大数据中心项目。因地制宜促进数字经济发展，支持壮大固原广元信息等数字经济产业园。（牵头部门：自治区发展改革委、宁夏通信管理局；参加部门：党委网信办、科技厅、工业和信息化厅）

（五）培育壮大特色优势产业。

11. 促进农业提质发展。支持加强农田水利和高标准农田建设，大力推行集雨节水补灌等抗旱技术，加快中低产田改造，创建黄土高原旱作高效农业示范区。深入实施"藏粮于地、藏粮于技"战略，加快推进粮食生产功能区建设。支持宁夏枸杞、盐池滩羊等优势特色地理标志农产品对标国家标准，规范生产技术规程，推动品种培优、品质提升、品牌打造和标准化生产。抢抓建设国家农业绿色发展先行区、国家葡萄及葡萄酒产业开放发展综合试验区重大机遇，引导资金、技术、人才、信息等要素向革命老区聚集，支持枸杞、葡萄酒、奶产业、肉牛滩羊等重点产业做大做强，支持马铃薯、黄花菜、冷凉蔬菜、小杂粮等特色农林产业做优做精，支持灵武长枣、彭阳红梅杏、吴忠早茶、隆德暖锅等特色富民产业扩大影响。支持吴忠、固原、中卫国家级农业科技园区创新提升，支持建设农村产业融合发展示范园、现代农业产业园、农业标准化示范区、农产品质量安全检验检测中心。（牵头部门：自治区农业农村厅、科技厅、粮食和储备局、林草局；参加部门：发展改革委、财政厅、水利厅、商务厅、市场监管厅、供销社、宁夏邮政管理局）

12. 促进工业提效发展。充分发挥开发区经济主平台的功能优势，以吴忠、固原、中卫市及所辖各县（市、区）开发区和银川高新区等开发区为载体，大力培育农副产品加工、装备制造、新材料、清洁能源、电子信息、生物医药、纺织服装等特色优势产业，引导产业布局向特定优势区域集聚，形成生产专业化区域和产业聚集带。鼓励各类工业园区创建绿色园区和循环化改造示范园区。围绕开发区主导产业特点和发展需要，支持实施集中供汽、供热、微电网、中水回用、余热利用、网络覆盖等低成本化和循环化改造项目，完善生产基础资源要素，降低工业生产要素成本。（牵头部门：自治区工业和信息化厅、发展改革委；参加部门：生态环境厅）

13. 促进服务业提档发展。紧贴生产需要、紧跟消费需求，积极构建供需高效适配供给体系。支持吴忠、固原市创建国家骨干冷链物流基地，支持吴忠、固原、中卫市建设特色消费城市。大力发展电子商务，持续开展电子商务进农村升级提档工程，打造适合网销的农产品区域公共品牌。培育发展直播电商、社交电商、社群电商等新业态。推动邮政快递与农村物流协同发展，完善农产品现代流通体系，畅通工业品下乡和农产品进城双向流通渠道。深化一二三次产业关联、链条延伸、基础渗透，创建一批自治区、地级市生产性和生活性服务业集聚区、特色小城镇服务业集聚区和乡村旅游集聚区，形成产业跨界融合、相融相长、耦合共生的生态系统，推动全产业链"从散到融"。（牵头部门：自治区发展改革委、商务厅、农业农村厅、文化和旅游厅、宁夏邮政管理局；参加部门：交通运输厅、供销社）

（六）加强科技力量建设。

14. 促进高等教育内涵发展。支持宁夏师范学院完善教学科研设施，持续实施"六卓越一拔尖"人才培训计划，推动宁夏师范学院升格为宁夏师范大学、创建博士学位授予单位工作，加大支持创建学科专业点设置、一流学科专业建设、科研项目申报、产教融合发展等工作力度。推动"双一流"高校建设、中国特色高水平高职学校与革命老区院校开展校际合作和联合

办学。(责任部门:自治区教育厅、科技厅)

15.提升平台载体建设水平。积极对接国家有关部委加大支持革命老区实施"三区人才"计划,深入推行科技特派员制度,助力新型农业社会化科技服务体系建设。完善科技合作机制,促进革命老区与东部地区加强科技合作。支持吴忠金积工业园区升级为国家高新技术产业开发区,青铜峡工业园区创建自治区高新技术产业开发区。积极推进中国(宁夏)奶业研究院建设,增强奶产业技术服务能力。(牵头部门:自治区科技厅;参加部门:发展改革委、教育厅)

(七)促进绿色转型发展。

16.加强生态环境保护治理。统筹推进六盘山、罗山、南华山等区域山水林田湖草沙一体化保护和修复,开展六盘山、罗山、云雾山、月亮山生态保护修复,加强泾河、清水河、葫芦河等河流源头生态环境治理。支持建设黄河流域重要生态安全屏障,对沙坡头南岸、罗家湖、古城等河滩滩涂进行植被恢复。加强沙漠生态系统建设,实施锁边防风固沙工程、腾格里沙漠南缘沙区综合治理和生态修复。建立流域上下游横向生态保护补偿机制。支持开展促进生态保护修复的产权激励机制试点。(牵头部门:自治区自然资源厅、林草局、生态环境厅、财政厅、水利厅;参加部门:发展改革委)

17.推进绿色生态系统建设。积极对接国家部委支持实施生物多样性保护重大工程,支持科学布局建设国家公园。加强六盘山、罗山、南华山、白芨滩等国家级自然保护区和固原清水河、吴忠黄河、中卫香山湖等国家湿地公园建设和保护,积极创建六盘山、罗山国家公园和香山、西华山国家草原自然公园。支持乡村振兴重点帮扶县逐步优化生态护林员政策,稳定乡村振兴重点帮扶县生态护林员队伍。支持生态产业发展。鼓励依法依规通过租赁、置换、合作等方式流转集体林地。(牵头部门:自治区林草局;参加部门:发展改革委、生态环境厅、自然资源厅、水利厅、农业农村厅、乡村振兴局)

18.促进传统产业绿色改造。积极推进革命老区传统产业绿色化改造,鼓励资源就地转化和综合利用;建设绿色制造体系,创建自治区级绿色工厂、绿色园区、绿色产品和工业节水型企业;支持绿色矿山建设,引导矿山企业主动履行资源环境责任,加快矿山转型升级;加强历史遗留矿山生态修复,开展采煤沉陷区综合治理,推动将部分厂矿旧址、遗址列为工业遗产。支持革命老区探索建立碳汇、绿证交易等市场机制。(牵头部门:自治区工业和信息化厅、发展改革委、财政厅、自然资源厅、林草局;参加部门:生态环境厅、应急厅)

(八)提升公共服务质量。

19.提高基础教育和职业教育质量。持续优化革命老区中小学和幼儿园布局规划,继续实施学前教育行动计划,推进义务教育学校标准化建设,扩大普通高中教育资源供给。实施"革命老区优秀教师定向培养计划"。继续推进"八一爱民学校"援建工作。继续面向革命老区实施相关专项招生计划倾斜。积极争取省部共建职业教育试点项目,支持革命老区职业学校改善办学条件,提升办学能力和人才培养质量,大力推进职业院校提升办学能力和办学水平,鼓励在革命老区设立技工院校,深化与对口省(区)结对办学。(牵头部门:自治区教育厅;参加部门:发展改革委、财政厅、人力资源社会保障厅、宁夏军区政治部)

20.提高医疗卫生服务能力。加强革命老区公共卫生防控救治能力建设,支持吴忠市、固原市、彭阳县疾控中心改扩建。深化县(市、区)域综合医改,推动国内一流医院与革命老区重点医院开展对口帮扶与合作,推进自治区内三甲医院与革命老区医院建立对口帮扶长效机制。依托固原市人民医院建设省级区域医疗中心,新建红寺堡区中医医院。实施中医药服务能力提升行动和中医药康复能力提升工程,建设中医优势重点专科。(牵头部门:自治区卫生健康委;参加部门:发展改革委、医保局)

21.提高公共文化体育服务。加强革命老区基层公共文化和体育阵地建设,鼓励革命老区承办全国性、区域性文化交流和体育赛事活动。优化广播电视公共服务供给和基层公共文化服务网络,强化意识形态主阵地作用。支持固原市、盐池县、红寺堡区立足红色文化和绿色生态资源,加快低空旅游、房车旅游、沙漠星空旅游、清凉旅游、长城遗址等特色旅游产业发展,推出一批乡村旅游重点村镇和精品线路。(牵头部门:自治区文化和旅游厅;参加部门:发展改革委、广电局、体育局)

(九)弘扬传承红色文化。

22.把红色资源作为坚定理想信念,加强党性修养的生动教材,加大红色题材文艺作品创作力度,依托党校(行政学院)、干部学院,运用红色资源开展干部培训。推进长征国家文化公园(宁夏段)建设,支持同心红军西征纪念园、盐池革命烈士纪念园、西吉县长征国家文化公园将台堡红军长征会师纪念园、长征国家文化公园六盘山红军长征旅游区、彭阳县长征国家文化公园小岔沟及乔家渠红色文化旧址保护利用和红寺堡区弘德红色文化(研学)教育基地建设。支持六盘山红军长征景区创建国家5A级旅游景区。支持隆德县创建革命老区红色旅游和生态建设融合发展示范县。实施革命文物保护利用工程,支持革命历史类纪念设施、遗址积极申报全国爱国主义教育示范基地、全国重点文物保护单位、国家级英雄烈士纪念设施和国家级抗战纪念设施、遗址。协调各类媒体通过新闻报道、公益广告等多种方式宣传推介红色旅游。(牵头部门:自治区党委组织部、宣传部、文化和旅游厅;参加部门:发展改革委、财政厅、退役军人厅、广电局)

三、保障措施

23.强化组织实施。坚持党的全面领导,把党的领导始终贯穿革命老区振兴发展全过程和各领域各方面各环节。自治区各有关部门要紧盯目标任务,压实工作责任,细化支持措施并加强调度落实;要积极对接国家有关部委,协调推动革命老区振兴发展重要事项;要在各类规划实施中,对开展的试点示范项目向革命老区倾斜。自治区发展改革委要加强对革命老区振兴发展各项工作的统筹协调,重大工作情况及时向自治区人民政府报告。吴忠、固原、中卫市和灵武市要聚焦革命老区振兴发展重点任务,挖掘优势潜力,加强组织领导,细化工作方案,明确任务分工,确保各项工作落实落地。大力弘扬伟大建党精神、长征精神、老区精神,广泛凝聚正能量,表彰激励正面典型,努力营造全社会共同支持革命老区振兴发展的良好氛围。

24.加大财政金融支持。在严格控制我区政府债务风险的基础上,积极协调中央财政在安排革命老区转移支付、地方政府债券时予以倾斜支持,协调安排专项资金支持革命老区产业转型升级平台建设。支持符合条件的革命老区海关特殊监管区域按规定开展增值税一般纳税人资格试点,对其他地区向革命老区重点城市转移的企业,按原所在地区已取得的海关信用等级实施监督。鼓励开发性、政策性金融机构继续加大对革命老区中长期信贷支持,鼓励商业性金融机构积极创新金融产品和服务模式,支持革命老区振兴发展重点项目建设。

（牵头部门：自治区财政厅、银川海关、宁夏税务局；参加部门：发展改革委、地方金融监管局、人民银行银川中心支行、宁夏银保监局、国家开发银行宁夏分行、农业发展银行宁夏分行）

25.优化土地资源配置。指导革命老区因地制宜编制国土空间规划，依据"国土三调"成果，科学布局生态、农业、城镇空间。用地计划指标向革命老区倾斜，每年单列600亩用地指标，保障县域产业发展，交通、水利、能源等重大项目用地计划指标由自治区统筹保障。支持革命老区探索一二三产业融合发展用地政策，保障红色旅游、休闲观光、农业现代化等产业分散分布的实际需要。支持开展国土综合整治，复垦出的耕地节余指标，可申请跨省域国家统筹补充耕地。支持符合条件的革命老区开展城乡建设用地增减挂钩节余指标跨省域调剂。（牵头部门：自治区自然资源厅；参加部门：发展改革委、农业农村厅）

宁夏回族自治区人民政府

2021年11月18日

（此件公开发布）

自治区人民政府关于授权用地审批权的通知

宁政发〔2022〕39号

各市、县(区)人民政府,自治区政府各部门、各直属机构:

　　为贯彻落实"放管服"改革要求,依据《中华人民共和国土地管理法》第四十四条第三款规定,决定对自治区人民政府批准的国土空间规划确定的村庄、集镇建设用地范围内,为实施该规划按土地利用年度计划分批次将永久基本农田以外的农用地转为建设用地,并作为农村村民住宅用地的审批事项,授权设区的市人民政府批准。

　　按照权责一致原则,各设区的市人民政府在承接用地审批权后,同时承担相应事项范围内的政府信息公开、行政复议答复、行政应诉等工作。自治区人民政府建立用地审批工作监管评价机制,对存在违规审批被行政复议纠错、行政诉讼败诉、弄虚作假等情形的,将进行通报、停批,直至收回授权事项。自治区自然资源厅要加强对承接用地审批权设区的市人民政府审批工作的指导、监督和服务,对违规问题依法督促纠正,重大问题及时向自治区人民政府报告。

宁夏回族自治区人民政府
2022年12月1日

(此件公开发布)

自治区自然资源厅文件

自治区发展改革委 国土资源厅关于规范光伏发电产业发展有关事项的通知

宁发改能源(发展)〔2018〕118号

各市、县(区)发展改革委(局)、国土资源局:

为贯彻落实《国土资源部 国务院扶贫办 国家能源局关于支持光伏扶贫和规范光伏发电产业用地的意见》(国土资规〔2017〕8号,以下简称《意见》)有关精神,现结合我区实际,就规范光伏发电产业发展有关事项通知如下。

一、光伏产业项目类型的认定

根据《意见》精神,地面光伏项目分为光伏扶贫项目、光伏复合项目及一般光伏项目。

(一)光伏扶贫项目:是指国家能源局、国务院扶贫办确定下达的全国村级光伏扶贫电站建设规模范围内的光伏发电项目,以发改部门备案文件为依据,办理用地预审、报批。

(二)光伏复合项目:是指对农用地进行复合利用的光伏发电项目,包括农光互补、渔光互补、牧光互补及其他"光伏+"模式的光伏复合项目。地面光伏复合项目电池板组件最低沿须高于地面1.5米。企业须编制土地复合利用方案,在项目所在地发改、国土部门报备。此类项目,以发改部门备案文件为依据,办理用地预审、报批。

(三)一般光伏项目:除上述两种光伏项目外,一般光伏项目的认定,以发改部门备案文件为依据,办理用地预审、报批。

对本通知印发之前已备案的光伏项目,按照上述地面光伏项目类型,在原备案单位确认分类后,可办理建设项目用地预审、报批。

二、光伏产业项目的选址

光伏发电项目应符合《宁夏2015—2020年光伏园区规划》和县(市、区)土地利用总体规划,严禁占用自治区划定的永久基本农田保护红线、生态保护红线,以及其他各类自然保护区等范围内的土地发展光伏产业。严格执行《自治区人民政府办公厅关于规范新能源产业用地的通知》(宁政办发〔2015〕108号)中新能源产业选址要求,各类光伏项目不得占用耕地和补充耕地后备资源区。

严格限制企业通过流转、租用、承包等方式,在耕地上建设养殖圈棚、温棚、开挖鱼塘后再建设光伏复合电站项目。对利用现有设施农业用地发展渔光互补、农业科技大棚、畜牧业大棚光伏电站的,必须列入国家光伏年度指导规模。

三、光伏产业项目的用地监管

光伏发电站项目用地中按建设用地管理的,严格执行国家、自治区相关规定;按农用地、未利用地管理的,除桩基用地外,不得硬化地面、破坏原地貌,否则应当办理建设用地审批手续。未办理建设用地审批手续的,按违法用地处理。光伏方阵压地按农用地、未利用地管理的项目退出时,用地单位须恢复光伏方阵用地土地利用原状,未按规定恢复原状的,应由项目所在地能源主管部门责令整改。

项目所在地市、县国土部门应根据行业管理需要,适时对各类光伏发电站项目用地开展专项监测,包括土地复合利用方案实施情况。在监管中发现项目违反本通知规定的,应将相关情况通知同级能源主管部门,并逐级上报,将项目投资主体纳入自治区失信主体名单,组织实施联合惩戒。

宁夏回族自治区发展改革委　宁夏回族自治区国土资源厅
2018年2月27日

(此件公开发布)

关于优化城乡建设用地增减挂钩项目管理
助推脱贫攻坚的通知

宁自然资发〔2019〕154号

各市、县（区）自然资源局，直属事业单位：

2019年，是决胜脱贫攻坚战的关键之年。为进一步用好用足用活城乡建设用地增减挂钩政策，助推各地脱贫攻坚目标任务实现，现就进一步优化增减挂钩项目管理有关事项通知如下。

一、优化项目申报流程

（一）拆旧建新区选址。各地要加强增减挂钩项目科学选址，做实做细调查摸底、实地踏勘等前期工作，确保增减挂钩项目顺利实施。拆旧区地块确定以易地扶贫搬迁户的旧宅基地为主，并兼顾农村空心村整治、地质灾害搬迁旧宅基地、废弃的工矿用地等其他建设用地。规划城镇范围内的建设用地不得纳入增减挂钩。安置建新区选址应科学合理，尽量做到不占或少占耕地。

（二）项目区选址核查。增减挂钩项目区选址工作，由县级自然资源部门和项目区所在地乡镇人民政府共同进行。调查选址初步结果，报所在市级自然资源局进行核查。重点核查拆旧区建设用地的性质、面积、权属等事项，核查拆旧区拆迁复垦的可行性、复垦方向的合理性。

（三）实施规划审查批复。增减挂钩项目区选址经市级自然资源局核查通过后，由县级自然资源部门委托具有资质的技术单位编制《增减挂钩项目区实施规划》报自然资源厅审查。《实施规划》审查通过后，由县级人民政府报请自治区人民政府批准。深度贫困地区跨省域调剂指标增减挂钩项目区复垦方案由自治区自然资源厅批准。

二、控制增减挂钩项目区立项规模

为维护增减挂钩项目区立项批复的严肃性，防止贪大求多、批而不动、久拖不结情况出现，确保拆旧复垦工作有序推进、取得实效。单个增减挂钩项目区规模原则上控制在40公顷以内。同一县级行政辖区范围内，已立项批复项目未通过验收确认的，原则上不予审查批复下一个项目。对于贫困县实施的增减挂钩项目，工作推进有力、进展顺利的，可以不受上一个项目未通过验收确认的限制。

三、简化建新区报批要件

城乡建设用地增减挂钩建新区按照分批次方式申报建设用地。需提交的报批资料减少为4项：

(1)县级人民政府请示文件；
(2)项目拆旧区和建新区指标转换方案；

(3)土地勘测定界技术报告书及相关图件;
(4)一书一方案、建设用地呈报说明书、征收土地方案等。

四、简化实施规划修改程序

增减挂钩项目实施过程中,确因群众意愿、复垦条件发生变化等原因,导致已经批复的《实施规划》需要修改的,按以下规定办理:

(1)无法实施的拆旧地块面积在批复拆旧地块总面积20%(含)以内的,在验收环节直接扣减;无法实施的拆旧地块面积超过批复拆旧地块总面积20%的,由县级人民政府提出申请,报自然资源厅审查批复。确需调整拆旧地块位置的,由县级人民政府提出申请并编制替换地块实施方案,报自然资源厅审查批复。

(2)拆旧地块需要变更复垦方向,如变更面积不超过批准面积20%(含)的,在复垦验收环节直接变更;如超过20%的,由县级人民政府提出申请,报自然资源厅审查批复。

(3)建新地块预留用地位置的调整,由县级人民政府提出申请,报自然资源厅审查批复。

五、规范拆旧区复垦验收

为进一步压实县级自然资源部门主体责任,减少验收环节,将原县级自查、市级初验、自治区级验收的流程调整为:县级初验、市级验收。

(一)县级初验。拆旧区复垦工程实施完成后,由县级人民政府牵头,组织自然资源、财政、农业、水利、扶贫等有关单位,逐地块进行验收,对拆旧区拆旧地块逐一进行复垦前、复垦后影像、照片对比。验收通过的,出具自验意见。

(二)市级验收。将增减挂钩项目拆旧区复垦验收权限下放到地级市。拆旧区复垦经县级人民政府自验通过的,由县级自然资源局向所在地市级自然资源局申请验收。所在地市级自然资源局在开展验收工作时,应会同宁夏土地勘测规划院参与验收。市自然资源局验收通过的,出具验收意见。

六、严格落实监管责任

县级自然资源部门要严格落实主体责任,建立健全管理制度,认真做好项目的组织实施、监督管理工作,严格执行项目实施情况在线备案规定,及时上图入库,及时做好地籍变更、规划调整等相关工作。地级市自然资源局要加强对所属县(市、区)项目实施情况的指导监管,及时发现问题,严格督促整改,确保项目实施工作有序推进。自然资源厅采取随机抽查的方式,不定期组织对通过验收的项目进行复核,复核抽查比例不低于批复面积的30%。抽查不合格的,限时限期整改,整改仍未通过的,暂停受理该县(市、区)涉及城乡建设用地增减挂钩相关工作。自然资源厅授权宁夏土地勘测规划院履行项目实施情况的技术层面管理职责,负责项目区选址、拆旧区复垦验收、建新区预变更、在线监管系统的运行维护等工作。

今后,国家、自治区关于城乡建设用地增减挂钩政策如有新的要求,按照新政策要求执行。城乡建设用地增减挂钩项目的实施程序和报批流程,依据本通知执行。

宁夏回族自治区自然资源厅
2019年4月16日

(此件公开发布)

自治区自然资源厅　农业农村厅　关于加强设施农业用地管理促进现代农业健康发展的通知

宁自然资规发〔2020〕10号

各市、县(区)自然资源局、农业农村局，宁夏农垦集团有限公司：

为适应农业现代化发展趋势，建立设施农业用地保障长效机制，促进现代农业健康发展，根据《自然资源部　农业农村部关于设施农业用地管理有关问题的通知》(自然资规〔2019〕4号)要求，结合我区实际，现就加强设施农业用地管理有关事项通知如下。

一、严格界定范围

(一)设施农业用地。设施农业用地是农业生产中直接用于作物种植和畜禽、水产养殖的用地，分为生产设施用地和与生产直接相关联的辅助设施用地。

1. 作物种植设施农业用地

生产设施用地：直接用于种植类农产品生产的设施用地，包括工厂化作物栽培的智能温室、育种育苗大棚、连栋温室、日光温室、温棚看护房、符合农村道路规定的场区道路等用地。

辅助设施用地：辅助生产必需的烘干晾晒、分拣包装、保鲜预冷、存储、检验检疫监测、病虫害防控、废弃物处理以及为生产服务的农机农具存放场所、农业灌溉设施等用地。

2. 畜禽水产养殖设施用地

生产设施用地：直接用于畜禽、水产类农产品生产的设施用地，包括养殖畜禽圈舍、养殖池、挤奶厅、进排水渠道、绿化隔离带、符合农村道路规定的场区道路等用地。

辅助设施用地：辅助生产必需的饲料存储、畜禽粪污处置、水产养殖尾水处理、生物质有机肥料生产、检验检疫检测、疫病防治、病死动物无害化处理，以及为生产服务的农机农具存放场所和管理用房等用地。

(二)非设施农业用地。经营性粮食存储、加工，农资农机存放、维修场所；集中建设仓储保鲜冷链设施的田头市场；屠宰和肉类加工存储场所；以农业为依托的休闲观光度假场所、各类庄园、酒庄、农家乐，以及各类农业园区对外经营的餐饮、住宿、办公、会议、展销、停车场、工厂化农产品加工等用地，必须依法依规按照建设用地进行报批和管理。

二、科学合理布局

(一)坚持规划统筹引领。鼓励各地编制种植、养殖等农业发展规划，与国土空间规划、村庄规划充分衔接，安排农业产业发展空间，合理布局设施农业用地。尽量利用未利用地、荒山荒坡等非耕地、农村闲置设施农业用地、存量低效建设用地；尽量不占或少占耕地，避让永久基本农田。严格落实产业政策、生态环境保护要求、动物防疫条件等；严格执行《宁夏兴办动物养殖场等场所选址动物防疫风险评估暂行办法》。

（二）坚持严格的永久基本农田保护制度。设施农业属于农业内部结构调整，可以使用一般耕地，不需落实占补平衡。影响耕作层的，尽量通过工程、技术等措施减少对耕作层的破坏。其中：①种植设施不破坏耕地耕作层的，可以使用永久基本农田，不需补划；破坏耕地耕作层，但由于位置关系难以避让永久基本农田的，允许使用永久基本农田但必须补划。②畜禽养殖设施原则上不得使用永久基本农田。涉及占用少量永久基本农田的，须充分进行选址论证。确实难以避让的，允许使用但不得超过设施农业项目用地面积的10%，最多不超过10亩，须等质等量落实补划。③水产养殖设施不得使用永久基本农田。

（三）坚持节约集约高效利用。鼓励设施农业用地经营主体设施农业和规模化生产中互相联合，或者与村集体经济组织共同兴建仓储烘干、晾晒场、农机库棚等设施。在符合规模化养殖行业标准、建筑安全、生物安全防疫等要求的前提下，养殖设施根据发展需要允许建设多层建筑。

三、合理确定规模

（一）生产设施。生产设施用地规模根据农业生产需要，按照种植、养殖规模核定，其中规模化种植、养殖等按照农业行业标准合理确定。温棚看护房面积控制在单层22.5平方米以内。按照农村道路管理的场区道路，宽度不得超过8米。

（二）辅助设施。作物种植辅助设施用地规模，原则上不得超过项目用地面积的5%，最大面积应控制在15亩以内。其中，农业灌溉设施中按照农用地管理的蓄水池（蓄水量<10万立方米），参照辅助设施用地管理，用地规模不计算在辅助设施用地规模内；涉及占用耕地的，须落实占补平衡；确需占用永久基本农田的，须同步落实永久基本农田补划和耕地占补平衡。

畜禽养殖辅助设施用地规模，原则上不得超过项目用地面积的10%，最大面积应控制在15亩以内。

水产养殖辅助设施用地规模，原则上不得超过项目用地面积的10%，最大面积应控制在10亩以内。

对未纳入上述分类的新兴设施农业类型，由县（市、区）农业农村部门会同同级自然资源部门结合实际确定；对设施农业辅助设施用地确因实际生产需要，须在以上比例和面积基础上适当增加用地规模的，由县（市、区）自然资源部门根据同级农业农村部门核定的用地需求，按照"严格保护耕地、节约集约用地、坚持农地农用"的原则，确定用地规模。

四、规范备案管理

（一）签订用地协议。设施农业用地经营主体制定建设方案，并向村集体经济组织或国有土地承包经营权人提出用地申请。经村集体经济组织、乡镇政府（街道办事处）现场踏勘、核实用地情况并初审同意后，初步确定设施农业用地范围，由设施农业用地经营主体与村集体经济组织签订用地协议。用地协议应包含土地使用年限、土地用途、土地复垦要求及时限、土地交还、违约责任等有关土地使用条件。其中，土地使用年限不得超过该宗土地承包经营权剩余期限。

（二）依规申请备案。设施农业用地由村集体经济组织或经营主体向乡镇政府（街道办事处)备案。乡镇政府(街道办事处)对设施农业用地的真实性、合法性、合规性负责,主要审核设施农业用地经营主体提交的用地协议、建设方案(规划总平面图)、土地利用现状和规划用途、用地规模等。符合规定的,在收到备案申请之日起15个工作日内予以备案;不符合规定的,不予备案,不得动工建设,应书面告知补充或督促纠正。设施农业生产经营主体、用途、规模等发生变更以及备案超期的,须重新签订用地协议,重新申请备案。对农民房前屋后建设的少量养殖设施用地,各地可结合实际,明确统一登记、集中管理、日常监管等用地管理要求。

(三)补划永久基本农田。乡镇政府(街道办事处)在设施农业用地备案时,对符合规定确需破坏耕作层、占用少量永久基本农田的情形,应向县(市、区)自然资源、农业农村部门提出申请。县(市、区)自然资源、农业农村部门在收到申请之日起10个工作日内组织实地踏勘,对占用的必要性、合理性进行认定,并出具是否同意项目占用永久基本农田的意见。未经同意的,不予备案,项目不得动工建设。同意占用的,方可动工建设;县级自然资源部门应及时编制永久基本农田补划方案,占用、补划永久基本农田有关信息通过全国永久基本农田监测监管系统逐级上报。

(四)信息上图入库。乡镇政府(街道办事处)按月汇总设施农业用地备案情况,向县(市、区)自然资源、农业农村部门报备。县(市、区)自然资源部门将乡镇政府(街道办事处)报备的设施农业用地信息、勘测定界成果等,在取得用地、设施建成和变更三个阶段,分别录入设施农业用地监管系统,实行网上监管。上图入库信息及坐标必须与设施农业用地实地相一致,作为年度土地利用变更调查的审核依据。严禁将非设施农业用地以设施农业用地名义上图入库。

国有农(林)场的设施农业用地,由国有农(林)场负责与设施农业经营主体签订用地协议,依规备案。上图入库和用地审核要求按照上述规定执行。

五、加强用地监管

(一)严格用途管制。设施农业用地按原地类管理,未经批准不得改变用途或扩大用地规模,不得将设施农业用地用于其他非农建设和非农经营,不得超标准建设绿化带、大面积硬化广场。生产经营过程中或结束后,设施不再使用的,设施农业用地经营主体按要求进行土地复垦,原地类为耕地的应按照"数量不减、质量不降"的原则复垦为耕地。村集体经济组织和乡镇政府负责监督实施,确保复垦义务切实履行到位;县(市、区)自然资源、农业农村部门联合验收。设施农业用地被非农建设占用的,应依法办理建设用地审批手续,原地类为耕地的,应落实占补平衡。

(二)维护农民权益。始终坚持把维护农民权益放在首位,切实尊重农民意愿。充分发挥设施农业健康发展提高农业生产效率、拓展农民生产经营空间、助推农民增产增收的作用,在保障农民合法权益的前提下,巩固脱贫攻坚成果,助力乡村振兴战略实施。通过土地流转发展设施农业的,不得损害土地承包经营者的合法权益,土地流转必须征得承包经营者同意,未签订流转合同、未足额支付流转费用的,项目不得强行实施。坚决杜绝工作简单粗暴、强行占地建设、违背农民意愿行为。

(三)强化联动监管。自然资源、农业农村部门,乡镇政府(街道办事处),村集体经济组织应强化协调配合,合力促进设施农业健康发展。市、县(区)自然资源和农业农村部门负责设施农业用地日常管理,在选址、签订协议、备案等全过程指导用地审查、产业政策核定等事项。其中,自然资源部门要强化用地监管,将设施农业用地纳入日常土地执法动态巡查、耕地保护监测监管范围;农业农村部门要加强设施农业生产经营者准入审核、设施农业建设方案、生产经营行为以及设施农业用地用途和标准的管理。乡镇政府(街道办事处)要强化设施农业用地日常监管,全程跟踪掌握设施农业用地动态。

(四)加强执法考核。对擅自改变设施农业用地用途、违规占用耕地和永久基本农田、擅自扩大设施农业用地规模,不合理闲置浪费土地,以及违法违规搞非农建设和其他非农经营等不符合规定的用地行为,县(市、区)自然资源、农业农村部门应做到早发现、早制止、早报告、早查处,确保农地农用。设施农业用地备案、使用、监管等情况,纳入年度市、县(区)政府耕地保护责任目标考核,防止"大棚房"问题回潮反弹,坚决遏制违法违规占用耕地行为。

(五)做好政策衔接。市、县(区)自然资源和农业农村部门要做好设施农业用地有关法律法规政策的解读、宣传,引导设施农业依法依规利用土地。对历年来已建成的设施农业用地,各地要进行全面清理核实。已经建成且符合现行设施农业用地政策的,按要求及时完善备案手续;已建成且不符合现行设施农业用地政策的,由各县(市、区)提出整改方案,整改到位后,按要求及时完善审批或备案手续,整改不到位的,按照有关法律法规严肃查处。

本通知自印发之日起实施,有效期5年。《关于进一步加强和规范设施农业用地管理的通知》(宁国土资发〔2017〕79号)同时废止。

宁夏回族自治区自然资源厅　宁夏回族自治区农业农村厅
2020年12月16日

(此件公开发布)

自然资源厅关于印发《宁夏回族自治区自然资源系统助力脱贫攻坚推进乡村振兴若干政策》的通知

宁自然资规发〔2020〕1号

各市、县(区)自然资源局,厅机关各处室、直属各事业单位:

《宁夏回族自治区自然资源系统助力脱贫攻坚 推进乡村振兴若干政策》已经 2020 年 2 月 18 日自然资源厅党组第 8 次会议审议通过,现予印发,自 2020 年 3 月 12 日起施行。

宁夏回族自治区自然资源厅

2020 年 3 月 12 日

(此件公开发布)

宁夏回族自治区自然资源系统助力脱贫攻坚推进乡村振兴若干政策

2020年,是打赢脱贫攻坚战的决战决胜之年,是全面建成小康社会之年。为坚决贯彻落实中央决战决胜脱贫攻坚座谈会精神,切实发挥好自然资源在推进实施乡村振兴方面的要素保障作用,做好脱贫攻坚与实施乡村振兴工作衔接,根据2020年中央一号文件、自治区党委一号文件及自然资源部有关规定精神,制定以下政策。

一、精准施策,决战脱贫攻坚

(一)保障脱贫攻坚用地需求。贫困地区基础设施、公共服务、民生发展、易地扶贫搬迁等项目,享受重大项目审批"绿色通道"政策。需开展用地踏勘论证的项目,在自治区审查阶段,可容缺用地踏勘论证报告。由自治区审批的《土地复垦方案》《矿山地质环境土地复垦方案》全部委托市县自然资源部门审查批准。建设项目确实难以落实占优补优占水补水的,可按补改结合方式落实。深度贫困地区各类项目建设,涉及农用地转用和土地征收的,在做好补偿安置前提下,可边建设边报批。

(二)用好建设用地增减挂钩政策。深度贫困地区开展城乡建设用地增减挂钩,可不受指标规模限制。继续在深度贫困县(区)开展增减挂钩节余指标跨省域调剂工作,指标交易资金全额用于脱贫攻坚和乡村振兴。

(三)项目资金向贫困地区倾斜。土地整治、矿山环境治理、地质灾害防治项目资金优先向贫困地区安排。加大贫困地区地质灾害隐患点群众搬迁避让工程建设。

二、规划引领,优化空间布局

(四)科学编制乡村规划。新编县乡级国土空间规划应安排不少于10%的建设用地指标,重点保障乡村产业发展用地。乡镇国土空间总体规划可与市县国土空间总体规划合并编制,统筹落实规划指标。因地制宜编制"多规合一"的实用性村庄规划,力争到2020年底,有条件、有需求的村庄应编尽编。

(五)建立规划"留白"机制。在编制县乡级国土空间规划和村庄规划时,可预留不超过5%的建设用地机动指标,村民居住、农村公共公益设施、零星分散的乡村文旅设施及农村新产业新业态等用地可申请使用。对一时难以明确具体用途的建设用地,暂不明确规划用地性质,建设项目审批时落地机动指标、明确规划用地性质,项目批准后更新数据库。机动指标使用不得占用永久基本农田和生态保护红线。

(六)统筹保障计划指标。每年单列不低于5%的新增建设用地计划指标,用于保障脱贫攻坚、基础设施、产业发展等合理用地需求。对开展农村废弃、低效、闲置土地整理,利用存量集体建设用地发展农村一二三产业融合项目成效显著的,给予新增建设用地计划指标奖励。

三、分类施策,保障产业发展

(七)简化用地报批程序。乡村振兴用地涉及农用地转用和集体土地征收的,可以县为单位,分批次打捆组卷上报。为实施乡村休闲旅游、特色农产品加工、乡村新型服务业等乡村产业项目及其配套的基础设施建设,需零星、分散使用建设用地,选址不压占生态红线、永久基本农田,且符合产业布局要求的,可实施"点状供地",按照"建多少、转多少、征多少"的原则,依法依规办理土地征收、农用地转用手续。未纳入建设用地开发范围的,可作为农业、生态保留用地合理利用。

(八)支持乡村特色产业发展。支持各地按照"一县一业""一村一品"模式差异化发展枸杞、葡萄酒、奶牛、滩羊、瓜菜、长枣、马铃薯等特色优势产业,鼓励特色农产品就地加工转化增值。将农业种植养殖配套的保鲜存储、烘干晾晒、农资农机农具存放、分拣包装、废弃物处理、检验检疫、管理看护房等附属设施用地纳入农用地管理。农业设施用地可以使用一般耕地,不需落实占补平衡。种植设施不破坏耕地耕作层的,可以使用永久基本农田,不需补划;破坏耕地耕作层,但由于位置关系难以避让永久基本农田的,允许使用永久基本农田但必须补划。

(九)鼓励农村一二三产业融合发展。鼓励农业生产和村庄建设等用地复合利用,发展休闲农业、乡村旅游、农业教育、农事体验等产业。因地制宜拓展农村土地使用功能,支持农产品分拣包装、初级加工、商贸物流等用地需求。鼓励利用存量建设用地进行农产品加工、农产品冷链、物流仓储、产地批发市场等项目建设或用于小微创业园、休闲农业、乡村旅游、农村电商等农村二三产业,对盘活存量成效突出的市县,给予新增建设用地计划指标奖励。

(十)加大乡村旅游业用地支持力度。农村集体经营性建设用地可自办或以入股、联营等方式发展乡村旅游。经市县发展改革、文化旅游等部门认定为仅在年度内特定季节使用的游乐、观光、停车等设施,在不硬化地面、不建设永久设施的前提下,可不征收、不转用,按现用途管理。鼓励村集体经济组织或个人以乡村旅游为依托,对部分宅基地、物业进行保留改造,打造各类主题乡村旅游目的地,利用自有和闲置农房院落发展富有乡村特色的民宿、农家乐和养生养老基地。

(十一)鼓励利用集体建设用地创新创业。对利用现有房屋和集体建设用地改造建设民宿民俗、文化创意、健康养老、众创空间、休闲农业、乡村旅游等新业态的,可按原用途和土地权利类型使用土地。鼓励返乡下乡人员依法以入股、合作、租赁等形式使用农村集体建设用地开展创业创新,支持返乡下乡人员依托自有和闲置农房院落发展农家乐。在符合农村宅基地管理规定和相关规划的前提下,允许返乡下乡人员和当地农民合作改建自住房。

(十二)支持数字乡村建设。自然资源信息化等基础设施建设向农村地区覆盖,在自然资源确权登记、数字乡村建设、基础地理信息建设等方面加大资金、技术以及人才支持,为农村集体经济清产核资、村庄规划编制、存量土地开发利用等奠定良好基础。开展贫困地区、生态移民迁出区和地质灾害易发区调查监测工作,及时为贫困地区提供调查监测和地理信息成果。

四、综合整治,改善农村人居环境

(十三)补齐基础设施短板。保障"厕所革命"、农村垃圾污水治理、农村人居环境三年整治行动、美丽乡村建设等用地需求。单个用地面积不超过400平方米、零星分散、难以在规划期间确定具体位置的农村饮水工程、污水治理、泵站等基础设施项目在不占用永久基本农田、生态保护红线等规划确定的禁止建设区时，视为符合规划，允许使用预留的5%建设用地机动指标。单个用地面积不超过100平方米的厕所、垃圾储运、通讯、电子监控、水质监测等设施用地，可不征收、不转用，由项目用地单位与土地权利人依法签订土地使用合同，明确双方权利义务。

（十四）统筹开展农村土地综合整治。鼓励各市、县将高标准农田建设、耕地提质改造、地质灾害防治等类型的项目有机结合，统筹推进山水林田湖草系统治理。鼓励探索"土地整治＋特色农业、土地整治＋休闲旅游"模式，对集中连片建设生态保护与修复工程达到一定规模的经营主体，允许在符合国土空间规划、依法办理建设用地审批手续的前提下，利用不超过3%治理面积从事旅游、康养、文化、体育、设施农业等产业开发。全域土地综合整治试点中节余的建设用地指标，按照城乡建设用地增减挂钩政策，可在自治区范围内流转使用。

（十五）盘活存量集体建设用地。鼓励各地引导农民自愿有偿退出宅基地或依据规划拆旧复垦农村废弃宅基地等闲置建设用地，按照规划条件属于工业、商业等经营性用途的，可纳入集体经营性建设用地入市范围。

五、强化保障，确保政策落地

（十六）加强统筹协调。加强与发展改革、农业农村等部门的协同联动，共同开展乡村振兴、产业融合发展用地需求调查分析，合理保障乡村振兴用地需求。建立自治区重大建设项目耕地占补平衡协调机制，统一协调解决自治区重大项目占用耕地占补平衡指标调剂工作。深化"放管服"改革，简化农村建设用地审批程序，明确用地类型和供地方式，实施分类管理。

（十七）强化培训交流。针对支持性政策落地不实等问题，有针对性帮助指导各地用好用足用活各项政策。选派优秀干部到农村地区尤其是贫困地区结对帮扶，积极指导帮助驻村扶贫干部解决实际困难和问题。选调基层地区干部到各级自然资源部门挂职（学习）锻炼，帮助其准确把握和用好各项支持政策。

（十八）做好政策衔接。建立健全脱贫攻坚与乡村振兴相衔接的机制办法，集中力量抓紧抓实打赢脱贫攻坚战。坚持农业农村优先发展，在组织领导、资金投入、要素配置、干部配备、督导考核等方面动真格、见实效，确保如期实现全面小康。

关于进一步优化城乡建设用地增减挂钩项目
实施管理工作的通知

宁自然资发〔2020〕207号

各市、县（区）自然资源局：

　　为进一步加强和规范城乡建设用地增减挂钩项目实施管理，确保项目拆旧复垦按期保质完成、挂钩周转指标如期归还，经研究，决定将增减挂钩项目实施分为拆旧复垦备选库建立、复垦验收、指标使用、在线报备四个阶段，形成"先拆旧、后建新"管理模式。现就有关事项通知如下。

　　一、建立拆旧复垦备选库

　　按照"先复垦后利用"原则，综合考虑当地农村集体建设用地复垦潜力和经济社会发展需要，科学、合理地选择拆旧复垦地块，组成增减挂钩复垦项目备选库。重点将2016年以来，由当地政府组织实施的村庄整治、环境整治、危房改造、巷道通畅等项目实施中的拆旧复垦地块纳入备选库。

　　拆旧区备选地块必须符合以下条件：在最新土地利用现状数据库中现状地类是建设用地（村庄、采矿用地、特殊用地等）；3年内遥感影像图判读存在建筑物。

　　拆旧复垦地块选取后，由各县（市、区）自然资源局组织编制《拆旧区复垦方案》（以下简称《方案》），拆旧地块按照宜耕则耕、宜林（草）则林（草）的原则及时组织复垦。《方案》由有关市、县级人民政府审查批准。《方案》批准前，需报自治区自然资源厅组织专家论证，并出具审查意见。

　　二、拆旧区复垦验收

　　拆旧区复垦工程竣工验收，严格按照《宁夏城乡建设用地增减挂钩试点项目区竣工验收暂行办法》（宁国土资发〔2010〕150号）、《关于优化城乡建设用地增减挂钩项目管理助推脱贫攻坚的通知》（宁自然资发〔2019〕154号）执行，由县级自然资源主管部门组织初验，合格后报地级市自然资源主管部门组织验收。验收重点对项目建设规模、新增农用地和新增耕地三项指标进行认定，并下达验收批复。自然资源厅将随机抽取30%复垦地块进行复核，复核确认无误后，下达增减挂钩周转指标，并以县为单位建立周转指标储备台账。验收合格的增减挂钩复垦项目，要加强后期管护，及时进行地籍变更。

　　三、周转指标的使用

　　需使用增减挂钩周转指标的，应编制《城乡建设用地增减挂钩周转指标使用方案》，详细说明项目建新区基本情况,使用周转指标面积、地类及建新区所占耕地和其他农用地面积情况,剩余周转指标面积、地类情况等。建新区应安排在土地利用总体规划确定的允许建设区内,允许建设区内确实不能安排的,也可安排在有条件建设区,但必须按规定做好规划修改并按程序报批。

建新区涉及农用地转为建设用地的,与经验收的增减挂钩拆旧复垦区一起,经县级人民政府审核同意后,报自治区人民政府整体审批。涉及土地征收的,依法办理土地征收手续,做好对被征地集体经济组织和农民的安置补偿,确保被征地农民生活水平不下降、长远生计有保障。

四、项目区备案管理

各地应及时在自然资源部增减挂钩在线监管系统内完成项目备案。项目备案分三个阶段:一是批准阶段,集中报备。各地要安排专人负责项目在自然资源部增减挂钩在线监管系统内的报备工作,并在当地政府《方案》批复文件下达后10个工作日内到宁夏自然资源勘测调查院备案。二是实施阶段,实时报备。县级自然资源部门要对项目实施进展情况进行实时报备。三是验收阶段,限时报备。县级自然资源部门要在验收确认文件下达后10个工作日内完成验收信息报备,并按要求将验收材料报自然资源厅备案。对未按要求进行备案的,不予安排周转指标的使用。

宁夏回族自治区自然资源厅
2020年11月30日

(此件公开发布)

自治区农业农村厅 自治区自然资源厅关于规范农村宅基地审批管理的通知

宁农（经）发〔2021〕11号

各市、县（区）农业农村局、自然资源局：

为进一步规范农村宅基地审批管理，切实保障农村村民户有所居，根据《中华人民共和国土地管理法》《农业农村部 自然资源部关于规范农村宅基地审批管理的通知》《自然资源部 农业农村部关于保障农村村民住宅建设合理用地的通知》要求，结合我区实际，现就农村宅基地（以下简称"宅基地"）审批管理有关事项明确如下。

一、履行部门职责

农村宅基地审批管理事关农民居住权益，涉及农业农村、自然资源等部门。各级农业农村、自然资源部门要增强责任意识和服务意识，按照部门职能和国务院"放管服"改革要求，在党委政府的统一领导下，切实履行各自职责。农业农村部门负责农村宅基地改革和管理工作，建立健全宅基地分配、使用、流转、违法用地查处等管理制度，完善宅基地用地标准，指导宅基地合理布局、闲置宅基地和闲置农房利用；组织开展农村宅基地现状和需求情况统计调查，及时将农民建房新增建设用地需求通报同级自然资源部门；参与编制国土空间规划和村庄规划。自然资源部门负责国土空间规划、土地利用计划和规划许可等工作，在国土空间规划中统筹安排宅基地用地规模和布局，满足合理的宅基地需求，依法办理农用地转用审批和规划许可等相关手续。各级农业农村、自然资源部门要建立部门协调机制，做好信息共享互通，推进管理重心下沉，共同做好农村宅基地审批和建房规划许可管理工作。

二、落实用地指标

每年各县（市、区）自然资源部门会同农业农村部门，经调查统计后提出需要保障的农村村民住宅建设用地计划指标需求，报自然资源厅，自然资源厅征求农业农村厅意见后报自治区人民政府审核，经自治区人民政府审核同意后报自然资源部。农村村民住宅建设用地指标在年度土地利用计划中单列安排，原则上不低于新增建设用地计划指标的5%，专项保障农村村民住宅建设用地，年底实报实销。当年保障不足的，下一年度优先保障。对农村村民住宅建设占用农用地的，在下达指标范围内，按照《土地管理法》和自治区有关规定办理农用地转用审批事项。

农民新建住房应当符合县、乡国土空间规划和村庄规划。要优先利用村内空闲地，尽量少占耕地。要严格落实《关于农村乱占耕地建房"八不准"的通知》要求，进一步规范农村建房用地行为，严禁占用永久基本农田、生态保护红线建房。

三、规范审批管理

（一）严格申请条件。严格宅基地申请对象资格条件，充分应用农村集体产权制度改革中集体经济组织成员资格认定和农村宅基地及农房利用现状调查成果，加强对宅基地申请对象身份、住房现状、旧宅处置方式等资格条件的审核把关。县、乡（镇）人民政府要完善以户为单位取得宅基地分配资格的具体条件和认定规则，注重保障外嫁女、入赘男、离异、丧偶等特殊群体的宅基地资格权。严禁城镇居民到农村购买宅基地，严禁下乡利用宅基地建设别墅大院和私人会馆，严禁借流转之名违法违规圈占、买卖宅基地。

（二）规范申请程序。符合宅基地申请条件的农户，以户为单位向所在村民小组提出宅基地和建房（规划许可）书面申请。村民小组收到申请后，提交村民小组会议讨论，并将申请理由、拟用地位置、拟建房层高和面积等情况在本小组范围内公示。公示无异议或异议不成立的，村民小组将农户申请、村民小组会议记录等材料交村集体经济组织或村民委员会（以下简称村级组织）审查。村级组织重点审查提交的材料是否真实有效、拟用地建房是否符合村庄规划、是否征求了用地建房相邻权利人意见。审查通过的，由村级组织签署意见，报送乡镇政府审批。没有分设村民小组或宅基地和建房申请等事项已统一由村级组织办理的，农户直接向村级组织提出申请，经村民代表会议讨论通过并在本集体经济组织范围内公示后，由村级组织在《农村宅基地和建房（规划许可）申请表》中签署意见，连同会议纪要、公示和农村宅基地使用承诺书、相邻权利人意见等材料报送乡镇人民政府审批。

（三）完善审批环节。市、县（区）人民政府有关部门要加强对宅基地审批和建房规划许可有关工作的指导，乡镇政府要探索建立一个窗口对外受理、多部门内部联动运行的农村宅基地用地建房联审联办制度，方便农民群众办事。公布办理流程和要件，明确本乡镇履行农业农村、自然资源等职责的有关部门（岗位专责人员）在材料审核、现场勘查等各环节的工作职责和办理期限。审批工作中，乡镇履行农业农村职责部门（岗位专责人员）负责审查申请人是否符合申请条件、拟用地是否符合宅基地合理布局要求和面积标准、宅基地和建房（规划许可）申请是否经过村组审核公示等，并综合各有关部门（岗位专责人员）意见提出审批建议。乡镇履行自然资源职责部门（岗位专责人员）负责审查用地建房是否符合国土空间规划、用途管制要求，其中涉及占用农用地的，在办理农用地转用审批手续后，可委托乡镇政府核发乡村建设规划许可证；在村庄规划区内使用原有宅基地进行农村村民建住宅建设的，可按照自治区有关规定办理规划许可。涉及交通、林业、水利、电力、天然气等部门的要及时征求意见。

乡镇人民政府根据联审结果，采取即时办理或年度集中分批办理的方式，依法进行审批。同意利用旧宅基地或存量建设用地建设的，10个工作日内填制《农村宅基地和建房（规划许可）审批表》，出具《乡村建设规划许可证》和《农村宅基地批准书》，组织工作人员到实地放样，划定四至范围，村民即可开工建设。

乡镇人民政府要建立宅基地用地建房审批管理台账，留存归档有关资料，及时将审批情况报县级农业农村、自然资源等部门备案。

（四）实施全程管理。乡镇人民政府要全面落实"三到场"要求，并在施工关键环节进行现场巡查和指导，加强事中事后监管。审批前：乡镇政府收到宅基地和建房（规划许可）申请后，及时组织履行农业农村、自然资源职责部门（岗位专责人员）实地审查申请人是否符合条件、拟用地是否符合规划和地类等。开工前：经批准用地建房的农户,应当在开工前向乡镇政府或授权的牵头部门申请划定宅基地用地范围,乡镇政府及时组织履行农业农村、自然资源职责部门(岗位专责人员)到现场进行开工查验,实地丈量批放宅基地,确定建房位置。完工后：农户建房完工后,乡镇政府组织相关部门(岗位专责人员)进行验收,实地检查农户是否按照批准面积、四至等要求使用宅基地,是否按照批准面积和规划要求建设住房,并出具《农村宅基地和建房(规划许可)验收意见表》(附件6)。通过验收的农户,可以向不动产登记部门申请办理不动产登记。各县(市、区)、乡(镇)要依法组织开展农村用地建房动态巡查,及时发现和处置涉及宅基地使用和建房规划的各类违法违规行为。

四、健全保障机制

（一）健全工作机制。各市、县(区)要按照市县主导、乡镇主责、村级主体的要求,建立健全宅基地管理机制。县(市、区)政府要加强组织领导,统筹协调相关部门、乡镇政府、村级组织依法履行职责。各县(市、区)农业农村、自然资源等部门要主动入位,加强制度建设,完善相关政策,指导和督促乡镇开展工作。乡镇政府要充实力量,健全机构,明确人员,切实承担起宅基地审批和管理职责。

（二）细化工作流程。各县(市、区)要对现行宅基地审批和建房规划许可办事指南、申请表单、申报材料清单等进行梳理,参照附件表单,结合本地实际进一步简化和规范申报材料,优化审批流程。要加快信息化建设,逐步实现宅基地用地和建房规划许可数字化管理。

（三）落实属地责任。乡镇人民政府要切实依法履行属地管理责任,加强宣传引导,提高审批效率,切实承担起村庄规划、宅基地审批和农房建设等管理职责；开展宅基地动态巡查,及时查处违法行为；指导村级组织完善宅基地民主管理程序,探索设立村级宅基地协管员。村级组织要建立健全宅基地申请审核有关制度,确保宅基地分配使用公开、公平、公正。

（四）严肃工作纪律。各级各部门要严肃工作纪律,坚决杜绝推诿扯皮、不作为乱作为、打招呼递条子等现象。对工作不力、玩忽职守、滥用职权、徇私舞弊的要依法严肃追责。

自治区农业农村厅　自治区自然资源厅
2021年8月20日

关于印发《关于化解农村宅基地确权登记历史遗留问题若干措施》的通知

宁自然资规发〔2021〕8号

各市、县（区）自然资源局，农业农村局：

经自治区人民政府同意，现将《关于化解农村宅基地确权登记历史遗留问题若干措施》印发你们，请遵照执行。

宁夏回族自治区自然资源厅　宁夏回族自治区农业农村厅
2021年12月23日

（此件公开发布）

关于化解农村宅基地确权登记历史遗留问题若干措施

农村宅基地确权登记是明晰产权关系、维护群众权益的重要举措,是推进先行区建设、深化土地权改革的基础性工作。近年来,全区各市、县(区)按照自治区党委和政府部署要求,全力推进农村宅基地"房地一体"确权登记,取得明显成效。但部分宅基地存在无权属来源、规划建设手续不完善等问题,时间跨度长、化解难度大,直接影响确权登记整体进度。为化解疑难问题,全面完成农村宅基地确权登记任务,结合我区实际,聚焦历史遗留问题,坚持"尊重历史、保障权益、依法依规、稳妥审慎"原则,现提出如下措施。

一、关于"一户多宅"问题。宅基地使用权应以公安部门户籍登记信息为基础,按照"一户一宅"原则确权登记到"户",同时应当符合当地申请宅基地建房的条件。根据户籍登记信息无法认定的,可参考当地农村集体土地家庭承包中承包集体土地的农户情况,结合村民自治方式予以认定。

符合当地分户建房条件未分户,未经批准另行建房分开居住的,其新建房屋占用的宅基地符合相关规划,经本农村集体同意,并公告30天无异议或异议不成立的,可按规定补办有关用地手续后,依法予以确权登记;未分开居住的,其实际使用的宅基地没有超过分户后建房用地合计面积标准的,依法按照实际使用面积予以确权登记。

二、关于继承房屋占用宅基地确权登记问题。本农村集体经济组织成员、非本农村集体经济组织成员(含城镇居民),因继承房屋占用宅基地的,可按规定确权登记,并在不动产登记簿和证书附记栏注记"该权利人为本农村集体经济组织原成员住宅的合法继承人"。

三、关于无权属来源和权属争议问题。对于没有权属来源的宅基地,应当查明土地历史使用情况和现状,由所在农村集体或村委会对宅基地使用权人、面积、四至范围等进行确认后,公告30天无异议或异议不成立的,并出具证明,经乡(镇)人民政府审核批准,属于合法使用的,予以确权登记。

宅基地使用权有争议的,当事人可通过协商、调解、行政复议或者诉讼等方式解决争议,并持有关生效文书依法进行确权登记。

四、关于规划建设手续不完善问题。对合法宅基地上房屋没有符合规划或建设相关材料的,位于原城市、镇规划区内的,由自然资源部门按现状出具规划认定或核实意见后办理登记。位于原城市、镇规划区外,且在《城乡规划法》实施前建设的,办理登记时可不提交符合规划或建设的相关材料;在《城乡规划法》实施后建设的,由村委会公告30天无异议或异议不成立,经乡(镇)人民政府审核后,按照审核结果办理登记。

五、关于空闲宅基地确权登记问题。在不违反"一户一宅"前提下,按照保障权益的原则,由村委会查明情况,公告30天无异议或异议不成立,经乡(镇)人民政府审核批准后,予以确权登记。

六、关于移民宅基地确权登记问题。严格按照"一户一宅"原则,分类办理生态移民、易地扶贫搬迁等政策性移民安置住房确权登记。在迁入区已分配宅基地并退出迁出区宅基地的，依法对迁入区宅基地进行确权登记；在迁入区已分配宅基地但未退出迁出区宅基地的，迁入区在办理宅基地登记时，要及时函告迁出区自然资源部门，迁出区自然资源部门应依法注销或收回移民宅基地使用权并回函，迁入区依据注销或收回情况再行办理登记。

七、**关于改变用途宅基地确权登记问题**。对于符合一二三产业融合发展的宅基地，在符合"一户一宅"要求的前提下，按照宅基地用途认定，并依法确权登记。

八、**关于多（高）层多户农民住宅确权登记问题**。安置农民的新型农村社区或多（高）层多户农民公寓、住宅，参照国有建设用地使用权及建筑物区分所有权的规定办理登记。

九、**关于不予确权登记的情形**。对自然保护地内的宅基地，自然资源部门组织开展权籍调查，摸清底数，建立台账，待自然保护地优化整合、生态保护红线评估调整等政策明确后，依据有关政策规定办理登记。对乱占耕地建房及其他违法违规用地建房、违反生态保护红线管控要求建房、城镇居民非法购买宅基地、小产权房等，不得办理登记，不得通过登记将违法用地合法化。

各市、县（区）自然资源局、农业农村局要提高政治站位，认真履职尽责，把化解农村宅基地历史遗留问题作为深化"为群众办实事"的重要举措，加大政策宣传力度，全面推进若干措施落实落地。要强化责任分工，形成工作合力，推动建立政府主导、部门协同、群众参与的工作机制，积极研究解决工作中遇到的难点疑点问题。要健全完善矛盾纠纷调处机制，有效化解各类矛盾纠纷，营造农村宅基地确权登记工作良好氛围。

本措施自 2022 年 2 月 1 日起施行，有效期 5 年。

关于印发《宁夏回族自治区跨县域补充耕地指标交易管理暂行办法》的通知

宁自然资发〔2021〕215号

各市、县(区)自然资源局、财政局：

　　为落实最严格的耕地保护制度，确保补充耕地指标交易公正、公开、公平，根据《中华人民共和国土地管理法》《中共中央　国务院关于加强耕地保护和改进占补平衡的意见》《自治区党委　人民政府关于切实加强耕地保护和改进占补平衡的实施意见》，自治区自然资源厅会同财政厅制定了《宁夏回族自治区跨县域补充耕地指标交易管理暂行办法》，现印发你们，请认真贯彻落实。

宁夏回族自治区自然资源厅　宁夏回族自治区财政厅
2021年12月27日

（此件公开发布）

宁夏回族自治区跨县域补充耕地指标交易管理暂行办法

第一章 总则

第一条 为落实最严格的耕地保护制度,切实提高我区耕地占补平衡管理水平,确保跨县域补充耕地指标交易公正、公开、公平,根据《中华人民共和国土地管理法》《中共中央 国务院关于加强耕地保护和改进占补平衡的意见》《自治区党委 人民政府关于切实加强耕地保护和改进占补平衡的实施意见》,结合我区实际,制定本办法。

第二条 本办法所称补充耕地指标,是指在全国耕地占补平衡动态监管系统内完成备案的国土综合整治、高标准农田建设、城乡建设用地增减挂钩和工矿废弃地复垦等项目产生的新增耕地指标。包括耕地数量、水田规模和粮食产能三项指标。

第三条 本办法所称跨县域补充耕地指标交易,是指自治区内耕地后备资源相对匮乏、新开垦耕地不足以补充所占耕地的县(市、区)人民政府(以下简称"受让方"),由于实施国家和自治区重大建设项目无法落实耕地占补平衡,在耕地后备资源相对丰富、补充耕地指标充裕的县(市、区)人民政府(以下简称"出让方")落实补充耕地任务的行为。

第四条 跨县域补充耕地指标交易应遵循以下原则:

(一)保护优先,严控占用。坚持耕地保护优先,强化耕地用途管制,从严控制建设占用,促进土地集约节约利用。

(二)科学调剂,公平公正。坚持先建成再调剂,以县域自主平衡为主,自治区内调剂为辅,合理确定调剂规模,确保公正、公开、公平。

(三)加强统筹,调节收益。运用经济手段约束耕地占用,发挥经济发达与资源丰富县(市、区)资金资源互补优势,建立收益调节分配机制,助推脱贫攻坚和乡村振兴。

第二章 管理职能

第五条 自治区自然资源主管部门负责全区跨县域补充耕地指标交易的指导、监督与管理,制定管理办法及交易制度,及时调整出让方、受让方年度耕地保护任务。

第六条 自治区财政主管部门配合自然资源主管部门,制定相关管理制度。

第七条 自然资源勘测调查院为自治区级交易技术支撑单位,负责具体事务性、技术性工作。

第八条 出让方和受让方在指标交易活动中的具体工作由县(市、区)自然资源主管部门承担,不得以任何形式委托其他单位、组织和个人办理。

第三章 交易管理

第九条 跨县域补充耕地指标交易应满足以下条件：

（一）出让方应当在满足本地区耕地占补平衡的前提下，库存补充耕地数量指标在100公顷以上、水田规模指标在50公顷以上、粮食产能指标在100万公斤以上的，方可交易，且出让后不得低于以上最低控制线，否则不得出让。

（二）受让方库存补充耕地数量指标在50公顷以上、水田规模指标在20公顷以上、粮食产能指标在50万公斤以上的，不得受让。

（三）耕地数量和粮食产能需同时交易，不得单独交易。

第十条 受让方通过交易取得的补充耕地指标原则上在两年内全部用于本县（市、区）重大建设项目，不得二次出让或囤积。

第十一条 国家、自治区审批的单独选址项目和批次用地占用耕地需跨县（市、区）落实补充耕地任务的，必须通过自治区补充耕地指标交易平台进行，交易方式为挂牌出让。

第十二条 补充耕地指标交易基准价格由耕地数量和粮食产能价格组成。每亩补充耕地数量价格按照水浇地和旱地10 000元、水田20 000元确定，每亩粮食产能价格按照不低于每百公斤2000元确定（详见附表）。

第十三条 申请指标出让的县（市、区），应向自治区自然资源主管部门书面提交出让申请，并提供拟出让补充耕地项目的名称、位置、面积、备案号、验收竣工批复和耕地质量等别等。

第十四条 自治区自然资源主管部门收到出让申请和相关资料并经审查合格后，将拟出让补充耕地指标在交易平台公示3个工作日。

第十五条 受让方为多家的，以竞价方式取得，每次加价不得低于1000元/亩，价高者得；受让方只有一家的，以挂牌价取得。

第十六条 成交结果在自治区自然资源主管部门门户网站公示5个工作日。公示期内，对有异议的单位和个人，可在规定时间内向自治区自然资源主管部门提出书面意见，并附相关证明材料。经调查确实存在违法违规的，交易无效。

第十七条 公示期满无异议或虽有异议但不成立的，出让方、受让方双方签订《自治区跨县域补充耕地指标出让合同书》（以下简称"合同"）。

第十八条 合同签订后，受让方或其指定单位将补充耕地指标交易资金全额缴入出让方指定财政国库，将合同和银行缴款凭证上传自治区补充耕地指标交易平台，经审查合格后，2个工作日内将指标划入受让方储备库，并公开交易信息。

第十九条 跨县域补充耕地指标交易资金全额缴入国库，纳入政府性基金预算，严格实行"收支两条线"管理。出让方财政主管部门应当会同自然资源主管部门加强补充耕地指标交易资金管理，确保相关收入及时足额缴库，不得随意减免或返还相关收入，不得账外设账、截留、挤占和挪作他用。

第二十条 出让方要安排不少于5%的交易资金专项用于补充耕地项目的后期管护和质量提升，剩余资金全部用于耕地保护、巩固脱贫攻坚成果和支持实施乡村振兴战略，优先用于国土综合整治和高标准农田建设等补充耕地任务。

第二十一条 跨县域补充耕地指标交易完成后,耕地的所有权、使用权和管护责任不变。

第四章 监督管理

第二十二条 出让方或受让方提供虚假资料骗取成交的,将列入不良信誉记录名单,予以公告,2年内不得参与补充耕地指标交易。

第二十三条 交易服务机构工作人员违反有关规定,在补充耕地指标交易过程中玩忽职守、滥用职权、收受贿赂、徇私舞弊的,依法追究相关责任人责任。

第五章 附则

第二十四条 各县(市、区)申请纳入国家统筹的补充耕地项目按照国家有关规定执行。

第二十五条 本办法自2022年1月1日起实施,有效期两年。

自治区自然资源厅关于加强和规范乡村建设规划许可管理工作的通知

宁自然资规发〔2021〕4号

各市、县(区)自然资源局,厅机关有关处室,直属事业单位:

为加强乡村建设规划许可管理,规范乡村规划许可程序,推进乡村国土空间治理现代化,根据《自然资源部关于加强村庄规划促进乡村振兴的通知》《住房城乡建设部乡村建设规划许可实施意见》《宁夏回族自治区实施〈中华人民共和国城乡规划法〉办法》等政策规定,结合我区实际,现就加强和规范乡村建设规划许可工作有关事项通知如下。

一、许可范围

(一)应核发乡村建设规划许可的建设项目类型。在国土空间规划确定的村庄、集镇建设用地范围内,进行建设的乡镇企业(指乡、村庄内的各类企业)、乡村公共设施、公益事业(包括垃圾收集处理、供水、排水、供电、供气、道路、通信、广播电视、公厕等基础设施和学校、卫生院、文化站、幼儿园、福利院等公共服务设施)和农村村民住宅,应当取得乡村建设规划许可证,建设单位或者个人应当按照规划许可的内容进行建设。

确需占用农用地进行农村村民住宅、乡镇企业、乡村公共设施和公益事业建设的,按照《土地管理法》规定办理农用地转用审批手续后,申请办理乡村建设规划许可证。

(二)实施简易审批的建设项目。为深化放管服改革,推动美丽乡村建设,单体面积小、投资规模较小、技术方案简单、建设内容单一的小型村庄建设项目,在符合国土空间规划的前提下实施简易审批程序,乡村建设规划许可与集体土地使用审批合并办理。主要包括:生活垃圾污水、厕所粪污处理、村容村貌提升等农村人居环境建设,以及农村供排水、村内道路、文化体育等小型基础设施项目。

实施简易审批程序的建设项目,市、县级自然资源主管部门、所在乡(镇)人民政府要强化事中事后监督,加强动态巡查和用地性质监管。

二、许可依据和内容

(一)许可依据。经批准的村庄规划,是审查核发乡村规划许可证的法定依据。在村庄规划批准前,依据继续有效的城乡规划和经批准的《近期国土空间规划实施方案》等现行国土空间规划管控规则,核发乡村建设规划许可。不再单独编制村庄规划的地区,需在县、乡国土空间规划中明确村庄国土空间用途管制规则和建设管控要求,作为核发乡村建设规划许可的依据。

(二)许可内容。乡村建设规划许可的内容包括地块位置、用地范围、用地性质、建筑面积、建筑高度、建筑风格、外观形象、色彩、建筑安全等要求。

对建设活动较多、位于城郊及公路沿线、需要加强历史文化和风景名胜保护的乡村地区，各市县可以根据实际情况，对乡村建设的规划许可内容和深度提出具体要求。

三、许可主体

乡村建设规划许可的申请主体为个人或建设单位。

乡（镇）人民政府负责接收个人或建设单位的申请材料，报送乡村建设规划许可申请。市、县自然资源主管部门负责受理、审查乡村建设规划许可申请，作出乡村建设规划许可决定，核发乡村建设规划许可。

市、县自然资源主管部门可根据实际情况，在法定职责范围委托有承接能力的乡（镇）人民政府进行村民住宅项目乡村建设规划许可的受理、审查和核发、验线工作。鼓励各地将建设用地供地手续和乡村建设规划许可合并办理。

四、办理流程

（一）申请。

1.农村村民住宅建设。

农村村民建造住宅应当经村民小组、村（居）民委员会同意，向所在地乡（镇）人民政府提出申请。

申请要件主要包括：

（1）身份证、户口本。

（2）宅基地使用证明（在原有宅基地上建设的）。

（3）住宅设计和建设图件。

（4）经村（居）民会议或者村（居）民代表会议讨论同意、村（居）民委员会签署的意见和公示情况。

（5）乡村建设规划许可证申请表。

（6）其他材料。

2.乡村建设项目。

建设单位或个人持申报材料，向项目所在地乡（镇）人民政府提出申请。

申请要件主要包括：

（1）建设项目批准（核准、备案）文件。

（2）建设单位或个人证照（营业执照或组织机构代码证、法人身份证复印件）。

（3）经村（居）民会议或者村（居）民代表会议讨论同意、村（居）民委员会签署的意见和公示情况。

（4）建设项目勘测定界坐标。

（5）建设工程设计方案。

（6）乡村建设规划许可证申请审批表。

（7）其他材料。

（二）审查。

村民住宅建设，重点审查住宅建设位置、面积，是否符合一户一宅政策、占用农用地的是否取得农用地转用批复、是否符合国土空间规划和村容村貌管控要求等情况。乡村建设项目，重点审查用地规模、用地性质、占用农用地的是否取得农用地转用批复、是否取得县级人民政府用地批准文件、是否符合国土空间规划管控要求、建设工程设计方案等情况。位于地质灾害易发区、存在安全隐患的村民住宅和乡村建设项目不得颁发乡村规划许可证。

涉及征求其他部门意见的，要按照"放管服改革"要求，通过集中办理、集成式审批方式，提高审批效率。

（三）决定。

许可机关自受理之日起10日内进行现场踏勘、征求相关部门意见后审查并做出决定（不包括公示、补正材料、报送上级部门审批等特殊环节所需时间）。对符合法定条件的，依法核发乡村建设规划许可证。对不符合法定条件的，不予核发，并书面告知申请人并说明理由。

（四）公示公告。

许可机关作出乡村建设规划许可决定前，应当将项目基本情况、建设方案、建设内容、建设单位、建筑平面图和立面效果图、投诉电话等信息在部门网站、便民服务场所或者建设项目所在的村（居）委员会公告栏等地进行公告，公告时间不得少于7日。

许可机关应当在核发《乡村建设规划许可证》之日起5个工作日内，将许可有关内容进行公告。

项目开工前，建设单位或者个人应当在项目现场公示乡村建设规划许可，公示批准建设内容，接受社会监督。

（五）规划核实。

取得乡村建设规划许可证的建设工程开工前，建设单位或者个人应当向许可机关申请验线，验线工作自收到申请之日起5日内完成。

竣工验收前，建设单位或者个人应当向许可机关申请规划核实。规划核实工作自收到申请之日起10日内完成。核实合格的，在乡村建设规划核实意见表或在联合验收意见表中签署规划核实合格意见。核实不合格的，出具不合格意见，告知要求整改的内容、理由及处理意见。建设单位或者个人可在整改后，重新申请规划核实。

（六）变更管理。

1. 规划许可变更。个人或建设单位应按照乡村建设规划许可证的规定进行建设，不得随意变更。确需对方案布局、建设指标等有重大调整的，被许可人应及时向原批准机关提出申请，依法办理变更手续。

2. 证书管理。乡村建设规划许可证的印制、发放、编号实行全国统一编号，编号数字共15位，前6位数号码按照《中华人民共和国行政区划代码》（详见民政部网站 www.mca.gov.com）执行，7～10位数号码代表证书发放年份，11～15位数号码代表证书发放序号。其中证书编号的第11～12位数号码由县级自然资源主管部门根据乡（镇）人民政府设置实际组织配置。

五、工作要求

（一）切实履职尽责。市、县自然资源主管部门负责统筹乡村建设规划许可与农用地转用审批的衔接,做好政策宣传、业务技术培训和综合考评工作;做好与受委托的乡(镇)人民政府的数据库信息共享、业务指导和监管工作,主动提供乡村规划许可申请批准表单、工作图件、政策依据等材料,确保乡村建设规划许可工作接得住、管得好。受委托的乡(镇)人民政府要充实力量,健全机构,应用和推广线上办理模式,建立事前到场、事中审查、事后监管机制,提高管理效能和服务质量,切实承担起乡村建设规划许可管理职责。乡村建设规划许可证发放情况,报当地自然资源主管部门备案。

(二)做好技术服务。市、县自然资源主管部门和乡(镇)人民政府,要做好规划许可办理流程、规划设计、建筑风貌、安全环保等方面的咨询服务工作,无偿为村民提供农村住宅通用设计图集、标准设计样板等图件供村民选择使用,指导村民建造安全、适用的住宅。要组织有资质的测绘机构,做好乡村建设放线、验线、规划核实测量等方面的服务工作。

(三)加强监督管理。市、县自然资源主管部门要充实执法检查队伍,组织人员定期或不定期巡查,督促指导建设单位或个人严格按照乡村建设规划许可证批准的内容和要求进行建设。委托乡(镇)人民政府发放乡村规划许可的,应在本通知印发执行2个月内制定实施细则,内容包括:委托主体、委托事项、申请流程、申请资料清单、办理指南等。实施细则印发后向自治区自然资源厅报备。

本通知自2021年11月1日起执行,有效期5年。

宁夏回族自治区自然资源厅

2021年9月30日

(此件公开发布)

关于印发保障和规范农村一二三产业融合发展用地实施细则的通知

宁自然资发〔2021〕174号

各市、县(区)自然资源局、发展改革委(局)、农业农村局:

《关于保障和规范农村一二三产业融合发展用地的实施细则》已经自治区人民政府审定,现印发给你们,请抓好贯彻落实。

宁夏回族自治区自然资源厅　宁夏回族自治区发展和改革委员会
宁夏回族自治区农业农村厅
2021年11月10日

(此件公开发布)

关于保障和规范农村一二三产业融合发展用地的实施细则

为贯彻落实《自然资源部 国家发展改革委 农业农村部关于保障和规范农村一二三产业融合发展用地的通知》(自然资发〔2021〕16号)精神,推动我区农村一二三产业融合发展(以下简称"农村产业融合发展"),促进乡村产业振兴,结合我区实际,制定如下实施细则。

一、明确准入类型

(一)用地保障范围。农村产业融合发展用地是以农业农村资源为依托,拓展农业农村功能,延伸产业链条,涵盖农产品生产、储存、加工、流通、就地消费等环节。

用地类型主要包括:农产品加工场所、农副产品交易市场、仓储保鲜冷链等农产品加工流通用地;农家乐、民宿、农事体验等农村休闲观光旅游场所用地;农产品网上营销、农村寄递物流基础设施等农村电商服务用地。土地用途可按工业、商业、物流仓储用地等管理。

以下情形不得纳入农村产业融合发展范围:开发商品住宅、别墅、酒店、公寓写字楼和乱占耕地建房的;利用农村宅基地建设别墅大院和私人会馆;挖湖造景或成片毁林毁草、破坏水域水系等破坏自然风貌、污染生态环境、造成水土流失的;擅自将农业设施用地改变用途的;法律、法规和国家规定其他禁止的情形。

(二)实施清单管理。各市(县)自然资源主管部门要会同发展改革、农业农村部门,在用地保障范围基础上,结合当地农业产业发展定位,制定"农村产业融合发展项目保障清单"。列入清单的项目应符合国土空间规划和节约集约用地标准,符合产业发展政策和环境保护要求,具有一定示范带动作用,能够有效提升农民就业和增收。对列入清单项目的新增用地,各级自然资源主管部门按照"土地要素跟着项目走"的要求,统筹新增和存量建设用地指标予以保障。

二、引导产业布局

(三)引导产业集聚发展。农村产业融合发展用地要与国土空间规划有效衔接,在县域范围内统筹布局。各地要加快推进县乡、村庄规划编制,编制县乡级国土空间规划时,应安排不少于10%的建设用地指标,保障农村产业融合发展项目用地,促进农村生产、生活、生态空间协调发展。

规模较大、工业化程度高、分散布局配套设施成本高的项目要进产业园区;具有一定规模的农产品加工项目要向县城或有条件的乡镇城镇开发边界内集聚;直接服务种植养殖业的农产品加工、电子商务、仓储保鲜冷链、产地低温直销配送等产业,原则上应集中在行政村村庄建设边界内。

(四)建立规划"留白"机制。编制村庄规划时,可预留5%的建设用地机动指标。需就地开展农产品初加工或利用本地资源发展休闲观光旅游产业,难以在国土空间规划和村庄规划中准确选址落位的建设项目,可申请使用机动指标。使用机动指标的项目需符合以下条件:不占用永久基本农田和生态保护红线;不突破国土空间规划建设用地指标等约束条件;不破坏历史风貌和影响自然资源环境安全,占用土地面积不超过 10 亩;周边具备必要的基础设施条件等。

三、拓展用地渠道

(五)鼓励盘活农村存量建设用地。在充分尊重农民意愿的前提下,可依据国土空间规划,以乡镇或村为单位开展全域土地综合整治。对集中连片建设生态保护与修复工程达到一定规模和预期目标的社会投资主体,允许依法依规取得不超过 3% 治理修复面积的自然资源使用权,从事旅游、康养、体育、设施农业产业开发等相关产业。按照建设用地增减挂钩政策,将农村集体建设用地整理复垦为农用地,腾退的建设用地指标在保障本村农民安置、基础设施、公益事业、产业发展等用地的前提下,节余部分可用于村村挂钩、村镇挂钩,在县域内调剂使用,统筹保障农村产业融合发展。

(六)合理配置新增建设用地计划指标。自治区单列安排红寺堡区、同心县、盐池县、原州区、西吉县、隆德县、泾源县、彭阳县、海原县每个脱贫县(区)计划指标 600 亩,专项用于农村产业融合发展等乡村振兴用地需要。各地建设用地指标应当保证乡村产业发展用地需求,将不低于 5% 的年度新增建设用地计划指标用于农业农村发展,优先保障节水、节能、节地等农村产业融合发展用地。各地实施"农村产业融合发展项目保障清单"新增计划指标不足的,由自治区统筹解决。

(七)推进集体经营性建设用地入市。鼓励农村产业融合发展项目依法依规使用集体建设用地。单位或者个人可通过集体经营性建设用地入市的渠道,以出让、出租等方式,取得集体经营性建设用地使用权。在试点的基础上,各地自然资源部门要尽快完善集体经营性建设用地入市规则,鼓励和引导乡村重点产业和项目使用集体经营性建设用地。

(八)支持设施农业发展。农业生产中直接用于作物种植和畜禽水产养殖的设施用地,按照《自治区自然资源厅 农业农村厅关于加强设施农业用地管理 促进现代农业健康发展的通知》(宁自然资规发〔2020〕10 号)规定,办理设施农业用地备案手续。作物种植和畜禽水产养殖设施建设对耕地耕作层造成破坏的,应认定为农业设施建设用地并加强监管。农村产业融合发展所需建设用地不符合设施农业用地要求的,应依法办理农用地转用审批手续。

(九)拓宽农村土地使用功能。鼓励农业生产和村庄建设等用地复合利用,发展休闲农业、乡村旅游、农业教育、农事体验等产业。同一项目用地兼容加工、科创、研发、销售、实训等两种以上用途的,以主用途供地。鼓励村集体经济组织或个人以乡村旅游为依托,利用依法登记的宅基地和地上房屋发展乡村民宿、农家乐和养生养老基地、电子商务等农村产业。

四、优化用地审批

(十)简化用地报批程序。农村产业融合发展用地涉及农用地转用和集体土地征收的,可按批次用地打捆组卷上报。使用规划"留白"指标办理用地审批手续时,可暂不做规划调整,可不需办理建设项目用地预审与选址意见书,直接办理农用地转用审批手续、落地机动指标、明确规划用地性质,项目批准后更新数据库。

符合产业布局要求的休闲观光等需零星、分散使用建设用地的,可实施"点状供地",按照"建多少、转多少、征多少"的原则,依法依规办理用地审批手续。未纳入建设用地开发范围的,可作为农业、生态保留用地合理利用。

(十一)分类办理建设项目规划许可。在国土空间规划确定的村庄、集镇建设用地范围内,使用集体建设用地进行建设的乡镇企业,按规定核发乡村建设规划许可证。在国有土地上建设的项目,核发建设用地规划许可证和建设工程规划许可证。除依法应当以招标拍卖挂牌等方式公开出让的土地外,可将建设用地批准和规划许可手续合并办理,核发规划许可证书,并申请办理不动产登记。

五、强化用地监管

(十二)严格用途管制。落实最严格的耕地保护制度,坚决制止耕地"非农化"行为,严禁违规占用耕地进行农村产业建设,不得造成耕地污染,防止耕地"非粮化"。严禁借"点状供地"之名批少占多,严禁超标准配套农业设施用地或私自改变用途,坚决遏制"大棚房""违建别墅""农村乱占耕地建房""未批先建"等问题。

(十三)建立项目用地退出机制。使用集体建设用地的农村一二三产融合发展用地,在签订供地合同时应在合同中设置退出条件。出现擅自改变土地用途、从事与农业无关的工业商业项目、擅自分割转让转租、破坏生态环境等情况的,应按照合同约定依法依规收回土地使用权。农村产业融合发展项目因生产经营范围或内容发生变化需改变土地用途的,在符合国土空间规划和村庄规划前提下,应依法依规办理土地用途变更手续,涉及使用农村集体土地的应征得农村集体经济组织和相关权利人的同意。

(十四)加强部门联动。市县自然资源、发展改革、农业农村主管部门要建立农村一二三产业融合发展用地监管协调机制,加强沟通协调、形成监管合力。各地自然资源主管部门要将农村产业融合发展用地纳入土地执法动态巡查范围,通过卫片执法系统和耕地保护监管系统进行动态监管,并结合建设用地"双随机、一公开"、国土变更调查等工作进行年度评估;发展改革部门要积极争取中央资金,支持建设农村一二三产业融合发展示范项目;农业农村部门在编制农业农村重点产业发展规划时,应与国土空间规划做好衔接,发挥统筹协调作用,引导农村产业融合发展,推进乡村振兴。

自治区自然资源厅 农业农村厅关于加强设施农业用地备案监管工作的通知

宁自然资发〔2022〕74 号

各市、县（区）自然资源局、农业农村局，宁夏农垦集团有限公司：

为切实加强和改进全区设施农业用地备案监管，有力保障我区重点项目和特色产业用地需求，依据《土地管理法》及其实施条例和《自然资源部 农业农村部 国家林业和草原局关于严格耕地用途管制有关问题的通知》（自然资发〔2021〕166 号，以下简称"166 号文"）要求，结合我区实际，现就有关事项通知如下。

一、严格管控设施农业用地占用耕地和永久基本农田

设施农业用地应按照"严格保护耕地、节约集约用地、坚持农地农用"的原则，合理确定用地需求，尽量避免破坏耕地耕作层，并采用工程技术措施保护耕地耕作层。2021 年 11 月 27 日"166 号文"印发前，设施农业用地已办理审批备案手续且开工建设，符合当时设施农业用地政策的，可继续按原审批用地实施；已取得相关手续但未开工建设的，按照现行政策进行管理，涉及占用永久基本农田的要重新选址。2021 年 11 月 27 日"166 号文"印发后，新增设施农业建设项目应尽量使用未利用地，严禁畜禽养殖设施、水产养殖设施和破坏耕作层的种植业设施占用永久基本农田；严格控制畜禽养殖设施、水产养殖设施和破坏耕作层的种植业设施等农业设施建设用地使用一般耕地，确需使用的，应充分论证占用耕地的必要性、合理性、可行性，报乡（镇）人民政府备案，同时纳入县级年度耕地"进出平衡"总体方案，从林地、草地、园地等其他农用地及农业设施建设用地中补足同等数量、质量的可长期稳定利用的耕地。

设施农业用地不再使用的，必须恢复原用途，原地类为耕地的必须恢复为耕地，且不得低于原二级地类；原地类为非耕地（二调、三调均为非耕地），复垦产生新增耕地，经验收入库后可用于占补平衡。

二、进一步规范设施农业用地审批备案监管

设施农业用地实行用地协议备案制，通过审核的设施农业备案期限为 5 年，但不得超过该宗土地承包经营权剩余期限，已备案但 3 个月内未建设的项目自动失效，凡期限届满中途改变经营主体、用途、扩大规模、转让（转租）以及备案超期的，必须重新履行备案程序。

乡镇政府（街道办事处）负责设施农业用地的全程监管，审核设施农业用地的真实性、合法性、合规性，对符合规定的项目（包括农民房前屋后建设的养殖设施用地），出具设施农业用地备案通知书，按月汇总备案情况并报县（市、区）自然资源、农业农村部门，对无法避让、确需占用一般耕地且破坏耕作层的项目，书面向县（市、区）自然资源、农业农村部门提出申请；综

合考虑当地土地整治及设施拆除成本,核定土地恢复费用并纳入用地协议,监督落实土地恢复,协调县级自然资源、农业农村部门进行验收。

县级自然资源部门、农业农村部门负责设施农业用地的监督指导,在项目选址、签订协议、备案等全过程中对用地审查、产业政策核定、防疫要求等进行指导并出具相关意见书,对确需占用一般耕地且破坏耕作层的项目,组织实地踏勘,出具是否同意项目占用耕地的意见,同意的纳入县级年度耕地"进出平衡"总体方案,不同意的不予备案;在设施农业项目取得用地、设施建成和变更阶段,将用地信息、勘测定界成果、内外部照片等资料录入设施农业用地监管系统。上图入库信息必须真实准确、与实地建设项目一致,未在本年末完成设施农业用地上图入库的项目,在年度国土变更调查审核中不予认可。

三、全面落实设施农业用地占用耕地"进出平衡"

乡镇政府要强化设施农业用地日常监管,根据设施农业用地需求,及时提出落实耕地"进出平衡"的意见。县(市、区)自然资源局要全程跟踪掌握设施农业用地动态,每年4月底前汇总辖区范围内设施农业用地占用耕地的年度项目列表(主要包括名称、规模、布局、投资额、建设期限等内容),并以土地整治项目形式提出不少于年度项目列表规模、不低于所占耕地质量的耕地恢复整治意见(主要包括名称、规模、布局、投资额、建设期限等内容),两项内容报县级人民政府纳入年度耕地"进出平衡"总体方案,未纳入总体方案的,需单独编制项目"进出平衡"实施方案并审查通过,否则不得占用耕地。市级自然资源局、农业农村局要对辖区内各县(市、区)编制的耕地"进出平衡"方案严格审查、充分论证,出具审查意见书,指导各地有序开展设施农业项目建设。

各县(市、区)自然资源、农业农村部门要协调发改、财政、生态环境、水利等部门配合做好设施农业用地有关工作,推动耕地"进出平衡"有效落地实施,在充分尊重农村集体经济组织和农民及相关责任主体的意愿前提下,切实维护农民合法权益,审慎推进、稳妥实施耕地"进出平衡"。"166号文"印发之后,未办理设施农业用地审批备案手续,且不符合现行设施农业用地政策的建设项目,由所在乡镇政府(街道办事处)督促设施农业用地经营主体限期恢复整改,涉及违法占地、破坏耕地的,按照有关法律法规严肃查处。

设施农业用地的范围、规模、申请材料、备案程序等仍按《自治区自然资源厅 农业农村厅关于加强设施农业用地管理 促进现代农业健康发展的通知》(宁自然资规发〔2020〕10号)规定执行,其他内容与本通知不一致的,以本通知为准。

宁夏回族自治区自然资源厅 宁夏回族自治区农业农村厅
2022年4月25日

(此件公开发布)

自治区自然资源厅关于做好沙漠戈壁荒漠光伏等新能源产业用地保障工作的通知

宁自然资发〔2022〕183号

各市、县(区)自然资源局,厅机关相关处室、有关直属事业单位:

为保障以沙漠、戈壁、荒漠地区为重点的光伏发电基地、大型风电等新能源产业发展,助力高水平建设国家新能源综合示范区,现就做好用地保障等工作通知如下。

一、**建立光伏等新能源产业规划共享机制**。结合资源禀赋、土地用途、生态保护、国土空间规划等情况,将利用沙漠、戈壁、荒漠等布局的光伏、风电产业规划纳入国土空间规划"一张图",实现新能源产业用地布局与企业、行业协会和研究机构等的共享,引导新能源产业有序发展。支持光伏全产业链制造基地、低碳零碳产业示范园等新能源项目建设,在各级国土空间规划中预留建设用地规模,保障产业发展空间。

二、**鼓励利用沙漠、戈壁、荒漠建设光伏风电项目**。鼓励优先使用沙漠、戈壁、荒漠等未利用地或工矿废弃地建设光伏、风电项目,科学合理使用荒漠化草地。光伏发电项目使用沙漠等未利用土地的,对不占压土地、不改变地表形态的用地部分,按原地类认定,不办理转用审批手续。一般光伏发电项目占用农用地的,所有用地按建设用地管理。光伏复合项目、乡村振兴专项安排的光伏发电项目确需使用农用地的,变电站、运行管理中心等依法办理农用地转用审批手续,按建设用地管理;场内道路用地可按农村道路用地管理;光伏方阵占用一般农用地的,在不破坏农业生产条件的前提下,可不改变用地性质,不办理建设用地审批手续。

三、**简化风电场"以大代小"用地审批手续**。生态保护红线内的风电场原则上不得进行改造升级。风电场改造升级应尽量不占或少占林地,改造升级确需使用林地的,应符合使用林地条件并依法办理使用林地手续。不改变风电场范围,仅对部分塔基用地进行调整,改造后永久用地面积总和小于改造前面积的风电场改造升级项目,不再重新办理用地预审与选址意见书,未批准农用地转用和土地征收的部分土地,依法办理建设用地审批手续。

四、**提升复合利用光伏项目用地效率**。在整县推进屋顶分布式光伏、"千乡万村驭风计划""千乡万村沐光行动"中利用原有房屋和构筑物建设屋顶分布式光伏发电设施的,若在不改变建筑面积、总高度、层数、外立面及不影响建筑安全等情况下,免于办理建设工程规划许可。经批准通过流转、租用、承包等方式,在养殖圈棚、温棚、鱼塘建设光伏复合发电项目,只对升压站、管理用房等设施办理建设用审批手续。

五、**保障新能源配套产业用地需求**。新能源配套产业项目,属于产品加工制造、高端装备修理等项目,按工业用途供应建设用地,鼓励土地用途兼容复合利用,新能源项目工业用地内兼容生产服务、行政办公、生活服务设施,兼容设施建筑面积占项目总建筑面积比例不超过15%的,可仍按工业用途管理;属于研发设计、检验监测、技术推广、环境评估与监测的项目,可按科教用途供应建设用地；属于新能源发电运营维护的可按公共设施用途供应建设用地；属于新型信息技术服务等经营项目，可按商服用途供应建设用地。鼓励新能源项目用地根据企业生产周期，采取弹性年期、长期租赁、先租后让、租让结合供地方式供应。

六、扩大新能源产业用地有偿使用范围。鼓励光伏、风电项目以出让方式供应建设用地，出让价格参照同地域工业用地基准地价评估确定，土地用途确定为公共设施用地，出让方式可通过招标、拍卖、挂牌供应土地，供地计划公布后同一宗地只有一个意向用地者的，可采取协议方式供地，建设用地使用年限为25年。装备制造、生产加工等工业用地依法需以招标拍卖挂牌方式供应的，在公平、公正、不排除多个市场主体竞争的前提下，可将投资和产业主管部门提出的产业类型、生产技术、产业标准、产品品质要求作为土地供应前置条件。

七、保障零星小面积能源配套项目用地。电动汽车充电设施等用地面积小、需多点分布的能源配套基础设施，可采取配建方式供地。在供应其他建设项目用地时，市、县（区）自然资源主管部门应对发展改革、住房建设等相关部门提出的配建和建成后资产移交及运营管理要求进行研究，对符合控制性详细规划和用地标准，且不影响供应环节的公平、公正竞争的，可依法先将配建要求纳入供地条件，明确产权关系。

八、加强新能源产业用地监管。市、县（区）自然资源部门要加强光伏、风电等新能源产业用地监管，适时对光伏发电、风力发电项目用地情况开展专项监测，包括土地利用、土地复合利用方案实施情况、光伏支架约定高度落实情况。项目用地中按建设用地管理的，严格执行农用地转用审批等相关规定；光伏阵列用地按农用地、未利用地管理的，不得擅自硬化或破坏土地，用地单位应按照约定用途使用土地，禁止擅自或变相用于非约定用途，对擅自改变土地用途的，由项目所在地自然资源主管部门依法处理。项目用地约定时限到期后，用地单位须恢复光伏方阵用地土地利用原状，未按规定恢复的，项目所在地自然资源主管部门会同发展改革部门责令进行整改。

宁夏回族自治区自然资源厅
2022年9月5日

（此件公开发布）

关于贯彻落实过渡期内支持巩固拓展脱贫攻坚成果同乡村振兴有效衔接有关精神的通知

宁自然资发〔2022〕244号

各市、县(区)自然资源局：

为扎实推进巩固拓展脱贫攻坚成果同乡村振兴有效衔接，落实好最严格的耕地保护制度、最严格的生态环境保护制度和最严格的节约用地制度，做好自然资源政策支持和要素保障，按照《自然资源部办公厅关于过渡期内支持巩固拓展脱贫攻坚成果同乡村振兴有效衔接的通知》(自然资办发〔2022〕45号)要求，现就过渡期内贯彻落实好支持政策提出如下要求。

一、**强化思想认识**。要把学习党的二十大精神转换为推动巩固拓展脱贫攻坚成果同乡村振兴有效衔接的强大动力，准确把握当前巩固拓展脱贫攻坚成果和推进乡村振兴的新形势新任务，进一步提高政治站位，强化责任担当，充分发挥部门职责优势和自然资源要素保障作用，确保支持政策落地见效。

二、**强化规划编制支撑**。要加快推进市县国土空间规划编制，全面落实巩固拓展脱贫攻坚成果和接续推进乡村振兴战略安排，重点保障乡村产业发展用地。分类推进"多规合一"实用性村庄规划编制，科学布局农业、生态、建设等功能空间，保障零星分散的乡村公共服务设施、文化旅游设施及农村新产业新业态用地空间。村庄规划成果可采用"一图一表一说明"简易表达，让老百姓看得懂、可执行。

三、**强化土地要素保障**。统筹用好国家安排的脱贫县(区)每年600亩新增建设用地计划指标，专项用于巩固拓展脱贫攻坚成果和乡村振兴用地需要，不得挪用，计划指标不足的由自治区统筹保障。要抓紧梳理重大项目用地情况，用好窗口期支持政策，对确需占用永久基本农田且符合政策规定的重大项目，及时上报办理用地预审和建设用地审批手续。积极支持原深度贫困县开展增减挂钩节余指标跨省域调剂，其他脱贫地区开展节余指标省域内交易，相关县(区)要充分衔接国土空间规划编制和"三调"成果，积极做好城乡建设用地增减挂钩项目储备。

四、**强化耕地保护利用**。要落实最严格的耕地保护制度，积极引导建设项目不占或少占耕地。用于乡村振兴确需将一般耕地(不含永久基本农田)转为其他农业用地及农业设施用地的，要依据自然资源部、农业农村部和国家林草局《关于严格耕地用途管制有关问题的通知》要求，严格落实耕地"进出平衡"。鼓励脱贫重点县(区)和乡村振兴任务重的县(区)，在补充耕地节余指标充裕的前提下，积极申报跨省域补充耕地国家统筹，交易资金优先用于乡村振兴建设。

五、**强化节约集约用地**。过渡期内，执行优化工业项目用地指标控制政策要严格落实节约集约用地原则。积极拓展集体建设用地使用途径，鼓励利用存量集体建设用地保障农村一二三产业融合发展用地。在保障安全和节约集约的原则基础上,因地制宜制定地方低效用地标准,统筹编制低效用地再开发专项规划,鼓励土地权利人自主改造开发,鼓励社会资本积极进入,规范推进城镇低效用地再开发。

六、强化矿产资源开发。要选择成矿有利区域和找矿前景良好区域,加大煤、石灰岩、石膏等自治区优势矿种勘查力度,为巩固脱贫攻坚成果和助力乡村振兴战略储备符合集约化、规模化开发的矿产地。支持各市、县(区)利用本级财政资金开展地质勘查项目,自治区本级财政资金优先保障原深度脱贫地区矿产资源勘查需求。

七、强化地质灾害防治。以脱贫地区为重点,每年开展地质灾害隐患排查,查清查明隐患点分布情况、规模等级、威胁程度等,分级分类落实防范措施。在脱贫地区每年选取10～20处典型隐患点安装监测预警设备,开展典型灾害体结构勘查,查明地质灾害成因机理、孕灾结构,进一步提升监测预警精准度、时效性和覆盖面。以威胁30人以上的地质灾害隐患点为重点,联合市、县(区)逐年采取工程治理或避险搬迁等方式消除隐患点威胁。

宁夏回族自治区自然资源厅
2022年12月12日

(此件公开发布)

关于指导做好自治区人民政府授权用地审批权承接办理工作的通知

宁自然资发〔2023〕23号

各市、县（区）自然资源局：

为贯彻落实《自治区人民政府关于授权用地审批权的通知》（宁政发〔2022〕39号）（以下简称《通知》），现就规范承接自治区人民政府授权用地审批权有关事宜通知如下。

一、审批职责

根据《通知》规定，国土空间规划确定的村庄、集镇建设用地范围内，为实施该规划按土地利用年度计划分批次将永久基本农田以外的农用地转为建设用地，并作为农村村民住宅用地的审批事项，由县（区）级人民政府报设区的市人民政府批准，市级自然资源主管部门负责具体审查工作。

银川市、石嘴山市、吴忠市、固原市、中卫市自然资源局要结合各地实际细化审批程序、审查要点、申报材料、格式文本、信息公开等内容，制定承接自治区人民政府授权用地审批权的实施方案，经市人民政府同意后报自然资源厅备案。要规范做好用地审查工作，严格落实内部会审制度，确保审批效率提高、标准不降。宅基地审批要严格执行《自治区农业农村厅 自治区自然资源厅关于规范农村宅基地审批管理的通知》（宁农（经）发〔2021〕11号）相关规定。

二、报批流程

农村村民住宅用地涉及办理农用地转用审批的，由所在地县（区）级人民政府按照用地需求，分批次统一向设区的市人民政府提交用地申请。县（区）级自然资源主管部门通过宁夏自然资源行政审批系统（国土空间用途管制监督系统），将用地勘测定界坐标、请示文件、初审意见及其他法定申报资料报送市级自然资源主管部门审查。设区的市级自然资源主管部门要严格落实内部会审制度，不符合法律法规和相关政策规定、未依法缴纳相关税费的，不得下达农用地转用批复。市级自然资源主管部门要在下发批复后10日内，通过宁夏自然资源行政审批系统（国土空间用途管制监督系统）完成备案。

三、审查要点

各市、县（区）自然资源主管部门必须严格执行耕地保护、节约集约用地和生态保护制度，按照法律政策规定及审查标准规范进行审查，主要包括以下要点：

（一）符合规划计划情况。农村村民住宅用地布局要符合国土空间规划和村庄规划，符合"三区三线"管控规则，严禁占用永久基本农田、生态保护红线和各类自然保护区。土地利用计划指标由自治区单列保障。

（二）地类权属情况。申报用地的地类权属依据"三调"为基础的最新年度国土变更调查成果，认定标准符合《自然资源部关于以"三调"成果为基础做好建设用地审查报批地类认定的通知》（自然资办函〔2022〕411号）规定。涉及占用林地的须取得林业主管部门批准的《使用林地审核同意书》。

（三）耕地保护情况。严格落实《关于农村乱占耕地建房"八不准"通知》要求，进一步规范农村建房用地行为，优先利用村内空闲地，尽量不占或少占耕地。确需占用耕地的（包括占用可调整地类和原为耕地的设施农用地），在用地审查严格落实补充耕地数量、水田和粮食产能，并在部耕地占补平衡动态监管系统中对应核销，做到补充耕地数量质量双到位。市、县自然资源局要通过储备补充耕地指标、实施土地整治补充耕地等多种途径统一落实占补平衡。

（四）节约集约用地情况。严格落实"一户一宅"要求，严格执行《宁夏回族自治区土地管理条例》规定的宅基地用地标准。

（五）其他情况。严格审查是否存在违法用地情形。农用地转用审批产生的新增建设用地有偿使用费、耕地开垦费、耕地占用税等相关税费由县（区）级人民政府统筹落实，不得向农民个人转嫁收缴。

四、监管评价机制

自治区自然资源厅将通过"双随机、一公开"机制，对各市承接自治区人民政府授权用地审批事项进行监督评价。对存在违规审批、弄虚作假情形的，不予备案并责令撤销用地批复，情节严重的提请自治区人民政府进行通报、暂停批准，直至收回授权事项。

宁夏回族自治区自然资源厅

2023年2月28日

（此件公开发布）

宁夏回族自治区自然资源厅等 14 部门关于印发《鼓励和支持社会资本参与生态保护修复的实施意见》的通知

宁自然资发〔2023〕20 号

各市、县（区）人民政府：

《鼓励和支持社会资本参与生态保护修复的实施意见》已经自治区人民政府同意，现印发给你们，请认真遵照执行。

宁夏回族自治区自然资源厅	宁夏回族自治区发展改革委
宁夏回族自治区财政厅	宁夏回族自治区生态环境厅
宁夏回族自治区住房和城乡建设厅	宁夏回族自治区水利厅
宁夏回族自治区农业农村厅	宁夏回族自治区市场监督管理厅
宁夏回族自治区地方金融监督管理局	宁夏回族自治区林业和草原局
国家税务总局宁夏回族自治区税务局	中国人民银行银川中心支行
宁夏银保监局	宁夏证监局

2023 年 2 月 28 日

（此件公开发布）

鼓励和支持社会资本参与生态保护修复的实施意见

生态保护修复事关经济社会可持续发展和自然资源安全,是建设黄河流域生态保护和高质量发展先行区的重要支撑。为畅通社会资本参与生态保护修复渠道,保障社会资本参与生态保护修复的收益,增强社会资本长期投资信心,按照《国务院办公厅关于鼓励和支持社会资本参与生态保护修复的意见》(国办发〔2021〕40号)要求,结合我区实际,提出以下实施意见。

一、总体要求

坚持以习近平生态文明思想为指导,深入贯彻党的二十大和习近平总书记视察宁夏重要讲话指示批示精神,全面落实自治区第十三次党代会生态优先战略,围绕构建"一河三山"生态空间格局,坚持"保护优先、系统修复,政府主导、市场运作,改革创新、协调推进"的原则,以建设黄河流域生态保护和高质量发展先行区为目标,充分发挥市场在资源配置中的决定性作用,聚焦重点领域,激发市场活力,促进社会资本参与生态保护修复,增加优质生态产品供给,维护国家生态安全,推进社会主义现代化美丽新宁夏建设。

二、参与机制

(一)参与内容。鼓励和支持社会资本参与生态保护修复项目投资、设计、管护等全过程,围绕生态保护修复开展生态产品开发、产业发展、科技创新、技术服务等活动,对区域生态保护修复进行全生命周期运营管护。重点鼓励和支持社会资本参与以政府支出责任为主(包括责任人灭失、移民迁出区、生态退化、自然灾害造成等)的生态保护修复。对有明确责任人的生态保护修复,由其依法履行义务,承担修复或赔偿责任。

(二)参与方式。

1. 自主投资模式。社会资本单独或以联合体、产业联盟等形式,出资开展单项生态保护修复工程或流域(区域)整体生态保护修复。

2. 与政府合作模式。社会资本可按照市场化原则设立基金,投资生态保护修复项目。鼓励各市、县政府设立生态保护修复基金。对有稳定经营性收入的项目,可以采用政府和社会资本合作(PPP)等模式,地方政府可按规定通过投资补助、运营补贴、资本金注入等方式支持社会资本获得合理回报。

3. 公益参与模式。鼓励公益组织、个人等与政府及其部门合作,参与生态保护修复,共同建设生态文明。

社会资本可通过以下方式在生态保护修复中获得收益:采取"生态保护修复+产业导入"方式,利用获得的自然资源资产使用权或特许经营权发展适宜产业;对投资形成的具有碳汇能力且符合相关要求的生态系统,申请核证碳汇增量并进行交易;通过经政府批准的资源综合利用获得收益;依法取得按协议约定的各类指标流转收益;政府为公益性、社会性产品或服务提供的奖励、补贴等。

(三)参与程序。结合实际积极探索灵活高效的工作程序,充分调动社会资本参与生态保护修复的积极性。一般可以采取如下程序:

1. 科学设立生态保护修复项目。坚持问题导向,依据各级国土空间规划、生态保护修复规划等规划和有关标准要求,确定生态保护修复任务和重点项目。项目设立应严格落实耕地和永久基本农田、生态保护红线、自然保护地、历史文化遗产保护等底线管控要求。要与国土绿化、水土保持等专项规划进行衔接,避免项目冲突、重复和脱节。社会资本实施的各类生态保护修复项目纳入年度实施计划并及时向社会公布相关信息。(责任单位:自治区自然资源厅、林草局、发展改革委会同相关部门,各市、县〔区〕人民政府。以下任务均需各市、县〔区〕人民政府落实,不再列出)

2. 合理制定生态保护修复方案。在广泛征求社会意见的基础上,科学论证、合理确定项目生态保护修复方案,明确生态保护修复目标或核心指标、自然资源(其中矿产资源仅限于因项目需要采挖的只能用作普通建筑材料的砂、石、黏土)资产配置及后续产业发展要求等。涉及相关主体利益的,应当协商一致。生态保护修复后续产业,应在自然资源承载力之内,不对生态系统造成新的破坏,不影响生态系统的完整性,不降低自然资源资产价值。(责任单位:自治区自然资源厅、林草局、发展改革委会同相关部门)

3. 公开竞争引入生态保护修复主体。各市、县人民政府建立完善的公开竞争机制和平台,将生态保护修复方案、相应的自然资源资产配置方案、各类指标转让及支持政策等一并公开,通过公开竞争方式择优选择生态保护修复主体暨自然资源资产使用权人,并签订生态保护修复协议和土地出让合同等自然资源资产配置协议,明确生态保护修复目标要求、各方权利义务和违约责任。项目基本情况、生态保护修复主体遴选结果等相关信息及时向社会公布。(责任单位:自治区自然资源厅、林草局会同相关部门)

4. 规范开展生态保护修复项目实施。各市、县(区)要指导社会资本选择相关专业机构承担生态修复项目的勘查、设计、施工、监理等工作。社会资本按项目管理程序、施工工艺和工程建设标准组织实施。项目竣工后,由项目审批部门组织验收。项目完成后,项目区土地利用现状发生变化的,按照相关规程纳入年度国土变更调查统一调整土地用途。不动产登记机构依据调整土地用途文件,按照不动产登记程序依法依规办理相关不动产登记。(责任单位:自治区自然资源厅、林草局、发展改革委会同相关部门)

5. 规范开展生态保护修复产品市场化交易。探索建立自然资源资产与生态保护修复产品的交易渠道,依托各级公共资源交易平台,发布交易规则、企业信用评级等信息,明确交易标的、交易程序、交易要件、交易权证体例和交易保障措施,规范开展市场化交易。探索建立生态保护修复产品政府回购兜底机制。(责任单位:自治区自然资源厅、市场监管厅、林草局按职责分工负责)

三、重点领域

(四)森林生态系统保护修复。遵循地域降水分布、立地条件、能量交换规律,科学开展国土绿化,推进封山育林、人工造林、退化林修复、森林质量精准提升,优化林分空间结构,增强森林生态系统碳汇能力。(责任单位:自治区林草局、发展改革委、自然资源厅、水利厅、农业

农村厅按职责分工负责）

（五）草原生态系统保护修复。持续实施"百万亩退化草原生态修复工程"，促进退化草原植被恢复，推进天然草原质量提升、荒漠化草原植被修复和沙化草原治理，提高单位面积草原产草量和质量等级，逐步提升草原生态质量和稳定性。（责任单位：自治区林草局、自然资源厅、发展改革委、水利厅、农业农村厅按职责分工负责）

（六）湿地生态系统保护修复。加强国家和自治区重要湿地保护修复力度，采取疏浚清淤、地形地貌修复、水系连通、植被恢复、生境岛营建等措施，开展湿地保护修复，维护生物多样性。（责任单位：自治区林草局、发展改革委、自然资源厅、生态环境厅、水利厅按职责分工负责）

（七）流域生态系统保护修复。全面建设黄河过境段干支流流域生态系统，实施清水河、苦水河、典农河、沙湖、阅海、星海湖等重点河湖及岸线保护修复治理工程，联动推进水土治理、污染治理、水源涵养、生物平衡、生态经济，改善全流域生态环境系统。（责任单位：自治区水利厅、生态环境厅、自然资源厅、林草局按职责分工负责）

（八）农田生态系统保护修复。加大农田建设力度，稳定基本农田，改造中低产田，建设高标准农田。开展全域土地综合整治，实施农用地整理、建设用地整理、乡村生态保护修复、土地复垦、生物多样性保护等，改善农田生境和条件，支持农村新产业新业态融合发展。（责任单位：自治区农业农村厅、自然资源厅、发展改革委、住房和城乡建设厅、财政厅按职责分工负责）

（九）城镇生态系统保护修复。实施城镇生态廊道、生态清洁小流域、生态基础设施和生态网络建设。加强城镇生态系统与自然生态系统的连通，有序推进生态缓冲带、过渡带建设。强化城市河道生态化整治建设，构建区域水循环系统和城乡绿化体系。（责任单位：自治区住房城乡建设厅、自然资源厅、水利厅、林草局按职责分工负责）

（十）沙漠生态系统保护修复。科学固沙防沙用沙，促进人沙和谐，推广"五带一体"防风固沙体系和"六位一体"防沙治沙用沙模式，实施中部防沙治沙工程，加大盐池县、灵武市、沙坡头区全国防沙治沙示范区和沙化土地封禁保护区建设力度，强化腾格里沙漠、毛乌素沙地边缘生态屏障建设。（责任单位：自治区林草局、自然资源厅、生态环境厅、水利厅、农业农村厅按职责分工负责）

（十一）矿山生态保护修复。开展历史遗留矿山生态修复治理，实施污染途径阻断、地质灾害隐患治理、地形重塑、矿山损毁土地的土壤和植被恢复、破损生态单元修复等，重建生态系统，合理开展修复后的生态化利用；参与绿色矿山建设，提高矿产资源节约集约利用水平，协调矿山开发与生态保护关系。（责任单位：自治区自然资源厅、生态环境厅、林草局按职责分工负责）

（十二）探索发展生态产业。鼓励和支持投入循环农（林）业、生态旅游、休闲康养、自然教育、清洁能源及水资源利用、生态牧场等；支持葡萄酒、枸杞、牛奶、肉牛和滩羊等特色产业发展与荒漠化生态修复、荒山戈壁和采矿废弃地改造相结合，打造产业发展与生态环境改善良性互动的示范样板；发展经济林产业和草、沙、生物质能源等特色产业；推进生态移民迁出区生态修复，在符合国土空间规划的前提下，制定土地开发利用方案，公开竞争性出让，推进生态产业发展；积极发展治沙先进技术和产业，发展"农风光互补"光伏（风电）产业和沙漠种植、探险旅游等沙产业,实现沙漠生态功能的转化增值;以建设国家全域旅游示范区为载体,推进生态建设与文化旅游多元融合发展;参与河道保护和治理,在水资源利用等产业中依法优先享有权益;参与外来入侵物种防治、生物遗传资源可持续利用,推广应用高效诱捕、生物天敌等实用技术;开展产品认证、生态标识、品牌建设等工作。(责任单位:自治区发展改革委、自然资源厅、水利厅、农业农村厅、林草局按职责分工负责)

四、支持政策

(十三)规划管控政策。各市、县(区)政府应将生态保护修复和相关产业发展的空间需求纳入国土空间规划。制定生态空间用途管制细则,明确生态产业的导入规则和路径。编制市、县级国土空间生态修复规划,分析社会资本参与潜力、实现路径、收益方式和退出机制,明确生态保护修复任务。鼓励社会资本参与生态保护修复方案编制,在符合法律法规政策和规划约束条件的前提下,合理安排生态保护修复区域内各类空间用地的规模、结构、布局和时序。项目范围内涉及零散耕地、园地、林地、其他农用地需要空间置换和布局优化的,可纳入生态保护修复方案一并依法审批;涉及永久基本农田调整等法定审批事项的,依法办理审批手续。落实好最严格的耕地保护制度,坚决守住耕地红线,坚决遏制耕地"非农化"、防止"非粮化"。(责任单位:自治区自然资源厅、住房城乡建设厅、农业农村厅、林草局按职责分工负责)

(十四)产权激励政策。

1.建立健全自然、农田、城镇等生态系统保护修复产权激励机制。对集中连片开展生态修复达到一定规模和预期目标的生态保护修复主体,允许依法依规取得一定份额的自然资源资产使用权,从事葡萄酒、"农风光互补"光伏(风电)、旅游、康养、体育、设施农业等产业开发;其中以林草地修复为主的项目,可利用不超过3%的修复面积,从事生态产业开发。社会资本投资修复并依法获得的土地使用权等相关权益,在完成修复任务后,可依法依规流转并获得相应收益。(责任单位:自治区自然资源厅、水利厅、农业农村厅、林草局按职责分工负责)

2.利用修复后的国有建设用地发展教育、科研、体育、公共文化、医疗卫生、社会福利等产业,符合《划拨用地目录》的,修复主体可按有关规定申请以划拨方式获得土地使用权;拟用于经营性建设项目的,在同等条件下,该生态保护修复主体在公开竞争中具有优先权。葡萄酒庄、农产品加工等项目用地,根据占地类型和区位,可按照全国工业用地出让最低价标准的70%、60%、50%、30%确定出让底价。推行工业用地弹性年期、长期租赁、先租后让、租让结合等供地方式,重点产业与文旅融合项目用地可以实行点状布局、点状供应;拟作为农用地的,由市、县(区)人民政府或其授权部门以协议形式确定修复主体,依法依规办理确权登记。土地修复为耕地的,承包经营权应按长久不变的原则确定30年承包期。(责任单位:自治区自然资源厅、农业农村厅按职责分工负责)

3.修复后新增的集体农用地,鼓励农村集体经济组织将经营权依法流转给生态保护修复主体。修复后的集体建设用地,符合规划的,可根据国家统一部署稳妥有序推进农村集体经营性建设用地入市,生态保护修复主体可在同等条件下优先取得使用权。(责任单位:自治区自然资源厅、农业农村厅、林草局按职责分工负责)

4.创新林木采伐管理机制,开展人工商品林自主采伐试点,引导社会资本科学编制简易森林经营方案,对具有一定经营规模的企业可单独编制森林采伐限额,经审批可依法依规自主采伐；采伐经济林、能源林以及非林地上的林木，可依据森林经营方案或规划自行设计，依法依规自主决定采伐林龄和方式。（责任单位：自治区林草局）

（十五）资源利用政策。按照生态保护修复方案及其工程设计，对于不破坏水文地质结构、合理削坡减荷、消除地质灾害隐患等新产生的土石料及原地遗留的土石料，河道疏浚产生的淤泥、泥沙，以及优质表土和乡土植物，允许生态保护修复主体无偿用于本修复工程，纳入成本管理；如有剩余的，由县级以上地方政府依托公共资源交易平台体系处置，并保障生态保护修复主体合理收益。（责任单位：自治区自然资源厅、水利厅、林草局按职责分工负责）

（十六）指标使用政策。社会资本将修复区域内的建设用地修复为农用地并经验收合格后，腾退的建设用地指标可以优先用于相关产业发展，节余指标纳入城乡建设用地增减挂钩政策管理；复垦出的耕地节余指标，符合相关规定的，可申请跨省域国家统筹补充耕地，并保障生态保护修复主体合理收益。生态保护修复主体将自身依法取得的存量建设用地修复为农用地的，经验收合格后，腾退的建设用地指标可用于其在自治区范围内占用同地类的农用地。（责任单位：自治区自然资源厅、住房城乡建设厅、林草局按职责分工负责）

（十七）碳汇交易政策。主动融入全国碳排放交易市场，逐步扩大我区碳排放权交易主体范围，做好配额分配管理，落实企业及金融机构等碳排放报告和信息披露制度，推动区内企业入场交易。健全以社会捐赠方式参与生态保护修复的制度，鼓励参与自然保护地等生态保护修复。重点推行碳汇养林模式，鼓励社会资本申报碳汇造林项目，引导碳汇指标向企业、合作社和营林大户有序流转。鼓励林业碳汇积极参与国家温室气体自愿减排交易市场，鼓励各类主体进场交易，引导碳排放企业等市场主体购买或开发国家核证自愿减排项目，抵消其在生产经营中的碳排放，实现"以碳养林、以碳增林"。（责任单位：自治区生态环境厅、发展改革委、自然资源厅、住房城乡建设厅、水利厅、农业农村厅、林草局按职责分工负责）

（十八）财税支持政策。

1.发挥自治区政府产业引导基金和宁夏黄河流域生态保护和高质量发展先行区建设基金作用，支持社会资本共同参与生态保护修复。（责任单位：自治区财政厅）

2.发挥政府投入的带动作用，探索通过PPP等模式引入社会资本开展生态保护修复，符合条件的可按规定享受环境保护、节能节水等相应税收优惠政策。（责任单位：自治区财政厅、发展改革委、自然资源厅、生态环境厅、水利厅、市场监管厅、税务局、林草局按职责分工负责）

3.各类社会主体开展的林业建设经营活动，符合税收法律法规规定的，可分别免征增值税、企业所得税、城镇土地使用税等。开展森林经营抚育、特色产业基地建设、林下经济开发和林产品初加工的用电执行农业生产用电价格。（责任单位：自治区发展改革委、税务局、林草局按职责分工负责）

4.社会资本投资建设的公益林，符合条件并按规定纳入公益林区划的，可以同等享受相关政府补助政策。（责任单位：自治区财政厅、林草局按职责分工负责）

（十九）金融扶持。

1.在不新增地方政府隐性债务的前提下，支持金融机构参与生态保护修复项目，拓宽投融资渠道，优化信贷评审方式，创新开发绿色金融产品和服务，按市场化原则为项目提供中长期资金支持，推动金融资源向生态保护修复领域倾斜。（责任单位：自治区发展改革委、财政

厅、自然资源厅、人民银行银川中心支行、宁夏银保监局、宁夏证监局按职责分工负责）

2.加大绿色基金、绿色债券、绿色信贷、绿色保险等对生态保护修复的投资力度,积极支持符合条件的企业发行绿色债券,用于生态保护修复工程。支持技术领先、综合服务能力强的骨干企业上市融资。鼓励具备条件的企业发行绿色资产证券化产品,盘活资源资产。（责任单位:自治区财政厅、地方金融监管局、发展改革委、自然资源厅、市场监管厅、人民银行银川中心支行、宁夏银保监局、宁夏证监局按职责分工负责）

3.健全森林保险制度,鼓励保险机构扩大森林保险覆盖范围,加大保险产品开发力度,完善灾害风险防控和分散机制。（责任单位:自治区财政厅、宁夏银保监局、自治区林草局按职责分工负责）

4.各级人民政府搭建融资桥梁平台,与有关主管部门、企业、金融机构、农户等进行对接,支持金融机构开展国有农用地承包经营权、国有农用地使用权、林权等自然资源资产使用权抵押融资业务。对投放规模大、贷款利率低、支持企业数量多、服务先行区建设贡献突出的金融机构,自治区财政按照新增绿色信贷金额的 0.3‰ 给予奖励。（责任单位:自治区财政厅、农业农村厅、地方金融监管局、人民银行银川中心支行、宁夏银保监局、自治区林草局按职责分工负责）

五、保障机制

（二十）加强组织领导。自治区各有关部门要做好顶层设计,推进相关规划的编制、制度设计和政策研究,统筹指导、协调推进相关重点工作。各市、县要将鼓励和支持社会资本参与生态保护修复纳入经济社会发展规划,建立健全统筹协调机制。可设立有工作基础、预期效益好、风险可控的试点示范项目,探索导向明确、路径清晰、投入持久、回报稳定的资源导向型可持续发展模式。要畅通渠道、听取诉求,保障社会资本合法权益,增强长期投资信心。各级自然资源主管部门要强化工作统筹,制定国土空间生态保护修复规划,明确修复任务,设立项目并确定生态保护修复目标及自然资源资产配置要求。各有关部门和单位要按职责分工,制定完善相关配套政策措施,细化操作程序,形成协同推进的工作合力。（责任单位:自治区自然资源厅、发展改革委、林草局会同相关部门）

（二十一）强化示范引领。以典型企业、典型项目为突破口,先行先试,找准制约相关产业发展的瓶颈和问题,加大综合改革力度,化解企业发展难题,推动企业主体投入生态修复的资产盘活和效益发挥,通过赋予自然资源使用权益,打通解决社会资本参与生态修复的机制路径,吸引更多社会资本参与生态保护修复。鼓励开展生态保护修复理论和方法等基础研究、关键技术研发和集成示范推广,探索导向明确、路径清晰、投入持久、回报稳定的资源导向型可持续发展模式。加强科研人才梯队建设,构建产学研用相结合的良性发展机制。（责任单位:自治区自然资源厅、林草局、发展改革委按职责分工负责）

（二十二）优化监管服务。建立投资促进机制,搭建信息服务平台,汇总发布各类生态保护修复项目及投资需求、政策法规标准等信息。加强督察和执法,全程全面依法监管,严格规范行为,建立信用监管机制,实现跨地区跨部门奖惩联动。生态保护修复过程中涉及地理、生态、生物等方面敏感信息采集、处理和使用的,严格按照相关规定执行。市、县自然资源部门应会同相关部门建立对社会资本参与生态修复项目的统计和绩效评价体系,开展社会投资主体信用评价和项目效益评价,评价结果可作为社会资本方参与生态修复项目信用等级评价和政府确定社会投资主体收益的依据,并及时反馈给项目利益各相关方。(责任单位:自治区自然资源厅、生态环境厅、水利厅、农业农村厅、市场监管厅、林草局按职责分工负责)

(二十三)做好宣传引导。加强法律法规政策宣传。开展生态保护修复品牌建设,充分利用各类媒体平台,提升传播力和影响力,增强社会资本参与的获得感和荣誉感,促进全社会关心支持生态保护修复事业,共同推进美丽新宁夏建设。(责任单位:自治区自然资源厅、林草局等相关部门按职责分工负责)

关于印发《关于开展村庄规划编制攻坚行动工作方案》的通知

宁党农发〔2023〕9号

各市、县(区)党委和人民政府,自治区党委农村工作领导小组成员单位:

  《关于开展村庄规划编制攻坚行动工作方案》已经自治区党委农村工作领导小组研究同意,现印发给你们,请认真抓好贯彻落实。

宁夏回族自治区党委农村工作领导小组

2023年4月7日

关于开展村庄规划编制攻坚行动工作方案

编制"多规合一"的实用性村庄规划,是习近平总书记亲自部署的重要工作,是巩固拓展脱贫攻坚成果、推进乡村振兴的重要基础,是实施乡村建设行动的重点任务。2019年"多规合一"的实用性村庄规划编制工作启动以来,各市、县(区)认真贯彻落实中央和自治区党委决策部署,积极推动村庄规划编制工作,有力支撑了乡村振兴战略实施。但同时,部分县(市、区)还存在村庄规划覆盖范围不足、实用性不强、统筹实施力度不够等短板。为深入贯彻党的二十大及自治区第十三次党代会精神,认真落实自治区党委农村工作会议、自治区政府工作报告有关要求,切实发挥村庄规划引领作用,加快建设宜居宜业和美乡村,助力乡村全面振兴样板区建设,制定本方案。

一、工作目标

以国家和自治区"多规合一"的实用性村庄规划制度标准为依据,严格落实"三区三线"划定成果,结合市县国土空间总体规划编制,加快238个续编村庄规划和850个新编村庄规划编制,到2023年11月底,除搬迁撤并、城郊融合类村庄外,实现村庄规划全覆盖。

二、主要工作任务

(一)优化完善村庄分类。各市、县(区)要统筹城镇和乡村发展,坚持县域一盘棋,结合市县国土空间总体规划编制,综合考虑人口变化和城乡格局变化趋势,统筹优化镇村空间布局,在已有村庄调查、村庄分类成果基础上,依据"三区三线"划定成果、自治区村庄分类指南和搬迁撤并类村庄认定标准,按照集聚提升、城郊融合、特色保护、整治改善、搬迁撤并五种类型,确定行政村主导分类,作为分类编制村庄规划的依据。

(二)分类推进规划编制。全面落实上位国土空间规划刚性管控要求,以乡镇政府为主体,以一个或几个行政村为单元,加快编制和完善村庄规划。集聚提升类等开发建设量大的村庄要编制综合性规划。整治改善类等只进行简单人居环境整治的村庄,可把国土空间用途管制规则、建设管控、特色风貌保护塑造、人居环境整治要求以及近期建设项目等作为编制重点。乡村旅游示范村和特色产业示范村、历史文化村落、传统村落等特色保护类村庄,应同步开展村庄历史文化资源普查和建档,加强历史文化保护和村庄设计,强化风貌引导和管控。对于已划入城镇开发边界内、与城镇融为一体、采取社区化管理的城郊融合类村庄,可纳入城镇详细规划统筹编制。

(三)组建规划编制团队。各县(市、区)要根据村庄规划编制计划和编制单元,依法确定责任心强、技术水平高的技术支撑单位,组建由县直相关部门、乡(镇)政府、村委会相关人员以及村民代表、乡土人才、规划编制技术人员在内的规划编制团队,明确主要目标、工作任务、责任分工、时间要求等,确保编制工作扎实有力推进。

（四）夯实规划编制基础。各市、县（区）要按照"一村一档"要求，提前做好国土变更调查数据、1∶2000基础地理信息数据、正射影像图、宅基地确权、三条控制线、历史文化保护线、洪涝风险控制线、地质灾害易发区等资料数据的准备，收集整理相关规划及政策文件，为规划编制打好基础。对有保密要求的数据，要严格遵守保密管理相关规定。

（五）谋实谋细近期项目。立足村庄资源禀赋、发展实际和市场需求，结合乡村振兴资金、项目安排，以及全域土地综合整治、农村集体经营性建设用地入市试点、城乡建设用地增减挂钩等，统筹谋划村庄产业发展、居民点布局、基础设施建设、公共服务改善、人居环境整治、生态保护修复、历史文化保护及乡村绿化美化，合理谋划建设项目。统筹确定项目用地布局、建设时序、投资预算、资金来源和实施主体等，经县级相关部门审定后纳入村庄规划。

（六）严格规划审查审批。村庄规划方案形成后，要按照"县级自查、市级复查、自治区抽查"方式分级开展规划联审，用村民看得懂的方式在村内广泛公示，召开村民会议或村民代表会议审议。各县（市、区）要严格组织审查，严把质量关口，对规划质量负主体责任。设区市要深度介入，组织有关部门、专家在村庄规划审批前进行复核。自治区自然资源、乡村振兴等部门要联合开展抽查，对规划存在严重质量问题的市、县（区）进行通报。审查通过后的村庄规划成果要按照《宁夏回族自治区村庄规划编制管理暂行规定》及时审批。

（七）及时完成成果备案。村庄规划批准后30个工作日内，成果应逐级质检汇交至自然资源厅，并纳入国土空间规划"一张图"，作为实施国土空间用途管制、核发乡村建设规划许可的法定依据。规划成果同时报自治区乡村振兴局备案。

三、进度安排

2023年6月底前，完成急需开发建设以及续编村庄规划的编制审批；2023年9月底前，大部分县（市、区）完成新编村庄规划的编制审批；2023年11月底前，编制任务较重的县（市、区）完成新编村庄规划的编制审批。

四、保障措施

（一）强化组织领导。建立自治区指导、设区市统筹、县级落实的工作推进机制。自治区自然资源厅、乡村振兴局共同牵头推进，自治区发展改革、农业农村、住房城乡建设等部门共同参与，成立村庄规划联合审查小组，对国家和自治区级各类试点示范创建村庄以及其他重点村庄的规划成果进行联合审查。设区市要发挥统筹指导作用，有针对性组织开展技术培训，组建专班包抓督导，督促工作开展。各县（市、区）要切实扛起主体责任，采取有力有效措施全力推进，确保按时保质完成任务。

（二）强化经费保障。各县（市、区）应当加强村庄规划编制经费保障力度，编制村庄规划所需资金，按照"事权与支出责任相匹配"的原则予以保障。各县（市、区）财政依据国家和自治区有关规定，可将乡村振兴、新增建设用地土地有偿使用费、村庄整治建设资金统筹整合，保障村庄规划编制经费。自治区财政对村庄规划编制支持有力、完成质量好的县（市、区），在分配均衡性转移支付资金时统筹考虑。

（三）强化协同实施。各市、县（区）和自治区各有关部门要严格落实"不规划不建设、不规划不投入"的要求，经批准的村庄规划作为建立巩固拓展脱贫攻坚成果和乡村振兴项目库、安排乡村建设资金及衔接资金、审批乡村建设用地、核发乡村建设规划许可的主要依据。没有编制规划的村庄,不得安排衔接资金或乡村建设资金,原则上不予审批乡村建设用地、核发乡村建设规划许可。

(四)加强技术指导。自然资源厅要优化完善村庄规划技术标准,开展村庄规划编制业务培训,会同自治区相关部门下沉开展技术指导,适时组织村庄规划优秀成果评选,发挥典型案例示范带动作用。设区市要有针对性组织开展技术培训,帮助提升所辖县(市、区)村庄规划编制业务水平。

(五)强化监督考核。落实"月调度、季通报、年考核"工作推进机制,各县(市、区)每月月底前向自治区党委农办、自然资源厅、乡村振兴局报告村庄规划编制进展情况。自治区村庄规划联合审查小组定期督导工作推进情况,抽查各地村庄规划工作质量、进度以及"不规划不建设、不规划不投入"要求落实情况,对工作不力的予以通报。村庄规划编制攻坚行动推进情况纳入乡村振兴工作考核内容。